Praktische Englische Grammatik

Praktische Englische Grammatik:

This edition is published by arrangement with Oxford University Press. It is a bilingual adaption of A Practical English Grammar, 4th edition, by A.J. Thomson and A.V. Martinet, first published in England by Oxford University Press in 1986.

Übersetzung und Bearbeitung der Originalausgabe:
Dr. Dieter Kranz

Verlagsredaktion:
Dr. Blanca-Maria Rudhart

Layout und Umschlaggestaltung:
Regelindis Westphal

1. Auflage
5. 4. 3. 2.
1993 92 91 90 | Die letzten Ziffern bezeichnen Zahl und Jahr des Druckes.

Bestellnummer 23281

Dieser Grammatik sind als Übungsmaterialien zugeordnet
A Practical English Grammar Exercises 1
Exercises 2

Satz: Satzinform, Berlin (Monika Rohloff)

Druck: Saladruck, Steinkopf & Sohn, Berlin

Weiterverarbeitung: Fritzsche-Ludwig, Berlin

ISBN 3-8109-2328-1

Vertrieb: Cornelsen Verlagsgesellschaft, Bielefeld

A. J. Thomson / A.V. Martinet

Praktische Englische Grammatik

Übersetzung und Bearbeitung von Dieter Kranz

Cornelsen & Oxford University Press

Inhalt

6 Interrogativadjektive und Interrogativpronomen: *wh-?*-Fragefürwörter und *how?*

7 Possessivadjektive, Possessivpronomen, Personal- und Reflexivpronomen: *my, mine, I myself* etc.

8 Relativpronomen und Relativsätze

9 Präpositionen

10 Verben: Einführung

Selbständige Verben

Hilfsverben

Verwendung von Hilfsverben in Kurzantworten, Zustimmungen etc.

11 *be, have, do*

be als Hilfsverb

be als selbständiges Verb

have als Hilfsverb

have als selbständiges Verb

do

12 *may* und *can* zum Ausdruck der Erlaubnis und Möglichkeit

Erlaubnis

Möglichkeit

13 *can* und *be able* zum Ausdruck der Möglichkeit/Fähigkeit

14 *ought, should, must, have to, need* zum Ausdruck der Verpflichtung

15 *must, have, will* und *should* zum Ausdruck von Schlußfolgerungen und Annahmen

16 Die Hilfsverben *dare* und *used*

17 Die Zeiten der Gegenwart

Verlaufsform des Präsens

Die einfache Form des Präsens

18 Präteritum und Perfekt

Die einfache Form des Präteritums

Verlaufsform des Präteritums

Perfekt

28 Konjunktiv

29 *care, like, love, hate, prefer, wish*

30 Passiv

31 Indirekte Rede

32 Konjunktionen

33 Zweck

34 Adverbialsätze des Grundes, der Folge, der Einräumung, des Vergleichs, der Zeit

Vorwort

Eine Folge der Erkenntnisse moderner Fremdsprachendidaktik und -methodik war, beim Vermitteln von Fremdsprachen größeren Wert auf die Schulung der Kommunikationsfähigkeit zu legen. In neueren Lehrwerken und in fertigkeitsbezogenem Unterricht wurde deshalb auf einen formalgrammatisch orientierten Unterricht verzichtet. Diese an sich richtige Entscheidung darf aber nicht dazu führen, daß grammatische Bewußtmachung, die Kognition, ganz aufgegeben wird. Die Lernbereitschaft gründet sich nicht zuletzt auch auf die Einsicht in die sprachlichen Strukturen und Strukturzusammenhänge und das damit verbundene Erfolgserlebnis.

Die vorliegende deutsche Übersetzung und Bearbeitung der 4. Auflage der *Practical English Grammar* bietet eine gründliche Beschreibung des englischen Sprachsystems durch Regeln und Beispiele. Schüler der Sekundarstufe II, Studierende im Grundstudium und erwachsene Englischlernende auf fortgeschrittenem Niveau werden dadurch unterstützt, gestellte Aufgaben durch den Transfer des hier vermittelten Strukturmaterials zu lösen (präskriptiv – deskriptiv). Das gewählte Beschreibungsmodell geht von der Regelhaftigkeit und den Besonderheiten der englischen Sprache aus und versucht, Lernhilfen anzubieten, indem auf sprachliche Interferenzen hingewiesen und auf die Bedürfnisse und die besonderen Fehlerquellen deutscher Lernender eingegangen wird. Deshalb werden zuerst die Strukturen dargelegt und im nächsten Schritt wichtige und häufige Sprachanwendungsmöglichkeiten aufgeführt, die in erster Linie der aktuellen gesprochenen Sprache entnommen sind.

Die Formulierung der grammatischen Regeln und die Erläuterungen sollen den Zugang zum Stoff erleichtern. Lehrbuchunabhängige Beispiele, die auf einem grundlegenden Wortschatz fußen, gewährleisten und fördern die Anwendung und Wiederholung in vielfältigen Situationen und Sprachbereichen (instrumentale Sprachfunktion). Es werden immer realistische Situationen und alltägliche Beispiele herangezogen, in denen Sprechintentionen verwirklicht werden. Gelegentlich war es geboten, solche englischen Beispielsätze zu übersetzen, die häufig und in mannigfachen Anwendungszusammenhängen benutzt werden, um Fehler auszuschließen.

Die Gliederung der Abschnitte, die Zwischenüberschriften und ihre Zählung ermöglichen einen raschen Überblick und einen gezielten Zugriff auf spezielle grammatische Informationen. Mit Hilfe des detaillierten Index mit Mehrfachverweisen kann der Band als wirkliche Lern- und Nachschlagegrammatik benutzt werden. Im Register werden auch Einzelwörter geführt, die häufig grammatische oder idiomatische Schwierigkeiten bereiten, so daß der Benutzer auch Probleme des »richtigen« Sprachgebrauchs lösen kann.

Dieter Kranz

From the authors' preface to the fourth edition

A Practical English Grammar is intended for intermediate and post-intermediate students. We hope that more advanced learners and teachers will also find it useful.
The book is a comprehensive survey of structures and forms, written in clear modern English and illustrated with numerous examples. Areas of particular difficulty have been given special attention. Differences between conversational usage and strict grammatical forms are shown but the emphasis is on conversational forms.
We wish to thank all at Oxford University Press who have assisted in the preparation of the fourth edition. We would also like to thank Professor Egawa of Nihon University, Japan, Professor René Dirven of Duisburg University, Germany and other colleagues for their friendly and helpful suggestions.

A.J.T., A.V.M.

1 Artikel *(articles)* und *one, a little / a few, this* und *that*

1 *a/an* Unbestimmter Artikel *(indefinite article)*

Die Form *a* wird vor Wörtern verwendet, die mit einem Konsonant beginnen oder vor Wörtern, deren Anfangsvokal einen konsonantischen Anlaut besitzt:
a man, a hat, a university, a European, a one-way street

Die Form *an* wird vor Wörtern mit vokalischem Anlaut *(a, e, i, o, u)* benutzt oder vor Wörtern, die mit einem stummen *h* beginnen:
an apple, an island, an uncle, an egg, an onion, an hour

oder vor Einzelbuchstaben mit vokalischem Laut:
an L-plate, an MP, an SOS, an ›x‹

Der unbestimmte Artikel heißt für alle drei Geschlechter gleichermaßen *a/an:*
a man, a woman, an actor, an actress, a table

2 Gebrauch von *a/an*

a/an wird gebraucht:

A Vor einem zählbaren Substantiv (d.h. von dem es mehr als eins gibt), wenn es zum ersten Mal erwähnt wird und nicht eine besondere Person oder eine besondere Sache bezeichnet:
I need a visa.
They live in a flat.
He bought an ice-cream.

B Vor einem zählbaren Substantiv, das in Verbindung mit dem unbestimmten Artikel als einzelnes in eine Gesamtheit eingeordnet wird:
A car must be insured. Jedes Kraftfahrzeug muß versichert werden.
A child needs love. Ein Kind braucht Liebe. Alle Kinder brauchen Liebe. Jedes Kind braucht Liebe.

C Mit nominalen Ergänzungen (Prädikatsnomen). Diese schließen Berufsbezeichnungen ein:
It was an earthquake.
She'll be a dancer.
He is an actor.

D Zur Bezeichnung von Mengeneinheiten wie:
a lot of, a great many, a great deal of, a couple, a dozen (*one dozen* ist gleichermaßen möglich)

E Zur Bezeichnung von bestimmten Zahlen:
a hundred, a thousand (siehe auch Abschnitt **349**)

Vor *half*, wenn *half* einer ganzen Zahl folgt:
1 ½ kg = one and a half kilos oder *a kilo and a half*

Aber *½ kg = half a kilo* (kein *a* vor *half*), obwohl *a + half +* Substantiv manchmal gleichermaßen möglich ist:
a half-holiday, a half-portion, a half-share

Bei ⅓, ¼, ⅕ etc. ist a gebräuchlich: *a third, a quarter* etc., aber *one* ist gleichermaßen möglich (siehe Abschnitt **350**).

F Zur Bezeichnung von Preisen, Geschwindigkeiten, Zeitangaben usw.:
5p a kilo, £1 a metre, sixty kilometres an hour, 10p a dozen, four times a day (hier bedeutet *a/an = per*)

G Bei Ausrufen vor zählbaren Substantiven:
Such a long queue!
What a pretty girl!
Such long queues!
What pretty girls!
Aber: Werden die Substantive im Plural gebraucht, fällt der Artikel weg. (siehe Abschnitt **3**)

H *a* kann vor *Mr/Mrs/Ms* + Familienname verwendet werden:
a Mr Smith / a Mrs Smith / a Ms Smith

a Mr Smith bedeutet *a man called Smith* (ein Herr namens Smith) und drückt den Tatbestand aus, daß dieser Herr Smith dem Sprecher unbekannt ist. *Mr Smith,* ohne *a,* bedeutet, daß der Sprecher Herrn Smith zumindest namentlich kennt. (wegen des Unterschiedes zwischen *a/an* und *one* siehe Abschnitt **4**; Abschnitt **5** behandelt *a few* und *a little*)

3 Wegfall von *a/an*

Der unbestimmte Artikel *a/an* steht nicht:

A Vor Substantiven, die im Plural verwendet werden. *a/an* besitzt keine Pluralform. So ist die Pluralform von *a dog: dogs* und von *an egg: eggs*.

B Vor nicht zählbaren Substantiven (siehe Abschnitt **13**)

C Vor Bezeichnungen für Mahlzeiten, außer wenn diese zusammen mit einem Adjektiv benutzt werden:
We have breakfast at eight.
He gave us a good breakfast.

Der Artikel wird gleichermaßen verwendet, wenn es sich um ein besonderes Essen handelt:
I was invited to dinner.
Aber: *I was invited to a dinner given to welcome the new ambassador.*

4 *a/an* und *one*

A *a/an* und *one* als Adjektiv

1
Zur Bezeichnung von Zeiteinheiten, Gewichts- und Maßeinheiten usw. kann im Singular entweder *a/an* oder *one* verwendet werden:
£1 = a/one pound
£1,000,000 = a/one million pounds
(siehe Kapitel **36**)

In dem Satz *The rent is £100 a week* ist *a* vor *week* nicht durch *one* ersetzbar.

In anderen Aussagesätzen sind *a/an* und *one* nicht austauschbar, weil *one* + Nomen normalerweise bedeutet *one only / not more than one*, und *a/an* bedeutet dieses nicht:
A shotgun is no good. Eine Schrotflinte ist ungeeignet.
One shotgun is no good. Ich brauche mehr als eine Flinte.

2
Besondere Gebrauchsfälle von *one*

(a) *one* (Adjektiv/Pronomen) gebraucht in Verbindung mit *another/others:*
One (boy) wanted to read, another/others wanted to watch TV.
(siehe Abschnitt **53**)
One day he wanted his lunch early, another day he wanted it late.

(b) *one* kann vor *day, week, month, year, summer, winter* usw. verwendet werden oder vor der Tages- oder Monatsangabe zur Bezeichnung eines Geschehens:
One night there was a terrible storm.
One winter the snow fell early.
One day a telegram arrived.

(c) *one day* kann gleichermaßen benutzt werden, wenn ein unbestimmter Punkt in der Zukunft angegeben werden soll *at some future date:*
One day you'll be sorry you treated him so badly.
(In diesem Satz wäre der Ausdruck *some day* gleichermaßen möglich.)

(wegen *one* und *you* siehe Abschnitt **68**)

B *a/an* und *one* als Pronomen

one entspricht als Pronomen *a/an:*
»Did you get a ticket?« »Yes, I managed to get one.«

Bei pluralischer Verwendung wird *some* benutzt:
»Did you get tickets?« »Yes, I managed to get some.«

5 *a little / a few* und *little / few*

A *a little / little* (Adjektive) werden vor nicht zählbaren Substantiven verwendet:
a little salt / little salt

a few / few (Adjektive) werden vor Substantiven im Plural gebraucht:
a few people / few people

Alle vier Formen können gleichermaßen pronominal benutzt werden, entweder allein oder in Verbindung mit *of:*
»Sugar?« »A little, please.«
Only a few of these are any good.

B *a little / a few* als Adjektive und Pronomen

a little bezeichnet eine kleine Menge oder das, was der Sprecher für eine kleine Menge hält. *a few* bezeichnet eine kleine Anzahl oder das, was der Sprecher für eine kleine Anzahl hält.

Verwendet ein Sprecher vor *a little / a few* noch *only,* so möchte er damit ausdrücken, daß nach seiner Einschätzung die Zahl oder Menge wirklich klein ist:
Only a few of our customers have accounts.

Verwendet er *quite* vor *a few,* so wird damit die Anzahl beträchtlich erhöht:
I have quite a few books on art. Ich besitze eine ganz schön große Anzahl von Kunstbüchern.

C *little* und *few* beschreiben Sachverhalte, die fast auf das Nichtvorhandensein, den vollständigen Mangel verweisen und somit eine negative Aussagefärbung annehmen:
There was little time for consultation.
Little is known about the side-effects of this drug.
Few towns have such splendid trees.

Dieser Gebrauch von *little* und *few* ist vor allem auf das Schriftenglisch beschränkt (vielleicht wegen möglicher Mißverständnisse beim gesprochenen Englisch, da *little* und *few* leicht mit *a little / a few* verwechselt werden können). Bei Unterhaltungen werden aus diesem Grunde *little* und *few* im Normalfall durch *hardly any* ersetzt. Ein verneint gebrauchtes Verbum + *much/many* sind gleichermaßen möglich:

We saw little. > We saw hardly anything / we didn't see much.
Tourists come here but few stay overnight. > Tourists come here but hardly any stay overnight.

little and *few* werden hingegen freier und häufiger verwendet in Verbindung mit *so, very, too, extremely, comparatively, relatively* etc.

fewer (Komparativ) kann gleichermaßen freier benutzt werden.
I'm unwilling to try a drug I know so little about.
They have too many technicians, we have too few.
There are fewer butterflies every year.

D *a little / little* als Adverbien

1
a little kann verwendet werden:

(a) In Verbindung mit Verben:
It rained a little during the night.
They grumbled a little about having to wait.

(b) in Verbindung mit Adjektiven und Adverbien, die ungünstige Sachverhalte ausdrücken:
a little anxious, a little unwillingly, a little annoyed, a little impatiently

(c) mit Komparativformen von Adjektiven oder Adverbien:
The paper should be a little thicker.
Can't you walk a little faster?

rather könnte bei (b) an die Stelle von *little* treten und gleichermaßen vor Komparativformen verwendet werden (siehe Abschnitt **42**), obwohl *a little* gebräuchlicher ist.
Im Umgangsenglisch könnte *a bit* an die Stelle von *a little* in allen oben aufgeführten Beispielsätzen treten.

2
little wird hauptsächlich in Verbindung mit *better* oder *more* in formellem Stil gebraucht:
His second suggestion was little (= not much) better than his first.
He was little (= not much) more than a child when his father died.

Es kann gleichermaßen bei formellem Englisch vor bestimmten Verben auftreten, wie z.B. *expect, know, suspect, think:*
He little suspected to find himself in prison.
He little thought that one day ...

Die Adjektive *little-known* und *little-used:*
a little-known painter, a little-used footpath

6 *the*
Bestimmter Artikel *(definite article)*

A Form

Der bestimmte Artikel hat für alle drei Geschlechter, für Singular und Plural nur eine Form *the:*
the boy, the boys, the day, the days, the girl, the girls

B Gebrauch

Der bestimmte Artikel wird gebraucht:

1
Wenn ein Objekt oder eine Objektgruppe einmalig ist oder für einmalig gehalten wird:
the earth, the sea, the sky, the equator, the stars

2
Vor einem Substantiv, das dadurch ›bestimmt‹ worden ist, daß es ein zweites Mal erwähnt wird:
His car struck a tree; you can still see the mark on the tree.

3
Vor einem Substantiv, das durch einen hinzugefügten Satz oder eine andere Ergänzung bestimmt wird:
the girl in blue, the man with the banner, the boy that I met,
the place where I met him

4
Vor einem Substantiv, das im gegebenen Sinnzusammenhang nur einen besonderen Gegenstand bezeichnen kann.
Ann is in the garden. (= the garden of this house)
Please pass the wine. (= the wine on the table)

Gleichermaßen:
the postman (= the one who comes to us), the car (= our car),
the newspaper (= the one we read)

5
Vor Superlativen und *first, second* usw., die als Adjektive und Pronomen verwendet werden, und *only:*
the first (week), the best day, the only way

C

the + singularisch verwendetes Substantiv können eine Gattung oder Klasse bezeichnen:
The whale is in danger of becoming extinct.
The deep-freeze has made life easier for housewives.

Aber *man* wird ohne Artikel verwendet, wenn der Begriff die gesamte Menschheit bezeichnet:
If oil supplies run out, man may have to fall back on the horse.

the kann zur Bezeichnung der Mitgliedschaft zu einer bestimmten Gruppe von Leuten verwendet werden:
The small shopkeeper is finding life increasingly difficult.

the + singularisch verwendetes Substantiv verlangen im Satz die Singularform des Prädikats. Als Pronomen werden *he, she* oder *it* verwendet:
The first-class traveller pays more so he expects some comfort.

D *the* + Adjektiv bezeichnet eine Klasse von Personen:
the old (= old people in general)
(siehe Abschnitt **23**)

E *the* wird vor Eigennamen von Meeren, Flüssen, Inselgruppen, Bergketten, Ländernamen im Plural, Wüsten, Regionen verwendet:
the Atlantic, the Netherlands, the Thames, the Sahara, the Azores, the Crimea, the Alps, the Riviera

und vor bestimmten anderen Eigennamen:
the City, the Mall, the Sudan, the Hague, the Strand, the Yemen

the wird gleichermaßen vor Namen verwendet, die aus zwei Substantiven gebildet und mit *of* verbunden werden:
the Bay of Biscay, the Gulf of Mexico, the Cape of Good Hope, the United States of America

the wird verwendet vor Namen, die aus einem Adjektiv + Substantiv gebildet werden (unter der Voraussetzung, daß das Adjektiv nicht *east/west* etc. ist):
the Arabian Gulf, the New Forest, the High Street

the wird vor Adjektiven *east/west* usw. + Substantiv bei bestimmten Namen benutzt:
the East/West End, the East/West Indies, the North/South Pole

aber fällt normalerweise fort bei:
South Africa, North America, West Germany

the wird hingegen vor *east/west* usw. verwendet, wenn diese substantivisch benutzt werden:
the north of Spain, the West (geographical)
the Middle East, the West (political)

Vergleiche *Go north* (Adverb: in nördlicher Richtung) mit *He lives in the north* (Substantiv: im Norden, in einer Gegend des Nordens).

F *the* wird vor anderen Eigennamen verwendet, die aus einem Adjektiv und einem Nomen oder einem Nomen + *of* + Nomen bestehen:
the National Gallery / the Tower of London

Der bestimmte Artikel wird gleichermaßen vor Namen, Orchesterbezeichnungen, Popgruppen usw. benutzt:

the Bach Choir, the Philadelphia Orchestra, the Beatles
und vor Zeitungsnamen *(The Times)* und Schiffen *(the Great Britain).*

G *the* in Verbindung mit Personeneigennamen wird nur in beschränktem Umfang verwendet. *the* + Pluralform des Familiennamens kann gebraucht werden, um die Familie zu bezeichnen:
the Smiths = Mr and Mrs Smith (and children)

the + Singularform des Eigennamens + Ergänzung kann verwendet werden, um eine bestimmte Person von zwei Personen, die den gleichen Namen tragen, zu bezeichnen:
»We have two Mr Smiths. Which do you want?« »I want the Mr Smith who signed this letter.«

the steht vor Titelbezeichnungen, die mit *of* gebildet werden *(the Duke of York),* wird aber nicht vor anderen Titel- oder Rangbezeichnungen verwendet *(Lord Olivier / Captain Cook).* Der bestimmte Artikel *the* wird in Verbindung mit einer Titel- oder Rangbezeichnung gebraucht, wenn sie allein auftritt:
The earl expected ... / The captain ordered ...

In Briefen, die an zwei oder mehrere unverheiratete Schwestern gemeinsam geschrieben werden, können Adressen auftreten wie *The Misses* + Familienname:
The Misses Smith.

7 Wegfall von *the*

A Der bestimmte Artikel wird nicht verwendet:

1
Vor Ortsnamen (mit Ausnahme der oben ausgewiesenen) und vor Eigennamen von Personen.

2
Vor Substantiven mit abstraktem Sinn, es sei denn, sie würden in einem besonderen Sinne verwendet:
Men fear death.
Aber: *The death of the Prime Minister left his party without a leader.*

3
Nach dem Possessivfall eines Nomens oder nach einem possessiv gebrauchten Adjektiv:
the boy's uncle = the uncle of the boy
It is my (blue) book = The (blue) book is mine.

4
Vor Bezeichnung von Mahlzeiten (aber siehe Abschnitt **3 C**)
The Scots have porridge for breakfast.
Aber: *The wedding breakfast was held in her father's house.*

5
Vor Bezeichnungen von Spielen: *He plays golf.*

6
Vor Körperteilen und Kleidungsstücken, da sie üblicherweise mit einem Possessivadjektiv verbunden werden:
Raise your right hand.
He took off his coat.

Die folgenden Sätze:	*She seized the child's collar.* *I patted his shoulder.* *The brick hit John's face.*
könnten ausgedrückt werden:	*She seized the child by the collar.* *I patted him on the shoulder.* *The brick hit John in the face.*
gleichermaßen im Passiv:	*He was hit on the head.* *He was cut in the hand.*

B In einigen europäischen Sprachen wird der bestimmte Artikel vor unbestimmten Substantiven im Plural verwendet; im Englischen hingegen wird *the* niemals in diesem Zusammenhang gebraucht:
Women are expected to like babies. (= women in general)
Big hotels all over the world are very much the same.

Wenn wir im ersten Beispielsatz *the* vor *women* verwenden, bedeutet der Satz, daß von einer besonderen Gruppe von Frauen die Rede ist.

C *nature* wird ohne *the* benutzt, wenn der Begriff abstrakt verstanden wird wie in:
If you interfere with nature you will suffer for it.

8 Wegfall von *the* vor *home*, vor *church, hospital, prison, school* etc. und vor *work, sea* und *town*

A *home*

Wird *home* allein verwendet, d.h. nicht von einem beschreibenden Wort oder einer Phrase begleitet, wird *the* ausgelassen:
He is at home.

Ein allein verwendetes *home* kann direkt hinter das Verb einer Bewegungsrichtung gestellt werden oder hinter das Verb einer Bewegungsrichtung + Objekt, d.h. es kann wie ein Adverb behandelt werden:
He went home.
I arrived home after dark.
I sent him home.

Wird *home* jedoch begleitet von einem beschreibenden Wort oder einer beschreibenden Phrase, so wird es wie jedes andere Substantiv behandelt:
They went to their new home.
We arrived at the bride's home.
For some years this was the home of your queen.
A mud hut was the only home he had ever known.

B *bed, church, court, hospital, prison, school/college/university*

the wird nicht vor den oben angeführten Substantiven verwendet, wenn sie im Sinne ihrer ursprünglichen Zweckbezeichnung verwendet werden:
We go *to bed* (d.h. zum Schlafen)
to church (d.h. zum Gottesdienst)
to court (d.h. vor Gericht)
to hospital (d.h. ins Krankenhaus, um gesund zu werden)
to prison (d.h. in Gefangenschaft)
to school/college/university (d.h. um zu lernen)

Gleichermaßen:
We can be *in bed* (d.h. schlafend, ausruhend)
at church (d.h. als Betende)
in court (d.h. als Zeugen usw.)
in hospital (d.h. als Patient/inn/en)
at school (d.h. als Schüler/innen)
etc.

Auch:
We can be/get back (oder *be/get home) from school/college/university.*
We can leave school, leave hospital, be released from prison

Werden diese Begriffe jedoch in anderen Sinnzusammenhängen verwendet, wird der Gebrauch des bestimmten Artikels *the* erforderlich:
I went to the church to see the stained glass.
He goes to the prison sometimes to give lectures.

C *sea*

to go to sea as sailors (zur See fahren)
to be at sea = to be on a voyage (als Passagier oder Mitglied der Mannschaft)

Aber: *to go to* oder *be at the sea*
to go to oder *be at the seaside*
to live by/near the sea

D *work* und *office*

work (= place of work) wird ohne *the* verwendet:
He's on his way to work. He is at work.
He isn't back from work yet.

at work kann gleichermaßen *working* bedeuten; *hard at work = working hard: He's hard at work on a new picture.* Er ist sehr mit seinem neuen Bild beschäftigt. Er arbeitet viel daran.

office (= place of work) verlangt den Gebrauch des Artikels *the:*
He is at/in the office.

Der Ausdruck *to be in office* (ohne *the*) bedeutet das Innehaben eines (üblicherweise politischen) Amtes.
to be out of office (d.h. dieses Amt nicht länger bekleiden)

E *town*

the kann weggelassen werden, wenn das Aussagesubjekt von seiner eigenen Stadt spricht:
We got to town sometimes to buy clothes.
We were in town last Monday. – in der Stadt

9 *this/these, that/those* Demonstrativadjektive und Demonstrativpronomen *(demonstrative adjectives and pronouns)*

A Adjektivisch gebraucht, richten sich die Demonstrativadjektive nach dem Numerus ihrer Bezugssubstantive. Damit sind sie die einzigen Adjektive, die dieses tun.
This beach was quite empty last year.
This exhibition will be open until the end of May.
These people come from that hotel over there.
What does that notice say?
That exhibition closed a month ago.
He was dismissed on the 13th. That night the factory went on fire.
Do you see those birds at the top of the tree?

this/that, that/those + Nomen + of + yours/hers etc. oder *Ann's* etc. tritt zum Zweck der Hervorhebung manchmal an Stelle von *your/her* etc. + Nomen:
This diet of mine / My diet isn't having much effect.
That car of Ann's / Ann's car is always breaking down.

In solchen Sätzen ist meist impliziert, daß der Sinngehalt einen negativen Charakter annimmt, womit die Sprecher in den vorliegenden Fällen ihre Unzufriedenheit zum Ausdruck bringen (»Diese blöde Diät ...« usw.)

B *this/these, that/those* als Demonstrativpronomen:
This is my umbrella. That's yours.
These are the old classrooms. Those are the new ones.
»Who's that (man over there)?« »That's Tom Jones.«

Nach einem Radioprogramm:
That was the concerto in C minor by Vivaldi.

this is wird auch bei Vorstellungen von Personen benutzt:
ANN (wendet sich an TOM): *This is my brother Hugh.*
ANN (wendet sich an HUGH): *Hugh, this is Tom Jones.*
EIN ANRUFER AM TELEFON: *Good morning. This is / I am Tom Jones.*

I am ist geringfügig förmlicher als *this is* und wird meist dann verwendet, wenn der Anrufer die angerufene Person nicht kennt. Der Eigenname des Anrufers + *here (»Tom here.«)* ist umgangssprachlicher und salopper als *this is*.

those kann in Verbindung mit einem notwendigen Relativsatz gebraucht werden:
Those who couldn't walk were carried on stretchers.

this/that kann ein zuvor genanntes Nomen oder einen Satz wieder aufnehmen:
They're digging up my road. They do this every summer.
He said I wasn't a good wife. Wasn't that a horrible thing to say?

C *this/these, that/those* in Verbindung mit *one/ones*

Hat ein Sprecher die Absicht zu vergleichen oder aus einer Anzahl eine Auswahl vorzunehmen, so benutzt er häufig das Pronomen *one/ones* nach dem Demonstrativpronomen; diese Verbindung ist in jedem Fall erforderlich, wenn *this* usw. in Verbindung mit einem Adjektiv verwendet werden:
This chair is too low. I'll sit in that (one).
I like this (one) best.
I like this blue one / these blue ones.

2 Substantive *(nouns)*

10 Arten und Funktion

A Es gibt vier Substantivarten im Englischen:

Allgemeine Namen: *dog, man, table*

Eigennamen: *France, Madrid, Mrs Smith, Tom*

Abstrakte Substantive: *beauty, charity, courage, fear, joy*

Sammelnamen: *crowd, flock, group, swarm, team*

B Ein Substantiv kann im Satz folgende Funktionen ausüben:

Subjekt eines Satzes: *Tom arrived.*

Satzergänzung als Prädikatsnomen nach *be, become, seem: Tom is an actor.*

Direkte Satzergänzung nach einer Präposition: *I spoke to Tom.*

Ein Substantiv kann gleichermaßen possessiv verwendet werden: *Tom's books.*

11 Geschlecht der Substantive *(gender of nouns)*

A In der Regel wird das grammatische Geschlecht durch das natürliche Geschlecht bestimmt.

Maskulin (männlich): *men, boys* und männliche Tiere (Pronomen: *he/they*)

Feminin (weiblich): *women, girls* und weibliche Tiere (Pronomen: *she/they*)

Neutrum (sächlich): unbelebte Gegenstände, Tiere, deren natürliches Geschlecht unbekannt ist, und manchmal Kinder, deren Geschlecht wir nicht kennen (Pronomen: *it/they*)

Ausnahmen: Im Englischen werden manchmal Schiffe, Autos und andere Fahrzeuge, die man mit Zuneigung oder Respekt benennt, feminin verwendet. Länderbezeichnungen werden üblicherweise ebenfalls als weiblich behandelt.
The ship struck an iceberg, which tore a huge hole in her side.
Scotland lost many of her bravest men in two great rebellions.

B Maskuline/feminine Substantive zur Bezeichnung von Personen

1
Verschiedene Formen:

(a) *boy/girl, bachelor/spinster, bridegroom/bride, father/mother, gentleman/lady, husband/wife, man/woman, son/daughter, uncle/aunt, widower/widow*

Wesentliche Ausnahmen:
baby, child, cousin, infant, parent, relation, relative, spouse, teenager

(b) *duke/duchess, earl/countess, king/queen, lord/lady, prince/princess*

2
Die Mehrzahl der Substantive zur Bezeichnung von Berufen hat dieselbe Form: *artist, assistant, cook, dancer, driver, doctor, guide* etc.

Wesentliche Ausnahmen:
actor/actress, conductor/conductress, heir/heiress, hero/heroine, host/hostess, manager/manageress, steward/stewardess, waiter/waitress

Gleichermaßen *salesman/saleswoman* usw., aber manchmal tritt *-person* an die Stelle von *-man/-woman: salesperson, spokesperson.*

C Haustiere und einige der größeren wild lebenden Tiere haben verschiedene Formen für die männlichen und weiblichen Tiere.
bull/cow, cock/hen, dog/bitch, drake/duck, gander/goose, lion/lioness, ram/ewe, stag/doe, stallion/mare, tiger/tigress

Andere haben dieselbe Form (z.B. *mouse*).

12 Plurale

A Im Normalfall erfolgt die Bildung der Pluralform durch Anfügung eines *-s* an den Singular:
day/days, dog/dogs, house/houses

s wird stimmlos gesprochen [s] nach einem stimmlosen Laut wie *p, k* oder *f.*
In anderen Fällen wird es stimmhaft [z] gesprochen.
Folgt das *s* einem *ce, ge, se* oder *ze,* so wird eine zusätzliche Silbe ([iz]) dem gesprochenen Wort angehängt.

Andere Pluralformen:

B Substantive, die auf *o* oder *ch, sh, ss* oder *x* enden, bilden ihre Pluralformen durch Anfügung von *es:*
brush/brushes, box/boxes, church/churches, kiss/kisses, tomato/tomatoes

Substantive, die aus fremden Sprachen in das Englische übernommen wurden, oder abgekürzte Wörter, die auf *o* enden, fügen hingegen nur ein *s* an:
dynamo/dynamos, kilo/kilos, kimono/kimonos, piano/pianos, photo/photos, soprano/sopranos

Folgt *es* einem *ch, sh, ss* oder *x,* so wird eine zusätzliche Silbe ([iz]) dem gesprochenen Wort zugefügt.

C Substantive, die mit *y* enden, dem ein Konsonant vorausgeht, verwandeln *y* in *i* und hängen die Endung *es* an:
baby/babies, country/countries, fly/flies, lady/ladies

Substantive auf *y* mit vorausgehendem Vokal bilden ihre Pluralform durch Hinzufügung eines *s:*
boy/boys, day/days, donkey/donkeys, guy/guys

D Zwölf Substantive, die auf *f* oder *fe* enden, lassen das *f* oder *fe* fallen und fügen zur Bildung ihrer Pluralform *ves* an. Diese Substantive sind *calf, half, knife, leaf, life, loaf, self, sheaf, shelf, thief, wife, wolf: loaf/loaves, wife/wives, wolf/wolves* etc.

Die Substantive *hoof, scarf* und *wharf* bilden ihren Plural entweder durch Anhängung eins *s* oder durch den Wegfall des *f* und Anhängung von *ves: hoofs* oder *hooves, scarfs* oder *scarves, wharfs* oder *wharves*

Andere Wörter, die auf *f* oder *fe* enden, bilden ihren Plural durch Anhängung eines *s: cliff/cliffs, handkerchief/handkerchiefs, safe/safes*

E Einige wenige Substantive bilden den Plural durch Umlaut: *foot/feet, goose/geese, louse/lice, man/men, mouse/mice, tooth/teeth, woman/women*

Die Pluralformen von *child* und *ox* sind *children* und *oxen.*

F Bei bestimmten Tieren sind die Singularform und die Pluralform identisch. *fish* bleibt im Singular und Plural gleich. Die Form *fishes* existiert, ist aber ungewöhnlich. Einige Fischarten haben identische Singular- und Pluralformen: *carp, cod, mackerel, pike, plaice, salmon, squid, trout, turbot*

erfordern aber, wenn sie pluralisch verwendet werden, eine Verbform im Plural.

Andere fügen ein *s* an:
crabs, eels, herrings, lobsters, sardines, sharks

deer und *sheep* verändern sich nicht im Plural: *one sheep, two sheep.* Jäger, die *duck, partridge, pheasant* etc. jagen, benutzen dieselben Formen im Singular und Plural. Personen, die hingegen nicht jagen, verwenden die *s*-Endung zur Bezeichnung der Pluralform: *ducks, partridges, pheasants.*
Das Wort *game,* das von Jägern zur Bezeichnung des jagdbaren Wildes verwendet wird, wird immer im Singular verwendet und erfordert eine Verbform im Singular.

G Einige andere Wörter verändern sich ebenfalls nicht im Plural:
aircraft, craft (boat/boats)
counsel (barristers working in court)
quid (Slangausdruck für *£1*)

Einige Bezeichnungen für Maßeinheiten und Zahlen verändern sich ebenfalls nicht im Plural, siehe Kapitel **36** (wegen nicht zählbarer Substantive siehe Abschnitt **13**).

H Sammelnamen, *crew, family, team* etc. können singularisch oder pluralisch verwendet werden; das Verb steht im Singular, wenn die Gruppe als eine Einheit gesehen wird:
Our team is the best.

oder im Plural, wenn an die einzelnen Glieder der Gruppe gedacht wird:
Our team are wearing their new jerseys.

Ist ein Possessivadjektiv nötig, so ist die Verwendung eines Verbs im Plural in Verbindung mit *their* gebräuchlicher als die Verwendung eines Verbs in der Singularform mit *its,* obwohl manchmal beide Möglichkeiten bestehen:
The jury is considering its verdict.
The jury are considering their verdict.

I Bestimmte Wörter werden immer pluralisch gebraucht und erfordern ein Verb im Plural:
clothes, police

Zweiteilige Kleidungsstücke:
breeches, pants, pyjamas, trousers etc.

und Werkzeuge und Instrumente, die aus zwei Teilen bestehen:
binoculars, glasses, pliers, scales, scissors, shears, spectacles etc.

Gleichermaßen einige andere Wörter, wie:
arms (= weapons), damages (= compensation), earnings, goods/wares, greens (= vegetables), grounds, outskirts, pains (= trouble/effort), particulars, premises/quarters, riches, savings, spirits (= alcohol), stairs, surroundings, valuables

J Eine Anzahl von Wörtern, die auf *ics* enden, *acoustics, athletics, ethics, hysterics, mathematics, physics, politics* etc., die ein pluralisch gebrauchtes *s* aufweisen, erfordern normalerweise eine Verbform im Plural:
His mathematics are weak.

Die Namen von Wissenschaften können manchmal im Singular verwendet werden:
Mathematics is an exact science.

K Wörter, die im Englischen auf ein *s* enden, aber niemals im Plural verwendet werden, wie *news:*
The news is good.

gewisse Krankheiten:
mumps, rickets – Rachitis, *shingles* – Gürtelrose

und gewisse Spiele:
billiards, darts, dominoes, draughts, bowls

L Einige Wörter, die dem Griechischen oder Lateinischen entlehnt sind, bilden ihre Pluralform gemäß den Regeln des Griechischen oder des Lateinischen:
crisis, crises ['kraɪsɪs], ['kraɪsiːz]
phenomenon/phenomena
erratum/errata
radius/radii
memorandum/memoranda
terminus/termini
oasis, oases [əʊ'eɪsɪs], [əʊ'eɪsiːz]

Einige Wörter jedoch beachten die englischen Regeln der Pluralbildung:
dogma/dogmas, gymnasium/gymnasiums, formula/formulas
(von Wissenschaftlern wird die Form *formulae* vorgezogen)

Manchmal bestehen zwei verschiedene Pluralformen, die dann verschiedene Bedeutungen haben:
appendix/appendixes oder *appendices* (= medizinische Fachbegriffe)
appendix/appendices (= Anhang eines Buches)
index/indexes (= in Büchern), *indices* (= in der Mathematik)

Musiker ziehen üblicherweise italienische Pluralformen für italienische Begriffe aus der Musik vor:
libretto/libretti, tempo/tempi

Aber ein Plural-*s* ist gleichermaßen möglich:
librettos, tempos

M Zusammengesetzte Substantive

1
Bei zusammengesetzten Substantiven erhält das letzte Wort üblicherweise das Pluralzeichen:
boy-friends, break-ins, travel agents

Werden jedoch *man* und *woman* bei zusammengesetzten Substantiven an erster Stelle verwendet, so erhalten beide Substantive ein Pluralzeichen:
men drivers, women drivers

2
Das erste Wort erhält ein Pluralzeichen, wenn die zusammengesetzten Substantive wie folgt gebildet werden: Verb + *er* = Substantiv + Adverb:
hangers-on, lookers-on, runners-up

wie bei zusammengesetzten Substantiven, die aus einem Substantiv + Präposition + Substantiv bestehen:
ladies-in-waiting, sisters-in-law, wards of court

3
Abkürzungen mit Initialen können eine Pluralform bilden:
MPs (= Members of Parliament)
VIPs (= very important persons)
OAPs (= old age pensioners)
UFOs (= unidentified flying objects)

13 Substantive, die nur im Singular gebraucht werden *(uncountable nouns)*

A

1
Stoffnamen:
beer, bread, cloth, coffee, cream, dust, gin, glass, gold, ice, jam, oil, paper, sand, soap, stone, tea, water, wine, wood

2
Abstrakte Substantive:
advice, beauty, courage, death, experience, fear, help, hope, horror, information, knowledge, mercy, pity, relief, suspicion, work

3
Substantive, die im Englischen nur im Singular gebraucht werden, sind:
baggage, camping, damage, furniture, luggage, parking, shopping, weather

Diese Begriffe sowie *hair, information, knowledge, news, rubbish* werden manchmal in anderen Sprachen auch im Plural gebraucht.

B Substantive, die nur im Singular gebraucht werden, werden ohne *a/an* verwendet:
I don't want (any) advice or help. I want (some) information.
He has had no experience in this sort of work.

Vor solchen Substantiven stehen oft *some, any, no, a little* etc., oder Substantive wie *bit, piece, slice* etc. + *of*:
a bit of news, a cake of soap, a drop of oil, a grain of sand, a pane of glass, a piece of advice, a pot of jam, a sheet of paper

C Viele der Wörter in den zuvor angeführten Gruppen können singularisch verwendet werden und stehen dann mit dem unbestimmten Artikel *a/an*. Einige Beispiele werden nachstehend aufgeführt.

hair (das Kopfhaar) wird als nicht zählbar angesehen; wenn wir hingegen jedes einzelne Haar für sich betrachten, sagen wir *one hair, two hairs* etc.:
Her hair is black. Whenever she finds a grey hair she pulls it out.

Wir trinken *beer, coffee, gin,* aber bitten um *a (cup of) coffee, a gin, two gins* etc. Wir trinken *wine* aus Gläsern. Wir gehen in *woods* spazieren.

experience kann im Singular und Plural gebraucht werden, wenn es eine Erfahrung, ein Abenteuer, ein ungewöhnliches Ereignis bezeichnet:
He had an exciting experience, some exciting experiences last week.
– ein aufregendes Erlebnis

work wird nur singularisch in der Bedeutung ›Beschäftigung/Job/Beruf‹ verwendet.
He is looking for work / for a job.
I do homework.
She does housework.

Der Begriff *roadworks* bedeutet Straßenarbeiten.
works (nur Plural) kann Fabrik bedeuten oder bewegliche Teile einer Maschine.
works (normalerweise pluralisch verwendet) kann literarische Erzeugnisse oder musikalische Kompositionen (Werke) bezeichnen:
Shakespeare's complete works.

D Einige abstrakte Substantive können mit *a/an* verwendet werden, wenn sie singularisch in besonderem Sinn verwendet werden:

a help:
My children are a great help to me.
A good map would be a help.

a relief:
It was a relief to sit down.

a knowledge + of:
He had a good knowledge of mathematics.

a dislike, dread, hatred, horror, love + of ist gleichermaßen möglich:
a love of music, a hatred of violence

a mercy, pity, shame, wonder können mit *that*-Sätzen verwendet werden, die durch *it* eingeleitet werden:
It's a pity you weren't here.
It's a shame he wasn't paid.

it + be + a pity/shame + Infinitiv ist auch möglich:
It would be a pity to cut down these trees.

E *a fear, fears, a hope, hopes, a suspicion, suspicions*

Diese Begriffe können mit *that*-Sätzen verwendet werden, die durch *there* eingeleitet werden:
There is a fear / There are fears that he has been murdered.

Eine Satzkonstruktion wie *We can also have a suspicion that ...* ist gleichermaßen möglich; ebenso Konstruktionen wie:
Something can arouse a fear / fears, a hope / hopes, a suspicion / suspicions.

14 Formen des Genitivs

A *'s* wird bei Substantiven verwendet, die singularisch benutzt werden, und bei Substantiven, die im Plural nicht auf *s* enden:
a man's job, men's work, a woman's intuition, the butcher's (shop), a child's voice, the children's room, the people's choice, the crew's quarters, the horse's mouth, the bull's horns, women's clothes, Russia's exports

B Bei Pluralformen von Substantiven mit *s* wird ein Apostroph verwendet:
a girls' school, the eagles' nest, the students' hostel, the Smiths' car

C Eigennamen der Antike, die auf *s* enden, fügen nur ein Apostroph an:
Pythagoras' Theorem, Archimedes' Law, Sophocles' plays

D Andere Eigennamen, die auf *s* enden, können ein *'s* anhängen oder den Apostroph allein:
Mr Jones's (oder *Mr Jones'*) *house, Yeats's* (oder *Yeats'*) *poems*

E Bei zusammengesetzten Substantiven erhält das letzte Wort *'s:*
my brother-in-law's guitar

Eigennamen, die aus mehreren Wörtern bestehen, werden gleichermaßen behandelt:
Henry the Eighth's wives, the Prince of Wales's helicopter

's kann gleichermaßen nach Abkürzungen benutzt werden, die aus Initialen gebildet werden:
the PM's secretary, the MP's briefcase, the VIP's escort

Im Possessiv-Fall fällt der bestimmte Artikel wie bei den nachstehend aufgeführten Beispielen weg:
the daughter of the politician > the politician's daughter
the intervention of America > America's intervention
the plays of Shakespeare > Shakespeare's plays

15 Gebrauch des Genitivs und *of* + Substantiv

A Der Possessiv-Fall wird meist bei Personen, Ländern oder Tieren gebraucht, wie die obigen Beispiele gezeigt haben. Er kann ebenso benutzt werden:

1
Bei Schiffen und Booten:
the ship's bell, the yacht's mast

2
Bei Flugzeugen, Zügen, Autos oder anderen Fahrzeugen, obwohl in diesen Fällen die *of*-Konstruktion sicherer ist:
a glider's wings oder *the wings of a glider*
the train's heating system oder *the heating system of the train*

3
Bei Zeitangaben:
a week's holiday, tomorrow's weather, ten minutes' break, today's paper, in two years' time, two hours' delay

a ten-minute break, a two-hour delay sind gleichermaßen möglich:
We have ten minutes' break / a ten-minute break.

4
Bei Angaben von Geldmengen in Verbindung mit *worth:*
£1's worth of stamps, ten dollars' worth of ice-cream

5
Mit *for* + Substantiv + *sake: for heaven's sake, for goodness' sake*

6
In wenigen Ausdrücken wie:
a stone's throw, journey's end, the water's edge

7
Im Englischen sind entweder *a winter's day* oder *a winter day* und *a summer's day* oder *summer day* möglich, die Ausdrücke *spring* oder *autumn* jedoch können nicht genitivisch verwendet werden, es sei denn, man benutzt sie in personifizierter Form:
autumn's return.

8
Manchmal können bestimmte Substantive genitivisch verwendet werden, ohne daß ein zweites Substantiv folgt.
a/the baker's, butcher's, chemist's, florist's etc. können bedeuteten *a/the baker's, butcher's* etc. *shop.* Gleichermaßen *a/the house agent's, travel agent's* etc. *(office)* und *the dentist's, doctor's, vet's (surgery):*
You can buy it at the chemist's.
He's going to the dentist's.

Die Namen der Besitzer von Geschäften können ähnlich gebraucht werden: *Sotheby's, Claridge's*

Einige wohlbekannte Geschäfte usw. benutzen diese Possessiv-Formen und lassen in Einzelfällen den Apostroph fallen: *Foyles, Harrods.*
Die Eigennamen von Personen können in Einzelfällen ähnlich behandelt werden und bedeuten: »*...'s house*«.
We had lunch at Bill's.
We met at Ann's.

B *of* + Substantiv zum Ausdruck eines Besitzverhältnisses:
Der *possessive case* (Besitz-Fall) bezeichnet den Besitzer einer Sache oder auch den Urheber einer Handlung.

1
Wenn das Substantiv, das durch den *possessive case* bestimmt wird, von einem Satz oder einer Phrase begleitet wird:
The boys ran about, obeying the directions of a man with a whistle.
I took the advice of a couple I met on the train and hired a car.

2
Bei unbelebten ›Besitzern‹ (Bezeichnungen von Zuordnungen), außer denen, die unter **A** aufgeführt sind:
the walls of the town, the roof of the church, the keys of the car

Es ist jedoch möglich, die Anordnung Substantiv X + *of* + Substantiv Y durch die Anordnung Substantiv Y + Substantiv X zu ersetzen:
the town walls, the church roof, the car keys

In diesen Fällen wird das erste Substantiv zu einer Art Adjektiv und nicht in den Plural gesetzt:
The roofs of the churches > the church roofs (siehe Abschnitt **16**)

Da nicht in jedem Fall eine Kombination von Substantiv + *of* + Substantiv auf diese Art und Weise verändert werden kann, ist der Lernende gut beraten, bei Zweifelsfällen die Konstruktion mit *of* zu benutzen.

16 Zusammengesetzte Substantive *(compound nouns)*

A Beispiele (Betonung):

1
Substantiv + Substantiv:
'London 'Transport, 'hall 'door, 'hitch-hiker, 'kitchen 'table, 'Fleet Street, 'traffic warden, 'sky-jacker, 'winter 'clothes, 'Tower 'Bridge, 'petrol tank, 'river bank

2
Substantiv + *gerund:*
'fruit picking, 'weight-lifting, 'lorry driving, 'bird-watching, 'coal-mining, 'surf-riding

3
gerund + Substantiv:
'waiting list, 'landing card, 'diving-board, 'dining-room, 'driving licence, 'swimming pool

B Einige Verwendungsformen solcher zusammengesetzter Substantive:

1
Wenn das zweite Substantiv Teil des ersten ist oder wenigstens zu ihm gehört:
'shop 'window, 'church bell, 'picture frame, 'garden 'gate, 'college 'library, 'gear lever

Bezeichnen die Wörter jedoch Mengen: *lump, part, piece, slice* etc., so können sie nicht auf die eben angeführte Art und Weise benutzt werden:
a piece of bread, a slice of bread

2
Das erste Substantiv kann das zweite örtlich bestimmen:
'city 'street, 'corner 'shop, 'country 'lane, 'street market

3
Das erste Substantiv kann das zweite zeitlich bestimmen:
'summer 'holiday, 'November 'fogs, 'dawn 'chorus, 'Sunday 'paper, 'spring 'flowers

4
Das erste Substantiv kann den Stoff bezeichnen, aus dem das zweite Substantiv besteht oder hergestellt ist:
'steel 'door, 'gold 'medal, 'silk 'shirt, 'rope 'ladder, 'stone 'wall

In diese Kategorie gehören die Wörter *wool* und *wood* nicht, da sie Adjektiv-Formen bilden: *woollen* und *wooden. gold* hat eine Adjektiv-Form *golden,* die jedoch nur im übertragenen Sinn verwendet wird:
a golden handshake – eine Abfindung
a golden opportunity – eine einmalige Gelegenheit
golden hair – blond

Das erste Substantiv kann auch die Energie / den Kraftstoff benennen, die/der für die Funktionsfähigkeit des zweiten Substantivs erforderlich ist:
'gas 'fire, 'petrol engine, 'oil 'stove

5
Das erste Wort kann den Zweck des zweiten Wortes angeben:
'coffee cup, 'reading lamp, 'golf club, 'escape hatch, 'skating rink, 'notice board, 'chess board, 'tin opener, 'football ground

6
Bezeichnungen von Arbeitsbereichen wie *factory, farm, mine* etc. haben oft die Bezeichnungen des Produkts vor sich stehen, das auf/in ihnen hergestellt wird:
'fish-farm, 'gold-mine, 'oil-rig

oder die Benennung der dort ausgeführten Arbeit:
'inspection pit, 'assembly plant, 'decompression chamber

7
Diese Kombinationen werden oft bei Beschäftigungen, sportlichen Betätigungen, Hobbies und zur Bezeichnung der Personen, die diese ausüben, verwendet:
'sheep farming, 'sheep farmer, 'pop singer, 'wind surfing, 'water skier, 'disc jockey

und für Wettbewerbe / sportliche Turniere etc.:
'football match, 'beauty contest, 'tennis tournament, 'car rally

8
Das erste Substantiv kann angeben, wovon das zweite handelt oder was es aussagt. So kann zum Beispiel ein Roman ein *'detective/murder/mystery/ghost/horror/spy story* sein. Wir kaufen *'bus/train/plane tickets.* Wir zahlen *'fuel/laundry/milk/telephone bills, 'entry fees, 'income tax, 'car insurance, 'water rates, 'parking fines.*

Gleichermaßen in Verbindung mit Komitees, Institutionen, Verhandlungen, Konferenzen etc.:
'housing committee, 'education department, 'peace talks

9
Bis zu einem gewissen Ausmaß überschneiden sich diese Kategorien. Die eine soll die andere nicht ausschließen, ihre Auflistung soll dem Lernenden einen Eindruck von den Kombinationsmöglichkeiten und ihren Verwendungen vermitteln und gleichermaßen eine Betonungshilfe anbieten.

C Die Betonungs- und Akzenthilfen verdeutlichen folgende Sachverhalte:

1
Das erste Wort wird betont bei der Kombination Substantiv + *gerund* und *gerund* + Substantiv, wenn ein Zweck wie in **B** 5 ausgedruckt wird, und in Kombinationen des Typs **B** 7 und **B** 8.

2
Beide Wörter werden betont in Kombinationen der Typen **A** 1, **B** 1-3, Ausnahmen sind jedoch möglich.

3
Bei Kombinationen zur Bezeichnung von Ortsnamen werden üblicherweise beide Wörter gleich betont:
'King's 'Road, 'Waterloo 'Bridge, 'Leicester 'Square

Hier ist jedoch eine wesentliche Ausnahmeregel aufzuführen. Bei Zusammensetzungen, in denen das letzte Wort *Street* (als Straßenname) ist, bleibt das Wort *Street* ohne Betonung:
'Bond Street, 'Oxford Street

3 Adjektive *(adjectives)*

17 Arten der Adjektive

A Die wesentlichen Arten/Kategorien sind:

(a) demonstrative Adjektive: *this, that, these, those* (siehe Abschnitt **9**)
(b) distributive Adjektive: *each, every* (siehe Abschnitt **46**); *either, neither* (siehe Abschnitt **49**)
(c) quantitative Adjektive: *some, any, no* (siehe Abschnitt **50**); *little, few* (siehe Abschnitt **5**); *many, much* (siehe Abschnitt **25**); *one, twenty* (siehe Abschnitt **349**)
(d) interrogative Adjektive: *which, what, whose* (siehe Abschnitt **54**)
(e) possessive Adjektive: *my, your, his, her, its, our, your, their* (siehe Abschnitt **62**)
(f) Eigenschaften angebende und kennzeichnende Adjektive: *clever, dry, fat, golden, good, heavy, square* (siehe Abschnitt **19**)

B Partizipien, die als Adjektive gebraucht werden

Beide Partizipien, das Partizip Präsens *(ing)* und das Partizip Perfekt *(ed)* können adjektivisch verwendet werden. Sie dürfen keinesfalls verwechselt werden. Partizip-Präsens-Formen, die als Adjektive benutzt werden, *amusing, boring, tiring* etc., haben ›aktive‹ Bedeutung, sind ›etwas bewirkend‹. Partizip-Perfekt-Formen, die als Adjektive verwendet werden, *amused, horrified, tired* etc., werden ›passiv‹ gebraucht und bedeuten ›auf diese Art und Weise beeinflußt sein oder werden‹.

The play was boring. (d.h. die Zuschauer waren gelangweilt)
The work was tiring. (d.h. die Arbeiter wurden bald müde)
The scene was horrifying. (d.h. die Zuschauer wurden erschreckt)
an infuriating woman (d.h. sie machte uns wütend)
an infuriated woman (d.h. irgendetwas hatte die Frau wütend gemacht)

C Ausrichtung

Im Englischen sind die Adjektive unveränderlich, sie werden nicht flektiert:
a good boy, good boys / a good girl, good girls

Die einzigen Ausnahmen sind die demonstrativen Adjektive *this* und *that*, die vor Substantiven im Plural zu *these* und *those* verändert werden:
this cat, these cats / that man, those men

D Zu vielen Adjektiven/Partizipien können Präpositionen treten:
good at, tired of (siehe Abschnitt **96**).

18 Stellung der Adjektive: attributiver und prädikativer Gebrauch

A Die Adjektive in den Gruppen (a) bis (e), siehe Abschnitt **17** **A**, stehen vor den Substantiven, auf die sie sich beziehen:
this book, which boy, my dog

Adjektive in solcher Stellung werden attributiv gebrauchte Adjektive genannt.

B Adjektive, die Eigenschaften angeben und Personen oder Sachen kennzeichnen, können entweder vor dem Substantiv stehen, auf das sie sich beziehen:
a rich man, a happy girl

oder nach Verben stehen wie (a) *be, become, seem:*
Tom became rich. Ann seems happy.

oder (b) *appear, feel, get/grow (= become), keep, look (= appear), make, smell, sound, taste, turn:*
Tom felt cold.
He got/grew impatient.
He made her happy.
The idea sounds interesting.

In diesen Beispielsätzen steht das Adjektiv als prädikative Ergänzung zum Subjekt; so verwendete Adjektive werden prädikative Adjektive genannt. Verben, die eine solche Verwendung ermöglichen, werden Kopulae *(link verbs)* genannt.

C Anmerkung zu den *link verbs* (Kopulae), siehe auch Abschnitt **169**

Ein Problem bei den Verben in **B** (b) liegt in der Tatsache begündet, daß sie neben ihrer Verwendung als Kopulae auch noch als Verben mit Adverbien gebraucht werden. Dieses ist für den Fremdsprachenlernenden verwirrend, da er nach Verben üblicherweise Adverbien verwendet statt der hier nötigen Adjektive. Die nachstehend aufgeführten Beispiele mögen den unterschiedlichen Gebrauch von Adjektiven und Adverbien verdeutlichen:
He looked calm. (Adjektiv) Er sah ruhig aus.
He looked calmly (Adverb) *at the angry crowd.* Er schaute ruhig auf die aufgebrachte Menge.
She turned pale. (Adjektiv) Sie wurde blaß / sie erblaßte.

He turned angrily (Adverb) *to the man behind him.* Er wandte sich wütend an den Mann hinter ihm. (Das Prädikat drückt in diesem Satz eine bewußte Handlung aus.)
The soup tasted horrible. (Adjektiv) Die Suppe schmeckte fürchterlich.
He tasted the soup suspiciously. (Adverb) Er probierte die Suppe mißtrauisch.

In den angeführten Sätzen drücken die Adjektive als prädikative Ergänzung etwas über das bezügliche Substantiv oder Pronomen aus; Adverbien kennzeichnen die angegebene Tätigkeit näher.

D Einige Adjektive können nur attributiv oder nur prädikativ gebraucht werden, und einige ändern ihre Bedeutung je nachdem, wie sie verwendet werden.

bad/good, big/small, heavy/light und *old* in solchen Ausdrücken wie *bad sailor, good swimmer, big eater, small farmer, heavy drinker, light sleeper, old boy/ friend/soldier* etc. können nicht prädikativ verwendet werden, ohne ihre Bedeutung zu ändern: *a small farmer* ist ein Bauer mit einem kleinen Bauernhof, aber *The farmer is small* bedeutet, daß der Bauer von kleinem Wuchs ist (siehe Abschnitt **19** **B** für *little, old, young*). *chief, main, principal, sheer, utter* stehen vor dem zugehörigen Substantiv. *frightened* kann attributiv und prädikativ verwendet werden, aber *afraid* und *upset* müssen dem Verb folgen wie *adrift, afloat, alike* (siehe Abschnitt **21** **G**), *alive, alone, ashamed, asleep.*

Die Bedeutung von *early* und *late* hängt von ihrer Verwendung im Satz ab:
an early / a late train – ein Frühzug/Spätzug
The train is early/late. – Der Zug ist verfrüht/verspätet.

poor (without money = arm*)* kann vor dem zugehörigen Substantiv stehen oder dem Verb folgen.

poor (unfortunate = unglücklich*)* muß vor dem zugehörigen Substantiv stehen.

poor (weak/inadequate = schwach/unzureichend*)* steht vor Substantiven wie *student, worker* etc., kann jedoch auch prädikativ gebraucht werden bei ›unbelebten‹ Substantiven:
He has poor sight. His sight is poor.

E Gebrauch von *and*

In Verbindung mit attributiven Adjektiven wird *and* hauptsächlich verwendet, wenn zwei oder mehr Farbadjektive benutzt werden. Es wird dann vor das letzte dieser Farbadjektive gestellt:
a green and brown carpet
a red, white and blue flag

Bei prädikativ gebrauchten Adjektiven wird *and* zwischen die beiden letzten Adjektive gestellt:
The day was cold, wet and windy.

19 Stellung der Adjektive, die Eigenschaften angeben und Personen und Sachen kennzeichnen

A Trotz verschiedener Variationen ist die übliche Stellung und Reihenfolge im Satz:

Adjektive, die
(a) Größen angeben (außer *little,* aber siehe Abschnitt **C** unten)
(b) allgemein beschreiben (ausschließlich der Adjektive zu Angaben der Persönlichkeit, Gefühlen usw.)
(c) das Alter angeben und das Adjektiv *little* (siehe Abschnitt **B**)
(d) die Form angeben
(e) die Farbe angeben
(f) das Material bezeichnen
(g) den Ursprung, die Herkunft bezeichnen
(h) den Zweck angeben (hier üblicherweise *gerunds* bei zusammengesetzten Substantiven: *walking stick, riding boots*):
a long sharp knife, a small round bath, new hexagonal coins, blue velvet curtains, an old plastic bucket, an elegant French clock

Adjektive, die Persönlichkeitsmerkmale angeben / Gefühle benennen, stehen nach Adjektiven der Beschreibung äußerer Merkmale, einschließlich *dark, fair, pale,* aber vor Farben:
a small suspicious official, a long patient queue, a pale anxious girl, a kind black doctor, an inquisitive brown dog

B *little, old* und *young* werden oft als Teil einer Adjektiv-Substantiv-Verbindung gebraucht, verlieren dabei viel von ihrem ursprünglichen Wortsinn und werden zu ihrem zugehörigen Substantiv gestellt:
Your nephew is a nice little boy.
That young man drives too fast.

little + *old* + Substantiv ist möglich: *a little old lady.* Aber *little* + *young* ist nicht möglich.
Legt ein Sprecher auf den Aussagegehalt von *old* und *young* Wert, so werden sie wie folgt verwendet (c):
a young coloured man, an old Welsh harp

Adjektive zur Beschreibung von Persönlichkeitsmerkmalen und Benennung von Gefühlen können vor *young/old* stehen oder diesen Adjektiven folgen:
a young ambitious man, an ambitious young man

young im ersten Beispiel ist betonter als *young* im zweiten Beispiel; so ist die erstrangige Stellung besser, wenn ein Sprecher das Alter hervorheben will. *little* kann ähnlich in Position (c) verwendet werden:
a handy little calculator, an expensive little hotel, a little sandy beach, a little grey foal

Wenn ein Sprecher die Größe hervorheben will, empfiehlt sich die Verwendung von *small* eher als der Gebrauch von *little*.
(wegen *little* = *a small amount* = wenig siehe Abschnitt **5**)

C *fine, lovely, nice* und manchmal *beautiful* + Größenadjektive (mit Ausnahme von *little*) und Adjektive, die Formen und Temperaturen bezeichnen, drücken in der Regel die Zustimmung des Sprechers im Bezug auf die Größe usw. aus. Wenn man im Englischen sagt *a beautiful big room, a lovely warm house, nice/fine thick steaks*, wird impliziert, daß die Sprecher große Räume, warme Häuser und dicke Steaks schätzen.

fine, lovely und *nice* können auf ähnliche Weise mit einer Anzahl anderer Adjektive verbunden werden:
fine strong coffee, a lovely quiet beach, a nice dry day

Beim prädikativen Gebrauch werden solche Paare durch *and* getrennt:
The coffee was fine and strong.
The day was nice and dry.

beautiful wird in diesem Sinne nicht als prädikatives Adjektiv benutzt.

D *pretty* ist ein Adverb, das einen Grad angibt und *very/quite* bedeutet, wenn es von einem zweiten Adjektiv gefolgt wird und nicht durch ein Komma von ihm abgetrennt ist:
She's a pretty tall girl. Sie ist ziemlich / ganz schön groß.
a pretty, tall girl / a tall, pretty girl – ein Mädchen, das sowohl hübsch als auch groß ist

20 Steigerung

A Es gibt drei Steigerungsgrade:

Positiv	Komparativ	Superlativ
dark	*darker*	*darkest*
tall	*taller*	*tallest*
useful	*more useful*	*most useful*

B Einsilbig gesprochene Adjektive werden germanisch gesteigert, d.h. Komparative und Superlative werden durch Anfügung von *er* und *est* an die Grundform (Positiv) gebildet:

bright *brighter* *brightest*

Adjektive, die auf *e* enden, fügen *r* und *st* an:

brave *braver* *bravest*

C Alle drei- und mehrsilbigen Adjektive werden romanisch gesteigert, d.h. Komparative und Superlative werden durch Vorsetzen von *more* und *most* gebildet:

interested	*more interested*	*most interested*
frightening	*more frightening*	*most frightening*

D Zweisilbige Adjektive werden gemäß einer der beiden Regeln gesteigert. Adjektive, die auf *ful* oder *re* enden, werden meist romanisch gesteigert:

doubtful	*more doubtful*	*most doubtful*
obscure	*more obscure*	*most obscure*

Adjektive, die auf *er, y* oder *ly* enden, werden germanisch gesteigert:

clever	*cleverer*	*cleverest*
pretty	*prettier*	*prettiest (y* wird zu *i)*
silly	*sillier*	*silliest*

E Unregelmäßige Steigerungsformen

bad	*worse*	*worst*
far	*farther*	*farthest* (nur räumlich)
	further	*furthest* (auch im übertragenen Sinn verwendbar, siehe **F**, **G**)
good	*better*	*best*
little	*less*	*least*
many, much	*more*	*most*
old	*elder*	*eldest* (nur auf Personen bezogen)
old	*older*	*oldest* (auf Personen und Sachen bezogen)

F *farther/farthest* und *further/furthest*

Beide Formen können zur Bezeichnung von Entfernungen (räumlich) verwendet werden:

York is farther/further than Lincoln or Selby.
York is the farthest/furthest town.
oder: *York is the farthest/furthest of the three.*
(Im letzten Satz sind *farthest/furthest* Pronomen, siehe Abschnitt **24 B**.)

further kann auch in der Bedeutung von *additional, extra,* vor allem in Verbindung mit abstrakten Substantiven benutzt werden:
Further supplies will soon be available.
Further discussion/debate would be pointless.

Gleichermaßen:
further inquiries/delays/demands/information/instructions etc.

furthest kann in Verbindung mit abstrakten Substantiven ähnlich verwendet werden:
This was the furthest point they reached in their discussion.
This was the furthest concession he would make.
(wegen des adverbialen Gebrauchs siehe Abschnitt **32**)

G *far* (zur Bezeichnung räumlicher Ferne) und *near*

In der Komparativ- und der Superlativ-Form können beide vergleichsweise frei benutzt werden:
the farthest/furthest mountain, the nearest river

Im Positiv ist die Verwendung jedoch eingeschränkt:
far und *near* werden hauptsächlich mit *bank, end, side, wall* etc. verwendet:
the far bank – das jenseitige Ufer
the near bank – das diesseitige Flußufer

near kann auch in Verbindung mit *east* verwendet werden, *far* in Verbindung mit *north, south, east* und *west.* Bei anderen Substantiven wird *far* gewöhnlich durch *distant/remote* und *near* durch *nearby/neighbouring* ersetzt:
a remote island, the neighbouring village.
(siehe Abschnitt **32** wegen *far* als Adverb; siehe **30** **C** wegen *near* als Adverb oder als Präposition)

H *elder/eldest, older/oldest*

elder, eldest stehen gewöhnlich nur im Vergleich von Familienmitgliedern: *my elder brother, my eldest boy/girl* geben nicht an, daß jemand wirklich ›alt‹ ist; *elder* wird nicht mit *than* verbunden, so ist im nachfolgenden Satz *older* nötig:
He is older than I am.

Im Umgangsenglisch werden *eldest, oldest* und *youngest* oft benutzt, wenn in einer Familie nur zwei Jungen/Mädchen/Kinder usw. vorhanden sind:
His eldest boy's at school; the other is still at home.

Diese Verwendung ist besonders gebräuchlich, wenn *eldest, oldest* als Pronomen verwendet werden:
Tom is the eldest. (d.h. von den beiden)
(siehe Abschnitt **24** **B**)

21 Vergleiche im Satz
(siehe auch Abschnitt **341**)

A Mit der Grundform des Adjektivs benutzen wir *as ... as* in Aussagesätzen und *not as / not so ... as* in verneinten Aussagesätzen:
A boy of sixteen is often as tall as his father.
He was as white as a sheet.
Manslaughter is not as/so bad as murder.
Your coffee is not as/so good as the coffee my mother makes.

B Mit dem Komparativ wird *than* gebraucht:
The new tower blocks are much higher than the old buildings.
He makes fewer mistakes than you (do).
He is stronger than I expected. (I didn't expect him to be so strong.)
It was more expensive than I thought. (I didn't think it would be so expensive.)

Wird *than* ... ausgelassen, so wird üblicherweise im Umgangsenglisch der Superlativ statt des Komparativs verwendet:
This is the best way. (d.h. von zwei Möglichkeiten)
(Komparative, Superlative, die pronominal gebraucht werden, siehe Abschnitt **24** **B**)

C Ein Vergleich zwischen drei oder mehr Personen/Dingen wird durch den Superlativ mit *the ... in/of* gezogen:
This is the oldest theatre in London.
The youngest of the family was the most successful.

Die Verwendung eines Relativsatzes empfiehlt sich vor allem in Verbindung mit einer Zeitform der Vergangenheit:
It/This is the best beer (that) I have ever drunk.
It/This was the worst film (that) he had ever seen.
He is the kindest man (that) I have ever met.
It was the most worrying day (that) he had ever spent.

In diesen Sätzen wird *ever* verwendet, nicht *never*. Im Englischen kann jedoch dieselbe Idee mit *never* und einem Komparativ ausgedrückt werden:
I have never drunk better beer.
I have never met a kinder man.
He had never spent a more worrying day.

most + Adjektiv ohne *the* bedeutet *very* sehr:
You are most kind. = *You are very kind.*

In der Bedeutung von *very* wird *most* vor allem mit zwei- oder mehrsilbigen Adjektiven verwendet:
annoying, apologetic, disobedient, encouraging, exciting, helpful, important, misleading etc.

D *the* + Komparativ ... *the* + Komparativ (je ... desto)

House agent: Do you want a big house?
Ann: Yes, the bigger the better.
Tom: But the smaller it is, the less it will cost us to heat.

E Ein schrittweises Anwachsen oder kontinuierliches Abflauen wird durch zwei Komparative, die durch *and* verbunden sind, ausgedrückt:
The weather is getting better and better.
He became less and less interested.

F Vergleiche von Handlungen mit *gerund* oder Infinitivkonstruktionen

Riding a horse is not as easy as riding a motorcycle.
It's nicer/more fun to go with someone than to go alone.
(siehe Abschnitt **341**)

G Vergleiche mit *like* (Präposition) und *alike*

Tom is very like Bill. Bill and Tom are very alike.
He keeps the central heating full on. It's like living in the tropics.

H Vergleiche mit *like* und *as*
(Die nachfolgenden Beispiele bieten adverbiale und adjektivische Konstruktionen):

In Anwendung der Regeln wird *like* (Präposition) nur mit Substantiven, Pronomen oder einem *gerund* verwendet:
He swims like a fish.
You look like a ghost.
Be like Peter/him: go jogging.
The windows were all barred. It was like being in prison.

und *as* (Konjunktion) in einem Satz mit einem finiten Verb:
Do as Peter does: go jogging.
Why don't you cycle to work as we do?

Im Umgangsenglisch wird *like* oft anstelle von *as* verwendet:
Cycle to work like we do.

I *like* + Substantiv und *as* + Substantiv

He worked like a slave. Er arbeitete wie ein Sklave.
He worked as a slave. Er arbeitete als Sklave.
She used her umbrella as a weapon. Sie benutzte ihren Schirm als Waffe.

22 *than/as* + Pronomen + Hilfsverb

A Wenn vor und hinter *than/as* das gleiche Verb benutzt werden soll, so kann ein Hilfsverb das zweite Verb ersetzen:
I earn less than he does. (less than he earns)

In beiden Satzteilen ist nicht notwendigerweise die gleiche Zeitform erforderlich:
He knows more than I did at his age.

B Wenn der zweite Satz nur aus *than/as* + *I/we/you* + Verb besteht und kein Zeitwechsel vorliegt, so ist es möglich, das Verb fortzulassen:
I am not as old as you (are).
He has more time than I/we (have).

Auf formalem Sprachniveau wird *I/we* beibehalten, da das Pronomen noch als Subjekt des Verbs betrachtet wird, obwohl das Verb weggelassen wurde. Auf informellem Sprachniveau jedoch ist *me/us* gebräuchlicher:
He has more time than me.
They are richer than us.

C Wird *than/as* durch *he/she/it* + Verb gefolgt, so hält man üblicherweise am Verb fest:
You are stronger than he is.

Das Verb kann weggelassen werden und *he/she/they* in sehr formellem Englisch benutzt werden oder *him/her/them* auf sehr umgangssprachlichem Niveau.

Diese Regeln finden auch Anwendungen in Vergleichen mit Adverbien:
I swim better than he does / better than him.
They work harder than we do / harder than us.
You can't type as fast as I can / as fast as me.

23 *the* + Adjektiv in pluralischer Bedeutung

A *blind, deaf, disabled, healthy/thick, living/dead, rich/poor, unemployed* und gewisse andere Adjektive, die menschliche Charakterzüge oder Lebensumstände beschreiben, können vor sich *the* stehen haben, um eine bestimmte Personenkategorie zu kennzeichnen. Diese Ausdrücke haben pluralische Bedeutung; sie erfordern ein Verb im Plural und das Pronomen *they:*
The poor get poorer; the rich get richer.

Auf gleiche Weise kann *the* mit Adjektiven verbunden werden, die auf *ch* oder *sh* enden und Nationalitäten angeben:
the Dutch, the Spanish, the Welsh

und ebenso mit Nationalitäten-Adjektiven, die auf *se* oder *ss* enden:
the Burmese, the Chinese, the Japanese, the Swiss
Für die letztgenannten kann auch singularische Bedeutung vorliegen
(z.B. der Chinese, die Chinesen ...).

B Es ist wichtig zu wissen, daß *the* + Adjektiv eine Gruppe von Leuten bezeichnet, von der ganz allgemein gesprochen wird. Wird jedoch eine bestimmte Gruppe hervorzuheben sein, so ist nötig, ein Substantiv hinzuzufügen:
These seats are for the disabled.
The disabled members of our party were let in free.
The French like to eat well.
The French tourists complained about the food.

Einige Farbadjektive können pluralisch verwendet werden, um Personen zu bezeichnen; die Pluralformen erfordern wie Substantive ein *s:*
the blacks, the whites.

C *the* + Adjektiv kann gelegentlich singularische Bedeutung haben:
the accused (person), the unexpected (thing)

24 Adjektive + *one/ones* und Adjektive, die pronominal gebraucht werden

A Die meisten Adjektive können mit den Pronomen *one/ones* benutzt werden, wenn *one/ones* ein zuvor genanntes Substantiv wieder aufnimmt:
Don't buy the expensive apples; get the cheaper ones.
Hard beds are healthier than soft ones.
I lost my old camera; this is a new one.

Gleichermaßen mit einer Zahl + Adjektiv:
If you haven't got a big plate, two small ones will do.

B Adjektive, die pronominal gebraucht werden

first/second etc. können mit oder ohne *one/ones* benutzt werden; d.h. sie können als Adjektive oder Pronomen verwendet werden:
»Which train did you catch?« »I caught the first (one).«

the + Superlativ kann ähnlich verwendet werden:
Tom is the best (runner).
The eldest was only ten.

und manchmal *the* + Komparativ:
Which (of these two) is the stronger?

Dieser Gebrauch der Komparativ-Formen wird als literarisch und hochsprachlich angesehen; auf informellem Sprachniveau wird oft die Superlativ-Form vorgezogen:
Which (of these two) is the strongest?

Farbadjektive können manchmal pronominal benutzt werden:
I like the blue (one) best.

Adjektive, die Farben von Pferden bezeichnen, besonders *bay, chestnut, grey,* werden oft pronominal verwendet und erfordern in der Pluralform ein *s:*
Everyone expected the chestnut to win. Jeder erwartete den Sieg des braunen Pferdes.
The coach was drawn by four greys.

25 *many* und *much* als Adjektive und Pronomen

A *many* und *much*

many (Adjektiv) wird vor Substantiven in der Pluralform verwendet.
much (Adjektiv) wird vor Substantiven benutzt, die nur singularisch verwendet werden können:

He didn't make many mistakes.
We haven't much coffee.

Beide Adjektive haben die gleichen Komparativ- und Superlativ-Formen *more* und *most:*
more mistakes/coffee, most men/damage

many, much, more, most können als Pronomen benutzt werden:
She gets a lot of letters but he doesn't get many.
You have a lot of free time but I haven't much.

more und most können fast immer benutzt werden, gleichermaßen *many* und *much* in verneinten Aussagesätzen (vergleiche die oben angeführten Beispiele). Die Verwendungsmöglichkeiten für *many* und *much* sind jedoch in Aussagesätzen und Fragesätzen eingeschränkt.

B *many* und *much* in Aussagesätzen

many ist möglich, wenn zuvor der Begriff *a good/a great* zur Modifizierung benutzt wird. Beide Formen *(many* und *much)* sind möglich, wenn sie durch *so/as/too* modifiziert werden:
I made a good many friends there.
He has had so many jobs that ...
She read as much as she could.
They drink too much (gin).

Will man nicht modifizierte Sachverhalte ausdrücken, so wird *many* als Objekt oder Teil des Objekts gewöhnlich durch *a lot / lots of* (+ Substantiv) oder durch *a lot* oder *lots* (Pronomen) ersetzt.
much als Objekt oder Teil des Objekts wird gewöhnlich durch *a great/good deal of* (+ Substantiv) oder *a great/good deal* (Pronomen) ersetzt:
I saw a lot / lots of seabirds. I expect you saw a lot too.
He spends a lot / lots of / a great deal of money on his house.

Als Subjekt oder Teil des Subjekts können entweder *many* oder *a lot (of)* usw. gebraucht werden; *much* wird hier üblicherweise durch eine der anderen Formen ersetzt.

much ist jedoch auf formellem Sprachniveau möglich:
Much will depend on what the minister says.

Vergleichen Sie die nachstehenden Sätze:
He hasn't won many races.
oder: *You've won a lot / lots of races.*
oder: *You've won a lot.*
You've won a great many (races).

He didn't eat much fruit.
She ate a lot / lots of / a great deal of fruit.
oder: *She ate a lot / a great deal.*

C *many* und *much* in Fragesätzen

Beide können mit *how* gebraucht werden:
How many times? How much?

In Fragen, in denen *how* nicht benutzt wird, ist *many* möglich, aber *a lot (of)* usw. ist vorzuziehen, wenn eine bejahende Antwort erwartet wird:
Did you take a lot of photos? I expect you did.

much ohne *how* ist möglich, aber die anderen Formen sind gebräuchlicher:
Did you have a lot of snow / much snow last year?
(wegen *much* als Adverb siehe Abschnitt **33**)

26 Adjektive + Infinitive

A Einige der nützlichsten Adjektive werden nachstehend aufgeführt, soweit wie möglich nach Typ oder Bedeutung geordnet. Einige Adjektive, die mehrere Bedeutungen haben, können in mehr als einer Gruppe auftreten.
(wegen Adjektiven + Präpositionen siehe Abschnitt **96**)

Mit einem * gekennzeichnete Adjektive können auch mit *that*-Sätzen verwendet werden. Manchmal ist *that ... should* gebräuchlicher. (siehe Abschnitt **236**)

In den Abschnitten **B** bis **E**, mit Ausnahme von **B** 2, werden die Satzkonstruktionen durch *it* begonnen. (wegen des einführenden *it* siehe Abschnitt **67**)

Gehen *find/think/believe* usw. *that* der Konstruktion *it* + *be* voraus, so ist es manchmal möglich, *that* und das Verb *be* fortzulassen:
He found that it was impossible to study at home. = He found it impossible to study at home.

B

1
it + *be* + Adjektiv (+ *of* + Objekt) + Infinitiv wird hauptsächlich in Verbindung mit Adjektiven benutzt, die Charaktereigenschaften angeben, Gefühle beschreiben und Verstandeskräfte von Personen kennzeichnen:

(a) Charakter:
brave, careless, cowardly, cruel, generous, good/nice (= kind), mean, rude, selfish, wicked, wrong (moralisch = unrecht) etc. und *fair*/just*/right** in Verbindung mit verneint oder fragend benutzten Verben oder

(b) Verstand:
clever, foolish, idiotic, intelligent, sensible, silly, stupid; absurd*, ludicrous*, ridiculous* und unreasonable** sind manchmal ebenso möglich.
It was kind of you to help him. Es war nett von Ihnen, daß Sie ihm geholfen haben.
It was stupid (of them) to leave their bicycles outside.

of + Objekt können nach den Adjektiven in (a) ausgelassen werden und manchmal nach den Adjektiven in (b), mit Ausnahme von *good* und *nice*. (Der Wegfall von *of* + Objekt würde die Bedeutung von *good* und *nice* verändern, siehe Abschnitt **E**)

2
Pronomen + *be* + Adjektiv + Substantiv + Infinitiv ist in Verbindung mit den oben aufgeführten Adjektiven ebenso möglich, sowie mit einer Anzahl von anderen, einschließlich:
astonishing, curious*, extraordinary*, funny* (= strange*), odd*, queer*, surprising** etc. und *pointless, useful, useless*
It was a sensible precaution to take.
That was a wicked thing to say.

Derartige Kommentare können manchmal als Rufsätze (Ausrufe) verwendet werden:
What a funny way to park a car!
What an odd time to choose!

Das Adjektiv wird manchmal in Ausdrücken des Mißfallens ausgelassen:
What a (silly) way to bring up a child!
What a time to choose!

Beispiel mit einem *that*-Satz:
It is strange/odd/surprising that he hasn't answered.

C *it* + *be* +Adjektiv + Infinitiv ist möglich mit *advisable*, inadvisable*, better*, best, desirable*, essential*, good (= advisable), important*, necessary*, unnecessary*, vital** und mit *only* + *fair*/just*/right*:*
»*Wouldn't it be better to wait?*« »*No, it's essential to book in advance.*«

for + Objekt können hinzugefügt werden, außer nach *good* (wo die Bedeutung sich ändern würde, siehe nachstehend Abschnitt **E**) und nach *just:*
It won't be necessary for him to report to the police.
It is only fair for him to have a chance.

inessential und *unimportant* werden normalerweise nicht gebraucht, *not essential* jedoch ist möglich.

D *it* + *be* + Adjektiv (+ *for* + Objekt) + Infinitiv ist möglich in Verbindung mit *convenient*, dangerous, difficult, easy, hard*, possible*, impossible, safe, unsafe* (wegen *possible that* siehe Abschnitt **27** **E**):
Would it be convenient (for you) to see Mr X now?
It was dangerous (for women) to go out alone after dark.
We found it almost impossible to buy petrol.
(siehe Abschnitt **A**)

Die aufgeführten Adjektive, mit Ausnahme von *possible,* können in einer Konstruktion mit Substantiv + *be* + Adjektiv + Infinitiv verwendet werden:

This cake is easy to make.
The instructions were hard to follow.
This car isn't safe to drive.

E *it + be* + Adjektiv/Partizip + Infinitiv ist möglich mit Adjektiven und Partizipien, die Gefühle oder Reaktionen der betroffenen Personen angeben:
*agreeable, awful**, *delightful**, *disagreeable, dreadful**, *good**/*nice** (= *pleasant*), *horrible**, *lovely**, *marvellous**, *splendid**, *strange**, *terrible**, *wonderful** etc.

und mit Partizip-Präsens-Formen von:
*alarm**, *amaze**, *amuse**, *annoy**, *astonish**, *bewilder, bore, depress**, *disappoint**, *discourage**, *disgust**, *embarrass, encourage**, *excite**, *frighten, horrify**, *interest**, *surprise**, *terrify, upset* etc.

fun (= an exciting experience) und *a relief* können ähnlich gebraucht werden:
It's awful to be alone in such a place.
It's boring to do the same thing every day.
It was depressing to find the house empty.
It would be fun/exciting/interesting to canoe down the river.
It was a relief to take off our wet boots.

for + Objekt wird häufig nach *lovely, interesting, marvellous, nice, wonderful* benutzt und ist auch nach anderen Adjektiven möglich:
It's interesting (for children) to see a house being built.
It was marvellous (for the boys) to have a garden to play in.

for + Objekt nach *good* schränkt die Bedeutung von *good* auf *healthy/beneficial* ein:
It's good for you to take regular excercise. Regelmäßige Übungen tun Ihnen gut.

(*good* + Infinitiv kann diese Bedeutung auch haben, kann aber gleichermaßen *pleasant/kind/advisable* bedeuten, siehe Abschnitte **B**, **C** oben.)

it + be + Adjektiv + Substantiv + Infinitiv ist mit den erwähnten Adjektiven/ Partizipien gleichermaßen möglich.
It was an exciting ceremony to watch.
It was a horrible place to live (in).

F Ähnliche Bedeutungen können vermittelt werden durch Subjekt + Adjektiv + Infinitiv mit *angry**, *delighted**, *dismayed**, *glad**, *happy**, *pleased**, *relieved**, *sad**, *sorry** und den Partizip-Perfekt-Formen der unter **E** aufgeführten Verben:
I'm delighted to see you.

Die nützlichsten Infinitive sind hier *to find/learn/hear/see,* aber nach *glad/happy/sad/sorry* stehen häufig die Verben *to say/tell/inform* und manchmal andere Infinitive:
He was glad to leave school.
She was dismayed to find the door locked.

G Subjekt + *be* + Adjektiv/Partizip + Infinitiv mit *able/unable; apt, inclined, liable, prone; prepared, not prepared (= ready/willing/unwilling), reluctant, prompt, quick, slow:*
We are all apt to make mistakes when we try to hurry.
I am inclined to believe him.
I am prepared/ready to help him.
He was most reluctant to lend us the money.
He was slow to realize that times had changed. = He realized only slowly that times had changed.

27 Adjektive + Infinitive, *that*-Satz, Präpositionen

A *due, due to, owing to, certain, sure, bound, confident*

due (zeitlich, fällig) kann mit einem Infinitiv verbunden werden:
The race is due to start in ten minutes.

Aber es kann auch allein gebraucht werden:
The plane was due (in) at six. It's an hour overdue.

due to (Präposition) bedeutet *a result of:*
The accident was due to carelessness. Die Unfallursache war Unaufmerksamkeit.

owing to bedeutet *because of:*
Owing to his carelessness we had an accident. Wegen seiner Unaufmerksamkeit hatten wir einen Unfall.

Vor *due to* sollten Subjekt + Prädikat stehen; diese Regel wird im Englischen jedoch nicht strikt eingehalten; Sätze werden häufig mit *due to* begonnen anstelle von *owing to*.

certain und *sure* drücken in Verbindung mit Infinitiv-Konstruktionen Meinungsäußerungen aus.
bound ist in solchen Fällen gleichermaßen möglich:
Tom is certain/sure/bound to win. (d.h. der Sprecher ist sich seiner Aussage sicher)

Ein Satz mit Subjekt + *certain/sure* + *that*-Satz drückt die Meinung des Subjekts aus:
Tom is sure that he will win. Tom ist siegessicher.

confident that könnte *certain/sure that* im oben angeführten Satz ersetzen; *confident* kann aber nicht in Verbindung mit einem Infinitiv verwendet werden.

sure, certain, confident können von *of* + Substantiv/Pronomen oder *gerund* gefolgt werden:
Unless you're early you can't be sure of getting a seat.

bound kann mit einem Infinitiv wie oben verbunden werden, nicht jedoch mit einem *that*-Satz.

bound + Infinitiv kann gleichermaßen *under an obligation* bedeuten:
According to the contract we are bound to supply the materials. Nach dem Vertrag sind wir verpflichtet, das Material zu liefern.

B *afraid (of), ashamed (of), sorry (for* oder *about)*

afraid of, ashamed of, sorry for/about + Substantiv/Pronomen oder *gerund:*
She is afraid of heights / of falling.
He was ashamed of himself (for behaving so badly / ashamed of behaving so badly).
I am sorry for breaking your window. (Entschuldigung)
I am sorry about your window. (Entschuldigung, Bedauern)
I am sorry for Peter. (Mitleid)

afraid, ashamed, sorry können von einem Infinitiv gefolgt werden:
She was afraid to speak. (d.h. sie sprach nicht)
I'd be ashamed to take his money. (d.h. ich nehme sein Geld nicht / werde es nicht nehmen)
I'm sorry to say that we have no news. (d.h. wir können nichts Neues sagen)

oder von einem *that*-Satz:
I'm ashamed that I have nothing better to offer you. (Bedauern)
She's afraid (that) he won't believe her. (Furcht)
I'm afraid (that) we have no news. (Bedauern)
I'm sorry (that) you can't come. (Bedauern)
(wegen der Bedeutungsunterschiede bei den drei Satzkonstruktionen siehe Abschnitt **271**; wegen *I'm afraid not/so* siehe Abschnitt **347**)

C *anxious (about), anxious* + Infinitiv, *anxious that*

anxious (+ *about* + Substantiv/Pronomen) bedeutet *worried:*
I'm anxious about Tom. His plane is overdue.

be anxious (+ *for* + Substantiv/Pronomen) + Infinitiv = *to desire/to wish:*
I'm very anxious for him to see the Carnival.

anxious + *that* ... + *should* ist auf sehr förmlichem Sprachniveau möglich:
The committee is anxious that this matter should be kept secret.

D *fortunate* und *lucky* können entweder mit einem *that*-Satz oder einer Infinitiv-Konstruktion verbunden werden, drücken jedoch dabei gewöhnlich unterschiedliche Sachverhalte aus.
It is fortunate/lucky that bedeutet gewöhnlich *it's a good thing that:*
It's lucky that Tom has a car.
It's lucky that he passed his test. (d.h. jetzt kann er die Kinder zum Bahnhof fahren usw.)

It's lucky for us that he has a car. (d.h. jetzt kann er uns mitnehmen, zum Glück hat er ein Auto)

Subjekt + *be* + *fortunate/lucky* + Infinitiv betont das Glück des Satzsubjekts:
He's lucky to have a car. (d.h. viele Leute haben kein eigenes Auto)
He was lucky to pass his test. (d.h. er hat Glück gehabt, den Test bestanden zu haben, um Haaresbreite wäre er durchgefallen)

is/are + *fortunate/lucky* + Präsens-Infinitiv werden hauptsächlich mit ›statischen‹ Verben verwendet. Mit *was/were,* der Verlaufsform oder dem Infinitiv des Perfekts sind weitere Anwendungsmöglichkeiten gegeben:
You were fortunate to escape unharmed.
You are lucky to be going by air.
He is lucky to have sold his house before they decided to build the new airport.

It is lucky/unlucky können durch die Infinitiv-Form eines jeden Verbs gefolgt werden:
It is unlucky to break a mirror. Einen Spiegel zu zerbrechen bringt Unglück.

fortunate und *unfortunate* sind in diesen Beispielsätzen nicht möglich, können jedoch in anderen Satzkonstruktionen verwendet werden. Man findet sie hauptsächlich auf formellem Sprachniveau.

Diese Adjektive können allein oder in Verbindung mit einem Substantiv verwendet werden:
I wasn't lucky. Thirteen's my lucky number.
He's fortunate. He's a fortunate man.

E *possible, probable* und *likely* können in Verbindung mit einem *that*-Satz gebraucht werden, der durch *it* eingeleitet wird. *likely* kann auch mit Subjekt + Infinitiv gebraucht werden:
* *It's possible that he'll come today.* > ** *Perhaps he'll come / He may come today.*
* *It's probable that he'll come today.* > ** *He'll probably come today.*

In jedem Fall ist die **-Form gebräuchlicher als die *-Form; die *that*-Konstruktion ist in den Fällen passend, in denen die Adjektive modifiziert werden sollen:
It's just/quite possible that ...
It's not very problable that ...

Mit *likely* sind beide Formen gleichermaßen nützlich:
It's quite likely that he'll come today. > *He's quite likely to come today.*

is/are + Subjekt + *likely* + Infinitiv ist sehr nützlich, da die Konstruktion als Frageform an die Stelle von *may (= be possible)* treten kann:
Is he likely to ring today?

possible, probable, likely können ohne einen *that*-Satz gebraucht werden, wenn die Aussage eindeutig ist:
»*Do you think he'll sell his house?*« »*It's quite possible/probable/likely (that he'll sell it).*« (Der Kontext sorgt für die Klarheit der Aussage.)

F *aware* und *conscious* werden in Verbindung mit einem *that*-Satz oder *of* + Substantiv/Pronomen oder *gerund* verbunden:
»It'll be dangerous.« »I'm aware that it'll be dangerous / I'm aware of that.«
I was conscious of being watched. > *I felt that someone was watching me.*

conscious bedeutet, wenn es allein benutzt wird, bei Bewußtsein:
I had only a local anaesthetic. I was conscious the whole time.

4 Adverbien *(adverbs)*

28 Arten der Adverbien

Adverbien haben im Satz die Funktion, den Begriffsinhalt eines Wortes oder eines ganzen Satzes näher zu bestimmen.

Arten der Adverbien:

Art und Weise: *bravely, fast, happily, hard, quickly, well* (siehe Abschnitt **35**)

Ort: *by, down, here, near, there, up* (siehe Abschnitt **36**)

Zeit: *now, soon, still, then, today, yet* (siehe Abschnitt **37**)

Häufigkeit: *always, never, occasionally, often, twice* (siehe Abschnitt **38**)

Satz: *certainly, definitely, luckily, surely* (siehe Abschnitt **40**)

Grad: *fairly, hardly, rather, quite, too, very* (siehe Abschnitt **41**)

Frage: *when? where? why?* (siehe Abschnitt **60**)

Relativ: *when, where, why* (siehe Abschnitt **75** **E**)

Form und Gebrauch

29 Bildung der Adverbien mit *ly*

A Viele Adverbien der Art und Weise und einige Adverbien des Grades werden durch Hinzufügung von *ly* an die entsprechenden Adjektivformen gebildet:
final/finally, immediate/immediately, slow/slowly

Schreibregeln:

(a) Ein Endungs-*y* wird zu *i* verwandelt: *happy, happily*
(b) Ein Endungs-*e* wird vor *ly* beibehalten: *extreme, extremely*
Ausnahmen: *true, due, whole* werden zu *truly, duly, wholly*
(c) Adjektive, die auf Konsonant + *le* enden, lassen das End-*e* fallen und fügen ein *y* an: *gentle/gently, simple/simply*

Achtung: Das Adverb von *good* ist *well.*

kindly kann sowohl Adjektiv als auch Adverb sein; aber andere Adjektive, die auf *ly* enden, z.B. *friendly, likely, lonely* etc. können nicht adverbial verwendet werden und bilden keine Adverbform. Um dieses Defizit auszugleichen, benutzt man im Englischen Adverbien oder adverbiale Wendungen mit ähnlichem Aussagegehalt.

B Adjektive auf *ly*

likely (Adjektiv), *probably* (Adverb), *friendly* (Adjektiv), *in a friendly way* (adverbiale Wendung)

C Einige Adverbien haben ein engeres Bedeutungsspektrum als ihre zugehörigen Adjektive oder sogar eine völlig andere Bedeutung.

coldly, coolly, hotly, warmly bestimmen Gefühle näher:
We received them coldly. – auf unfreundliche Weise
They denied the accusation hotly. – aufgebracht, mit Empörung
She welcomed us warmly. – herzlich

Aber: *warmly dressed = wearing warm clothes* – warm angezogen
coolly = calmly/courageously oder *calmly/impudently:*
He behaved very coolly in this dangerous situation.
Er verhielt sich in dieser gefährlichen Situation sehr gelassen.
Er behielt in dieser gefährlichen Situation einen klaren Kopf.

presently = soon:
He'll be here presently.
(siehe auch Abschnitt **30** **B** ; wegen *barely, scarcely* siehe Abschnitt **44**; wegen *surely* siehe Abschnitt **40** **A**)

30 Adverbien und Adjektive mit gleicher Form

A

back, deep, direct*, early, enough, far, fast, hard*, high*, ill, just*, kindly, late*, left, little, long, low, much/more/most*, near*, pretty, right*, short*, still, straight, well, wrong**

** siehe nachstehend Abschnitt* B

adverbialer Gebrauch:	adjektivischer Gebrauch:
Come back soon.	*the back door*
You can dial Rome direct.	*the most direct route*
The train went fast.	*the fast train*
They worked hard. (energetically)	*the work is hard*
an ill-made road	*You look ill/well.*
Turn right here.	*the right answer*
She went straight home.	*a straight line*
He led us wrong.	*This is the wrong way.*

B Die mit einem * gekennzeichneten Wörter haben auch eine mit *ly* gebildete Form, die jedoch eine andere Bedeutung hat.

deeply wird meist zur Beschreibung von Gefühlen verwendet:
He was deeply offended.

directly wird in Verbindung mit Zeitangaben oder Angaben der Betroffenheit gebraucht:
He'll be here directly. – sehr bald
The new regulations will affect us directly.

(wegen *hardly* siehe Abschnitt **44**)

highly wird nur bei abstraktem und übertragenem Sinngehalt verwendet:
He was a highly paid official.
They spoke very highly of him.

justly entspricht dem Adjektiv *just (fair, right, lawful),* aber *just* kann ebenso ein Adverb zur Bestimmung des Grades sein. (siehe Abschnitt **41**)

lately = recently: Have you seen him lately?

mostly = chiefly

nearly = almost: I'm nearly ready.

prettily entspricht dem Adjektiv *pretty (attractive):*
Her little girls are always prettily dressed.

Aber: *pretty* kann auch ein Adverb des Grades in der Bedeutung von *very* sein:
The exam was pretty difficult. – ziemlich = sehr

rightly in der Bedeutung von *justly* oder *correctly* kann mit einem Partizip Perfekt verbunden werden:
He was rightly/justly punished. – zu Recht
I was rightly/correctly informed. – richtig

In beiden Fällen würde das zweite Adverb im Englischen vorgezogen werden.

shortly = *soon, briefly* oder *curtly.*

wrongly kann mit einem Partizip Perfekt gebraucht werden:
You were wrongly (incorrectly) informed.

Der Satz *He acted wrongly* hat doppelte Bedeutung:
(a) Er hat falsch gehandelt. (d.h. er hat einen Fehler gemacht)
(b) Er hat falsch gehandelt. (d.h. seine Handlung ist moralisch verwerflich)

c *long* und *near* (Adverbien) haben begrenzte Gebrauchsmöglichkeiten.

1 *long*

longer, longest können ohne Einschränkungen gebraucht werden:
It took longer than I expected.

long wird hauptsächlich in verneinten Aussagesätzen oder in Fragesätzen benutzt:
»*How long will it take to get there?*« »*It won't take long.*«

Im Aussagesatz ist *too/so* + *long* oder *long* + *enough* möglich. Alternativ kann *a long time* verwendet werden:
It would take too long.
It would take a long time.

Im gesprochenen Englisch und in saloppen Unterhaltungen wird *(for) a long time* oft durch *(for) ages* ersetzt:
I waited for ages.
It took us ages to get there. Es hat ewig gedauert ...

2 *near*

nearer, nearest können ohne Einschränkung verwendet werden:
Don't come any nearer.

Aber die Grundform *near* wird üblicherweise durch *very/quite/so/too* oder *enough* bestimmt:
They live quite near.
You're near enough.
Don't come too near.

Die Präposition *near* in Verbindung mit einem Nomen, Pronomen oder Adverb ist in vielen Sprachzusammenhängen nützlich:
Don't go near the edge. Geh nicht zu nah an den Abgrund!
The ship sank near here. Das Schiff ist hier in der Nähe gesunken.

D *far* und *much* sind ebenfalls nur beschränkt verwendbar.
(siehe Abschnitte **32** und **33**)

31 Komparativ- und Superlativ-Formen der Adverbien

A Adverbien, die aus zwei oder mehr Silben bestehen, bilden die Komparativ- und Superlativ-Formen, indem vor die Grundform *more* und *most* gestellt wird:

Positiv	Komparativ	Superlativ
quickly	*more quickly*	*most quickly*
fortunately	*more fortunately*	*most fortunately*

Einsilbige Adverbien jedoch und *early* werden durch Hinzufügung von *er* und *est* gesteigert:

hard	*harder*	*hardest*
early	*earlier*	*earliest* (*y* wird zu *i*)

B Unregelmäßige Steigerungsformen:

well	*better*	*best*	
badly	*worse*	*worst*	
little	*less*	*least*	
much	*more*	*most*	
far	*farther*	*farthest*	(nur räumlich)
	further	*furthest*	(auch im übertragenen Sinn; siehe Abschnitt **32** **A**)

32 *far, farther/farthest* und *further/furthest*

A *further/furthest*

Diese Adverbien können wie *farther/farthest* als Adverbien des Raumes / der Entfernung verwendet werden:
It isn't safe to go any further/farther in this fog.

Sie können aber ebenso mit abstrakten Sinngehalten gefüllt werden:
Mr A said that these toy pistols should not be on sale.
Mr B went further and said no toy pistols should be sold.
Mr C went furthest of all and said that no guns of any kind should be sold.

B *far:* Einschränkungen beim Gebrauch

far kann in der Komparativ- und der Superlativ-Form relativ frei benutzt werden:
He travelled further than we expected.

far in der Grundform wird hauptsächlich in verneinten Sätzen und in Fragesätzen verwendet:
»*How far can you see?*« »*I can't see far.*«

In Aussagesätzen ist *a long way* gebräuchlicher als *far*, und *a long way away* ist gebräuchlicher als *far away:*
They sailed a long way.
He lives a long way away.

very far away hingegen ist möglich, ebenso wie *so/quite/too + far* und *far + enough:*
They walked so far that ...
They walked too far.
We've gone far enough.

far kann in abstrakten Bedeutungszusammenhängen Anwendung finden:
The new law doesn't go far enough.
You've gone too far! Sie sind wirklich zu weit gegangen!

far als Adverb des Grades wird mit Komparativen oder mit *too* + Grundform verwendet:
She swims far better than I do.
He drinks far too much.

33 *much, more, most*

A *more* und *most* können fast ohne Einschränkungen verwendet werden:
You should ride more.
I use this room most.

much als Grundform (Positiv) ist nur eingeschränkt verwendbar.

B *much* in der Bedeutung von *a lot* kann verneinte Verben näher bestimmen und modifizieren:
He doesn't ride much nowadays.

In Fragesätzen wird *much* hauptsächlich mit *how* verbunden. In Fragen ohne *how* ist *a lot* gebräuchlicher, obwohl *much* vertreten werden kann:
How much has he ridden?
Has he ridden a lot / much?

In Aussagesätzen ist *as/so/too + much* möglich. In anderen Fällen ist *a lot / a good deal / a great deal* vorzuziehen:
He shouts so much that ...
I talk too much.
Aber: *He rides a lot / a great deal.*

C *very much* in der Bedeutung von *greatly* kann häufiger in Aussagesätzen angetroffen werden. Im Englischen ist eine Verwendung mit *blame, praise, thank* und mit einer Anzahl von Verben, die Gefühle versprachlichen, möglich: *admire, amuse, approve, dislike, distress, enjoy, impress, like, object, shock, surprise* etc.
Thank you very much.
They admired him very much.
She objects very much to the noise they make.

much (= greatly) mit oder ohne *very* kann mit den Partizipien *admired, amused, disliked, distressed, impressed, liked, shocked, struck, upset* gebraucht werden:
She was (very) much admired.
She was (very) much impressed by their good manners.

D *much* in Bedeutung von *a lot* kann Adjektive und Adverbien in der Komparativ- oder Superlativ-Form näher bestimmen:
much better, much the best, much more quickly

much too kann auch zusammen mit Grundformen verwendet werden:
He spoke much too fast.

E *most* kann vor einem Adjektiv oder einem Adverb *very* bedeuten. Es wird meistens mit Adjektiven/Adverbien, die aus zwei oder mehr Silben bestehen, benutzt:
He was most apologetic.
She behaved most generously.
(siehe Abschnitt **21** **C**)

34 Wendungen bei Vergleichen
(siehe ebenso Abschnitt **341**)

Ist in beiden Satzteilen das gleiche Verb erforderlich, wird im Englischen anstelle des zweiten Verbs üblicherweise ein Hilfsverb benutzt (siehe Abschnitt **22**).

A Mit der Grundform wird im Englischen *as ... as* in Aussagesätzen verwendet, *as/so ... as* mit einem verneint gebrauchten Verb:
He worked as slowly as he dared.
He doesn't snore as/so loudly as you do.
It didn't take as/so long as I expected.

B Mit der Komparativ-Form wird *than* benutzt:
He eats more quickly than I do.
He played better than he had ever played.
They arrived earlier than I expected.

the + Komparativ ... *the* + Komparativ ist gleichermaßen möglich:
The earlier you start the sooner you'll be back.

C In Verbindung mit dem Superlativ ist der Gebrauch von *of* + Substantiv möglich:
He went (the) furthest of the explorers.

Diese Konstruktion ist nicht sehr gebräuchlich, und ein solcher Sachverhalt würde in einem Satz üblicherweise mit einem Komparativ, wie oben gezeigt, ausgedrückt werden.
Ein Superlativ (ohne *the*) + *of all* ist ziemlich gebräuchlich; in solchen Satzkonstruktionen beschreibt *all* oft andere Handlungen ein und desselben Subjekts:
He likes swimming best of all. Schwimmen ist seine Lieblingssportart.

of all kann ausgelassen werden.

D Vergleiche mit *like* und *as* siehe Abschnitt **21** **H**, **I**.

Stellung

35 Adverbien der Art und Weise *(adverbs of manner)*

A Adverbien der Art und Weise stehen hinter dem Verb:
She danced beautifully.

oder hinter dem Objekt des Satzes:
He gave her the money reluctantly.
They speak English well.

Zwischen Verb und Objekt sollte kein Adverb stehen.

B Liegen in einem Satz Verb + Präposition + Objekt vor, kann das Adverb entweder vor die Präposition treten oder hinter das Objekt:
He looked at me suspiciously.
oder: *He looked suspiciously at me.*

Besteht das Objekt aus mehreren Wörtern, so wird das Adverb vor die Präposition gestellt:
He looked suspiciously at everyone who got off the plane.

C Die Objektlänge beeinflußt die Stellung des Adverbs im Satz ebenfalls bei Verb + Objektsätzen. Ist das Objekt kurz, so ist die normale Stellung Verb + Objekt + Adverb wie bei **B** ausgewiesen. Ist das Objekt jedoch lang, wird üblicherweise das Adverb vor dem Verb verwendet:
She carefully picked up all the bits of broken glass.
He angrily denied that he had stolen the documents.
They secretly decided to leave the town.

D Wird das Adverb an das Ende eines Satzes oder Satzteils gestellt, so bestimmt es üblicherweise das Verb in jenem Satz/Satzteil. Deshalb bedeutet *secretly* in den nachstehend aufgeführten Beispielen jeweils etwas anderes:
They secretly decided. (d.h. ihre Entscheidung war geheim)
They decided to leave the town secretly. (d.h. der Aufbruch sollte geheim sein)

E Adverbien, die Charaktereigenschaften und Verstandeskräfte bestimmen, *foolishly, generously, kindly, stupidly* etc., drücken, wenn sie vor einem Verb stehen, aus, daß die Handlung *foolish/kind/generous* etc. war:
I foolishly forgot my passport.
He generously paid for us all.
He kindly waited for me.
Would you kindly wait?

Der gleiche Sachverhalt könnte auch ausgedrückt werden durch:
It was foolish of me to forget.
It was kind of him to wait.
Would you be kind enough to wait?
(siehe Abschnitt **252**)

Das Adverb kann dem Verb oder dem Verb + Objekt folgen; seine Bedeutung ändert sich dann:
He spoke kindly = His voice and words were kind
ist nicht dasselbe wie
It was kind of him to speak to us.

He paid us generously = He paid more than the usual rate
ist nicht dasselbe wie
It was generous of him to pay us.

Beachten Sie den Unterschied zwischen den folgenden Sätzen:
He answered the questions foolishly. Seine Antworten waren töricht/dumm.
He foolishly answered the questions. Es war dumm, daß er überhaupt die Fragen beantwortete.

F *badly* und *well* können als Adverbien der Art und Weise oder des Grades verwendet werden. Als Adverbien der Art und Weise folgen sie Verben im Redemodus Aktiv, Satzobjekten oder stehen vor dem Partizip Perfekt eines im Passiv benutzten Verbs:
He behaved badly.
He paid her badly.
She was badly paid.
He read well.
She speaks French well.
The trip was well organized.

badly als Adverb des Grades wird üblicherweise dem Objekt nachgestellt oder steht vor dem Verb oder dem Partizip Perfekt:
The door needs a coat of paint badly. The door badly needs a coat of paint.
He was badly injured in the last match.

well (Grad) und *well* (Art und Weise) unterliegen denselben Stellungsregeln:
I'd like the steak well done.
He knows the town well.
Shake the bottle well.
The children were well wrapped up.

well hat je nach der Stellung im Satz unterschiedliche Bedeutungen. Beachten Sie den Unterschied zwischen:
You know well that I can't drive. Sie wissen sehr wohl / sehr genau, daß ich nicht fahren kann. (d.h. da ich keinen Führerschein habe)
und
You know that I can't drive well. Ich bin kein guter Fahrer. / Ich bin keine gute Fahrerin.

well kann *may/might* und *could* folgen, um die Wahrscheinlichkeit einer Handlung zu betonen:
He may well refuse = It is quite likely that he will refuse.
(wegen *may/might as well* siehe Abschnitt **228**)

G *somehow, anyhow*

somehow (= in some way or other) kann in der Frontstellung im Satz verwendet werden oder einem objektlosen Verb oder einem Objekt folgen:
Somehow they managed.
They managed somehow.
They raised the money somehow.

anyhow ist als Adverb der Art und Weise nicht gebräuchlich. Es wird aber oft in der Bedeutung von *in any case / any way* gebraucht. (siehe Abschnitt **327**)

36 Ortsadverbien *(adverbs of place)*

away, everywhere, here, nowhere, somewhere, there etc.

A Gibt es in einem englischen Satz kein Objekt, stehen diese Adverbien üblicherweise nach dem Verb:
She went away.
He lives abroad.
Bill is upstairs.

Sie werden aber nachgestellt in Verbindungen wie Verb + Objekt oder Verb + Präposition + Objekt:

She sent him away.
I looked for it everywhere.
(siehe Kapitel **38** wegen Verb + Adverb-Fügungen wie *pick up, put down* etc.)

Adverbialteile, die aus Präposition + Nomen/Pronomen/Adverb gebildet werden, unterliegen den oben angeführten Stellungsregeln:
The parrot sat on a perch.
He stood in the doorway.
He lives near me.
(aber siehe ebenso nachstehend **E**)

B *somewhere, anywhere* folgen den gleichen Grundregeln wie *some* und *any:*
I've seen that man somewhere.
»Can you see my key anywhere?« »No, I can't see it anywhere.«
Are you going anywhere? (echte Frage)
Aber: *Are you going somewhere?* (eine bejahende Antwort wird erwartet)

nowhere hingegen wird normalerweise nicht in dieser Stellung gebraucht, außer in der Wendung *to get nowhere (= to achieve nothing / to make no progress* – es zu nichts bringen:
Threatening people will get you nowhere. Leute zu bedrohen führt zu nichts.

nowhere kann in Kurzantworten gebraucht werden:
»Where are you going?« »Nowhere.« (= I'm not going anywhere)

In formellem Englisch kann der Ausdruck an den Satzanfang treten und bedingt ein invertiertes Verb:
Nowhere will you find better roses than these.
(siehe Abschnitt **45**)

C *here, there* können von *be/come/go* + Substantiv als Subjekt gefolgt werden:
Here's Tom. There's Ann. Here comes the train. There goes our bus.

In Voranstellung haben *here* und *there* eine größere Betonung, als wenn sie hinter das Verb gesetzt werden. Es gibt ebenso einen Bedeutungsunterschied.
Tom is here bedeutet, daß er in diesem Raum/Gebäude etc. ist. Der Satz *Here's Tom* sagt aus, daß Tom gerade aufgetaucht ist oder daß der Sprecher ihn gefunden hat. *Tom comes here* bedeutet, daß Tom üblicherweise/gewöhnlich hierher kommt, aber *Here comes Tom* sagt aus, daß er gerade ankommt oder gerade angekommen ist. Ist das Satzsubjekt ein Personalpronomen, so geht es dem Verb wie üblich voraus:
There he is. Here I am. Here it comes.
Aber: *someone* und *something* folgen dem Verb:
There's someone who can help you.

Wird der gleiche Satz ohne Betonung des Adverbs *there* gesprochen, bedeutet er, daß eine Hilfestellung gegeben werden kann. (siehe Abschnitt **117**)

D Ruft man im Englischen einen guten Bekannten oder einen Freund an, so kann man sich durch den Vornamen + *here* melden:

ANN (on phone): Is that you Tom? Ann here.

oder: *This is Ann.*

Sie darf in diesem Fall nicht *Ann is here* oder *Here is Ann* sagen.

E Die Adverbien *away (= off), down, in, on, off, out, over, round, up* etc. können durch ein Verb der Bewegung + einem Substantiv gefolgt werden:

Away went the runners.
Down fell a dozen apples.
Out sprang the cuckoo.
Round and round flew the plane.

Ist das Satzsubjekt ein Pronomen, wird es vor das Verb gestellt:

Away they went.
Round and round it flew.

Die Umstellung führt zu keiner Bedeutungsänderung, wohl aber zu einer Veränderung der Satzmelodie, die dynamischer und dramatischer klingt.

F In geschriebenem Englisch können Adverbialteile, die durch Präpositionen *(down, from, in, over, out of, round, up* etc.) eingeleitet werden, von Verben gefolgt werden, die eine Lage beschreiben (*crouch, hang, lie, sit, stand* etc.), eingeleitet werden, von Verben, die Bewegungen bezeichnen, von *be born, die, live* und manchmal anderen Verben gefolgt werden:

From the rafters hung strings of onions.
In the doorway stood a man with a gun.
On a perch beside him sat a blue parrot.
Over the wall came a shower of stones.

Die ersten drei Beispielsätze könnten durch ein Partizip und das Verb *be* ausgedrückt werden:

Hanging from the rafters were strings of onions.
Standing in the doorway was a man with a gun.
Sitting on a perch beside him was a blue parrot.

Im letzten Beispiel hingegen könnte das Partizip nur dann verwendet werden, wenn der Steinschlag einige Zeit andauerte.

37 Zeitadverbien *(adverbs of time)*

A *afterwards, eventually, lately, now, recently, soon, then, today, tomorrow* etc. in Adverbialphrasen der Zeit: *at once, since, then, till* (6.00 etc.)

Zeitadverbien stehen gewöhnlich am Satzanfang oder am Satzende, d.h. in Frontstellung oder Endstellung. Endstellung ist üblich in Befehlssätzen und Adverbialteilen mit *till:*

Eventually he came / He came eventually.
Then we went home / We went home then.
Write today.
I'll wait till tomorrow.

(wegen *lately, recently* siehe auch Abschnitt **185**)

In zusammengesetzten Zeiten werden *afterwards, eventually, lately, now, recently, soon* hinter das Hilfsverb gestellt:
We'll soon be there.

B *before, early, immediately* und *late* stehen am Satzende:
He came late.
I'll go immediately.

Als Konjunktion hingegen werden *before* und *immediately* an den Anfang eines Satzes gestellt:
Immediately the rain stops we'll set out. Sobald der Regen aufhört, ...

C *since* und *ever since* werden mit Zeitformen der Vergangenheit gebraucht (siehe Abschnitt **187 D**).

since kann dem Hilfsverb folgen oder am Ende eines Satzes nach verneint oder fragend gebrauchtem Verb verwendet werden; *ever since* (Adverb) in Endstellung.

Satzteile und Sätze mit *since* und *ever since* werden üblicherweise in der Endstellung verwendet, obwohl Frontstellung gleichermaßen möglich ist:
He's been in bed since his accident / since he broke his leg.

D *yet* und *still* (Zeitadverbien)

yet wird normalerweise hinter das Verb oder hinter das Verb + Objekt gestellt:
He hasn't finished (his breakfast) yet.

Besteht das Objekt aus einer größeren Anzahl von Wörtern, kann *yet* vor das Verb treten:
He hasn't yet applied for the job we told him about.

still steht hinter dem Verb *be,* aber vor anderen Verben:
She's still in bed.

yet bedeutet *up to the time of speaking.* Es wird überwiegend in verneinten Aussagesätzen oder Fragesätzen gebraucht.

still hebt hervor, daß eine Handlung fortgeführt wird. Es wird hauptsächlich in Aussagesätzen oder Fragesätzen gebraucht, kann aber auch in verneinten Aussagesätzen verwendet werden, womit die Fortsetzung einer als negativ empfundenen Handlung betont wird:

He still doesn't understand. Er versteht immer noch nicht. (d.h. sein Unverständnis hält an)
He doesn't understand yet. Er hat noch nicht verstanden. (d.h. er hat noch nicht angefangen zu verstehen)

Werden *still* und *yet* betont verwendet, so drücken sie Überraschung, Verwirrung oder Ungeduld aus. Beide Wörter können als Konjunktionen gebraucht werden (siehe Abschnitt **327**).

E *just* als Zeitadverb wird mit zusammengesetzten Zeiten gebraucht:
I'm just coming.
(siehe auch Abschnitt **183**; wegen *just* als Adverb des Grades siehe Abschnitt **41**)

38 Adverbien der Häufigkeit *(adverbs of frequency)*

(a) *always, continually, frequently, occasionally, often, once, twice, periodically, repeatedly, sometimes, usually* etc.
(b) *ever, hardly ever, never, rarely, scarcely ever, seldom*

A In beiden Gruppen werden Adverbien üblicherweise gestellt:

1
Hinter die Formen von *to be (simple tense):*
He is always in time for meals.

2
Vor die Formen anderer Verben *(simple tense):*
They sometimes stay up all night.

3
In zusammengesetzten Zeiten werden sie hinter das erste Hilfsverb gestellt oder bei fragend gebrauchten Verben hinter das Hilfsverb + Subjekt:
He can never understand.
You have often been told not to do that.
Have you ever ridden a camel?

Ausnahmen

(a) Man zieht vor, Adverbien vor *used to* und *have to* zu stellen:
You hardly ever have to remind him; he always remembers.

(b) Adverbien der Häufigkeit treten oft vor Hilfsverben, wenn diese allein als Zusatz zu Bemerkungen oder als Antworten auf Fragen verwendet werden:
»Can you park your car near the shops?« »Yes, I usually can.«
I know I should take exercise, but I never do.

und in den Fällen, in denen in einem zusammengesetzten Verb das Hilfsverb betont wird:
I never 'can remember.
She hardly ever 'has met him.

Bei hervorhebendem *do* gleichermaßen:
I always 'do arrive in time!

Beim Sprechen kann gleichermaßen das Adverb der Häufigkeit in seiner normalen Satzstellung betont werden:
You should 'always check your oil before starting.

B Adverbien der Gruppe (a) können an den Anfang oder das Ende eines Satzteils oder eines Satzes treten.

Ausnahmen

always findet sich selten am Satzanfang/Satzende außer in Imperativsätzen.
often erfordert üblicherweise in Endstellung *very* oder *quite:*
Often he walked.
He walked quite often.

C Adverbien in Gruppe (b) *hardly ever, never, rarely* etc. (aber nicht *ever* allein) können an den Satzanfang gestellt werden; dann allerdings ist die Inversion des nachfolgenden Vollverbs nötig:
Hardly/Scarcely ever did they manage to meet unobserved.
(wegen *hardly, barely, scarcely* siehe Abschnitt **44**.)

hardly/scarcely ever, never, rarely und *seldom* werden nicht mit verneint gebrauchten Verben benutzt.

D *never, ever*

never wird hauptsächlich mit affirmativ gebrauchten Verben verwendet, niemals mit einem verneinten Verb. Es bedeutet üblicherweise *at no time* (niemals):
He never saw her again.
I've never eaten snails.
They never eat meat. (Gewohnheit)
I've never had a better flight.
(wegen *never* + Komparativ siehe Abschnitt **21** **C**)

never + affirmatives Verb kann manchmal an die Stelle eines verneint gebrauchten Verbs treten:
I waited but he never turned up. (= He didn't turn up, d.h. er tauchte nicht auf*)*

never kann im Fragesatz benutzt werden, um die Überraschung des Sprechers darüber auszudrücken, daß jemand etwas nicht getan hat:
Has he never been to Japan? I'm surprised, because his wife is Japanese.

ever bedeutet *at any time* und wird hauptsächlich in Fragesätzen verwendet:
»Has he ever marched in a demonstration?« »No, he never has.«

ever kann mit einem verneint gebrauchten Verb verbunden werden, besonders in zusammengesetzten Zeiten, und ersetzt *never* + affirmatives Verb:
I haven't ever eaten snails.

Dieser Gebrauch von *ever* ist in einfachen Zeitformen weniger üblich.
ever + affirmatives Verb ist möglich in Vergleichen (siehe Abschnitt **21** C) und in Annahmen und Ausdrücken des Zweifels:
I don't suppose he ever writes to his mother. Ich nehme an, daß er seiner Mutter nie schreibt.
(wegen *hardly/scarcely* + *ever* siehe A bis C oben. Wegen *ever* nach *how* etc. siehe Abschnitte **61, 85**)

39 Reihenfolge der Adverbien und Adverbialteile der Art und Weise, des Ortes und der Zeit in ein und demselben Satz

Adverbien der Art und Weise stehen üblicherweise vor Ortsangaben:
He climbed awkwardly out of the window.
He'd study happily anywhere.

Aber: *away, back, down, forward, home, in off, on, out, round* und *up* stehen gewöhnlich vor Adverbien der Art und Weise:
He walked away sadly.
They went home quickly.
She looked back anxiously.
They rode on confidently.
(siehe Abschnitt **36** E)

Mit *here* und *there* wird ebenso verfahren, außer in Verbindung mit den Adverbien *hard, well, badly:*
He stood there silently.
Aber: *They work harder here.*

Zeitangaben können den Ausdrücken der Art und Weise und des Ortes folgen:
They worked hard in the garden today.
He lived there happily for a year.

Sie können ebenso in der Frontstellung benutzt werden:
Every day he queued patiently at the bus stop.

40 Satzadverbien *(sentence adverbs)*

Satzadverbien bestimmen den ganzen Satz oder einen Satzteil und drücken üblicherweise die Sprechermeinung aus.

A Adverbien, die Grade von Sicherheit ausdrücken

* *actually (= in fact/really), apparently, certainly, clearly, evidently, obviously, presumably, probably, undoubtedly, definitely, perhaps, possibly, surely*

Adverbien wie bei * können *be* folgen:
He is obviously intelligent.

oder vor einfachen Zeitformen anderer Verben stehen:
They certainly work hard.
He actually lives next door.

In zusammengesetzten Zeiten stehen sie hinter dem ersten Hilfsverb:
They have presumably sold their house.

und am Anfang oder am Ende eines Satzes oder Satzteils:
Apparently he knew the town well.
He knew the town well apparently.

definitely kann in den oben angeführten Stellungen verwendet werden, weniger häufig findet es sich allerdings am Satzanfang.

perhaps und *possibly* werden hauptsächlich in Frontstellung des Satzes benutzt, obwohl auch eine Endstellung möglich ist.

surely wird normalerweise am Anfang eines Satzes oder am Satzende verwendet, obwohl es auch in Verbnähe anzutreffen ist. Es wird hauptsächlich in Fragen benutzt:
Surely you could pay £1?
You could pay £1, surely?

Es ist wichtig zu wissen, daß die Adverbien unterschiedliche Bedeutungen haben, obwohl die Adjektive *sure* und *certain* im großen und ganzen das gleiche bedeuten.

certainly = definitely
He was certainly there; there is no doubt about it.

surely hingegen sagt aus, daß der Sprecher sich seiner Aussage nicht vollständig sicher ist. Er glaubt, daß es so sei, verlangt aber eine Bestätigung:
Surely he was there? (d.h. ich bin fast sicher, daß er dort war)

B Andere Satzadverbien

admittedly (un)fortunately, frankly, honestly, (un)luckily, naturally*, officially** etc. werden meist am Satzanfang verwendet, obwohl sie auch am Satzende anzutreffen sind. Sie werden üblicherweise durch ein Komma vom Satz abgetrennt. Die mit einem * versehenen Adverbien können auch als Adverbien der Art und Weise auftreten:

Honestly, Tom didn't get the money. (Satzadverb; *honestly* bedeutet hier *truthfully*. Der Sprecher versichert uns, daß Tom das Geld nicht bekommen hat.)

Tom didn't get the money honestly. (Adverb der Art und Weise = *Tom got the money dishonestly* – unehrenhaft)

41 Adverbien des Grades *(adverbs of degree)*

absolutely, almost, barely, completely, enough, even, entirely, extremely, fairly, far, hardly, just, much, nearly, only, pretty, quite, rather, really, scarcely, so, too, very etc.

(wegen *(a) little* siehe Abschnitt **5** D; wegen *fairly* und *rather* siehe Abschnitt **42**; wegen *hardly, scarcely* siehe Abschnitt **44**; wegen *quite* siehe Abschnitt **43**)

A Ein Adverb des Grades bestimmt ein Adjektiv oder ein weiteres Adverb. Es wird vor das Adjektiv oder Adverb gestellt:

You are absolutely right.

I'm almost ready.

enough hingegen folgt dem bezüglichen Adjektiv oder Adverb:

The box isn't big enough.

He didn't work quickly enough.

(siehe Abschnitt **252** B)

B *far* verlangt einen Komparativ oder *too* + Positiv:

It's far better to say nothing.

He drives far too fast.

much könnte in dem vorliegenden Fall *far* ersetzen. Es kann ebenso mit einem Superlativ verwendet werden:

This solution is much the best.

C Die folgenden Adverbien des Grades können ebenso Verben (Tätigkeiten) bestimmen:

almost, barely, enough, hardly, just, (a) little, much, nearly, quite, rather, really, scarcely. Alle Adverbien mit Ausnahme von *much, a little* und *enough* werden dann vor das Hauptverb gestellt.

He almost/nearly fell.

I am just going.

Tom didn't like it much but I really enjoyed it.

(wegen *much* siehe Abschnitt **33**; wegen *(a) little* siehe Abschnitt **5**)

D *only* kann auch Verben näher bestimmen. Theoretisch wird *only* unmittelbar zu dem Wort gestellt, auf das es sich bezieht, und steht vor Verben, Adjektiven und Adverbien und geht Nomen und Pronomen voran oder folgt ihnen:

(a) *He had only six apples.* (d.h. nicht mehr als sechs)
(b) *He only lent the car.* (d.h. er verlieh sein Auto nur, er verschenkte es nicht)
(c) *He lent the car to me only.* (d.h. nur mir, keinem anderen)
(d) *I believe only half of what he said.*

In gesprochenem Englisch stellt man *only* gewöhnlich vor das Verb und vermittelt den erwünschten Bedeutungsgehalt dadurch, daß man das Wort, auf das sich *only* bezieht, betont:
He only had 'six apples ist das gleiche wie (a).
He only lent the car to 'me hat dieselbe Bedeutung wie (c).
I only believe 'half etc. ist mit (d) identisch.

E *just* sollte wie *only* dem Wort, das es näher bestimmt, vorangestellt werden:
I'll buy just one.
I had just enough money.

Es kann auch unmittelbar vor das Verb gestellt werden:
I'll just buy one.
I just had enough money.

Manchmal bringt eine andere Stellung im Satz eine andere Bedeutung mit sich:
Just sign here bedeutet: Sie müssen nur noch unterschreiben. Das ist alles, was Sie zu tun haben.
Sign just here bedeutet: Unterschreiben Sie bitte an dieser Stelle.

fairly, rather, quite, hardly etc.

42 *fairly* und *rather*

A Beide können *moderately* (ziemlich) bedeuten; *fairly* wird meist mit Adjektiven und Adverbien mit positivem Bedeutungsgehalts benutzt *(bravely, good, nice, well* etc.*)*, wohingegen *rather* vor allem mit Adjektiven und Adverbien negativen Bedeutungsgehalt verwendet wird (*bad, stupidly, ugly* etc.):
Tom is fairly clever, but Peter is rather stupid.
I walk fairly fast but Ann walks rather slowly.

Beide können ähnlich in Verbindung mit Partizipien gebraucht werden:
He was fairly relaxed; she was rather tense.
a fairly interesting film, a rather boring book

Ist der unbestimmte Artikel nötig, steht er vor *fairly,* kann aber vor oder nach *rather* verwendet werden:
a fairly light box, a rather heavy box; rather a heavy box

Mit Adjektiven/Adverbien wie *fast, slow, thin, thick, hot, cold* usw., die von sich aus keinen positiven oder negativen Bedeutungsgehalt aufweisen, kann ein Sprecher seine Zustimmung durch den Gebrauch von *fairly* und seine Mißbilligung durch den Gebrauch von *rather* ausdrücken: *This soup is fairly hot* impliziert, daß der Sprecher die Suppe gern heiß ißt, während *This soup is rather hot* ausdrückt, daß sie ein wenig zu heiß für ihn ist / ihm zu heiß erscheint.

B *rather* kann vor *alike, like, similar, different* und vor Komparativen verwendet werden. Es bedeutet dann *a little* oder *slightly:*
Siamese cats are rather like dogs in some ways.
The weather was rather worse than I had expected.

rather a ist in Verbindung mit bestimmten Substantiven möglich: *disappointment, disadvantage, nuisance, pity, shame* und manchmal *joke.*
It's rather a nuisance (= a little inconvenient) that we can't park here.
Es ist ziemlich lästig ...
It's rather a shame (= a little unfair) that he has to work on Sundays. Es ist wirklich ziemlich gemein, daß er ...

fairly kann in solchen Kontexten nicht gebraucht werden.

C *rather* kann vor bestimmten Adjektiven/Adverbien benutzt werden, die einen positiven Bedeutungsgehalt aufweisen, wie *amusing, clever, good, pretty, well,* aber seine Bedeutung verändert sich dann; es rückt fast in die Nähe zu *very,* und die Sprechabsicht der Mißbilligung schwindet: *She is rather clever* ist fast dasselbe wie *She is very clever.* In solchen Sinnzusammenhängen drückt *rather* mehr Bewunderung aus als *fairly.* So wird zum Beispiel die Aussage *It is a fairly good play* als Abraten vom Besuch des Stückes empfunden. Der Satz *It is rather a good play* ist zweifellos eine Empfehlung. Gelegentlich drückt ein so benutztes *rather* auch eine Überraschung aus:
»I suppose the house was filthy.« »No, as a matter of fact it was rather clean.«

D *rather* kann auch vor *enjoy, like* und manchmal vor *dislike, object* und einigen ähnlichen Verben verwendet werden:
I rather like the smell of petrol.
He rather enjoys queueing.

rather kann in den Kurzantworten auf Fragen benutzt werden, in denen die oben angeführten Verben auftreten:
»Do you like him?« »Yes I do, rather.«

rather + like/enjoy drückt oft eine Vorliebe aus, über die die Sprecher selbst oder andere erstaunt sind. Es kann aber ebenso benutzt werden, um das Verb hervorzuheben: *I rather like Tom* hat stärkeres Gewicht als *I like Tom.*
(wegen *would rather* siehe **297, 298**)

43 *quite*

quite ist aufgrund seiner zweifachen Bedeutung verwirrend.

A Es bedeutet *completely* (vollständig), wenn es mit einem Wort oder einem Satzteil verbunden wird, das/der die Vorstellung von Vollständigkeit beinhaltet (*all right, certain, determined, empty, finished, full, ready, right, sure, wrong* etc.) und wenn es mit einem sehr starken Adjektiv/Adverb benutzt wird wie *amazing, extraordinary, horrible, perfect:*
The bottle was quite empty.
You're quite wrong.
It's quite extraordinary; I can't understand it at all.

B Wenn es mit anderen Adjektiven/Adverbien benutzt wird, hat *quite* eine abschwächende Wirkung, so daß *quite good* als Kompliment weniger Gewicht hat als *good.* Auf diese Art gebraucht, hat *quite* in etwa die gleiche Bedeutung wie *fairly,* sein Aussagegehalt kann jedoch je nach Betonung abgeschwächt oder verstärkt werden:
quite 'good (schwach *quite,* stark *good*) ist etwas weniger als *good.*
'quite 'good (gleich betont) bedeutet *moderately good* (gut = ordentlich)
'quite good (stark *quite,* schwach *good*) ist sehr viel weniger als *good.*

Je weniger *quite* betont wird, desto stärker wird das nachfolgende Adjektiv/Adverb. Je mehr *quite* betont wird, desto schwächer wird das Adjektiv/Adverb.

Beachten Sie die Stellung von *a/an:*
quite a long walk / quite an old castle

quite kann auch *enjoy, like* und *understand (the reason)* modifizieren:
It was a difficult journey but we quite enjoyed it.
»I can't tell you without Tom's consent.« »I quite understand.«

44 *hardly, scarcely, barely*

Hardly, scarcely und *barely* haben einen fast negativen Bedeutungsinhalt. *hardly* ist hauptsächlich in Verbindung mit *any, ever, at all* oder dem Verb *can* anzutreffen:
He has hardly any money. – sehr wenig Geld
I hardly ever go out. Ich geh fast nie aus.
It hardly rained at all last summer. – Es hat kaum geregnet ...
Her case is so heavy that she can hardly lift it.

Es wird auch mit anderen Verben benutzt:
I hardly know him. Ich kenne ihn kaum.

Die Adverbien *hard* und *hardly* dürfen nicht verwechselt werden:
He looked hard at it. Er starrte es an.
He hardly looked at it. Er hat es kaum eines Blickes gewürdigt.

scarcely kann *almost not* bedeuten und könnte das oben benutzte *hardly* ersetzen: *scarcely any / scarcely ever* etc.
Aber *scarcely* wird hauptsächlich benutzt, um *not quite* auszudrücken:
There were scarcely twenty people there. (d.h wahrscheinlich weniger)

(wegen *hardly/scarcely* mit Inversion siehe Abschnitt **45** und **342** E)

barely bedeutet *not more than / only just:*
There were barely twenty people there. – gerade mal zwanzig.
I can barely see it. Ich kann es nur gerade / mit Mühe sehen.

Inversion des Verbs *(inversion of the verb)*

45 Inversion des Verbs nach gewissen Adverbien

Bestimmte Adverbien oder Adverbverbindungen, die meist einen einschränkenden oder verneinenden Bedeutungsgehalt aufweisen, können für Betonungszwecke an den Satzanfang oder den Beginn eines Satzteils gestellt werden; in der Folge wird dann das Prädikat des Satzes invertiert. Die wichtigsten der oben angeführten Adverbien werden nachstehend erwähnt. Die Zahlen zeigen Abschnitte an, in denen Beispiele vermittelt werden.

hardly ever (siehe Abschnitt **38** A , C), *hardly ... when* (**342** E), *in no circumstances, neither/nor* (**112** D), *never, no sooner ... than* (**342** E), *on no account, only by, only in this way, only then/when, rarely, scarcely ever, scarcely ... when*

»I haven't got a ticket.« »Neither/Nor have I.«

I had never before been asked to accept a bribe.
Never before had I been asked to accept a bribe.

They not only rob you, they smash everything too.
Not only do they rob you, they smash everything too.

He didn't realize that he had lost it till he got home.
Not till he got home did he realize that he had lost it.

This switch must not be touched on any account.
On no account must this switch be touched.

He was able to make himself heard only by shouting.
Only by shouting was he able to make himself heard.

This remedy rarely failed.
Rarely did this remedy fail.

He became so suspicious that ...
So suspicious did he become that ...

Ein zweites Verb, das in einem Fragesatz verwendet wird, kann manchmal in Verbindung mit *nor* invertiert werden:

He had no money and didn't know anyone he could borrow from.
He had no money, nor did he know anyone he could borrow from.
(*neither* würde hier weniger üblich sein.)

(wegen Adverbien und adverbialer Verbindungen, die von einem invertierten Verb und einem Substantiv als Subjekt gefolgt werden, z.B. *Up went the rocket / By the door stood an armed guard* siehe Abschnitt **36** C, E, F)

5 *all, each, every, both, neither, either, some, any, no, none*

46 *all, each, every, everyone, everybody, everything*

(wegen *all* und *each* siehe auch Abschnitt **48**)

A *all* im Vergleich zu *every*

Im Grundsatz bezeichnet *all* eine Anzahl von Personen oder Gegenständen, die als eine Einheit betrachtet werden, während *every* in Verbindung mit einer Anzahl von Personen oder Gegenständen verwendet wird, die man als einzelne beschreibt und hervorhebt. In der Praxis findet sich *every* mit seinen Verbindungen oft, wenn im Englischen an eine Gruppe als Einheit gedacht wird.

B *each* als Adjektiv und Pronomen und *every* als Adjektiv

each bezeichnet eine Anzahl von Personen oder Gegenständen, die einzeln betrachtet werden. *every* kann diese Bedeutung auch haben, betont aber weniger den Einzelcharakter der Person oder des Gegenstandes. *Every man had a weapon* bedeutet *All the men had weapons* und impliziert, daß der Sprecher die Männer und die Waffen gezählt hat und herausfand, daß beider Anzahl übereinstimmte. *Each man had a weapon* impliziert, daß der Sprecher zu jedem einzelnen Mann ging und überprüfte, daß er eine Waffe besaß.
each ist Pronomen und Adjektiv: *Each (man) knows what to do.*
every ist nur ein Adjektiv: *Every man knows ...*
each kann benutzt werden, wenn man von zwei oder mehr Personen oder Gegenständen spricht, und bezieht sich üblicherweise auf eine kleine Anzahl. *every* wird gewöhnlich nicht mit kleinen Mengen verwendet. Beide stehen mit einem Verb in der Singularform. Das Possessivadjektiv ist *his/her/its.* (wegen des rückbezüglichen Pronomens *each other* siehe Abschnitte **53** C, **70** B)

C *everyone/everybody* und *everything* als Pronomen

everyone/everybody + Verb im Singular wird normalerweise *all (the) people* + Verb im Plural vorgezogen, das heißt im Englischen ist ein Satz wie *Everyone is*

ready üblicher als *All the people are ready.* Es gibt keinen Unterschied zwischen *everyone* und *everybody.*
everything wird ebenso *all (the) things* vorgezogen, das heißt ein Satz wie *Everything has been wasted* ist üblicher als *All the things have been wasted.* Die Ausdrücke *All (the) people, all (the) things* sind möglich, wenn sie im Satz noch näher bestimmt werden:
All the people in the room clapped.
I got all the things you asked for.
In anderen Fällen werden sie selten benutzt.
(wegen der Pronomen und Possessivadjektive in Verbindung mit *everyone/everybody* siehe Abschnitte **51 C**, **69**)

47 *both*

both bedeutet *one and the other* (alle beide). Es verlangt ein Verb in der Pluralform.
both kann adjektivisch und substantivisch gebraucht werden:
Both (doors) were open.

oder mit *(of)* + *the/these/those* oder Possessivadjektiven und -pronomen:
both (of) the wheels / both (of) your wheels

oder mit *of* + *us/you/them:*
Both of us knew him.

Ein Personalpronomen + *both* ist ebenso möglich:
We both knew him.
(siehe Abschnitt **48**)

both ... and ... werden benutzt, um die Verbindung (Symbiose) von zwei Adjektiven, Nomen, Verben etc. zu betonen:
It was both cold and wet.
He is both an actor and a director.
He both acts and directs.

48 *all/both/each* + *of* und alternative Konstruktionen

A *all* (Pronomen) kann von *of* + *the/this/these/that/those/*Possessivadjektiven und -pronomen und Nomen gefolgt werden.
both (Pronomen) + *of* kann ähnlich, aber nur mit Pluralformen, verwendet werden. Hier wird *of* häufig weggelassen, besonders in Verbindung mit *all* + Nomen/Pronomen im Singular:
all the town, all his life, all (of) these, all (of) Tom's boys, both (of) the towns, both (of) his parents

B Mit *all/both* + *of* + Personalpronomen kann *of* nicht wegfallen:
all of it, both of them

Als Alternativkonstruktion bietet sich ein Personalpronomen + *all/both* an:
all of it kann durch *it all* ersetzt werden.
all of us = *we all* (Subjekt), *us all* (Objekt).
all of you ist durch *you all* ersetzbar.
all of them = *they all* (Subjekt), *them all* (Objekt).

Ähnlich:
both of us = *we both* oder *us both*
both of you = *you both*
both of them = *they both* oder *them both*
All of them were broken = *They were all broken*
All/Both of us went = *We all/both went.*
We ate all/both the cakes.
We ate all/both of them.
We ate them all/both.

C Ist eines dieser Pronomen + *all/both*-Verbindungen Subjekt einer zusammengesetzten Zeit, so steht gewöhnlich das Hilfsverb vor *all/both:*
We are all waiting.
You must both help me.

be wird gleichermaßen vor *all/both* gestellt, außer in kurzen Antworten etc.:
We are all/both ready
Aber: »*Who is ready?*« »*We all are / We both are.*«

Allein verwendete Hilfsverben und Verben in einfachen Zeitformen können *all/both* folgen:
You all have maps.
They both knew where to go.

D *each,* wie *both,* steht vor *of* + *these/those* etc. (nur Pluralformen). *of* kann hier nicht weggelassen werden:
each of the boys = *each of these*

each of us/you/them können jedoch durch ein Pronomen + *each* ersetzt werden:
each of you = *you each*
each of us = *we each* (Subjekt), *us each* (indirektes Objekt)
each of them = *they each* (Subjekt), *them each* (indirektes Objekt)
We each sent in a report.
They gave us each a form to fill in.

each of us/you/them verlangt ein Verb in der Singularform:
Each of us has a map.

Aber *we/you/they each* wird in Verbindung mit einem Verb in der Pluralform verwendet:
We each have a map.

Verben, die mit *we/you/they each* verbunden werden, werden nach dem Muster, das in **C** für *all* und *both* gegeben wurde, gebraucht:
They have each been questioned.

49 *neither/either*

A

1
neither bedeutet *not one and not the other* (keiner von beiden; weder der eine noch der andere). Es verlangt ein affirmativ gebrauchtes Verb im Singular. Es kann allein oder in Verbindung mit einem ihm folgenden Nomen oder *of* + *the/these/those/*Possessiv-Pronomen oder Personalpronomen verwendet werden:
(a) *I tried both keys but neither (of them) worked.*
(b) *Neither of them knew the way / Neither boy knew ...*
(c) *I've read neither of these (books).*

2
either bedeutet *any one of the two* (der eine oder der andere von zweien; jeder von zweien = beide). Es verlangt ein Verb in der Singularform und kann wie *neither* entweder allein verwendet werden oder in Verbindung mit einem ihm folgenden Nomen/Pronomen oder *of* + *the/these/those* etc.

3
either + verneint gebrauchtes Verb kann *neither* + affirmativ gebrauchtes Verb ersetzen, außer in den Fällen, in denen *neither* das Subjekt eines Satzes ist. So könnte *either* nicht in (a) oder (b), wohl aber in (c) verwendet werden:
I haven't read either of these (books).

Obwohl *either* nicht das Subjekt in einem verneint gebrauchten Satz sein kann, kann es das Subjekt oder das Objekt eines affirmativen oder interrogativen Verbs sein:
Either (of these) would do.
Would you like either of these?

4
Spricht man von Personen, so sollten Pronomen und Possessivadjektive mit *neither/either* prinzipiell *he/him, she/her* und *his/her* sein; im Umgangsenglisch werden jedoch im allgemeinen die Pluralformen benutzt:
Neither of them knows the way, do they?
Neither of them had brought their passports.

B *neither … nor, either … or*

neither … nor + affirmatives Verb verbindet zwei verneint gemeinte Elemente auf emphatische (verstärkende) Art und Weise:
(a) *Neither threats nor arguments had any effect on him.*
(b) *They said the room was large and bright but it was neither large nor bright.*
(c) *He neither wrote nor phoned.*

either … or + verneint gebrauchtes Verb kann *neither … nor* ersetzen, außer in den Fällen, wo *neither … nor* das Subjekt eines Verbs ist, wie in (a) beschrieben.
So: (b) *… but it wasn't either large or bright.*
und: (c) *He didn't either write or phone.*

either … or kann nicht Subjekt eines verneint gebrauchten Verbs sein, wohl aber Subjekt oder Objekt von affirmativen oder interrogativen Verben. So benutzt, betont es emphatisch Alternativen:
You can have either soup or fruit juice. (= not both) – entweder … oder
You must either go at once or wait till tomorrow.
It's urgent, so could you either phone or telex?
(wegen *either* in Zusätzen auf Bemerkungen siehe Abschnitt **112**, wegen *neither/nor* in Verbindung mit Inversion siehe Abschnitte **45, 112**)

50 *some, any, no* und *none* (Adjektive und Pronomen)

A

1
some und *any* bedeuten *a certain number or amount* (eine bestimmte Anzahl oder Menge / einige). Sie werden in Verbindung mit oder anstelle von Substantiven im Plural oder singularisch verwendeten Substantiven benutzt.
(wegen *some/any* mit singularischen Substantiven siehe **C** unten)

some ist eine mögliche Pluralform von *a/an* und *one:*
Have a biscuit / some biscuits.
I ate a date / some dates. – eine Dattel / Datteln

some, any und *none* können mit *of* + *the/this/these/those/*Possessivpronomen/ Personalpronomen gebraucht werden:
Some of the staff can speak Japanese.
Did any of your photos come out well?

2
some wird gebraucht:

In Aussagesätzen:
They bought some honey.

In Fragen, auf die eine bejahende Antwort erwartet wird:
Did some of you sleep on the floor? (d.h. ich nehme dies an)

In Angeboten und Bitten:
Would you like some wine?
Could you do some typing for me?

(siehe auch **C**)

3
any wird gebraucht:

In verneinten Aussagesätzen:
I haven't any matches.

Mit *hardly, barely, scarcely* (die fast verneinenden Charakter haben):
I have hardly any spare time.

Mit *without*, wenn *without any ... = with no ...:*
He crossed the frontier without any difficulty / with no difficulty.

Mit Fragen, außer in den Formen, die oben angeführt wurden:
Have you got any money?
Did he catch any fish?

Nach *if/whether* und in Ausdrücken des Zweifels:
If you need any more money, please let me know.
I don't think there is any petrol in the tank.

(siehe auch **C**)

B *no* als Adjektiv und *none* als Pronomen

no und *none* können in Aussagesätzen verwendet werden, um einen verneinenden Sachverhalt zu versprachlichen:
I have no apples. I had some last year but I have none this year.

no + Nomen kann das Subjekt eines Satzes sein:
No work was done.
No letter(s) arrived.

none ist als Subjekt möglich, aber nicht sehr gebräuchlich:
We expected letters, but none came.

none + of hingegen ist als Subjekt relativ üblich:
None of the tourists wanted to climb the mountain.

C *some oder any* gebraucht mit Singularformen von Substantiven
some bedeutet in diesem Kontext üblicherweise *unspecified or unknown* (nicht näher bekannt):
Some idiot parked his car outside my garage.

or other kann hinzugefügt werden, um auszudrücken, daß der Sprecher nicht sehr interessiert ist:
He doesn't believe in conventional medicine; he has some remedy or other of his own.

any kann *practically every, no particular (one)* (praktisch jeder/jedes, nicht ein besonderer/besonderes) bedeuten:
Any book about riding will tell you how to saddle a horse.
Any dictionary will give you the meaning of these words.

51 *someone/somebody/something, anyone/anybody/anything, no one/nobody, nothing*

A Verbindungen mit *some, any* und *no* gehorchen den oben angeführten Regeln:
Someone wants to speak to you on the phone.
»Someone/Somebody gave me a ticket for the pop concert.« »No one/Nobody has ever given me a free ticket for anything.«
Do you want anything from the chemist?
Would anyone/anybody like a drink?

Ebenso:
I drink anything = I don't mind what I drink.
Anyone will tell you where the house is.

(siehe Abschnitt **50** **C**)

B *someone, somebody, anyone, anybody, no one, nobody* können possessiv verwendet werden:
Someone's passport has been stolen.
Is this somebody's/anybody's seat?
I don't want to waste anyone's time.

C Pronomen und Possessivadjektive mit *someone, somebody, anyone, anybody, no one, nobody, everyone, everybody*

Diese Ausdrücke haben singularische Bedeutung und verlangen ein Verb in der Singularform, so daß Personalpronomen und Possessivadjektive logischerweise *he/she, him/her, his/her* sein sollten. Im Umgangsenglisch sind Pluralformen jedoch gebräuchlicher:
Has anyone left their luggage on the train?
No one saw Tom go out, did they?

Aber in Verbindung mit *something, anything, nothing* wird noch *it* gebraucht:
Something went wrong, didn't it?

52 *else* nach *someone, anybody, nothing* etc.

A *someone/somebody/something, anyone/anybody/anything, no one/ nobody/nothing, everyone/everybody/everything* und die Adverbien *somewhere, anywhere, nowhere, everywhere* können von nachfolgendem *else* begleitet werden:
someone else / somebody else = some other person – irgend ein(e) andere(r)
anyone else / anybody else = any other person – jede(r) andere
no one else / nobody else = no other person – kein(e) andere(r)
everyone else / everybody else = every other person jede(r) andere
something else = some other thing – etwas anderes

»I'm afraid I can't help you. You'll have to ask someone else.«
»There isn't anyone else. / There's no one else to ask.«

else in Verbindung mit Adverbien:
somewhere else = in/at/to some other place – irgendwo/irgendwohin
anywhere else = in/at/to any other place – überall
nowhere else = in/at/to no other place – nirgendwo/nirgendwohin
Are you going anywhere else?

B *someone/somebody, anyone/anybody, no one / nobody + else* können possessiv verwendet werden:
I took someone else's coat.
Was anyone else's luggage opened?
No one else's luggage was opened.

53 *another, other, others* mit *one* und *some*

A *another, other, others*

	Adjektiv	Pronomen
Singular	*another*	*another*
Plural	*other*	*others*

»Have you met Bill's sisters?«
»I've met one. I didn't know he had another (sister).«
»Oh, he has two others / two other sisters.«

B *one ... another/other(s), some ... other(s)*

One student suggested a play, another (student) / other students / others wanted a concert.
Some tourists / Some of the tourists went on the beach; others explored the town.

C *one another* und *each other*

Tom and Ann looked at each other = Tom looked at Ann and Ann looked at Tom. (d.h. sie schauten einander an)

Beide Wendungen *one another* und *each other* können benutzt werden, wenn von mehr als zwei Personen oder von Gruppen gesprochen wird; *each other* aber wird häufig vorgezogen, wenn man im Englischen von mehr als zwei Personen bzw. Gruppen spricht:
They've known each other for years.

Im alltäglichen Sprachgebrauch werden *each other* und *one another* im Sinne von ›einander‹ (reziproke Pronomen) gleichrangig und gleichwertig austauschbar verwendet:
All the children trust one another.
The party leaders promised to give each other their support.
Meg and Bill are very fond of each other.

Es kann jedoch gesagt werden, daß in der Umgangssprache *each other* häufiger angetroffen wird, während *one another* öfter in emphatischen/literarischen Äußerungen gebraucht wird.

6 Interrogativadjektive und Interrogativpronomen *(interrogatives)*: *wh-?*-Fragefürwörter und *how?*

54 Interrogativadjektive und -pronomen

personenbezogen:	Nominativ Akkusativ Genitiv	*who* *whom, who* *whose*	(Pronomen) (Pronomen) (Pronomen u. Adjektiv)
sachbezogen:	Nominativ/ Akkusativ	*what*	(Pronomen u. Adjektiv)
personen- u. sachbezogen, wenn die Auswahl eingeschränkt ist	Nominativ/ Akkusativ	*which*	(Pronomen u. Adjektiv)

Die Formen sind im Singular und Plural gleich.
what kann auch personenbezogen gebraucht werden
(siehe Abschnitt **58** **D**).

55 Fragesätze ohne Inversion, wenn *who, whose* etc. im Nominativ verwendet werden

who, whose, which, what verlangen – wenn sie im Nominativ, d.h. als Subjekt des Satzes verwendet werden – die Bildung eines Fragesatzes ohne Inversion:
Who pays the bill?
Whose/Which horse won?
What happened? / What went wrong?
Mögliche Antworten: *We missed the train / had an accident.*

Aber bei der Fügung *who, whose* etc. + *be* + Nomen oder Personal-/Distributivpronomen wird das Verb interrogativ, d.h. in der invertierten Stellung verwendet:
Who are you?
Whose is this?
What is that noise?
Wird jedoch *who, whose* etc. als Objekt eines Verbs benutzt, dann muß ein Verb in der Frageform verwendet werden.

56 *who, whom, whose, which* und *what* beim Gebrauch

A *who, whom, whose*

who im Nominativ gebraucht:
Who keeps the keys? Fragesatz ohne Inversion
Who took my gun? Fragesatz ohne Inversion
Who are these boys? Fragesatz mit Inversion

who, whom als direktes Objekt:
Alltagsenglisch: *Who did you see?*
Sehr formelles Englisch: *Whom did the committee appoint?*

whose als Subjekt:
Whose car broke down? Fragesatz ohne Inversion
Whose (books) are these? Fragesatz mit Inversion

whose als direktes Objekt:
Whose umbrella did you borrow?

B *which*

which als Subjekt:
Which pigeon arrived first? Fragesatz ohne Inversion
Which of them is the eldest? Fragesatz mit Inversion

which als direktes Objekt:
Which hand do you use?
Which of these dates would you prefer?

C *what*

what als Subjekt:
What caused the explosion? Fragesatz ohne Inversion
What kind of tree is that? Fragesatz mit Inversion

what als direktes Objekt:
What paper do you read?
What did they eat?

57 *who, whom, which* und *what* in Verbindung mit Präpositionen

A *who, whom*

In formellem Englisch wird eine Präposition + *whom* benutzt:
With whom did you go?
To whom were you speaking?

Im Umgangsenglisch hingegen tritt die mit einem Interrogativpronomen verbundene Präposition an das Satzende. Die Form *whom* wird dann in der Regel zu *who:*
Who did you go with?
Who were you speaking to?

B *which, what*

In formellem Englisch wird eine Präposition + *which/what* benutzt:
To which address did you send it?
On what do you base your theory?

Im Umgangsenglisch tritt die Präposition hinter die Verbgruppe an das Satzende:
Which address did you send it to?
What do you base your theory on?

58 Gebrauch von *what*

A *what* fragt als Interrogativadjektiv und -pronomen allgemein nach Dingen/Sachverhalten:
What bird is that?
What makes that noise?
What country do you come from?
What did he say?

B *what* + Handlung + *for* bedeutet *why?* und drückt häufig Ablehnung aus:
What did you do that for? kann bedeuten *Why did you do such an odd thing / such a stupid thing?*

C *what + be ... like?* ist eine Bitte um Auskunft oder Kommentierung:
»*What was the exam like?*« »*It was very difficult.*«
»*What was the weather like?*« »*It was very windy.*«
»*What's the food like in your hostel?*« »*It's quite good.*«

Benutzt man diese Form der Frage im Zusammenhang mit Personen, zielt das Auskunftsbegehren entweder auf das Erscheinungsbild oder den Charakter der betreffenden Person ab:
»*What's he like?*« »*He's short and fat and wears glasses.*«
He's a very talkative, friendly man.

what does he/she/it look like? bezieht sich als Frage nur auf das Erscheinungsbild und kann gleichermaßen bedeuten *what does he/she/it resemble?* (Frage nach der Ähnlichkeit):
»*What does she look like?*« »*She is tall and glamorous. She looks like a film star.*«
»*What does it look like?*« »*It's black and shiny. It looks like coal.*«

D *what is he?* ist eine Frage nach dem Beruf einer Person *What is his profession?*:
»*What's his father?*« »*He's a tailor.*«

what wird im Zusammenhang mit Personen als Interrogativadjektiv selten gebraucht. *What students are you talking about?* ist eine mögliche Frageform, die Form *Which students ...?* wird jedoch häufiger verwendet.

E *what* und *how* in Fragen nach Maßeinheiten

Im Englischen wird *what* mit Begriffen wie *age/depth/height/length/width* verbunden; in der gesprochenen Sprache sind jedoch Wendungen wie *how old/deep/high/tall/long/wide?* gebräuchlicher.

what size/weight? wird verwendet, wenn eine genaue Antwort erforderlich ist, obwohl auch in diesem Fall die Formulierung *how big/heavy?* möglich ist.
What age are you? / What is your age? > *How old are you?*
What height is he? What is his height? > *How tall is he?*
What is the weight of the parcel? > *How heavy is it?*
What size do you take in shoes?

59 *which* im Vergleich zu *who* und *what*

A Beispiele für den Gebrauch von *which* und *what* bei Sachen und Sachverhalten:
What will you have to drink?
There's gin, whiskey and sherry: which will you have?

what fragt allgemein, *which* trifft eine Auswahl aus einer bestimmten Anzahl:
»*What does it cost to get to Scotland?*« »*It depends on how you go.*« »*Which (way) is the cheapest? / Which is the cheapest way?*«
»*I've seen the play and the film.*« »*What did you think of them? Which (of them) did you like best?*«

B Beispiele für den Gebrauch von *which* und *who* bei Personen:
»*Who do you want to speak to?*« »*I want to speak to Mr. Smith.*«
»*We have two Smiths here. Which (of them) do you want?*«

which als Interrogativpronomen wird als Subjekt des Satzes immer mit einer Ergänzung verbunden:
Which of you knows the formula? (*of you* ist unbedingt erforderlich)
Who knows the formula? (wäre ebenfalls eine mögliche Formulierung)

C *which* als Interrogativadjektiv kann personenbezogen verwendet werden, wenn die Auswahl nur geringfügig eingeschränkt wird:
Which poet do you like best? (d.h. welchen von allen Dichtern)

what wäre im Prinzip hier ebenfalls möglich und erschiene auch logischer, doch wird *what* als Interrogativpronomen bei Personen üblicherweise vermieden.

60 Interrogativadverbien: *why, when, where, how*

A *why?* bedeutet *for what reason?:*
»*Why was he late?*« »*He missed the bus.*«

B *when?* bedeutet *at what time?:*
»*When do you get up?*« »*7 a.m.*«

C *where?* bedeutet *in what place?:*
»*Where do you live?*« »*In London.*«

D *how?* bedeutet *in what way?:*
»*How did you come?*« »*I came by plane.*«
»*How do you start the engine?*« »*You press this button.*«

how kann ebenfalls verwendet werden:

(a) in Verbindung mit Adjektiven (siehe Abschnitt **25** **C**):
How strong are you? How important is this letter?
(wegen *how + old/high* usw. siehe Abschnitt **58** **E**)

(b) in Verbindung mit *much* und *many:*
How much (money) do you want?
How many (pictures) did you buy?

(c) in Verbindung mit Adverbien:
How fast does he drive?
How badly was he hurt?
How often do you go abroad?
How soon can you come?

How is she? ist eine Frage nach dem Befinden der betreffenden Person; *What is she like?* hingegen eine Bitte um Beschreibung. (siehe Abschnitt **58 c**)

Verwechseln Sie bitte nicht *How are you?* mit *How do you do?* Wenn zwei Leute einander vorgestellt werden, sagen beide *How do you do?* Die Wendung wird als Grußformel und nicht als Frage benutzt. (siehe Abschnitt **126**)

61 *ever* nach *who, what, where, why, when, how*

Where ever have you been? I have been looking for you everywhere!
Who ever told you I'd lend you the money? I've no money at all!

ever ist in den vorgenannten Sätzen nicht notwendig, wird aber hinzugefügt, um des Sprechers Verwunderung/Erstaunen/Ärger/Verunsicherung/Bestürzung auszudrücken und zu betonen. *Ever* hat die gleiche Bedeutung wie *on earth / in the world.*

Solche Sätze werden stets mit Nachdruck gesprochen, ihre Intonation verdeutlicht die Stimmungslage des Sprechers, wie die nachfolgenden Beispiele zeigen:
Why ever did you wash it in boiling water? (Ausdruck der Bestürzung)
Who ever are you? (Die angeredete Person ist wahrscheinlich ein Eindringling.)
Who ever left the door open? (d.h. wer nur hat die Tür aufgelassen?)
Where ever have you put my briefcase? (d.h. ich kann meine Aktentasche nirgendwo finden)
What ever are you doing in my car? (Ausdruck des Erstaunens / der Verärgerung)
When ever did you leave home? (d.h. Sie müssen wirklich sehr früh das Haus verlassen haben.)
How ever did he escape unhurt? (denn bei dem Unfall hatte der Wagen einen Totalschaden)

Beachten Sie auch *why ever not?* und *what ever for?:*
»You mustn't wear anything green.« »Why ever not?« (d.h. warum denn nicht, versteh' ich nicht?)
*»Bring a knife to class tomorrow.« »What ever for?« (*d.h. ich weiß nicht, wofür wir im Unterricht ein Messer brauchen)

(wegen *whoever, whatever* etc. in einem Wort geschrieben siehe Abschnitt **85**)

7 Possessivadjektive, Possessivpronomen, Personal- und Reflexivpronomen *(possessives, personal and reflexive pronouns): my, mine, I, myself* etc.

62 Possessivadjektive und -pronomen

Possessivadjektive	Possessivpronomen
my	*mine*
your	*yours*
his/her/its	*his/hers*
our	*ours*
your	*yours*
their	*theirs*

Es werden in diesen Fällen keine Apostrophe verwendet. Der häufig auftretende Fehler, die Possessivform *its* mit einem Apostroph zu versehen, muß vermieden werden, da *it's* (mit Apostroph) *it is* bedeutet. Für die zweite Person Singular können in der Bibel und in älteren Sprachformen, vor allem in literarischer Sprache vor dem zwanzigsten Jahrhundert, die alten Formen *thy, thine* angetroffen werden.

one's ist das Possessivadjektiv des Pronomens *one.*

63 Ausrichtung und Gebrauch der Possessivadjektive

A Possessivadjektive im Englischen bezeichnen den Besitzer eines Gegenstandes und nicht den besessenen Gegenstand. Das, was ein Mann oder Junge besitzt, gehört ihm, *is his thing;* das, was eine Frau oder ein Mädchen besitzt, gehört ihr, *is her thing:*
Tom's father is his father.
Mary's father is her father.

Das, was ein Tier oder Gegenstand besitzt, wird mit *its thing* bezeichnet:
A tree drops its leaves in autumn.
A happy dog wags its tail.

Ist das Geschlecht des Tiers bekannt, wird im Englischen oft *his/her* benutzt. Gibt es mehr als einen Besitzer, wird *their* verwendet:
The girls are with their brother.
Trees drop their leaves in autum.

Das Possessivadjektiv wird nicht verändert, gleich, ob man von einem oder mehreren Gegenständen spricht, die man besitzt:
my glove / my gloves, his foot / his feet

B Possessivadjektive stehen im Englischen zur Bezeichnung von Körperteilen und von Kleidungsstücken:
She changed her shoes.
He injured his back.
(aber siehe ebenso Abschnitt **7** **A** 6)

C Zur Betonung kann *own* nach *my, your, his* etc. und *one's* verwendet werden:
my own room, her own idea

own kann wie oben als Adjektiv oder als Pronomen verwendet werden:
a room of one's own

Die Wendung *I'm on my own = I'm alone* bedeutet, daß der Sprecher allein ist.

64 Possessivpronomen, die Possessivadjektive + Nomen ersetzen

A *This is our room*
oder: *This room is ours.*
This is their car. That car is theirs too.
You've got my pen.
You're using mine. Where's yours?

B Die Wendung *of mine* etc. bedeutet *one of my* (einer/eine meiner ...):
a friend of mine = one of my friends – einer meiner Freunde
a sister of hers = one of her sisters – eine ihrer Schwestern

65 Personalpronomen

A Form

		Subjekt	Objekt
Singular:	erste Person	*I*	*me*
	zweite Person	*you*	*you*
	dritte Person	*he/she/it*	*him/her/it*
Plural:	erste Person	*we*	*us*
	zweite Person	*you*	*you*
	dritte Person	*they*	*them*

Die alte Form der zweiten Person Singular ist:
thou (Subjekt), *thee* (Objekt)

B Der Gebrauch der Subjekt- und Objektformen

1
Die Verwendung von *you* und *it* ist nicht schwierig, da beide Formen für Subjekt und Objekt identisch sind:
»Did you see the snake?« »Yes, I saw it and it saw me.« »Did it frighten you?«

2
Die Formen der ersten und dritten Person (außer *it*)

(a) *I, he, she, we, they* können Subjekt in einem Satz sein:
I see it.
He knows you.
They live here.
oder Ergänzung des Verbs *to be* (Prädikatsnomen):
It is I.

Üblicherweise werden im Englischen jedoch hier die Objektformen verwendet:
»Who is it?« »It's me.«
»Where's Tom?« »That's him over there.«

Folgt dem Pronomen jedoch ein Relativsatz, werden die Subjektformen gebraucht:
Blame Bill! It was he who chose this colour.

(b) *me, him, her, us, them* können direkte Objekte (Akkusativ) eines Verbs sein:
I saw her.
Tom likes them.

oder indirekte Objekte (Dativ):
Bill found me a job.
Ann gave him a book.
(siehe Abschnitt **66**)

oder Objekte nach einer Präposition:
with him, for her, without them, to us

66 Stellung der pronominalen Objekte

A Ein indirektes Objekt (Dativobjekt) steht vor einem direkten Objekt (Akkusativobjekt):
I made Ann/her a cake.
I sent Bill the photos.

Ist das direkte Objekt jedoch ein Personalpronomen, so wird es üblicherweise direkt hinter das Verb gestellt; ein zweites Objekt wird meist mit *to* oder *for* angeschlossen:

I made it for her.
I sent them to him.
(siehe Abschnitt **88**)

Die Stellungsregel gilt nicht für *one, some, any, none* etc.:
He bought one for Ann oder *He bought Ann one.*
He gave something to Jack oder *He gave Jack something.*

B Pronominale Objekte nach *phrasal verbs* (Verben mit fester Präposition)

Bei vielen *phrasal verbs* kann ein Nomen als Objekt entweder zwischen Verb und Präposition oder hinter die Verbindung von Verb und Präposition gestellt werden:
Hand your papers in / Hand in your papers.
Hang your coat up / Hang up your coat.
Take your shoes off / Take off your shoes.

Ein pronominales Objekt jedoch muß zwischen Verb und Präposition gestellt werden:
hand them in, hang it up, take them off
(siehe Kapitel **38**)

67 *it* im Gebrauch

A *it* wird üblicherweise in Verbindung mit einem Gegenstand oder einem Tier gebraucht, dessen Geschlecht unbekannt ist, manchmal auch in Verbindung mit einem Baby oder Kleinkind:
Where's my map? I left it on the table.
Look at that bird. It always comes to my window.
Her new baby is tiny. It only weighs 2 kilos.

B Spricht man von Personen, kann *it* in Sätzen wie den folgenden verwendet werden:
Ann (on phone): Who is that / Who is it?
Bill: It's me.
»*Is that Tom over there?*« »*No, it's Peter.*«

C *it* wird in Verbindung mit Ausdrücken zur Bezeichnung der Zeit, der Entfernung, des Wetters, der Temperatur, des Wasserstandes benutzt:
»*What time is it?*« »*It is six.*«
»*What's the date?*« »*It's the third of March.*«
»*How far is it to York?*« »*It is 400 kilometres.*«
»*How long does it take to get there?*« »*It depends on how you go.*«
It is raining/snowing/freezing.
It's frosty.
It's a fine night.

It's full moon tonight. In winter it's / it is dark at six o'clock.
It is hot/cold/quiet/noisy in this room.
It's high tide / low tide. – Ebbe/Flut

Vergleiche auch:
It's / It is three years since I saw him = I haven't seen him for three years.
(siehe Abschnitt **188**)
(wegen *it is time* + Subjekt + *past tense* siehe auch Abschnitt **293**)

D Einleitendes *it*

1
it kann Sätze des folgenden Typs *(cleft sentences)* einleiten:
It was 'Peter who lent us the money. (d.h. nicht Paul)
It's 'today that he's going. (d.h. nicht morgen)

it wird sogar mit einem Nomen im Plural verwendet:
It's 'pilots that we need, not ground staff.
(siehe auch Abschnitt **76**)

2
Ist eine Infinitivform Satzsubjekt, wird im Englischen häufig der Satz mit *it* eingeleitet und die Infinitivform später verwendet; man zieht im Englischen vor zu sagen:

It is easy to criticize.
anstatt: *To criticize is easy.*
It is better to be early.
anstatt: *To be early is better.*
It seems a pity to give up now.
anstatt: *To give up now seems a pity.*

Gehen *find/think (that) it + be* voraus, können *be* und *that* ausgelassen werden:
He thought (that) it (would be) better to say nothing.
We found it impossible to get visas.

3
it kann ähnlich benutzt werden, wenn ein daß-Satz Subjekt eines Satzes ist.
Es wäre möglich zu sagen:
That he hasn't phoned is odd.
That prices will go up is certain.

Häufiger jedoch trifft man an:
It's odd that he hasn't phoned.
It's certain that prices will go up.

Andere Beispiele:
It never occurred to me that perhaps he was lying.
It struck me that everyone was unusually silent.

E *it/this* können sich auf einen zuvor erwähnten Satz bzw. ein Satzteil oder ein Verb beziehen:
He smokes in bed, though I don't like it. (it = his smoking in bed) Er raucht im Bett, obwohl ich das nicht ausstehen kann.
He suggested flying, but I thought it would cost too much. (it = flying)

F *it* als Subjekt bei unpersönlichen Verben:
it seems, it appears, it looks, it happens

68 *you, one* und *they* als indefinite Pronomen

A *you* und *one*

Beide Pronomen können als Subjekt verwendet werden:
Can you/one camp in the forest?

Als Objekt wird in der Regel *you* vorgezogen:
They fine you for parking offences.

Im Umgangsenglisch ist *you* in der Regel gebräuchlicher. Es wirkt persönlicher und drückt aus, daß der Sprecher sich vorstellen kann, sich selbst in einer ähnlichen Lage zu befinden.
one ist unpersönlicher und wird weniger häufig benutzt, obwohl die Possessivform *one's* relativ gebräuchlich ist:
It's easy to lose one's/your way in Venice.

Die Possessivformen werden durch die jeweiligen Pronomen bestimmt:
One has to show one's pass at the door.
You have to show your pass at the door.

Wird anstelle von *one* oder *you* ein Nomen im Singular verwendet, so ist das Possessivadjektiv natürlich *his* oder *her:*
One must do one's best.
A traveller has to guard his possessions.

B *they*

they wird nur als Subjekt verwendet und kann in der Bedeutung von *people* benutzt werden:
they say = people say, it is said
They say it is going to be a cold winter.

they kann gleichfalls bedeuten *the authority concerned,* d.h. *the government / the local council / one's employers / the police* etc. (= die entsprechende Behörde):
They want to make this a one-way street.

69 Gebrauch von *they/them/their* mit *neither/either, someone/everyone/no one* etc.

Die letztgenannten Ausdrücke werden singularisch verwendet und erfordern ein Verb im Singular. Ihre Personalpronomen sollten aus diesem Grunde *he/she* und die Possessivadjektive *his/her* (*he/his* für Personen männlichen Geschlechts und gemischte Gruppen – *she/her* für Personen weiblichen Geschlechts) sein. Viele Muttersprachler finden diese Regel verwirrend und benutzen oft *they/their,* selbst wenn nur von Personen eines Geschlechts die Rede ist:
Neither of them remembered their instructions.
Would someone lend me their binoculars?
Everyone has read the notice, haven't they?
No one objected, did they?
(siehe auch Abschnitt **51** C)

70 Reflexivpronomen

A Diese sind: *myself, yourself, himself, herself, itself, ourselves, yourselves, themselves.* Man beachte den Unterschied zwischen der zweiten Person Singular *yourself* und der zweiten Person Plural *yourselves.* Das indefinite reflexive/verstärkende Pronomen ist *oneself.*

B *myself, yourself* etc. werden als Objekte eines Verbs verwendet, wenn die in einem Satz beschriebene Handlung den Handlungsträger selbst betrifft, d.h. wenn Subjekt und Objekt die gleiche Person sind:
I cut myself.
He can't shave himself.
It is not always easy to amuse oneself on holiday.
Tom and Ann blamed themselves for the accident.
This refrigerator defrosts itself.

Wird das Reflexivpronomen durch das reziproke Pronomen *each other* (Pronomen der Gegenseitigkeit) ersetzt, ändert sich die Satzaussage:
Tom and Ann blamed each other. = *Tom blamed Ann and Ann blamed Tom.*
(siehe Abschnitt **53** C)

C *myself, yourself* etc. werden vergleichbar nach einem Verb + Präposition verwendet:
He spoke to himself.
Look after yourself.
I'm annoyed with myself.
She addressed the envelope to herself.
Did she pay for herself?
Take care of yourselves.
He sat by himself (allein).

Verweist die Präposition auf eine Örtlichkeit oder eine Person, wird kein Reflexivpronomen verwendet:
Did you take your dog with you?
They put the child between them.
Had he / Did he have any money on him?

71 *myself, himself, herself* etc. als verstärkende Pronomen

myself etc. kann zur Verstärkung eines Nomens oder Pronomens verwendet werden:
The King himself gave her the medal.
self muß beim Sprechen dann betont werden.

Bei einem solchen Gebrauch ist das Pronomen nicht wesentlich und kann ausgelassen werden, ohne daß die Bedeutung des Satzes sich ändert. Es hebt üblicherweise das Satzsubjekt hervor und folgt ihm:
Ann herself opened the door.
Tom himself went.

Hat ein Satz ein Objekt, kann das Pronomen alternativ dem Objekt folgen:
Ann opened the door herself.
oder dem intransitiven Verb:
Tom went himself.

Folgen dem intransitiven Verb eine Präposition + Nomen, so kann das hervorhebende Pronomen hinter das Nomen gestellt werden:
Tom went to London himself.
oder: *Tom himself went to London.*

Hebt es ein weiteres Nomen hervor, so folgt es diesem unmittelbar:
I saw Tom himself.
She liked the diamond itself but not the setting.
I spoke to the president himself.

Man beachte den Unterschied zwischen:
I did it myself (= It was done by me and not by someone else) Ich selbst habe es gemacht.
I did it by myself (= I did it without help) Ich habe es ganz allein / ohne fremde Hilfe gemacht.

8 Relativpronomen und Relativsätze *(relative pronouns and clauses)*

Es gibt drei Arten von Relativsätzen: *defining clauses* (notwendige Relativsätze, siehe Abschnitte **72-77**), *non-defining clauses* (ausmalende, nicht notwendige Relativsätze, siehe Abschnitte **78-81**) und *connective clauses* (verbindende Relativsätze, siehe Abschnitt **82**).

72 Notwendige Relativsätze

Ein notwendiger Relativsatz liegt dann vor, wenn dem Begriff des Beziehungswortes im Hauptsatz ein wesentliches Merkmal hinzugefügt wird. Ein solcher Relativsatz kann nicht weggelassen werden, ohne den Sinn des Hauptsatzes zu verfälschen, und ist für das adäquate Verständnis absolut erforderlich und notwendig.
In dem Satz *The man who told me this refused to give me his name* ist *who told me this* der Relativsatz. Wird er ausgelassen, ist unklar, über welchen Mann gesprochen wird. Zwischen dem Beziehungswort und dem notwendigen Relativsatz darf kein Komma stehen.
Notwendige Relativsätze stehen gewöhnlich nach *the* + Nomen, sie können aber gleichfalls mit *a/an* + Nomen verwendet werden, Nomen im Plural ohne *the* und den Pronomen *all, none, anybody, somebody* etc. und *those.* Relativsätze, die *a/an* + Nomen, Nomen im Plural ohne *the* und *somebody, someone, something* folgen, bestimmen manchmal ihr Nomen/Pronomen nur indirekt. Das Nomen/ Pronomen ist in diesen Fällen üblicherweise das Objekt eines Verbs oder einer Präposition:
I met someone who said he knew you.
The book is about a girl who falls in love with ...

Manchmal werden diese Relativsätze von ihrem Beziehungswort, dem Nomen oder Pronomen, durch ein Wort oder eine Phrase getrennt:
There's a man here who wants ...
I saw something in the paper which would interest you.

Im Regelfall aber sollten Relativsätze direkt dem Beziehungswort, dem Nomen oder Pronomen folgen:
The noise that he made woke everybody up.
She was annoyed by something that I had said.

73 Relativpronomen in notwendigen Relativsätzen

Die Formen sind wie folgt:

	Subjekt	Objekt	Possessiv
für Personen	*who*	*whom/who*	*whose*
	that	*that*	
für Sachen	*which*	*which*	*whose / of which*
	that	*that*	

74 Notwendige Relativsätze: Personen

A Subjekt: *who* oder *that*

who wird üblicherweise verwendet:
The man who robbed you has been arrested.
The girls who serve in the shop are the owner's daughters.
Only those who had booked in advance were allowed in.
Would anyone who saw the accident please get in touch with the police?

that ist aber eine mögliche Alternative nach *all, everyone, no one, nobody* und *those:*
Everyone who/that knew him liked him.
Nobody who/that watched the match will ever forget it.

B Objekt eines Verbs: *who* oder *whom* oder *that*

Die Objektform ist *whom;* sie wird aber als sehr formell angesehen. Im gesprochenen Englisch wird normalerweise *who* oder *that* vorgezogen (wobei *that* gebräuchlicher als *who* ist), und es ist im allgemeinen noch üblicher, das Objektpronomen vollständig wegzulassen:

The man whom I saw told me to come back today.
oder: *The man who I saw ...*
oder: *The man that I saw ...*
oder: *The man I saw ...* hier: Relativpronomen weggelassen

The girls whom he employs are always complaining about their pay.
oder: *The girls who he employs ...*
oder: *The girls that he employs ...*
oder: *The girls he employs ...*

C Mit einer Präposition: *whom* oder *that*

In formellem Englisch wird die Präposition vor das Relativpronomen gesetzt, das dann in der Form *whom* auftritt:
the man to whom I spoke

In der informellen Sprache hingegen ist es üblicher, die Präposition an das Ende des Satzes zu stellen. *whom* wird in diesen Fällen oft durch *that* ersetzt, es ist aber noch gebräuchlicher, das Relativpronomen ganz wegzulassen:

the man who/whom I spoke to
oder: *the man that I spoke to*
oder: *the man I spoke to*

Gleichermaßen:

The man from whom I bought it told me to oil it.
oder: *The man who/that I bought it from ...*
oder: *The man I bought it from ...*
The friend with whom I was travelling spoke French.
oder: *The friend who/that I was travelling with ...*
oder: *The friend I was travelling with ...*

D Possessiv

whose ist die einzig mögliche Form:
People whose rents have been raised can appeal.
The film is about a spy whose wife betrays him.

75 Notwendige Relativsätze: Sachen/Gegenstände

A Subjekt

which oder *that* können benutzt werden, wobei *which* als förmlicher angesehen wird:
This is the picture which/that caused such sensation.
The stairs which/that lead to the cellar are rather slippery.
(siehe auch nachstehend **B**)

B Objekt eines Verbs

which oder *that* oder kein Relativpronomen:

The car which/that I hired broke down.
oder: *The car I hired ...*

which wird kaum jemals nach *all, everything, little, much, none, no* und Verbindungen mit *no* oder nach Superlativen benutzt. Statt dessen wird im Englischen *that* gebraucht oder das Relativpronomen ganz ausgelassen, wenn es das Objekt eines Verbs ist:
All the apples that fall are eaten by the pigs.
This is the best hotel (that) I know.

C Objekt einer Präposition / Präpositionale Ergänzung

Die formale Konstruktion ist eine Präposition + *which,* es ist jedoch üblicher, die Präposition an das Satzende zu stellen und *which* oder *that* zu benutzen oder das Relativpronomen vollständig wegzulassen:

The ladder on which I was standing began to slip.
oder: *The ladder which/that I was standing on began to slip.*
oder: *The ladder I was standing on began to slip.*

D Possessiv

whose + Relativsatz ist möglich, aber eine Konstruktion mit *with* ist gebräuchlicher:
a house whose walls were made of glass
a house with glass walls

E Relativadverbien: *when, where, why*

when kann *in/on which* (Zeitangabe) ersetzen:
the year when (= in which) he was born
the day when (= on which) they arrived

where kann *in/at which* (Ortsangabe) ersetzen:
the hotel where (= in/at which) they were staying

why kann *for which* ersetzen: *the reason why he refused is ...*
Werden *when, where* und *why* in solchen Zusammenhängen benutzt, nennt man sie Relativadverbien.

76 *cleft sentences: it + be* + Nomen/Pronomen + notwendiger Relativsatz

It was 'Tom who helped us. (d.h. nicht Bill oder Jack)
It was 'Ann that I saw. (d.h. nicht Mary)

Ist das Satzobjekt wie oben ein Eigenname, können *that* oder *who* benutzt werden, obwohl *that* gebräuchlicher ist. Bei allen anderen Objekten ist *that* die korrekte Form:
It's the manager that we want to see. (d.h. nicht den Ober)
It was wine that we ordered. (d.h. nicht Bier)

that ist die gebräuchliche Form für Satzsubjekte, wenn nicht von Personen die Rede ist:
It's speed that causes accidents, not bad roads.

77 Infinitiv- oder Partizipialkonstruktionen, die einen Relativsatz ersetzen

A Infinitive können benutzt werden:

1
Nach *the first/second* etc. und nach *the last/only* und manchmal nach Superlativen:
the last man to leave the ship = the last man who left/leaves the ship
the only one to understand = the only one who understood/understands

Der Infinitiv ersetzt hier ein Pronomen als Subjekt + Verb. Es ist nicht möglich, ein Pronomen als Objekt + Verb zu ersetzen. So könnte zum Beispiel der Satz *the first man that we saw* nicht durch einen Infinitiv ausgedrückt werden, denn *the first man to see* hätte eine völlig andere Bedeutung. Ist jedoch *that* das Subjekt eines Verbs im Passiv, z.B. *the first man that was seen,* kann der Relativsatz durch eine Passiv-Infinitiv-Konstruktion ersetzt werden: *the first man to be seen.*

2
Nach Versprachlichungen von Vorstellungen des Zwecks oder der Erlaubnis:
He has a lot of books to read. (= books that he can/must read)
She had something to do. (= something that she could do / had to do)
They need a garden to play in. (= they can play in)

Hier ersetzt die Infinitivkonstruktion ein Verb + Relativpronomen als Objekt. Die Vorstellung, daß dieser Gebrauch der Infinitivformen zu Mißverständnissen führen könnte, ist nicht richtig, da die Bedeutung des Infinitivs in der Praxis durch den Restsatz klar vermittelt wird. Für sich allein genommen bedeutet die Verbindung/Phrase *the first man to see* entweder *the first man that we must see* (*man* ist das Objekt) oder *the first man who saw* (*man* ist das Subjekt); wird sie hingegen Bestandteil eines Satzes, ist ihre beabsichtigte Bedeutung sofort augenfällig:
The first man to see is Tom = The first man that we must see is Tom.
wohingegen
The first man to see me was Tom = The first man who saw me was Tom.

B Partizipien im Präsens können gebraucht werden:

1
Wenn das Verb im Relativsatz in der *continuous form* (Verlaufsform) verwendet wird:
People who are/were waiting for the bus often shelter/sheltered in my doorway =
People waiting for the bus often shelter/sheltered ...

2
Wenn das Verb im Relativsatz eine gewohnheitsmäßige Handlung oder eine gerade verlaufende Handlung beschreibt:
Passengers who travel/travelled on this bus buy/bought their tickets in books =
Passengers travelling ...

Boys who attend/attended this school have/had to wear uniform / Boys attending ...
a law which forbids/forbade the import = a law forbidding the import
a notice which warns/warned people = a notice warning people
an advertisement which urges/urged = an advertisement urging

Gleichermaßen:
a petition asking, a placard protesting, a letter ordering/demanding/telling, placards protesting

3
Drückt das Verb in dem Relativsatz einen Wunsch aus, d.h. ist das Verb in dem Relativsatz *wish, desire, want, hope* (nicht aber *like*):
people who wish/wished to go on the tour = people wishing to go on the tour
fans who hope/hoped for a glimpse of the star = fans hoping for a glimpse of the star

4
Ein nicht notwendiger Relativsatz (siehe nachstehend Abschnitt **78**), der eines der oben angeführten Verben enthält, oder ein Verb, das Wissen oder Denken versprachlicht, z.B. *know, think, believe, expect* kann gleichermaßen durch ein Partizip Präsens ersetzt werden:
Peter, who thought the journey would take two days, said ... = Peter, thinking the journey would take two days, said ...
Tom, who expected to be paid the following week, offered ... = Tom, expecting to be paid the following week, offered ...
Bill, who wanted to make an impression on Ann, took her to ... = Bill, wanting to make an impression on Ann, took her to ...

78 Nicht notwendige Relativsätze

A Nicht notwendige oder ausmalende Relativsätze werden oft in Verbindung mit Nomen benutzt, die schon genügend bestimmt sind. Aus diesem Grunde bestimmen sie das Beziehungswort nicht näher, sondern vermitteln nur noch zusätzliche Informationen, malen es aus. Anders als die notwendigen Relativsätze, sind sie nicht für das adäquate Verständnis des Hauptsatzes erforderlich und können weggelassen werden, ohne den Sinn des Hauptsatzes zu entstellen. Im Gegensatz zu den notwendigen Relativsätzen werden sie von ihrem Beziehungswort durch ein Komma abgetrennt. In einem nicht notwendigen Relativsatz kann das Pronomen niemals weggelassen werden. Die Konstruktion ist ziemlich förmlich und in geschriebenem Englisch gebräuchlicher als in gesprochenem Englisch.

B Relativpronomen in nicht notwendigen Relativsätzen:

	Subjekt	Objekt	Possessiv
Für Personen	*who*	*whom/who*	*whose*
Für Sachen	*which*	*which*	*whose / of which*

79 Nicht notwendige Relativsätze: Personen

A Subjekt: *who*

Kein anderes Pronomen ist möglich. Man beachte die Kommata:
My neighbour, who is very pessimistic, says there will be no apples this year.
Peter, who had been driving all day, suggested stopping at the next town.

Relativeinschübe wie diese, die dem Satzsubjekt unmittelbar folgen, werden hauptsächlich in der Schriftsprache verwendet. In der Unterhaltung würde man vorziehen zu sagen:
My neighbour is very pessimistic and says ...
Peter had been driving all day, so/and he suggested ...

Jedoch sind Relativsätze am Ende einer Satzperiode, das heißt nach dem Satzobjekt, in der Unterhaltung häufig anzutreffen:
I've invited Ann, who lives in the next flat.

Relativsätze, die einer Präposition + Nomen folgen, sind ebenso gebräuchlich:
I passed the letter to Peter, who was sitting beside me.

B Objekt: *whom, who*

Das Pronomen kann nicht weggelassen werden. *whom* ist die korrekte Form, obwohl *who* manchmal in der Unterhaltung verwendet wird:
Peter, whom everyone suspected, turned out to be innocent.

Wie schon oben bemerkt, ist ein nicht notwendiger Relativsatz in diesem Satzgefüge in gesprochenem Englisch unüblich. Muttersprachler würden vorziehen zu sagen:
Everyone suspected Peter, but he turned out to be innocent.

In der Unterhaltung jedoch sind nicht notwendige Relativsätze am Satzende, das heißt nach dem Objekt des Satzes oder nach einer Präposition + Nomen, gebräuchlich:
She wanted Tom, whom she liked, as a partner; but she got Jack, whom she didn't like.
She introduced me to her husband, whom I hadn't met before.

C Objekt nach einer Präposition: *whom*

Das Pronomen kann nicht weggelassen werden. Die Präposition steht üblicherweise vor *whom:*
Mr Jones, for whom I was working, was very generous about overtime payments.

Es ist jedoch auch möglich, die Präposition an das Ende des Satzes zu stellen. Dies geschieht üblicherweise in Unterhaltungen, und *who* ersetzt dann *whom:*
Mr Jones, who I was working for, ...

Enthält der Relativsatz eine Zeit- oder Ortsangabe, so findet sie sich am Ende des Relativsatzes:
Peter, with whom I played tennis on Sundays, was fitter than me.
könnte umgewandelt werden zu
Peter, who/whom I played tennis with on Sundays, was fitter than me.

D Possessiv: *whose*

Ann, whose children are at school all day, is trying to get a job.
This is George, whose class you will be taking.

In Unterhaltungen würden Muttersprachler wahrscheinlich sagen:
Ann's children are at school all day, so she ...
This is George. You will be taking his class.

80 *all, both, few, most, several, some* etc. + *of* + *whom/which*

Diese Form kann sowohl für Personen als auch für Dinge benutzt werden. Siehe die nachstehenden Beispiele. Die Sätze in Klammern vermitteln für jedes Beispiel ein weniger förmliches Äquivalent:
Her sons, both of whom work abroad, ring her up every week. (= Both her sons work abroad, but they ring her up every week.)
He went with a group of people, few of whom were correctly equipped for such a climb. (= He went with a group of people; few of them ...)
The buses, most of which were already full, were surrounded by an angry crowd. (= Most of the buses were full, and/but they were surrounded by an angry crowd.)
I met the fruit-pickers, several of whom were university students. (= I met the fruit-pickers; several of them were ...)
I picked up the apples, some of which were badly bruised. (= I picked up the apples; some of them ...)
The house was full of boys, ten of whom were his own grand-children. (= The house was full of boys; ten of them ...)

81 Nicht notwendige Relativsätze: Dinge/Gegenstände

A Subjekt: *which*

that wird hier nicht gebraucht:
That block, which cost £5 million to build, has been empty for years.
The 8.15 train, which is usually very punctual, was late today.

In gesprochenem Englisch ziehen Muttersprachler Wendungen vor wie:
That block cost £5 million to build and has been empty for years.
The 8.15 train is usually punctual, but it was late today.

B Objekt: *which*

that wird hier nicht benutzt, und *which* kann niemals weggelassen werden:
She gave me this jumper, which she had knitted herself.
oder: *She gave me this jumper; she had knitted it herself.*
These books, which you can get at any bookshop, will give you all the information you need.
oder: *These books will give you all the information you need. You can get them at any bookshop.*

C Objekt nach einer Präposition / Präpositionale Ergänzung

Die Präposition steht vor *which,* oder (weniger förmlich) am Ende des Relativsatzes:
Ashdown Forest, through which we'll be driving, isn't a forest any longer.
oder: *Ashdown Forest, which we'll be driving through, isn't a forest any longer.*
oder: *His house, for which he paid £10,000, is now worth £50,000.*
oder: *His house, which he paid £10,000 for, is now ...*

D *which* mit *phrasal verbs*

Verbindungen wie *look after, look forward to, put up with* (siehe Kapitel **38**), sollten als eine Einheit behandelt werden, das heißt die Präposition / das Adverb sollten nicht vom Verb abgetrennt werden:
This machine, which I have looked after for twenty years, is still working perfectly.
Your inefficiency, which we have put up with far too long, is beginning to annoy our customers.

E Possessiv: *whose* oder *of which*

whose wird in der Regel für Tiere und Gegenstände verwendet. *of which* ist bei Dingen oder Gegenständen möglich, aber außer auf sehr förmlichem Niveau unüblich.
His house, whose windows were all broken, was a depressing sight.
The car, whose handbrake wasn't very reliable, began to slide backwards.

82 Verknüpfende Relativsätze

Die Pronomen sind *who, whom, whose* und *which*. Kommata werden wie in nicht notwendigen Relativsätzen benötigt. Verknüpfende Relativsätze beschreiben nicht ihr Bezugsnomen, sondern führen die Handlung und Erzählung fort. Sie werden üblicherweise hinter das Satzobjekt gestellt:
I told Peter, who said it wasn't his business.
oder hinter die Präposition + Nomen:
I threw the ball to Tom, who threw it to Ann.

Sie können durch *and/but + he/she* etc. ersetzt werden:
I threw the ball to Tom and he threw it ...
I told Peter, but he said ...

Manchmal erscheint es schwierig festzustellen, ob es sich um einen nicht notwendigen oder einen verknüpfenden Relativsatz handelt; der Lernende muß aber diese Unterscheidung nicht treffen, da formale Unterschiede zwischen beiden Satztypen nicht bestehen. Weitere Beispiele von verknüpfenden Relativsätzen:
He drank beer, which made him fat = He drank beer and it made him fat.
We went with Peter, whose car broke down before we were halfway there = We went with Peter but his car broke down before we were halfway there.

one/two etc., *few/several/some* etc. + *of* + *whom/which* können wie in Abschnitt **80** gezeigt benutzt werden:
I bought a dozen eggs, six of which broke when I dropped the box.
He introduced me to his boys, one of whom offered to go with me.
The lorry crashed into a queue of people, several of whom had to have hospital treatment.

which kann die Information eines ganzen Satzes wieder aufnehmen:
The clock struck thirteen, which made everyone laugh.
He refused to do his share of the chores, which annoyed the others. (= His refusal annoyed them.) Daß er seinen Anteil der Arbeit nicht übernehmen wollte, ärgerte die anderen.
The rain rattled on the roof all night, which kept us awake.
She was much kinder to her youngest child than she was to the others, which made the others jealous.

83 *what* (Relativpronomen) und *which* (verknüpfendes Relativpronomen)

what = the thing that / the things that:
What we saw astonished us = The things that we saw astonished us.
When she sees what you have done she will be furious = When she sees the damage that you have done she will be furious.

Das Relativpronomen *what* darf nicht mit dem verknüpfenden Relativpronomen *which* verwechselt werden. *which* muß sich auf ein Wort oder eine Gruppe von Wörtern in dem vorausgehenden Satz beziehen, wohingegen *what* auf nichts vorher Genanntes verweist. Auch ist das Relativpronomen *what* üblicherweise Satzobjekt, wohingegen das verknüpfende *which* gewöhnlich das Subjekt ist:
He said he had no money, which was not true.
Some of the roads were flooded, which made our journey more difficult.
(siehe auch Abschnitt **82**)

84 Kommata (Interpunktion) in Relativsätzen

Ein notwendiger Relativsatz wird vom Hauptsatz nicht durch ein Komma abgetrennt. Werden Kommata benutzt, ändert sich die Satzbedeutung:

(a) *The travellers who knew about the floods took another road.*
(b) *The travellers, who knew about the floods, took another road.*

In (a) liegt ein notwendiger Relativsatz vor, der das Nomen *travellers* bestimmt und damit ein wesentliches Merkmal benennt. Dieser Satz vermittelt deshalb die Information, daß nur diejenigen Reisenden, die von dem Hochwasser wußten, eine andere Straße nahmen, und impliziert so, daß es noch andere Reisende gegeben hat, die dies nicht wußten und aus diesem Grunde die überflutete Straße befuhren. In (b) liegt ein nicht notwendiger Relativsatz vor, der das ihm vorangehende Nomen nicht bestimmt. Dieser Satz drückt deshalb aus, daß alle Reisenden von dem Hochwasser wußten und deshalb eine andere Route nahmen.

(c) *The boys who wanted to play football were disappointed when it rained.*
(d) *The boys, who wanted to play football, were disappointed ...*

Satz (c) impliziert, daß nur einige Jungen Fußball spielen wollten. Es kann unterstellt werden, daß es anderen Jungen gleich war, ob es regnete oder nicht. Satz (d) drückt aus, daß alle Jungen spielen wollten und daß alle wegen des schlechten Wetters enttäuscht waren.

(e) *The wine which was in the cellar was ruined.*
(f) *The wine, which was in the cellar, was ruined.*

Satz (e) drückt aus, daß nur ein Teil des insgesamt vorhandenen Weines verdorben war. Ein an anderer Stelle gelagerter Wein hat offensichtlich nicht gelitten, und es kam zu keinem Schaden. Satz (f) drückt aus, daß sämtlicher Wein im Keller gelagert wurde und verdorben war.

85 *whoever, whichever, whatever, whenever, wherever, however*

Diese Wörter haben eine Vielzahl von Bedeutungen und können Relativsätze oder andere Sätze einleiten. Obwohl die anderen Sätze strenggenommen nicht in dieses Kapitel gehören, erscheint es sinnvoll, diese *-ever*-Formen zusammen aufzuführen.

A *whoever* (Pronomen) und *whichever* (Pronomen und Adjektiv) können *the one who, he who, she who* bedeuten:
Whoever gains the most points wins the competition.
Whichever of them gains the most points wins.
Whichever team gains the most points wins.
Whoever gets home first starts cooking the supper.
Whichever of us gets home first starts cooking.
Whoever cleans your windows doesn't make a good job of it.

B *whatever* (Pronomen und Adjektiv), *whenever, wherever:*
You can eat what/whatever you like. (= anything you like)
When you are older you can watch whatever programme you like.
My roof leaks when/whenever it rains. (= every time it rains)
You will see this product advertised everywhere/wherever you go.
Go anywhere/wherever you like.

C *whoever, whichever, whatever, whenever, wherever, however* können *no matter who* etc. bedeuten:
If I say »heads, I win; tails you lose«, I will win whatever happens.
oder: *Whichever way the coin falls.*
Whatever happens don't forget to write.
I'll find him, wherever he has gone. (= no matter where he has gone)

whatever you do wird oft einer Bitte/Aufforderung vor- oder nachgestellt, um ihre Wichtigkeit zu unterstreichen:
Whatever you do, don't mention my name.

however ist ein Adverb des Grades und wird mit einem Adjektiv oder einem weiteren Adverb benutzt:
I'd rather have a room of my own, however small (it is), than share a room.
However hard I worked, she was never satisfied.

D *whatever, wherever* können des Sprechers Unwissen oder seine Gleichgültigkeit ausdrücken:
He lives in Wick, wherever that is. (= I don't know where it is, and I'm not interested.)
He says he's a phrenologist, whatever that is. (= I don't know what it is and I'm not very interested.)

who ever? when ever? what ever? etc. können auch jeweils als zwei getrennte Wörter geschrieben werden; ihre Bedeutung ändert sich dann jedoch (siehe Abschnitt **61**).

»I lost seven kilos in a month.« »How ever did you lose so much in such a short time?«

Bill (suspiciously): I know all about you.

Tom (indignantly): What ever do you mean?

Where ever did you buy your wonderful carpets?

9 Präpositionen *(prepositions)*

86 Einführung

Präpositionen sind Wörter, die üblicherweise vor Nomen oder Pronomen gestellt werden (siehe aber Abschnitt **87** wegen möglicher anderer Stellungen). Verben können ebenfalls Präpositionen folgen, wobei die Verben, außer nach *but* und *except*, in der gerundialen Form verwendet werden müssen:

He is talking of emigrating.

They succeeded in escaping.

Der Lernende hat zwei Hauptprobleme mit den Präpositionen. Er muß wissen, (a) ob in einer gegebenen Konstruktion eine Präposition nötig ist oder nicht, und (b) welche Präposition in diesem Falle erforderlich ist. Das erste Problem kann ein europäischer Lernender als besonders schwerwiegend empfinden, da er in seiner eigenen Muttersprache möglicherweise eine Präposition verwenden muß, während im Englischen keine Präposition erforderlich ist und umgekehrt: z.B. wird in den meisten europäischen Sprachen der Zweck durch eine Präposition + Infinitiv ausgedrückt, während im Englischen in diesem Fall nur der Infinitiv benutzt wird:

I came here to study.

Gleichermaßen sollte der Lernende sein Augenmerk darauf richten, daß manche Wörter, die hauptsächlich als Präpositionen verwendet werden, gleichermaßen als Konjunktionen und Adverbien benutzt werden. In den folgenden Abschnitten wird auf diesen Fall ganz besonders verwiesen.

87 Unterschiedliche Stellung der Präpositionen

A Präpositionen stehen üblicherweise vor Nomen oder Pronomen. In zwei Satzkonstruktionen jedoch ist es in informellem Englisch möglich, die Präposition an das Satzende zu stellen:

1
In Fragen, die mit einer Präposition + *whom/which/what/whose/where* beginnen:
To whom were you talking? (formell)
Who were you talking to? (informell)
In which drawer does he keep it? (formell)
Which drawer does he keep it in? (informell)

Früher wurde eine Satzkonstruktion mit einer Präposition am Ende als unrichtig empfunden, aber heute wird sie als umgangssprachliche Form akzeptiert.

2
Gleichermaßen kann in Relativsätzen eine Präposition, die vor *whom/which* benutzt wird, an das Satzende gestellt werden. Das Relativpronomen wird dann häufig weggelassen:
the people with whom I was travelling (formell)
the people I was travelling with (informell)
the company from which I hire my TV set (formell)
the company I hire my TV set from (informell)

B In *phrasal verbs* aber folgt die Präposition / das Adverb dem Bezugsverb, so daß die formelle Konstruktion nicht möglich ist. *The children I was looking after* könnte nicht ersetzt werden durch eine Konstruktion mit *after + whom* und *Which bridge did they blow up?* könnte nicht durch eine Satzkonstruktion mit *up + which* ersetzt werden.

88 Wegfall von *to* und *for* vor indirekten Objekten

A

1
Ein Satz wie *I gave the book to Tom* könnte auch ausgedrückt werden durch *I gave Tom the book*, d.h. das indirekte Objekt (Dativobjekt) kann direkt dem Verb folgen, wenn die Präposition *to* wegfällt.
Im Englischen wird diese Konstruktion mit den folgenden Verben benutzt: *bring, give, hand, leave* (in einem Testament), *lend, offer, pass (= hand –* aushändigen*), pay, play (= an instrument / a piece of music), promise, sell, send, show, sing, take, tell (= narrate, inform):*
I showed the map to Bill = I showed Bill the map.
They sent £5 to Mr Smith = They sent Mr Smith £5.

2
Analog kann der Satz *I'll find a job for Ann* ersetzt werden durch *I'll find Ann a job* (das indirekte Objekt steht an erster Stelle nach dem Verb, und *for* wird weggelassen). Diese Konstruktion ist möglich nach *book, build, buy, cook (bake, boil, fry* etc.*), fetch, find, get, keep, knit, leave, make, order, reserve:*

I'll get a drink for you = I'll get you a drink.
I bought a book for James = I bought James a book.

B Beide Satzkonstruktionen können üblicherweise verwendet werden. Aber:

1
Die Satzkonstruktion ohne Präposition wird vorgezogen, wenn das direkte Objekt ein feststehender Ausdruck oder ein Nebensatz ist:
Tell her the whole story.
Show me what you've got in your hand.

2
Die Konstruktion mit Präposition wird vorgezogen:

(a) Wenn das indirekte Objekt ein feststehender Ausdruck oder ein Nebensatz ist:
We kept seats for everyone on our list / for everyone who had paid.
I had to show my pass to the man at the door.

(b) Wenn das direkte Objekt *it* oder *them* ist. Sätze wie *They kept it for Mary, She made them for Bill, We sent it to George* können nicht durch eine Verb+Nomen+Pronomen-Konstruktion ersetzt werden.

Wenn das indirekte Objekt gleichfalls ein Pronomen ist *(I sent it to him),* ist manchmal die Umstellung der Pronomen und das Weglassen von *to* zulässig *(I sent him it)*; da dies mit *for*-Konstruktionen nicht möglich ist, sollte diese Umstellung besser vermieden werden.
Diese Einschränkung gilt nicht für andere pronominale Objekte:
He gave Bill some.
He didn't give me any.
He bought Mary one.
I'll show you something.

C *promise, show, tell* können nur ohne *to* mit indirekten Objekten verwendet werden:
promise us, show him, tell him

read, write können ähnlich gebraucht werden, erfordern jedoch *to:*
read to me, write to them

play, sing können mit *to* oder *for* benutzt werden:
play to us, play for us, sing to us, sing for us

89 Gebrauch und der Wegfall von *to* mit Verben des Informationsaustauschs

A Verben, die sich auf einen Befehl, eine Bitte, eine Einladung und einen Rat beziehen, z.B. *advise, ask, beg, command, encourage, implore, invite, order,*

recommend, remind, request, tell, urge, warn können direkt von der Person, an die der Sprecher sich wendet (ohne *to*) + Infinitiv gefolgt werden:
They advised him to wait.
I urged her to try again.
(siehe Abschnitt **244**)

Die angeredete Person (ohne *to*) kann nach *advise, remind, tell, warn* mit anderen Konstruktionen ebenfalls verwendet werden:
He reminded them that there were no trains after midnight.
They warned him that the ice was thin / warned him about the ice.

recommend (= advise) erfordert jedoch *to* vor der angeredeten Person in anderen Konstruktionen:
He recommended me to buy it.
Aber: *He recommended it to me.*

He recommended me (for the post) würde bedeuten *He said I was suitable* (d.h. er hat mich für die Stelle empfohlen).

In anderen Satzkonstruktionen mit *ask* ist die angeredete Person nicht unbedingt erforderlich. Die Präposition *to* wird in diesen Fällen nie verwendet:
He asked (me) a question.
He asked (me) if I wanted to apply.
She asked (her employer) for a day off.

B *call (= shout), complain, describe, explain, grumble, murmur, mutter, say, shout, speak, suggest, talk, whisper* erfordern die Präposition *to* vor der angeredeten Person, obwohl es nicht unbedingt erforderlich ist, diese Person zu benennen:
Peter complained (to her) about the food.
She said nothing (to her parents).
He spoke English (to them).

shout at kann gebraucht werden, wenn der Sprecher / die Sprecherin über eine andere Person verärgert ist:
He shouted at me to get out of his way. Er schrie mich an, aus dem Wege zu gehen.

Im Gegensatz dazu drückt der Satz *He shouted to me* aus, daß der Sprecher seine Stimme erhob / lauter rief, da ich nicht in seiner Nähe war.

90 Präpositionen der Zeit: *at, on, by, before, in*

A *at, on*

at bei einer Zeitangabe:
at dawn, at six, at midnight, at 4.30

at bei einer Altersangabe:
at sixteen / at the age of sixteen
She got married at seventeen.

on bei einer Angabe eines Tages / eines Datums:
on Monday, on 5 June, on Christmas Day

Ausnahmen:
at night, at Christmas,
at Easter (d.h. die Osterfeiertage, nicht ein einziger Tag)

on the morning/afternoon/evening/night eines bestimmten Datums:
We arrived on the morning of the sixth.

Es ist selbstverständlich auch möglich zu sagen:
this/next Monday etc., *any Monday, one Monday*

B *by, before*

by a time/date/period = at that time oder *before / not later than that date.* Oft wird impliziert *before that time/date* (vor der genannten Zeit / dem genannten Datum).

by + eine Zeitangabe wird oft mit einer Zeitform der Vergangenheit verwendet, besonders mit dem *future perfect* (Futur II) (siehe Abschnitt **216**):
By the end of July I'll have read all those books.

before kann eine Präposition, eine Konjunktion oder ein Adverb sein:
Before signing this ... (Präposition)
Before you sign this ... (Konjunktion)
I've seen him somewhere before. (Adverb)
(siehe Abschnitte **195** B, **342**)

C *on time, in time, in good time*

on time = at the time arranged, not before, not after:
The 8.15 train started on time. (= started at 8.15)

in time / in time for + Nomen = *not late; in good time (for) = with a comfortable margin:*
Passenger should be in time for their train.
I arrived at the concert hall in good time (for the concert). (d.h. zum Beispiel: Das Konzert begann um 7.30 Uhr, und ich kam um 7.15 Uhr an, also hätte ich noch genügend Zeit bis zum Konzertbeginn.)

D *on arrival, on arriving, on reaching, on getting to*

on arrival / on arriving, he ... = when he arrives/arrived, he ...

on kann ähnlich mit dem *gerund* bestimmter anderer Verben mit benutzt werden (hauptsächlich Verben der Information):
On checking, she found that some of the party didn't know the way.
On hearing / Hearing that the plane had been diverted, they left the airport.
Im letzten Satz könnte *on* weggelassen werden. (siehe Abschnitt **277**)

E *at the beginning/end, in the beginning/end, at first / at last*

at the beginning (of) / at the end (of) = literally at the beginning/end:
At the beginning of a book there is often a table of contents.
At the end, there may be an index.

in the beginning / at first = in the early stages (ursprünglich). Es wird impliziert, daß später ein Wechsel stattfand:
In the beginning / At first we used handtools. Later we had machines.

in the end / at last = eventually / after some time (schließlich, nach einer gewissen Zeit):
At first he opposed the marriage, but in the end he gave his consent.

91 Zeit: *from, since, for, during*

A *from, since* und *for*

1
from wird üblicherweise mit *to* oder *till/until* verwendet:
Most people work from nine to five.

from kann auch mit einer Ortsangabe verbunden werden:
Where do you come from?

2
since wird mit Zeitangaben gebraucht, niemals mit Ortsangaben, und bedeutet *from that time to the time referred to* (von ... bis). Es wird oft mit der Zeitform des *present perfect* oder *past perfect* verbunden (siehe Abschnitte **185-188, 194**):
He has been here since Monday (= from Monday till now)
He wondered where Ann was. He had not seen her since their quarrel.

since kann auch ein Adverb sein (siehe Abschnitte **37, 185-188**):
He left school in 1983. I haven't seen him since.

since kann auch als Konjunktion der Zeit verwendet werden:
He has worked for us ever since he left school.
It is two years since I last saw Tom = I last saw Tom two years ago / I haven't seen Tom for two years.

(wegen *since* mit anderen Satztypen siehe Abschnitt **338**)

3
for wird mit einem Zeitraum verwendet: *for six years, for two months, for ever:*
Bake it for two hours.
He travelled in the desert for six months.

for + Zeitraum kann mit einem *present perfect* oder mit einem *past perfect* verwendet werden, wenn sich die Handlung bis zum Zeitpunkt des Sprechens erstreckt:
He has worked here for a year. (d.h. vor einem Jahr fing er hier an zu arbeiten und arbeitet immer noch hier)

for ist in solchen Sätzen durch *since* ersetzbar, wenn der Zeitpunkt der Vergangenheit, das heißt der Zeitpunkt, an dem die Handlung begann, benannt wird:
He has worked here since this time last year.

B *during* und *for*

during wird verwendet mit bekannten Zeiträumen, das heißt Zeiträumen, die namentlich bekannt sind wie *Christmas, Easter* oder Zeiträume, die zuvor angegeben wurden:
during the Middle Ages, during 1941, during the summer (of that year), during his childhood, during my holidays

Die Handlung kann entweder die gesamte Zeitdauer einnehmen oder zu einem bestimmten Zeitpunkt während der Dauer stattfinden:
It rained all Monday but stopped raining during the night. (at some point of time)
He was ill for a week, and during that week he ate nothing.

for (zum Ausdruck des Zwecks) kann vor bekannten Zeiträumen gebraucht werden:
I went there
I hired a car *for my holidays / for the summer.*
I rented a house

for hat zahlreiche weitere Gebrauchsmöglichkeiten:
He asked for £5. I paid £1 for it.
I bought one for Tom.
(siehe Abschnitt **88**)

for kann auch eine Konjunktion sein und einen Satz einleiten.
(siehe Abschnitt **330**)

92 Zeit: *to, till/until, after, afterwards* (Adverb)

A *to* und *till/until*

to kann in Verbindung mit Orts- und Zeitangaben verwendet werden; *till/until* nur mit Zeitangaben. Im Englischen sind Formen *from ... to* oder *from ... till/until* gebräuchlich:

They worked from five to ten / from five till ten. (*at five to ten* würde um 9.55 Uhr bedeuten.)

Wird *from* nicht benutzt, sind im Englischen till/until und nicht *to* gebräuchlich:
Let's start now and work till dark. (*to* wäre im Beispielsatz nicht möglich.)

till/until wird oft mit einem verneint benutzten Verb gebraucht, um auszudrücken, daß etwas spät / sehr spät geschieht:
We didn't get home till 2 a.m.
He usually pays me on Friday but last week he didn't pay me till the following Monday.

till/until wird zur Einleitung eines Temporalsatzes verwendet:
We'll stay here till it stops raining.
Go on till you come to the level crossing.

Man beachte, daß *till* durch *to* ersetzt werden muß, wenn *you come to* ausgelassen wird:
Go on to the level crossing.

B *after* und *afterwards* (Adverb)

after (Präposition) steht vor einem Nomen, Pronomen oder *gerund:*
Don't bathe immediately after a meal / after eating.
Don't have a meal and bathe immediately after it.

Möchte man im Englischen kein Nomen/Pronomen oder *gerund* verwenden, kann *after* nicht benutzt werden, sondern *afterwards (= after that)* oder *then:*
Don't have a meal and bathe immediately afterwards.
They bathed and afterwards played games / played games afterwards.
oder: *They bathed and then played games.*

afterwards kann entweder am Satzanfang oder Satzende benutzt und durch *soon, immediately, not long* etc. modifiziert und genauer bestimmt werden:
Soon afterwards we got a letter.
We got a letter not long afterwards.

after kann auch als Konjunktion gebraucht werden:
After he had tuned the piano it sounded quite different.

93 Reise und Bewegung: *from, to, at, in, by, on, into, onto, off, out, out of*

A Wir reisen von unserem Heimatort *(from)* zu/nach unserem Zielort *(to):*
They flew/drove/cycled/walked from Paris to Rome.
When are you coming back to England?

Wir senden auch Briefe an Leute und Orte *(to).*
(siehe nachstehend die Anmerkung zu *home*)

B *arrive at/in, get to, reach* (ohne Präposition)

Wir kommen in einer Stadt oder in einem Land an *(arrive in),* in einem Dorf *(at* oder *in a village),* an einem anderen Bestimmungsort *(at any other destination):*
They arrived in Spain / in Madrid.
I arrived at the hotel / at the airport / at the bridge / at the crossroads.

get to kann mit jedem Zielort verbunden werden, ebenso wie *reach:*
He got to the station just in time for his train.
I want to get to Berlin before dark.
They reached the top of the mountain before sunrise.

get in (*in* = Adverb) kann *arrive at a destination* (ankommen) bedeuten. Es wird hauptsächlich verwendet, wenn von Zügen gesprochen wird:
What time does the train get in? (= reach the terminus / our station)

Vergleiche auch *get there/back* (*there/back* sind Adverbien)

C *home*

Verben, die eine Bewegung ausdrücken, können mit *home* ohne Präposition verbunden werden:
It took us an hour to get home.
They went home by bus.

Geht *home* jedoch ein Wort oder ein feststehender Begriff unmittelbar voraus, ist eine Präposition erforderlich:
She returned to her parents' home.

Im Englischen sind Wendungen wie *be/live/stay/work* etc., *at home, at + ... + home* oder *in + ... + home* üblich. *home* kann jedoch nicht direkt auf *in* folgen:
You can do this sort of work at home oder at/in your own home.

D Transport: *by, on, get in/into/on/onto/off/ out of*

Das Reisen mit dem Auto, Bus, Zug, Flugzeug usw. wird so ausgedrückt: *to travel by car* (aber *in the/my/Tom's car*), *by bus/train/plane/helicopter/hovercraft* etc. und *by sea/air* (auf dem Seewege ...); ebenso das Reisen auf/entlang einer bestimmten Strecke: *to travel by a certain route* oder *by a certain place* (obwohl *via* gebräuchlicher ist):
We went by the M4.
We went via Reading.

Spazierengehen: *to walk* oder *to go on foot*
Radfahren: *to cycle* oder *to go on bicycle* oder *by bicycle*
Reiten: *to ride* oder *to go on horseback.*
We get into a public or private vehicle (privates Fahrzeug) oder *get in* (Adverb).
We get on/onto a public vehicle (öffentliches Verkehrsmittel) oder *get on* (Adverb).
We go on board a boat. (= embark) – sich einschiffen

We get on/onto a horse/camel/bicycle.
We get out of a public or private vehicle oder *get out* (Adverb).
We got off a public vehicle, a horse, bicycle etc., oder *get off* (Adverb).

E *get in/into/out/out of* kann in Zusammenhang mit Gebäuden, Institutionen und Ländern anstelle von *go/come/return* etc. verwendet werden, wenn das Betreten oder Verlassen mit Schwierigkeiten verbunden ist. *in* und *out* werden hier als Adverbien benutzt:
I've lost my keys! How are we going to get into the flat / to get in? (Adverb)
The house is on fire! We had better get out! (Adverb)
It is difficult to get into a university nowadays.

F Den Weg weisen, Angaben zu Wegen machen: *at, into, to* etc. (Präpositionen), *along, on* (Präpositionen und Adverbien) und *till* (Konjunktion):
Go along the strand till you see the Savoy on your right.
The bus stop is just round the corner.
Turn right/left at the Post Office / at the second traffic lights.
Go on (Adverb) *past the post office.*
Turn right/left into Fleet Street.
Take the first/second etc. *turning on / to the right* oder *on/to your right.*
Go on (Adverb) *to the end of the road.* (*till* könnte hier nicht benutzt werden.)
You will find the bank on your left halfway down the street.
When you come out of the station you will find the bank opposite you / in front of you.
Get out (of the bus) at the tube station and walk on (Adverb) *till you come to a pub.*
Get off (the bus) and walk back (Adverb) *till you come to some traffic lights.*

Verwechseln Sie bitte nicht *to* und *till* (siehe Abschnitt **92** **A**)

94 *at/in, in/into, on/onto*

A *at* und *in*
(wegen *arrive at/in* siehe Abschnitt **93** **B**)

at
Die folgenden Ausdrücke sind im Englischen gebräuchlich: *to be at home, at work, at the office, at school, at university, at an address, at a certain point,* z.B. *at the bridge, at the crossroads, at the bus-stop.*

in
We can be in a country, a town, a village, a square, a street, a room, a forest, a wood, a field, a desert oder an jedem anderen Platz, der begrenzt oder abgeschlossen ist.
Ist der Ort jedoch vom Umfang klein, wie *a square, a street, a room, a field,* so ist der Gebrauch von *at* möglich, um auszudrücken, daß man eher *at this point* (an diesem Platz, dieser Straße ...) meint als *inside* (innerhalb von ...).

We can be in or at a building. in bedeutet ›innerhalb des Gebäudes‹; *at* könnte ›innerhalb‹ oder ›außerhalb des Gebäudes‹ bedeuten. Sagt eine Person, sie sei *at the station,* so kann sie außerhalb des Bahnhofs auf der Straße sein, sich im Warteraum / am Fahrkartenschalter / im Restaurant / auf dem Bahnsteig befinden.

We can be in oder *at the sea, a river/lake/swimming pool* etc.
in bedeutet in diesem Zusammenhang *in the water* (im Wasser):
The children are swimming in the river.

at the sea/river/lake etc. bedeutet *near/beside the sea* (an der See). *at sea* bedeutete jedoch *on a ship* (auf See / auf einem Schiff).

B *in* und *into*

in vermittelt, wie oben ausgeführt, eine Ortsangabe. *into* verweist auf eine Bewegung in etwas hinein, einen Eintritt:
They climbed into the lorry.
I poured the beer into a tankard.
Thieves broke into my house / My house was broken into.

Mit dem Verb *put* können entweder *in* oder *into* verbunden werden:
He put his hands in/into his pockets.
in kann auch Adverb sein:
Come in = Enter.
Get in (into the car).

C *on* und *onto*

on kann zur Versprachlichung einer Ortsangabe und einer Bewegung gebraucht werden:
He was sitting on his case.
His name is on the door.
Snow fell on the hills.
He went on board ship.

onto wird (meist im Zusammenhang mit Menschen oder Tieren) verwendet, wenn eine Bewegung versprachlicht wird, bei der ein Höhenunterschied überwunden wird:
People climbed onto their roofs.
We lifted him onto the table.
The cat jumped onto the mantlepiece.

on kann auch Adverb sein:
Go on.
Come on.

95 *above, over, under, below, beneath* etc.

A *above* und *over*

above (Präposition und Adverb) und *over* (Präposition) können beide *higher than* (höher als) bedeuten und manchmal austauschbar verwendet werden:
The helicopter hovered above/over us.
Flags waved above/over our heads.

Aber *over* kann gleichfalls *covering* (bedeckend), *on the other side of, across* und *from one side to the other* bedeuten:
We put a rug over him.
He lives over the mountains.
There is a bridge over the river.

all over + Nomen/Pronomen kann *in every part of* (überall) bedeuten:
He has friends all over the world.

above hat keine der soeben aufgeführten Bedeutungen.

over kann *more than* oder *higher than* bedeuten.
above kann nur *higher than* bedeuten.
Beide drücken *higher in rank* aus. Aber ein Satz wie *He is over me* würde üblicherweise aussagen, daß eine Person der Vorgesetzte des Sprechers ist:
He is my immediate superior / He supervises my work.

above hingegen hat diese Bedeutung nicht notwendigerweise. Führt eine Brücke über einen Fluß, so bedeutet der Ausdruck *above the bridge* = *upstream* (flußaufwärts).

over kann im Zusammenhang mit Mahlzeiten/Nahrung/Getränken verwendet werden:
They had a chat over a cup of tea. (= while drinking tea)

In der Zusammensetzung *take* + Zeitangabe + *over* + Nomen/Pronomen kann *over to do/finish* etc. bedeuten:
He doesn't take long over lunch / to eat his lunch.
He took ages over the job. (= He took ages to finish it.) Er brauchte ewig, um diese Arbeit abzuschließen.

above kann ebenso Adjektiv oder Adverb in der Bedeutung von *earlier* (vorher, in einem Buch, Artikel etc.) sein:
the above address (the previously mentioned address) (die oben aufgeführte Adresse)
see B above (the previously mentioned section B (siehe B oben)

B *below* und *under*

below (Präposition und Adverb) und *under* (Präposition) können beide *lower than* (niedriger als) bedeuten. *under* drückt jedoch einen Kontakt, eine Berührung aus:

She put the letter under her pillow.
The ice crackled under his feet.

Man benutzt *below* in der Bedeutung von ›unter‹, ›unterhalb‹ (ohne gegenseitige Berührung):
They live below us. (d.h. Wir wohnen im vierten Stock, und sie wohnen im dritten.)

Ähnlich: *We live above them.* (siehe Abschnitt **A** oben)

below und *under* können ›unter‹ (im Rang, einer Würde) bedeuten. Der Satz *He is under me* drückt aus, daß ich der unmittelbare Vorgesetzte desjenigen/derjenigen bin, von dem/der ich spreche.
below hat diese Bedeutung nicht notwendigerweise.
(*over* und *under* können beide als Adverbien verwendet werden, bedeuten jedoch in diesem Falle etwas anderes.)

C *beneath* kann manchmal anstelle von *under* gebraucht werden; sein Gebrauch in abstrakten Bedeutungszusammenhängen ist jedoch sicherer und problemloser:
He would think it beneath him to tell a lie. (= unworthy of him) Er hielt es für unter seiner Würde zu lügen.
She married beneath her. (= into a lower social class) Sie heiratete nicht standesgemäß.

D *beside, between, behind, in front of, opposite*

Stellen Sie sich ein Theater mit Sitzreihen A, B, C etc. vor, in dem die Reihe A der Bühne am nächsten ist:

		Stage	
Row A	*Tom*	*Ann*	*Bill*
Row B	*Mary*	*Bob*	*Jane*

Das Schaubild verdeutlicht:
Tom is beside Ann; Mary is beside Bob etc.
Ann is between Tom and Bill; Bob is between Mary and Jane.
Mary is behind Tom; Tom is in front of Mary.

Speisen jedoch Tom und Mary zusammen, und Tom sitzt an der einen Seite des Tisches und Mary an der anderen, wird im Englischen nicht *in front of* benutzt, sondern:
Tom is sitting opposite Mary.
oder: *Tom is facing Mary.*

He stood in front of me kann entweder *He stood with his back to me* (Er stand mit dem Rücken vor mir) oder *He faced me* (Er stand vor mir / Angesicht zu Angesicht) bedeuten.

Leute, die auf der einen Straßenseite wohnen, werden von den Häusern auf der anderen Straßenseite als *the houses opposite (us)* sprechen, eher als *the houses in front of us.*

Bei anderen Sachverhalten jedoch finden diese Einschränkungen keine Anwendung:
She put the plate on the table in front of him.
She sat with the book in front of her.
»Where is the bank?« »There it is, just in front of you!«
There's a car-park in front of / at the back of the hotel.

E Eine Verwechslung von *beside* mit *besides* ist zu vermeiden.
beside = at the side of (neben):
We camped beside a lake.

besides (Präposition) = *in addition to / as well as* (außer, außerdem):
I do all the cooking and besides that I help Tom.
Besides doing the cooking I help Tom.

besides (Adverb) bedeutet:

(a) *in addition to that / as well as that:*
I do the cooking and help Tom besides.

(b) *in any case / any way:*
We can't afford oysters. Besides, Tom doesn't like them.
(siehe Abschnitt **327**)

F *between* und *among*

between stellt üblicherweise eine örtliche Beziehung zwischen einer Person / einem Gegenstand und zwei weiteren Personen/Gegenständen her, kann aber auch mit einer größeren Anzahl verwendet werden, wenn der Sprecher an eine bestimmte Anzahl denkt:
Luxembourg lies between Belgium, Germany and France.

among stellt eine örtliche Beziehung zwischen einer Person / einem Gegenstand und mehr als zwei anderen her; normalerweise denkt man im Englischen nicht an eine bestimmte Anzahl:
He was happy to be among friends again.
a village among the hills

G *with* könnte anstelle von *among* in dem letzten Satz verwendet werden, natürlich auch mit einem Objekt im Singular:
He was with a friend.

Andere Gebrauchsbeispiele:
He cut it with a knife.
Don't touch it with bare hands.

The mountains were covered with snow.
I have no money with me / on me.
He fought/quarrelled with everyone.

In Beschreibungen:
the girl with red hair
the boy with his hands in his pocket
the man with his back to the camera / with his feet on his desk

H *but* und *except* (Präpositionen)

Diese Ausdrücke haben die gleiche Bedeutung und sind austauschbar. *but* ist gebräuchlicher, wenn die Präposition + das Objekt unmittelbar *nobody/none/nothing/nowhere* etc. folgen:
Nobody but Tom knew the way.
Nothing but the best is sold in our shops.

except ist gebräuchlicher, wenn der präpositionale Ausdruck später im Satz auftritt:
Nobody knew the way except Tom.

und nach *all/everybody/everyone/everything/everywhere* etc.

but ist emphatischer als *except* nach *anybody/anything/anywhere* etc.:
You can park anywhere but/except here. (d.h. Hier dürfen Sie auf keinen Fall parken.)

but und *except* verlangen den reinen Infinitiv. (siehe Abschnitt **98**)

(wegen *but for* in Konditionalsätzen siehe Abschnitt **226**; wegen *but* als Konjunktion siehe Abschnitt **326**)

96 Präpositionen, die mit Adjektiven und Partizipien gebraucht werden

Bestimmte Adjektive und Partizipien Perfekt (Mittelwörter der Vergangenheit), die als Adjektiv benutzt werden, können von einer Präposition + Nomen/*gerund* gefolgt werden. (wegen Verben + Präpositionen siehe Abschnitt **91**)

Üblicherweise verlangen besondere Adjektive und Partizipien besondere Präpositionen. Einige von diesen werden nachstehend aufgeführt, andere kann der Lernende finden, indem er ein gutes Wörterbuch benutzt, das nach jedem Adjektiv die Präpositionen angibt, die im Sinnzusammenhang benutzt werden.

about, at, for, in, of, on, to, with mit bestimmten Adjektiven und Partizipien:
absorbed in, according to, accustomed to (siehe Abschnitt **163**), *afraid of* (siehe Abschnitte **27 B**, **271**), *anxious for/about* (**27 C**), *ashamed of, aware of* (**27 F**), *bad at/for, capable of, confident of, due to/for* (**27 A**), *exposed to, fit for, fond of, frightened of/at, good at/for, interested in, involved in, keen on, liable for/to, nervous of, owing to* (**27 A**), *pleased with, prepared for, proud of, ready for,*

responsible for/to, scared of, sorry for/about (**27 B**), *successful in, suspicious of, terrified of, tired of, used to* (**163**)

He was absorbed in his book.
She is afraid/frightened/scared of the dark.
According to Tom it's 2.30. (Tom says it's 2.30.)
He is bad/good at chess. (a bad/good player)
Running is bad/good for you. (unhealthy/healthy)
They are very keen on golf.
Drivers exceeding the speed limit are liable to a fine.
The management is not responsible for articles left in customers' cars.
I'm sorry for your husband. (I pity him.)
I'm sorry for forgetting the tickets.
I'm sorry about the tickets.

(wegen *good/kind + of, It was kind of you to wait,* siehe Abschnitt **26 B**)

97 Verben und Präpositionen

Eine große Anzahl von Verbindungen, die aus Verben und Präpositionen bestehen, werden in Kapitel **38** *(phrasal verbs)* behandelt. Es gibt jedoch gleichfalls eine große Anzahl anderer Verben, die ebenfalls eine Präposition nach sich ziehen, die nachstehend aufgeführt werden. Zuverlässige Wörterbücher bieten weiterführende Informationen.

accuse sb of, apologize (to sb) for, apply to sb/for sth, ask for/about, attend to, beg for, believe in, beware of, blame sb for, charge sb with (an offence), compare sth with, comply with, conform to, consist of, deal in, depend on, dream of, fight with sb for, fine sb for, hope for, insist on, live on (food/money), long for, object to, occur to, persist in, prefer sb/sth to sb/sth, prepare for, punish sb for, quarrel with sb about, refer to, rely on, remind sb of, resort to, succeed in, suspect sb of, think of/about, wait for, warn sb of/about, wish for

Do you believe in ghosts?
They were charged with receiving stolen goods.
You haven't complied with the regulations.
For a week she lived on bananas and milk.
It never occurred to me to insure the house.
They persisted in defying the law.
When arguments failed he resorted to threats.

feel like that + Nomen/Pronomen *(= feel inclined to have something):*
Do you feel like a drink / a meal / a rest? Hätten Sie gern / Möchten Sie gern einen Drink ...?

feel like + gerund (= feel inclined to do something):
I don't feel like walking there. Mir ist nicht nach einem Spaziergang zumute.

(wegen *like* in Vergleichen siehe Abschnitt **21 G** bis **I**)

Verben im Passiv können durch *by* + Handlungsträger gefolgt werden; andere Präpositionen können ihnen ebenso folgen:
The referee was booed by the crowd.
The referee was booed by the crowd for his decision / for awarding a penalty.

98 Gerundiale Konstruktionen nach Präpositionen

A In Abschnitt **86** wurde schon ausgeführt, daß Verben, die Präpositionen unmittelbar folgen, in ihrer gerundialen Form verwendet werden müssen:
He left without paying his bill.
I apologize for not writing before.
She insisted on paying for herself.
Before signing the contract, read the small print.
(siehe auch Abschnitt **259**)

Einige Verbindungen, die aus Nomen + Präposition + *gerund* bestehen, sollte man sich merken:
There's no point in taking your car if you can't park.
What's the point of taking your car if you can't park?
Is there any chance/likelihood of his changing his mind?
Have you any objection to changing your working hours?
I am in favour of giving everyone a day off.

B *except* und *but* (Präpositionen) erfordern Ausnahmen von den oben angeführten Regeln, da sie den reinen Infinitiv erfordern:
I could do nothing except agree.
He did nothing but complain.

Wird jedoch *but* als Konjunktion benutzt, folgt direkt entweder eine volle Infinitivkonstruktion oder ein *gerund:*
To be idle sometimes is agreeable but to be idle all the time etc.

99 Präpositionen/Adverbien

Viele Wörter können entweder als Präpositionen oder als Adverbien benutzt werden:
He got off the bus at the corner. (Präposition)
He got off at the corner. (Adverb)

Die wichtigsten von diesen Wörtern sind *above, about, across, along, before, behind, below, besides, by, down, in, near, off, on, over, past, round, since, through, under, up:*
They were here before six. (Präposition)
He has done this sort of work before. (Adverb)
Peter is behind us. (Präposition)

He's a long way behind. (Adverb)
She climbed over the wall. (Präposition)
You'll have to climb over too. (Adverb)
When the meeting was over the delegates went home. (Adverb, hier bedeutet *over finished* zu Ende)
The shop is just round the corner. (Präposition)
Come round (to my house) any evening. (Adverb) Du kannst jederzeit vorbeischauen.
He ran up the stairs. (Präposition)
He went up in the lift. (Adverb)

Viele von diesen Wörtern werden benutzt, um *phrasal verbs* zu bilden (siehe Kapitel **38**):
The plane took off. (= left the ground) Das Flugzeug hob ab.
He came round. (= recovered consciousness) Er erlangte das Bewußtsein wieder.

10 Verben: Einführung *(introduction to verbs)*

100 Verbklassen

A Es gibt zwei Verbklassen im Englischen:

1
Hilfsverben (Auxiliarverben):
to be, to have, to do; can, could, may, might, must, ought, shall, should, will, would; to need, to dare und *used.*

2
Alle anderen Verben, die als selbständige Verben bezeichnet werden können:
to work, to sing, to pray

B *be, have, need und dare* haben Infinitive und Partizipien wie Vollverben, aber *can, could, may, might, must, ought, shall, should, will* und *would* kennen keine Infinitive oder Partizipien und können deshalb nur eine begrenzte Anzahl von Formen bilden. (wegen *used* siehe Abschnitt **162** **A**)

Bevor wir auf die Hilfsverben zu sprechen kommen, ist es hilfreich, die selbständigen Verben zu betrachten, deren häufigste Zeitformen mit Hilfe der Hilfsverben gebildet werden.

Selbständige Verben *(ordinary verbs)*

101 Hauptteile der Aktivform

	Aussage	verneinte Aussage
Infinitiv Präsens	*to work*	*not to work*
Infinitiv Präsens Verlaufsform	*to be working*	*not to be working*
Infinitiv Perfekt	*to have worked*	*not to have worked*
Infinitiv Perfekt Verlaufsform	*to have been working*	*not to have been working*
Partizip Präsens und *gerund*	*working*	*not working*
Partizip Perfekt und *gerund*	*having worked*	*not having worked*
Partizip Perfekt (Mittelwort der Vergangenheit)	*worked*	

Bei selbständigen regelmäßigen Verben wird die Vergangenheitsform und das Partizip Perfekt (Mittelwort der Vergangenheit) dadurch gebildet, daß man *-d* oder *-ed* an den Infinitiv hängt. Manchmal muß der Endkonsonant des Infinitivs verdoppelt werden, z.B. *slip, slipped* (siehe Schreib- und Aussprацheregel, Abschnitt **355**).
(wegen unregelmäßiger Verben siehe Abschnitt **364**)

Die Formen des Partizips Präsens und des *gerund* sind immer regelmäßig und werden dadurch gebildet, daß man *-ing* an den Infinitiv hängt. Die Regel hinsichtlich der Verdoppelung des Endkonsonanten der Infinitivform vor dem Hinzufügen von *-ing* findet hier ebenso Anwendung (siehe Regeln Abschnitt **355**).

102 Zeiten im Aktiv

A Form

present	*simple*	*he works* (siehe Abschnitt **172**)
	continuous	*he is working* (**164**)
	perfect	*he has worked* (**182**)
	perfect continuous	*he has been working* (**190**)
past	*simple*	*he worked* (**175**)
	continuous	*he was working* (**178**)
	perfect	*he had worked* (**194**)
	perfect continuous	*he had been working* (**197**)
future	*simple*	*he will work* (**207**)
	continuous	*he will be working* (**211**)
	perfect	*he will have worked* (**216**)
	perfect continuous	*he will have been working* (**216**)
present	*conditional*	*he would work* (**219**)
	conditional continuous	*he would be working* (**219**)
perfect	*conditional*	*he would have worked* (**220**)
	conditional continuous	*he would have been working* (**219**)

B Kurzformen in Aussagesätzen

Die Hilfsverben *be, have, will, would* haben die folgenden Kurzformen:
am/'m, have/'ve, will/'ll, is/'s, has/'s, would/'d, are/'re, had/'d

Die Kurzform *'s* kann für *is* oder *has,* die Kurzform *'d* für *had* oder *would* benutzt werden:
He's going = He is going.
He's gone = He has gone.
He'd paid = He had paid.
He'd like a drink = He would like a drink.

Diese Kurzformen werden nach Pronomen, *here, there,* einigen Fragewörtern (siehe Abschnitt **104**) und kurzen Nomen gebraucht:
Here's your pen.
The twins've arrived.
The car'd broken down.

Zusammenziehungen im Aussagesatz werden nicht am Satzende verwendet:
You aren't in a hurry but I am. (*I'm* wäre hier nicht möglich)

shall/should, was und *were* werden nicht in den Kurzformen geschrieben, wohl aber in der gesprochenen Sprache zu [ʃl, ʃəd, wəz, wə(r)] zusammengezogen.

C Betonung

Hilfsverben, die zur Bildung von Zeiten benutzt werden, werden normalerweise nicht betont. Das Hauptverb trägt die Betonung.

103 Zeiten in der Verneinung

A *present tense simple form:* die dritte Person Singular *does not / doesn't* + Infinitiv; die anderen Personen *do not / don't* + Infinitiv.
Past tense simple form ist in der Verneinung für alle Personen *did not / didn't* + Infinitiv.
In der gesprochenen Sprache sind Kurzformen üblich:
He does not / doesn't answer letters. *They do not / don't live here.*
I did not / didn't phone here. *She did not / didn't wait for me.*

Die Verneinung aller anderen Zeiten wird gebildet, indem *not* hinter das Hilfsverb gesetzt wird.
Zusammenziehungen sind in der gesprochenen Sprache gebräuchlich:
He has not / hasn't finished.
He would not / wouldn't come.

B Kurzformen in verneinten Sätzen

Die Hilfsverben *be, have, will, would, shall, should, do* werden wie folgt zusammengezogen:
am not > *'m not*
is not > *isn't* oder *'s not*
are not > *aren't* oder *'re not*

I'm not going and Tom isn't going / Tom's not going.
We aren't going / We're not going.

have not und *has not* bilden die Kurzformen *haven't* und *hasn't,* in den Zeiten des Perfekts sind die Kurzformen *'ve not* und *'s not* ebenfalls möglich:
We haven't seen him / We've not seen him.
He hasn't / He's not come yet.

Will not bildet die Kurzform *won't*, aber *'ll not* ist auch möglich.
Shall not bildet die Kurzform *shan't*:
I won't go / I'll not go till I hear and I shan't hear till tomorrow.

Andere Verbformen bilden Kurzformen auf die übliche Weise, indem man *n't* anhängt. Verneinte Kurzformen können am Satzende stehen:
I saw it but he didn't.

C Im Englischen kann ein verneinter Satz nur einen verneinten Ausdruck beinhalten. Eine doppelte Verneinung gibt dem Satz eine positive Wendung: *Nobody did nothing* bedeutet, daß jeder etwas tat.

So werden *never, no* (Adjektiv), *none, nobody, no one, nothing, hardly, hardly ever* usw. mit einem bejahten Verb benutzt. Man sagt:
He didn't eat anything. oder: *He ate nothing.*
He doesn't ever complain. oder: *He never complains.*
We haven't seen anyone. oder: *We have seen no one.*
They didn't speak much. oder: *They hardly spoke at all. / They hardly ever spoke.*

104 Frageformen für Fragen und Bitten

A Frageform *simple present tense: does he/she/it* + Infinitiv;
do I/you/we/they + Infinitiv.
Frageform *simple past tense: did* + Subjekt + Infinitiv.
Does Peter enjoy parties?
Did he enjoy Ann's party?

In allen anderen Zeiten wird die Frageform gebildet, indem das Subjekt hinter das Hilfsverb gestellt wird:
Have you finished?
Are you coming?

B Kurzformen von Hilfsverben in Fragesätzen

1
am, is, are, have, had, will und *would*

Nach *how, what, who, where, why* können sie, wie in Abschnitt **102 B** ausgewiesen, als Kurzformen benutzt werden:
How will / How'll he get there?
What has / What's happened?

is und *will* können auch nach *when* verkürzt werden:
When is / When's he coming?

nach *which* kann *will* in der Kurzform benutzt werden:
Which will / Which'll you have?

Kommt das Verb, wie bei **A** gezeigt, an erster Stelle im Satz, wird in der schriftlichen Form keine Kurzform verwendet, außer in verneinten Fragesätzen. In der mündlichen Sprache wird seine Kurzform häufig benutzt.

2
shall, should, do und *did* werden in der Kurzform nicht geschrieben, obwohl *do you* manchmal schriftlich als *d'you* anzutreffen ist. Mündlich werden *shall, should* und *do you* oft zu [ʃl, ʃəd, djuː] zusammengezogen.

C Die Frageform wird für Fragen verwendet, außer:

1
Wenn die Frage eine Subjektfrage ist, d.h. wenn nach dem Subjekt eines Satzes gefragt wird:
Who told you?
What happened?

2
In der indirekten Rede:
He said, »Where does she live?« = He asked where she lived.

3
Wenn vor eine Frage Wendungen gestellt werden wie *Do you know, Can you tell me, I want to know, I'd like to know, I wonder / was wondering, Have you any idea, Do you think:*

What time does it start?
Aber: *Have you any idea what time it starts?*
Where does Peter live?
Aber: *I wonder where Peter lives.*
Will I have to pay duty on this?
Aber: *Do you think I'll have / Do you know if I'll have to pay duty?*

D Bitten werden ebenfalls in Form einer Frage geäußert:
Can/Could you help me?
Will/Would you pay at the desk?
Would you like to come this way?
Would you mind moving your car?

Auch in diesen Fällen wird die Frageform des Verbs in einer solchen Bitte zur bejahten Form gewandelt, wenn die Bitte durch ein *I wonder / was wondering* oder *Do you think* eingeleitet wird:

Could you give me a hand with this?
Aber: *I wonder / was wondering / wondered if you could give me a hand.*
oder: *Do you think you could give me a hand?*

In der indirekten Rede taucht das Problem nicht auf, da indirekte Bitten durch ein Verb wie *ask* + Objekt + Infinitiv versprachlicht werden:
He asked me to give him a hand.

E Die Frageform wird in *question tags* nach einem verneinten Verb benutzt:
You didn't see him, did you?
(siehe Abschnitt **110**)

F Werden Wörter/Ausdrücke wie *never, rarely, seldom, only when, only by, not only, not till* zur Betonung an den Anfang eines Satzes gestellt, so wird das nachfolgende Vollverb in der invertierten (= interrogativen) Form verwendet:

Only when we landed did we see how badly the plane had been damaged.
(siehe Abschnitt **45**)

105 Verneinte Frageform

A Die Form wird gebildet, indem *not* hinter die Interrogativform gestellt wird:
Did you not see her?
Is he not coming?

Diese Form wird fast immer in der Kurzform verwendet:
Didn't you see her?
Isn't he coming?

not steht jetzt vor dem Subjekt.
am I not? hat die unregelmäßige Kurzform: *aren't I?*

B Die verneinte Frageform wird benutzt, wenn der Sprecher eine bejahende Antwort erwartet oder erhofft:
Haven't you finished yet?
Don't you like my new dress?
Child: Can't I stay up till the end of the programme?
»I could wait ten minutes.« »Couldn't you wait any longer?«

C Die verneinte Frageform wird auch in *question tags* nach einem bejahten Satz benutzt:
You paid him, didn't you?
She would like to come, wouldn't she?
(siehe Abschnitt **110**)

Hilfsverben *(auxiliary verbs)*

106 Hilfsverben und modale Hilfsverben

Haupthilfsverben	modale Hilfsverben		halb-modale Hilfsverben
to be	*can*	*could*	*to need*
to have	*may*	*might*	*to dare*
to do	*must*	*had to*	*used*
	ought		
	shall	*should*	
	will	*would*	

Der Begriff Hilfsverben erklärt sich dadurch, daß mit Hilfe dieser Verben die Zeiten gebildet werden. Um sie zu bilden, verbinden sie sich mit den Partizipien Präsens oder Perfekt oder mit den Infinitivformen von Vollverben:
I am coming.
He has finished.
I didn't see them.

Sie werden mit Infinitivformen verbunden, um Erlaubnis, Möglichkeit, Verpflichtung etc. auszudrücken, wie in den folgenden Kapiteln noch ausgeführt wird:
He can speak French.
You may go.
We must hurry.

107 Hilfsverben: Formen und Muster

A *be, have* und *do* (die Haupthilfsverben)

Infinitiv	Präsens	Präteritum	Partizip Perfekt (Mittelwort der Vergangenheit)
to be	*am, is, are*	*was*	*been*
to have	*have, has*	*had*	*had*
to do	*do, does*	*did*	*done*

1
be und *do* folgen dem Muster der Hilfsverben in der verneinten Form und in der Frageform:

Verneinte Form, Verb + *not:*
He isn't coming.
It did not matter.

Frageform, Subjekt + Verb:
Was he waiting?
Does she see us?

2
have folgt üblicherweise dem Muster der Hilfsverben:
Has he (got) to go?

Manchmal werden auch die *do/did*-Formen verwendet:
Does he have to go?

3
be verlangt eine volle Infinitivform (= *to* + Infinitiv):
They are to wait for us at the station.

have verlangt ebenfalls die volle Infinitivform, außer in zwei Konstruktionen. (siehe Abschnitte **119 A**, **120**)

do wird mit dem Infinitiv ohne *to* verbunden:
Did he write?

4
be, have und *do* erfordern, wenn sie als Hilfsverben gebraucht werden, ein Partizip oder einen Infinitiv, obwohl diese Formen in Antworten und Kommentaren impliziert sind:
»Have you seen it?« »Yes, I have (seen it).«

5
be (siehe Abschnitt **115**), *have* und *do* können auch als Vollverben mit eigenständiger Bedeutung gebraucht werden; d.h. *have* kann *possess* (besitzen) bedeuten (siehe Abschnitt **122**), *do* kann *perform/occupy oneself* (tun, ausführen, sich beschäftigen) bedeuten (siehe Abschnitt **126**).
In diesen Fällen können *be* oder *have* oder *do* die einzigen Verben in einem Satz sein:
He is lazy.
He has no job.
He does nothing.

do wird dann mit *do/did* konjugiert:
What do you do in the evenings?

und *have* kann auf zweifache Art konjugiert werden:
Have you (got) time? / Do you have time?

B *can, could, may, might, must, ought, will, would, shall* und *should* (die modalen Hilfsverben)

Modale Hilfsverben haben in der dritten Person Singular kein End-*s:*
I must / he must, I can / he can

Sie bilden ihre verneinte Form und ihre Frageform nach dem Muster der Hilfsverben:
Will not / will he ...?
ought not ... / ought he ...?

Eigentlich haben sie keine Vergangenheitsformen; die vier Vergangenheitsformen *could, might, should, would* bestehen zwar, haben aber nur begrenzte Anwendungsmöglichkeiten.
Modale Verben haben keine Infinitivformen oder Partizipien und können aus diesem Grunde nicht in der *continuous form* (Verlaufsform) verwendet werden.
Allen modalen Verben mit Ausnahme von *ought* folgt der reine Infinitiv:
You should pay.
Aber: *You ought to pay.*

Ein modales Verb erfordert immer einen Infinitiv, obwohl dieser manchmal impliziert wird:
»Can you understand?« »Yes, I can (understand).«

c *need, dare* und *used* (halb-modale Hilfsverben)

1
Werden *need* und *dare* als Hilfsverben verwendet, so werden sie mit dem reinen Infinitiv verbunden und folgen dem Muster der modalen Hilfsverben:
He need not wait.

Sie können aber ebenso mit den *do/did*-Formen verbunden werden und erfordern dann die volle Infinitivform mit *to:*
He doesn't dare to interrupt.
They didn't need to wait.
(siehe Abschnitt **149**)

need und *dare* können auch als eigenständige Verben verwendet und flektiert werden und haben dann die üblichen Partizipformen:
He needs help.
They dared me to jump.

2
used, manchmal auch als *used to* angegeben, wird nur in der Vergangenheitsform benutzt. Um die Verneinung und die Frageform zu bilden, benutzt man gewöhnlich das Muster der Hilfsverben:
I used not / usedn't to go.

Obwohl *used* eigentlich keinen Infinitiv hat, hört man oft die Formen *didn't use to* und *did he/she use to?*

Verwendung von Hilfsverben in Kurzantworten, Zustimmungen etc.

Hilfsverben sind in Unterhaltungen außergewöhnlich wichtig, da sie in Kurzantworten, Zustimmungen, Ablehnungen von Bemerkungen, Zusätzen zu Bemerkungen usw. eingesetzt werden, um die Wiederholung des ursprünglichen Verbs zu vermeiden.

108 Hilfsverben in Kurzantworten

Fragen, die eine Ja- oder Nein-Antwort erfordern, d.h. Fragen wie *Do you smoke?* oder *Can you ride a bicycle?* sollten durch *yes* oder *no* + Hilfsverb beantwortet werden. Das ursprüngliche Subjekt wird, wenn es ein Nomen war, durch ein Pronomen ersetzt. Pronominale Subjekte können, wie nachstehend aufgeführt, verändert werden:
»Do you smoke?« »Yes, I do.« (nicht *Yes, I smoke.*)
»Is that Ann?« »Yes, it is / No, it isn't.«
»Did the twins go?« »Yes, they did / No, they didn't.«
»Will there be an exam?« »Yes, there will / No, there won't.«

Wird in einer Frage mehr als ein Hilfsverb benutzt, so sollte das erste in der Antwort Verwendung finden:
»Should he have gone?« »Yes, he should.«

Fragen mit *must I/he* etc. oder *need I/he* etc. haben die Antworten *Yes, you/he* etc. *must* oder *No, you/he* etc. *needn't:*
»Must I / Need I take all these pills?« »Yes, you must / No, you needn't.«
(siehe Abschnitt **147**)

Eine Antwort mit *yes* oder *no* ohne Hilfsverb würde unhöflicher klingen.

109 Zustimmung und Widerspruch auf Bemerkungen

A Zustimmungen zu affirmativen Bemerkungen (Aussagesätzen) werden mit *yes/so/of course* + bejahendes Hilfsverb gemacht. Ein eventuell auftretendes Hilfsverb wird wiederholt. Hatten die Sätze keine Hilfsverben, werden *do, does* oder *did* gebraucht:
»He works too hard.« »Yes, he does.«
»There may be a strike.« »Yes, there may.«
»Living in London will be expensive.« »(Yes,) of course it will.«
»That's Ann!« »Oh, so it is.«

B Widerspruch zu verneinten Bemerkungen wird mit *yes / oh yes* + affirmatives Hilfsverb ausgedrückt. Das Hilfsverb wird hier betont:
»I won't have to pay.« »Oh yes, you 'will!«
»My alarm didn't ring.« »Oh yes, it 'did!«
»There isn't any salt in this.« »Yes, there 'is.«
»Bread won't make me fat.« »Oh yes, it 'will.«

C Zustimmungen zu verneinten Bemerkungen werden mit *no* + verneintes Hilfsverb gebildet:
»It wouldn't take long to get there.« »No, it wouldn't.«
»I haven't paid you yet.« »No, you haven't.«
»The boys mustn't be late.« »No, they mustn't.«
»The door can't have been locked.« »No, it can't.«

D Widerspruch auf affirmative Bemerkungen wird durch *no / oh no* + verneintes Hilfsverb ausgedrückt:
»Ann'll lend it to you.« »Oh no, she won't«
»Peter gets up too late.« »No, he doesn't.«
»There is plenty of time.« »No, there isn't«
»Prices are coming down.« »Oh no, they aren't.«

but kann verwendet werden, wenn ein Sprecher mit einer Vermutung/Annahme nicht übereinstimmt. Die Vermutung/Annahme kann dann durch eine Frage ausgedrückt werden:
»Why did you travel first class?« »But I didn't!«

110 *question tags*

question tags nennt man kurze Satzzusätze, in denen man um Zustimmung oder Bestätigung bittet (angehängte ›Nicht-wahr-Frage‹).

A Nach verneinten Aussagesätzen wird die Frageform verwendet:
You didn't see him, did you?
Ann can't swim, can she?
That isn't Tom, is it?

Nach bejahten Aussagesätzen wird die verneinte Frageform verwendet:
Peter helped you, didn't he?
Mary was there, wasn't she?

Verneinte Verben in den Anhängen werden üblicherweise in der Kurzform benutzt.

Unregelmäßig: *I'm late, aren't I?*

let's hat den Anhang *shall: Let's go, shall we?*
Subjekt des Anhangs ist immer ein Pronomen.

B Beispiele von *question tags* nach verneinten Aussagen:
Peter doesn't smoke, does he?
Ann isn't studying music, is she?
Bill didn't want to go, did he?
James wasn't driving the car, was he?
You haven't ridden a horse for a long time, have you?
The twins hadn't seen a hovercraft before, had they?
They couldn't understand him, could they?
There wasn't enough time, was there?
People shouldn't drop litter on pavements, should they?
Ann hasn't got colour TV, has she?

Aussagen, die Wörter wie *neither, no* (Adjektiv), *none, no one, nobody, nothing, scarcely, barely, hardly, hardly ever, seldom* enthalten, werden wie verneinte Aussagen behandelt und erfordern dann einen Anhang in der Frageform:
No salt is allowed, is it?
Nothing was said, was it?
Peter hardly ever goes to parties, does he?

Ist das Subjekt des Satzes *anyone, anybody, nobody, none, neither,* wird das Pronomen *they* als Subjekt des Anhangs benutzt:

I don't suppose anyone will volunteer, will they?
No one would object, would they?
Neither of them complained, did they?

C *question tags* nach Aussagen

In Verbindung mit *present tense simple form* wird *don't/doesn't?* im Frageanhang benutzt, mit der *simple past tense: didn't?*
Edward lives here, doesn't he?
You found your passport, didn't you?

Nach allen anderen Zeiten werden die Hilfsverben in der verneinten Frageform gebraucht:
Mary's coming tomorrow, isn't she?
Peter's heard the news, hasn't he?

's entspricht *is* oder *has,* und *'d* entspricht *had* oder *would:*
Peter'd written before you phoned, hadn't he?
Mary'd come if you asked her, wouldn't she?
You'd better changed your wet shoes, hadn't you?
The boys'd rather go by air, wouldn't they?

Mit *everybody, everyone, somebody, someone* wird das Pronomen *they* verwendet:
Everyone warned you, didn't they?
Someone had recognized him, hadn't they?

Verneinte Fragesätze ohne Kurzformen sind möglich, doch ist in diesen Fällen eine andere Wortstellung erforderlich:
You saw him, did you not?
Dies ist eine weitaus seltener anzutreffende Form.

D Intonation

Benutzt ein Sprecher *question tags,* benötigt er normalerweise keine Information, sondern erwartet in der Regel Zustimmung. Aus diesem Grunde werden die *question tags* üblicherweise mit fallender Intonation wie in Aussagen gesprochen.
Manchmal jedoch erbittet ein Sprecher Informationen. Er ist nicht ganz sicher, daß die Aussage richtig ist, und erwartet Zustimmung, Bekräftigung. In diesem Fall kann die *question tag* mit steigender Intonation (die Stimme wird gehoben) gesprochen werden, und das wichtige Wort in dem ersten Satz wird betont.
(siehe *Structure drills,* Abschnitte **11-13**)

111 Kommentierende Zusätze *(comment tags)*

A Diese kommentierenden Zusätze werden mit Hilfsverben gebildet, wie die *question tags;* nach einer bejahten Aussage aber wird ein Frageanhang verwendet, nach einer verneinten Aussage wird ein verneinter Frageanhang benutzt.
Ein kommentierender Zusatz kann zu einer affirmativen Aussage treten. Er drückt dann aus, daß der Sprecher die Tatsache zur Kenntnis genommen hat:
You saw him, did you? = Oh, so you saw him.
You've found a job, have you? = Oh, so you've found a job.

Kommentierende Zusätze können als Antworten auf eine bejahte oder verneinte Aussage benutzt werden:
»I'm living in London now.« »Are you?«
»I didn't pay Paul.« »Didn't you?«
Ein so verwendeter Zusatz entspricht dem Ausruf *Really!* oder *Indeed!*

B Solche Zusätze drücken in der Regel des Sprechers Reaktion auf eine Aussage aus. Durch seine Betonung kann er ausdrücken, daß er interessiert, desinteressiert, überrascht, erfreut, begeistert, ärgerlich, mißtrauisch, ungläubig etc. ist.
Des Sprechers Gefühle können noch deutlicher vermittelt werden, wenn ein Hilfsverb hinzugefügt wird:
»I borrowed your car.« »Oh, you did, did you?«
»I didn't think you'd need it.« »Oh, you didn't, didn't you?«

Daher wird vor einer Frageform ein affirmativ gebrauchtes Hilfsverb benutzt, vor der verneinten Frageform ein verneintes Verb.
Die Satzaussage hängt auch in diesem Falle von der Intonation ab. Der Sprecher könnte außerordentlich ärgerlich, sogar aufgebracht sein; die Form könnte aber ebenso Bewunderung oder Verständnis ausdrücken.

112 Zusätze zu Bemerkungen

A Bejahende Zusätze zu bejahenden Bemerkungen können durch Subjekt + Hilfsverb + *too/also* oder durch *so* + Hilfsverb + Subjekt in der Reihenfolge gemacht werden. Wurde in der ersten Bemerkung ein Hilfsverb benutzt, wird dieses in dem Zusatz wiederholt:
Bill would enjoy a game and Tom would too / so would Tom.

Gibt es kein Hilfsverb, so werden *do/does/did* in dem Zusatz benutzt; d.h. statt *Bill likes golf and Tom likes golf (too)* zu sagen, kann *Bill likes golf and Tom does too / so does Tom* gesagt werden.
Die Zusätze können selbstverständlich von einer anderen Person gemacht werden:

»The boys cheated!« »These girls did too! / So did the girls!«
»I'm having a tooth out tomorrow.« »So'm I!«

Werden beide Bemerkungen durch ein und dieselbe Person gemacht, so werden beide Subjekte gleichermaßen betont. Machen sie verschiedene Personen, wird das zweite Subjekt stärker hervorgehoben als das erste.

B Bejahende Zusätze auf verneint gebrauchte Bemerkungen werden mit *but* + Subjekt + Hilfsverb gebildet:
»Bill hasn't got a licence.« »But Donald has.«
She doesn't eat meat but her husband does.
The horse wasn't hurt but the rider was.

C Verneinende Zusätze auf Bemerkungen werden mit *but* + Subjekt + verneint gebrauchtes Hilfsverb gebildet:
He likes pop music but I don't.
You can go but I can't.
Peter passed the test but Bill didn't.

D Verneinende Zusätze auf verneint gebrauchte Bemerkungen bestehen aus *neither/nor* + Hilfsverb + Subjekt:
Tom never goes to concerts, neither does his wife.
»Ann hasn't any spare time.« »Neither/Nor have I.«
»I didn't get much sleep last night.« »Neither/Nor did I.«

Diese Zusätze können auch durch Subjekt + verneint gebrauchtes Hilfsverb + *either* versprachlicht werden:
He didn't like the book; I didn't either.
They don't mind the noise; we don't either.

Alternativ kann das gesamte Verb + Objekt (wenn es eines gibt) + *either* gebraucht werden:
I didn't like it either.
We don't mind it either.

11 *be, have, do*

be als Hilfsverb

113 Gebrauch und Zeitform

A Form

Hauptteile: *be, was, been*
gerund, Partizip Präsens: *being*

Präsens:

Aussage	verneinte Aussage	Frage
I am / I'm	*I am not / I'm not*	*am I?*
you are / you're	*you are not / you're not*	*are you?*
he is / he's	*he is not / he's not*	*is he?*
she is / she's	*she is not / she's not*	*is she?*
it is / it's	*it is not / it's not*	*is it?*
we are / we're	*we are not / we're not*	*are we?*
you are / you're	*you are not / you're not*	*are you?*
they are / they're	*they are not / they're not*	*are they?*

Alternative verneinte Kurzformen:
you aren't, he isn't etc.
Verneinte Frageform:
am I not / aren't I? are you not / aren't you? is he not / isn't he? etc.

Präteritum:

Aussage	verneinte Aussage	Frage
I was	*I was not / wasn't*	*was I?*
you were	*you were not / weren't*	*were you?*
he/she/it was	*he/she/it was not / wasn't*	*was he/she/it?*
we were	*we were not / weren't*	*were we?*
you were	*you were not / weren't*	*were you?*
they were	*they were not / weren't*	*were they?*

Verneinte Frageform:
was I not / wasn't I? were you not / weren't you? was he not / wasn't he etc.

Die Formen bleiben gleich, wenn *be* als selbständiges Verb benutzt wird. Die anderen Zeiten folgen den Regeln für selbständige Verben. *be* wird normalerweise nicht in der Verlaufsform benutzt, außer im Passiv und wie in Abschnitt **115** B erläutert.

B Gebrauch zur Bildung der Zeiten

be wird benutzt, um im Aktiv die Verlaufsformen zu bilden:
He is working / will be working etc.
und in allen Formen des Passivs:
He was followed / is being followed.

be kann gleichfalls verwendet werden, wenn man die Verlaufsform im Passiv benutzen möchte:
Aktiv: *They are carrying him.*
Passiv: *He is being carried.*
(wegen *be* in der *continuous form* in Verbindung mit Adjektiven benutzt, siehe Abschnitt **115** B)

114 *be* + Infinitiv

A Die aus *be* + Infinitiv bestehende Konstruktion, z. B. *I am to go,* ist außergewöhnlich wichtig und kann auf folgende Art und Weise benutzt werden:

1
Um Befehle zu geben oder Anweisungen zu vermitteln:
No one is to leave this building without the permission of the police. (d.h. keiner darf das Gebäude verlassen)
He is to stay here till we return. (d.h. er muß bleiben)

Diese Art, Anweisungen zu geben, ist relativ unpersönlich und wird hauptsächlich mit der dritten Person verwendet. Wird sie mit you gebraucht, so wird oft impliziert, daß der Sprecher die Anweisungen eines Dritten weitervermittelt. Der Unterschied zwischen (a) *Stay here Tom* und (b) *You are to stay here, Tom* besteht darin, daß in (a) der Sprecher selbst Tom anweist zu bleiben, während er in (b) Tom den Wunsch eines Dritten übermittelt, daß Tom bleiben möge. In der indirekten Rede besteht dieser Unterschied selbstverständlich nicht mehr, und die aus *be* + Infinitiv bestehende Konstruktion ist sehr nützlich, um indirekte Befehle zu übernmitteln, besonders wenn das einleitende Verb im Präsens benutzt wird:
He says, »Wait till I come.« > *He says that we are to wait till he comes.*

oder wenn ein Nebensatz vor dem Imperativ benutzt wird:
He said, »If I fall asleep at the wheel wake me up.« > *He said that if he fell asleep at the wheel she was to wake him up.*

Sie wird auch verwendet, wenn Bitten um Anweisungen übermittelt werden:
»Where shall I put it, sir?« he asked > He asked where he was to put it.
(siehe auch Abschnitt **318** B)

2
Um einen Plan, eine Absicht zu übermitteln:
She is to be married next month.
The expedition is to start in a week's time.

Diese Konstruktion findet sich häufig in Zeitungsmitteilungen:
The Prime Minister is to make a statement tomorrow.

In Schlagzeilen wird das Verb *be* oft ausgelassen, um Platz zu sparen:
Prime Minister to make statement tomorrow.

Vergangenheitsformen:
He was to go. (Infinitiv Präsens)
He was to have gone. (Infinitiv Perfekt)

Im ersten Satz erfahren wir nicht, ob der Plan ausgeführt wurde oder nicht. Der zweite Satz übermittelt die Nachricht, daß der Plan nicht in die Tat umgesetzt wurde:
The Lord Mayor was to have laid the foundation stone but he was taken ill last night so the Lady Mayoress is doing it instead.

B *was/were* + Infinitiv können einen Hinweis auf eine zukünftige Bestimmung beinhalten:
He received a blow on the head. It didn't worry him at the time but it was to be troublesome later. (d.h. der Schlag stellte sich als sehr folgenreich heraus)
They said goodbye, little knowing that they were never to meet again. (d.h. sie sollten sich nie wieder sehen)

C *be about* + Infinitiv drückt unmittelbar bevorstehendes Geschehen aus:
They are about to start. Sie sind im Begriff aufzubrechen.

just kann hinzugefügt werden, um die zukünftige Handlung als noch unmittelbarer bevorstehend zu kennzeichnen:
They are just about to leave.

Gleichermaßen in der Vergangenheit:
He was just about to dive when he saw the shark.

be on the point of + gerund hat die gleiche Bedeutung wie *be about* + Infinitiv, läßt aber die vermittelte Mitteilung geringfügig unmittelbarer erscheinen.

be als selbständiges Verb

Form: wie *be* als Hilfsverb (siehe Abschnitt **113** A)

115 *be* zur Beschreibung eines Sachverhalts, *be* + Adjektiv

A *be* ist das Verb, das üblicherweise benutzt wird, um einen Sachverhalt zu beschreiben oder Informationen über eine Person oder eine Sache zu vermitteln:
Tom is a carpenter.
Malta is an island.
Gold is a metal.
The dog is in the garden.
The roads were rough and narrow.
Peter was tall and fair.

B *be* wird verwendet, um einen körperlichen oder geistigen Zustand zu beschreiben:
I am hot/cold.
He was excited/calm.
They will be happy/unhappy.

Mit bestimmten Adjektiven, z.B. *quiet/noisy, good/bad, wise/foolish* ist es möglich, die Verlaufsform von *be* zu verwenden, z.B. *Tom is being foolish,* um zu sagen, daß das Satzsubjekt diese Eigenschaft nur zu der angegebenen Zeit aufweist. Der Satz *Tom is being foolish* bedeutet, daß Tom sich im Augenblick albern benimmt, während *Tom is foolish* bedeutet, daß Tom sich immer albern verhält. Gleichermaßen bedeutet der Satz *The children are being quiet,* daß die Kinder jetzt gerade ruhig miteinander spielen, während *The children are quiet* bedeuten könnte, daß sie üblicherweise/immer ruhig spielen.

Einige weitere Adjektive:
annoying, cautious/rash, clever/stupid, difficult, economical/extravagant, formal, funny, generous/mean, helpful/unhelpful, irritating, mysterious, optimistic/pessimistic, polite, selfish/unselfish

Mit einigen von den oben aufgeführten Adjektiven, z.B. *stupid, difficult, funny, polite* könnte die Verlaufsform implizieren, daß das Satzsubjekt sich bewußt in der angesprochenen Art und Weise verhält:
You are being stupid könnte bedeuten *You are not trying to understand.* Du gibst dir keine Mühe zu verstehen.
He is being difficult bedeutet gewöhnlich *He is raising unnecessary objections.* d.h. er machte es uns schwer.
He is being funny bedeutet gewöhnlich *He is only joking. Don't believe him.* Er macht nur Spaß. Glaub ihm nicht.

She is just being polite bedeutet wahrscheinlich *She is only pretending to admire your car/clothes/house* etc. Sie gibt nur aus Höflichkeit vor, dein Auto ... zu bewundern.

C *be* wird gebraucht zur Vermittlung von Altersangaben:
»How old are you?« »I'm ten / I am ten years old.« (nicht *I am ten years*)
»How old is the tower?« »It is 400 years old.« (*years old* muß benutzt werden, wenn man das Alter von Gegenständen angibt.)

D Größe und Gewicht werden durch *be* versprachlicht:
»How tall are you? / What is your height?« »I am 1.65 metres.«
»How high are we now?« »We are about 20,000 feet.«
»What is your weight?« oder *»What do you weigh / How much do you weigh?«*
»I am 65 kilos.« oder *»I weigh 65 kilos.«*

E *be wird mit Preisangaben benutzt:*
»How much is this melon?« oder *»What does this melon cost?« »It's £1.«*
The best seats are (= cost) £25.

116 *there is/are, there was/were* etc.

A Ist ein Nomen, das eine unbestimmte Person oder Sache bezeichnet, das Subjekt des Verbs *be,* dann wird normalerweise eine *there+be+*Nomen-Konstruktion gebraucht. So kann man zwar im Englischen sagen *A policeman is at the door,* aber *There is a policeman at the door* dürfte gebräuchlicher sein.
Obwohl *there* das Subjekt zu sein scheint, ist das wirkliche Subjekt das Nomen, das dem Verb folgt, und wenn dieses Nomen im Plural verwendet wird, muß das Verb ebenfalls im Plural stehen:
There are two policemen at the door.

In den oben angeführten Sätzen sind beide Konstruktionen (Nomen + *be* und *there + be* + Nomen) möglich. Wird *be* jedoch in den Bedeutungen existieren/geschehen/stattfinden benutzt, ist die *there*-Konstruktion nötig:
There is a mistake / There are mistakes in this translation.

Diese Sätze könnten nicht durch die Formen *A mistake is/ Mistakes are* etc. ersetzt werden.

In den folgenden Beispielen wird (*) hinter das Beispiel gesetzt, wenn die *there*-Konstruktion durch ein Nomen/Pronomen + Verb ersetzt werden kann:
There have been several break-ins this year.
There will be plenty of room for everyone.
There were hundreds of people on the beach. (*)

B *there* kann ähnlich mit *someone/anyone/ no one /something* etc. benutzt werden:
There's someone on the phone for you. (*)

C *there + be + something/nothing/anything* + Adjektiv ist gleichfalls möglich:
»*Is there anything wrong (with your car)?*« (*) »*No, there's nothing wrong with it.*« (*)
There's something odd/strange about this letter.

D Einem Nomen oder *someone/something* etc. könnte ein Relativsatz folgen:
There is a film I want to see.
There is something I must say.
oder ein Infinitiv:
There is nothing to do (nothing that we can do / must do; siehe Abschnitt **250***)*
Es gibt nichts, was wir tun könnten/müßten.

E Die *there*-Konstruktion kann mit einem weiteren Hilfsverb + *be* gebraucht werden:
There must be no doubt about this.
There may be a letter for me.

oder mit *seem + be, appear + be:*
There seems to be something wrong here.

F *there* wird, wenn es wie oben benutzt wird, nicht betont. Dieses *there* darf nicht mit *there* (betont), das als Adverb verwendet wird, verwechselt werden:
'*There's a man I want to see.* (d.h. dort ist er; er steht da drüben)

im Vergleich zu:
There's a man I want to see. (d.h. es gibt ihn, aber er ist nicht notwendigerweise anwesend)

117 *it is* im Vergleich zu *there is*
(wegen der Gebrauchsmöglichkeiten von *it is* siehe Abschnitt **67**)

Einige Beispiele mögen Hilfestellung leisten, die Verwechslung beider Formen zu vermeiden:

1
it is + Adjektiv; *there is* + Nomen:
It is foggy.
oder: *There is a fog.*
It was very wet.
oder: *There was a lot of rain.*
It won't be very sunny.
oder: *There won't be much sun.*

2
it is, there is für Aussagen zu Raum und Zeit:
It is a long way to York.
There is a long way still to go. (= We have many miles still to go.)
It is time to go home. (= We always start home at six and it is six now.)
There is time for us to go home and come back here again before the film starts. (d.h. wir haben noch genug Zeit)

3
it is zur Identitätsbeschreibung, *there is* + Nomen/Pronomen:
There is someone at the door. I think it's the man to read the meters.
There is a key here. Is it the key of the safe?

4
It is in *cleft sentences* (siehe Abschnitt **67** D) und *there is:*
It is the grandmother who makes the decisions. (d.h. die Großmutter und niemand sonst in der Familie)
... *and there's the grandmother, who lives in the granny-flat.* (d.h. und da gibt es noch die Großmutter, die ...)

have als Hilfsverb

118 Form und Gebrauch bei den Zeiten

A Form

Hauptteile: *have, had, had*
gerund / Partizip Präsens: *having*

Präsens:

Aussage	verneinte Aussage	Frage
I have / I've	*I have not / haven't*	*have I?*
you have / you've	*you have not / haven't*	*have you?*
he has / he's	*he has not / hasn't*	*has he?*
she has / she's	*she has not / hasn't*	*has she?*
it has / it's	*it has not / hasn't*	*has it?*
we have / we've	*we have not / haven't*	*have we?*
you have / you've	*you have not / haven't*	*have you?*
they have / they've	*they have not / haven't*	*have they?*

Alternative Kurzformen in der Verneinung (hauptsächlich gebraucht in den Zeiten des Perfekts):
I've not, you've not, he's not etc.

Verneinte Frageform:
have I not / haven't I? have you not / haven't you? has he not / hasn't he? etc.

Präteritum:

Aussage: *Had/'d* für alle Personen

Verneinung: *had not / hadn't* für alle Personen

Frage: *had I?* etc.

Verneinte Frage: *had I not / hadn't I?* etc.

Die anderen Zeiten folgen den Regeln für selbständige Verben.

B Verwendung zur Zeitenbildung

have wird mit dem Partizip Perfekt verbunden, um die folgenden Zeiten zu bilden:

Present Perfect: I have worked.

Past Perfect (Plusquamperfekt): *I had worked.*

Future Perfect (vollendete Zukunft / das zweite Futur): *I will/shall have worked.*

Perfect conditional (Konditionalperfekt / das zweite Konditional): *I would/should have worked.*

119 *have* + Objekt + Partizip Perfekt

A Diese Konstruktion kann gebraucht werden, um eindeutige Sätze des Typs *I employed someone to do something for me* zu bilden; d.h. statt zu sagen *I employed someone to clean my car* kann ein Satz benutzt werden wie *I had my car cleaned,* und anstatt von *I got a man to sweep my chimneys* (*got* hier = *paid/persuaded* etc.) kann im Englischen ein Satz wie *I had my chimneys swept* verwendet werden.

Die Reihenfolge der Wörter, d.h. *have* + Objekt + Partizip Perfekt, muß beachtet werden, denn sonst würde der Satz etwas anderes bedeuten: *He had his hair cut* bedeutet, daß er jemanden hatte, der ihm die Haare schnitt, aber *He had cut his hair* sagt aus, daß die Person, von der die Rede ist, einige Zeit zuvor sich selbst die Haare geschnitten hatte (*past perfect tense* / Plusquamperfekt).

Wird *have* auf diese Art gebraucht, werden die Präsenszeiten und die Vergangenheitszeiten in der Verneinung und in der Frageform mit *do* gebildet:
»Do you have your windows cleaned every month?« »I don't have them cleaned; I clean them myself.«
He was talking about having central heating put in. Did he have it put in in the end?

Es kann ebenso in der Verlaufsform benutzt werden:
I can't ask you to dinner this week as I am having my house painted at the moment.
While I was having my hair done the police towed away my car.
The house is too small and he is having a room built on.

get kann auf die gleiche Art wie *have* oben verwendet werden, klingt aber umgangssprachlicher/salopper.

get wird auch benutzt, wenn die Person, die die Handlung ausführt, erwähnt wird:
She got him to dig away the snow. Sie veranlaßte ihn, den Schnee wegzuschaufeln / Sie ›hat ihn dazu gekriegt‹, den Schnee ...

have mit dem reinen Infinitiv kann auf die gleiche Art gebraucht werden, z.B. *She had him dig away the snow,* aber die Konstruktion mit *get* ist im britischen Englisch üblicher.

B Die Verbindung von *have* + Objekt + Partizip Perfekt kann umgangssprachlich verwendet werden, um ein Verb in der Passivform zu ersetzen, üblicherweise ein Verb, das der Versprachlichung eines Unglücks oder eines Mißgeschicks dient:
His fruit was stolen before he had a chance to pick it.
kann ersetzt werden durch:
He had his fruit stolen before he had a chance to pick it.
und
Two of his teeth were knocked out in the fight.
kann ersetzt werden durch:
He had two of his teeth knocked out.

Es ist ersichtlich, daß in den Sätzen, die unter **A** aufgeführt wurden, das Subjekt die Person ist, die veranlaßt, daß etwas geschieht; hier jedoch ist das Subjekt die Person, die eine Handlung oder ihr Resultat ›erleidet‹. Das Subjekt könnte auch ein Gegenstand sein:
The houses had their roofs ripped off by the gale.

get kann hier *have* ebenfalls ersetzen:
The cat got her tail singed through sitting too near the fire. (The cat's tail was singed etc.*)*

120 *had better* + reiner Inifinitiv

had ist hier eine Konjunktivform; seine Bedeutung zielt auf die Gegenwart oder die Zukunft:
I had / I'd better ring him at once/tomorrow. Ich sollte ihn besser sofort/morgen anrufen. (d.h. es wäre gut, wenn ich ihn anriefe)

Die Verneinung wird mit *not* nach *better* gebildet:
You had better not miss the last bus. (d.h. du solltest besser den letzten Bus nicht versäumen / es wäre unklug, den letzten Bus zu verpassen)

had wird hier gewöhnlich nach Pronomen in der Kurzform verwendet und ist in der gesprochenen Sprache so wenig betont, daß man es fast nicht hört.
In einer gewöhnlichen Frage zur Versprachlichung eines Ratschlags:
Hadn't you better ask him first? = *Wouldn't it be a good thing to ask him first?*

you had better ist eine sehr nützliche Form, einen Rat zu geben:
You had better fly. (= It would be best for you to fly oder *I advise you to fly.)*

In der indirekten Rede bleibt die Form *had better* in der ersten oder dritten Person unverändert; *had better* kann in der zweiten Person unverändert bleiben oder in der indirekten Form durch *advise* + Objekt + Infinitiv ersetzt werden:
He said, »I'd better hurry« > He said (that) he'd better hurry.
He said, »Ann had better hurry« > He said (that) Ann had better hurry.
He said, »You'd better hurry« > He said (that) I'd better hurry oder *He advised me to hurry.*

121 *have* + Objekt + Partizip Präsens

A Diese Wendung wird häufig in Zusammenhang mit einem Zeitraum der Zukunft verwendet:
I'll have you driving in three days. Mir wird es gelingen, daß du in drei Tagen Auto fahren kannst / Ich bringe Dich dazu ...

Diese Wendung kann auch in der Vergangenheit oder der Gegenwart gebraucht werden:
He had them all dancing. (= He taught/persuaded them all to dance.)
I have them all talking to each other. (= I encourage/persuade them all to talk to each other.)

Sie kann in der Frage verwendet werden:
Will you really have her driving in three days?,
wird aber selten in verneinten Sätzen benutzt.

B

If you give all-night parties you'll have the neighbours complaining. (= The neighbours will complain / will be complaining.)
If film-stars put their numbers in telephone books they'd have everyone ringing them up. (= Everyone would ring / would be ringing them up.)

you'll have im ersten Beispiel vermittelt die Ansicht *this will happen to you.* Gleichermaßen versprachlicht *they'd have* im zweiten Beispiel die Vorstellung *This would happen to them.*

If you don't put a fence round your garden you'll have people walking in and stealing your fruit. (= People will walk in and steal / will be walking in and stealing it, i.e. this will happen to you.)

Die Konstruktion kann in der Frageform und in verneinten Sätzen verwendet werden:
When they move that bus stop, you won't have people sitting on your steps waiting for the bus anymore.

Diese Wendung wird hauptsächlich bei Handlungen benutzt, die wie in dem oben angeführten Beispiel dem Subjekt von *have* mißfallen, sie kann aber auch für eine Handlung benutzt werden, deren Folgen als angenehm empfunden werden:
When he became famous, he had people stopping him in the street and asking for his autograph. > When he became famous people stopped him in the street and asked for his autograph.

Die Wendung *I won't have* + Objekt + Partizip Präsens bedeutet üblicherweise *I won't/don't allow this:*
I won't have him sitting down to dinner in his overalls. I make him change them. (= I won't/don't allow him to sit down etc.*)*

Dieser Gebrauch ist auf die erste Person beschränkt.

(wegen des Gebrauchs von *have* im Zusammenhang mit Verpflichtungen siehe Kapitel **14**)

have als selbständiges Verb

122 *have* in der Bedeutung von ›besitzen‹

A Dies ist die Grundbedeutung von *have:*
He has a black beard.
I have had this car for ten years.
She will have £4,000 a year when she retires.

B Form

Präsens:

Aussage		verneinte Aussage	Frage
Präsens	*have (got)* oder *have*	*haven't got* oder *don't have*	*have I (got)* etc. oder *do you have?* etc.
Präteritum	*had*	*hadn't got* oder *didn't have*	*had you (got)* etc. oder *did you have?* etc.

Beachten Sie, daß die verneinte Form und die Frageform auf zwei Arten gebildet werden können.

C *have* wird mit *do* konjugiert zum Ausdruck gewohnheitsmäßiger Handlungen:
»Do you have earthquakes in your country?« »Yes, but we don't have them very often.«

Wird nicht die Vorstellung einer Gewohnheit, einer Wiederholung vermittelt, sind die Formen *have not (got)/ have you (got)* üblicher in Großbritannien, während in anderen englischsprachigen Ländern (vor allem in den U.S.A.) die *do*-Formen ebenso gebräuchlich sind.
Ein Amerikaner könnte sagen:
Can you help me now? Do you have time?
während ein Engländer wahrscheinlich sagen würde:
Can you help me now? Have you got time?

do-Formen können aus diesem Grunde mit Sicherheit überall benutzt werden, in England lebende Studenten sollten die anderen Formen jedoch gleichfalls verwenden.

D *got* kann an *have/have not/have you* etc. gehängt werden, wie oben ausgeführt wurde. Da durch diesen Zusatz keine Bedeutungsänderung eintritt, ist der Zusatz relativ beliebig, obwohl er häufig gemacht wird. *got* wird jedoch in Kurzantworten oder *question tags* nicht benutzt.
have (Aussageform) wird mit zugefügtem *got* üblicherweise in der Kurzform benutzt:
I've got my ticket.
He's got a flat in Pimlico.

Die Betonung liegt auf *got*. *'ve* oder *'s* sind oft kaum hörbar.
have (Aussageform) ohne *got* wird häufig nicht in der Kurzform benutzt. *have* oder *has* müssen dann hörbar sein.

123 *have* in der Bedeutung *take (a meal)* (etwas essen), *give (a party)* (eine Party geben) etc.

A *have* kann auch in folgenden Bedeutungen verwendet werden:
take (a meal/food or drink, a bath / a lesson etc.*)*
give (a party), entertain (guests)
encounter (difficulties/trouble)
experience, enjoy üblicherweise mit einem Adjektiv, z.B. *good.*
We have lunch at one.
They are having a party tomorrow.
Did you have trouble with Customs?
I hope you'll have a good holiday.

B *have* unterliegt den Regeln für selbständige Verben, wenn es wie in den oben angeführten Beispielen benutzt wird (*got* kann in diesen Fällen niemals hinzutreten).
Die verneinten Formen und Frageformen werden mit *do/did* gebildet. Verlaufsformen sind hier möglich:
We are having breakfast early tomorrow. (nahe Zukunft)
She is having twenty people to dinner next Monday. (nahe Zukunft)
I can't answer the telephone; I am having a bath. (Gegenwart)
»How many English lessons do you have a week?« »I have six.«
You have coffee at eleven, don't you? (Gewohnheit)
Will you have some tea/coffee etc.*?* (Dies ist eine Einladung.)
Will you kann weggelassen werden; der Satz *Have some tea* etc. genügt.
Did you have a good time at the theatre? (d.h. haben Sie sich gut unterhalten?)
Have a good time. Amüsier Dich gut!
I am having a wonderful holiday.
I didn't have a very good journey.

do

124 Form

Hauptteile: *do, did, done*
Gerundium / Partizip Präsens: *doing*

Präsens:

Aussage	verneinte Aussage	Frage
I do	*I do not / don't*	*do I?*
you do	*you do not / don't*	*do you?*
he does	*he does not / doesn't*	*does he?*
she does	*she does not / doesn't*	*does she?*
it does	*it does not / doesn't*	*does it?*
we do	*we do not / don't*	*do we?*
you do	*you do not / don't*	*do you?*
they do	*they do not / don't*	*do they?*

Verneinte Frageform:
do I not / don't I? do you not / don't you? does he not / doesn't he etc.

do hat als selbständiges Verb die oben aufgeführte Aussageform. In der Verneinung und in der Frage wird der Infinitiv *do* den angeführten Formen angehängt:
What does/did she do?
(siehe Abschnitt **126**)

Präteritum:

Aussage: *did* für alle Personen

Verneinung: *did not / didn't* für alle Personen

Frage: *did he?* etc.

verneinte Frage: *did he not / didn't he?* etc.

Auf *do* folgt der reine Infinitiv:
I don't know.
Did you see it?
He doesn't like me.

125 *do* als Hilfsverb

A *do* wird verwendet, um die Verneinungsformen und die Frageformen der Zeiten der Gegenwart und der Vergangenheit von selbständigen Verben zu bilden (siehe Abschnitte **103-105**):
He doesn't work.
He didn't work.

B Es ist möglich, *do/did* + Infinitiv in Aussagen zu verwenden, wenn etwas besonders hervorgehoben werden soll. Diese Verbindung wird hauptsächlich dann benutzt, wenn ein weiterer Sprecher Zweifel hinsichtlich einer Aussage geäußert hat:
»You didn't see him.« »I 'did see him.« (*did* wird in der gesprochenene Sprache betont. Diese Wendung ist emphatischer als das übliche *I saw him.*)
I know that you didn't expect me to go, but I 'did go.

C *do* wird benutzt, um die Wiederholung eines zuvor benutzten selbständigen Verbs zu vermeiden:

1
In kurzen Zustimmungen oder Widersprüchen (siehe Abschnitt **109**):
»Tom talks too much.« »Yes, he does / No, he doesn't.«
»He didn't go.« »No, he didn't / Oh yes, he did.«

2
Bei Zusätzen (siehe Abschnitt **112**):
He likes concerts and so do we. (Inversion beachten!)
He lives here but I don't.
He doesn't drive but I do.

3
In *question tags* (siehe auch Abschnitt **110**):
He lives here, doesn't he?
He didn't see you, did he?

D *do* wird in kurzen Antworten benutzt, um die Wiederholung des Hauptverbs zu vermeiden:
»*Do you smoke?*« »*Yes, I do*«(nicht »*Yes, I smoke*«) / »*No, I don't.*«
»*Did you see him?*« »*Yes, I did / No, I didn't.*«
(siehe Abschnitt **108**)

E Gleichermaßen in Vergleichen (siehe Abschnitt **22**):
He drives faster than I do.

F *do* + Imperativ macht eine Bitte oder Einladung dringlicher:
Do come with us. (ist eindringlicher als *come with us*)
Do work a little harder.
Do help me please.

G Es kann gleichermaßen verwendet werden, um eine bejahende Antwort auf die Frage von jemandem, der um Zustimmung oder Erlaubnis zu einer Handlung bittet, noch zu verstärken:
»*Shall I write to him?*« »*Yes, do*« oder »*Do*« ohne jeden Zusatz.

126 *do* als selbständiges Verb

do kann wie *have* als selbständiges Verb gebraucht werden. Das *simple present* und *past* bilden dann die verneinten Formen und die Frageformen mit *do/did:*

I do not do	*Do you do?*	*Don't you do?*
He does not do	*Does he do?*	*Doesn't he do?*
I did not do	*Did he do?*	*Didn't he do?* etc.

Es kann in den Verlaufsformen oder den einfachen Formen benutzt werden:
»*What are you doing (now)?*« »*I'm doing my homework.*«
What's he doing tomorrow? (nahe Zukunft)
What does he do in the evenings? (Gewohnheit)
»*Why did you do it?*« »*I did it because I was angry.*«

How do you do? wird von beiden Gesprächspartnern gesagt, nachdem sie einander vorgestellt wurden:
Hostess: Mr Day, may I introduce Mr Davis? Mr Davis, Mr Day.
Beide Herren begrüßen sich mit *How do you do?* Ursprünglich war das eine Nachfrage hinsichtlich des Befindens der Person. Heute ist die Wendung zu einer reinen Floskel geworden.

Einige Beispiele anderer Gebrauchsmöglichkeiten von *do:*
He doesn't do what he is told. Er tut nicht, was man ihm sagt.
»*What do you do for a living?*« »*I'm an artist.*«
How is the new boy doing? (= getting on) (d.h. wie macht er sich?)

»I haven't got a torch. Will a candle do?« (= be suitable/adequate) »A candle won't do. I'm looking for a gas leak.« (A candle would be unsuitable.)
»Would £ 10 do?« (= be adequate) »No, it wouldn't. I need £ 20.«

to do with (nur im Infinitiv) kann bedeuten *concern* (betreffen, zu tun haben). Man trifft hauptsächlich die Verbindung *it is/was something/nothing to do with* + Nomen/Pronomen/*gerund* an:
It's nothing to do with you. (= It doesn't concern you.) Es hat mit Ihnen/Dir nichts zu tun / Es betrifft Sie/Dich nicht.

12 *may* und *can* zum Ausdruck der Erlaubnis und Möglichkeit

Erlaubnis

127 *may* zum Ausdruck der Erlaubnis: Formen

may für alle Personen im Präsens und Futur.
might im Konditional und nach Verben in einer Zeit der Vergangenheit.

Verneinung: *may not / mayn't, might not / mightn't*

Frage: *may I? might I?* etc.

Verneinte Frage: *may I not / mayn't I? might I not / mightn't I?* etc.

Ersatzformen für andere Zeiten: *allow, be allowed*

Auf *may* folgt der reine Infinitiv.

128 *can* zum Ausdruck der Erlaubnis: Formen

can für alle Personen im Präsens und Futur.
could für Vergangenheit und Konditional.

Verneinung: *cannot/can't, could not / couldn't*

Frage: *can I? could I?*

Verneinte Frage: *can I not / can't I? could I not / couldn't I?* etc.

Ersatzformen: *allow, be allowed*

Auf *can* folgt der reine Infinitiv.

129 *may* und *can* werden zum Ausdruck der Erlaubnis im Präsens oder Futur verwendet

A Erste Person

I/we can ist die häufigste Form:
I can take a day off whenever I want.

I/we may in der Bedeutung *I/we have permission to* ... ist möglich:
I may leave the office as soon as I have finished.

Diese Konstruktion ist jedoch nicht sehr häufig anzutreffen, und man würde wahrscheinlich sagen:
I can leave / I'm allowed to leave ...

I/we may/might ist in der indirekten Rede etwas üblicher:
»You may leave when you've finished,« he says/said. > He says we may leave / He said we might leave ...

In der Umgangssprache würde *can/could* benutzt werden:
He says we can leave / He said we could leave.

B Zweite Person

may wird in diesem Fall hauptsächlich dann benutzt, wenn der Sprecher seine Erlaubnis erteilt. *You may park here* bedeutet *I give you permission to park* (d.h. Sie dürfen hier parken). Der Satz bedeutet normalerweise nicht *The police* etc. *allow you to park* oder *You have a right to park. can* kann in dem vorliegenden Beispiel als eine weniger förmliche Alternative zu *may* benutzt werden. Es kann gleichermaßen gebraucht werden, um die Vorstellung auszudrücken, daß die Erlaubnis vorliegt. *You can park here* kann bedeuten *I allow it / The police allow it / You have a right to park here.*
Gleichermaßen kann der Satz *You can take two books home with you* bedeuten *I allow it / The library allows it* und *You can't eat sandwiches in the library* kann bedeuten *I don't allow it / The librarian doesn't allow it* oder *It isn't the proper thing to do.*
could kann gebraucht werden, wenn man von einer Gelegenheit/Möglichkeit spricht:
Why don't you ring him? You can/could use my phone.

In der indirekten Rede wird *could* nach einem einleitenden Verb benutzt, das in der Vergangenheit steht:
He said I could use his phone.

C Dritte Person

may kann wie in Abschnitt **B** oben benutzt werden, wenn der Sprecher seine Erlaubnis erteilt:

He may take my car. (d.h. ich gebe ihm die Erlaubnis, mein Auto zu fahren)
They may phone the office and reverse the charges. (d.h. ich gebe ihnen die Erlaubnis, anzurufen)

Hauptsächlich wird *may* in unpersönlichen Aussagen hinsichtlich der Erlaubnis benutzt:
In certain circumstances a police officer may (= has the right to) ask a driver to take a breath test.
If convicted, an accused person may (= has the right to) appeal.
SCRABBLE RULES: No letter may be moved after it has been played.

In weniger förmlichen Zusammenhängen würde *can/can't* benutzt werden:
He can take the car.
They can phone the office.
A police officer can ask a driver ...
An accused person can appeal.
No letter can be moved ...

130 *could* oder *was/were allowed to* zum Ausdruck der Erlaubnis in der Vergangenheit

could kann gleichermaßen eine allgemeine Erlaubnis in der Vergangenheit erteilen:
On Sundays we could (= were allowed to) stay up late.

Wurde eine besondere Handlung ausgeführt, die erlaubt wurde, wird im Englischen *was/were allowed* anstelle von *could* benutzt:
I had a visa so I was allowed to cross the frontier.

couldn't kann häufiger verwendet werden als *could:*
We couldn't bring our dog into the restaurant.
Die gegenteilige Aussage wäre:
We were allowed to bring etc.

Für Passivformen und *perfect tenses* muß *allowed* benutzt werden:
Since his accident he hasn't been allowed to drive.
As a child he had been allowed to do exactly what he liked.

(wegen *might/could* in der indirekten Rede siehe Abschnitt **129 A**)

131 Bitten um Erlaubnis
(siehe auch Abschnitt **283**)

A *can I?, could I?, may I?, might I?* sind alle möglich und können für das Präsens oder das Futur benutzt werden.
can I? ist am wenigsten förmlich.
could I? wird von allen vier Möglichkeiten am häufigsten benutzt, da es für offizielle und inoffizielle Bitten um Erlaubnis verwendet werden kann.

may I? ist etwas förmlicher als *could I?*, kann aber für beide Arten von Bitten um Erlaubnis verwendet werden.
might I? ist weniger eindringlich als *may I?* und deutet auf eine größere Unsicherheit bezüglich der Antwort.

B Die verneinten Frageformen *can't I?* und *couldn't I?* werden benutzt, um anzuzeigen, daß der Sprecher eine Zustimmung erwartet:
Can't I stay up till the end of the programme?
Couldn't I pay by cheque?

may und *might* können in diesen Fällen nicht verwendet werden.

C Die Antworten auf Bitten mit *can I / could I?* werden normalerweise lauten:
Yes, you can.
Yes, of course (you can).
No, you can't.

Bejahende Antworten auf Bitten mit *may I / might I?* sind üblicherweise:
Yes, you may.
Yes, of course (you may).

Will man die Erlaubnis verweigern, kann man *No, you may not* benutzen, mildert in der Regel jedoch seine Ablehnung durch:
I'd rather you didn't.
I'm afraid not.

D Fragen um Erlaubnis werden durch *can* oder *am/is/are allowed to* im Präsens und durch *could* oder *was/were allowed to* im Präteritum ausgedrückt:
Can Tom use the car whenever he likes?
Is Tom allowed to use the car ...?
Could students choose what they wanted to study?
Were students allowed to choose ...?

Möglichkeit

132 *may/might* zum Ausdruck der Möglichkeit

A Form

may/might für Präsens und Futur.
might im Konditional und nach Verben im Präteritum.

Verneinung: *may not / mayn't, might not / mightn't*

Frage: siehe nachstehend Abschnitt **E**

Infinitiv: *to be + likely*

B *may/might* + Infinitiv Präsens kann eine Möglichkeit in der Gegenwart oder Zukunft ausdrücken:

He may/might tell his wife. Er kann es ihr möglicherweise erzählen.
He may/might emigrate. Er wandert vielleicht aus.
Ann may/might know Tom's address. (d.h. vielleicht/eventuell/möglicherweise kennt Ann ...)

Gleichermaßen mit dem Infinitiv in der Verlaufsform:
He may/might be waiting at the station. (= Perhaps he is waiting at the station.)
He may/might be waiting at the station when we arrive. (= Perhaps he will be waiting etc.*)*

C *may* oder *might* zum Ausdruck einer Möglichkeit in der Gegenwart oder Zukunft

Normalerweise können beide Verben benutzt werden. In *might* klingt der Zweifel deutlicher durch. In der gesprochenen Sprache kann die größere Ungewißheit / der größere Zweifel dadurch ausgedrückt werden, daß *may/might* betont werden. *Tom 'may lend you the money* (*may* wird betont) drückt des Sprechers Meinung aus, daß es nicht sehr wahrscheinlich ist, daß Tom das Geld verleiht. *Tom 'might lend you the money* (*might* wird stark betont) impliziert *I don't think this is at all likely / I think it is unlikely.* Es ist unwahrscheinlich ...

D *might* muß im Konditional benutzt werden und wenn zuvor ein Verb im Präteritum gebraucht wurde:
If you invited him he might come.
I knew we might have to wait at the frontier.
He said he might hire a car. (indirekte Rede)

E *may/might* in verneinten Sätzen und in Fragesätzen

Die Verneinung ist problemlos zu bilden:
He may/might not believe your story. (= Perhaps he won't/doesn't believe your story.)

Die Frage wird normalerweise durch *do you think?* oder eine Konstruktion mit *be + likely* gebildet:
Do you think he is alone?
Do you think he believes your story?
Is it likely that the plane will be late?
Is the plane likely to be late?

may? zum Ausdruck der Möglichkeit steht selten am Anfang eines Satzes, wohl aber später:
When may we expect you?
What may be the result of the new tax?

Üblicher jedoch ist eine Konstruktion mit *be + likely* oder *think:*
When are you likely to arrive?
What do you think the result will be?

might ist vertretbar:
Might they be waiting outside the station?

Aber *Could they be waiting?* oder *Do you think they are waiting?* würden häufiger verwendet werden (siehe Abschnitt **134**).

may/might kann Teil einer Frage sein:
Do you think he may/might not be able to pay?
(wegen dieses Fragetyps siehe Abschnitt **104**)

133 *may/might* + Infinitiv Perfekt

A Diese Form wird für Annahmen über vergangene Handlungen benutzt:
He may/might have gone (= It is possible that he went / has gone oder *Perhaps he went / has gone.)*

might muß verwendet werden, wie in Abschnitt **132 D** gezeigt wurde, wenn das Hauptverb in der Vergangenheit steht:
He said/thought that she might have missed the plane.

might, nicht *may,* muß benutzt werden, wenn die Unsicherheit nicht länger besteht:
He came home alone. You shouldn't have let him do that; he might have got lost. (d.h. aber er hatte sich nicht verlaufen)

So drückt in dem Satz: *You shouldn't have drunk the wine: it may/might have been drugged* aus, daß der Sprecher immer noch unsicher ist, ob in dem Wein ein Betäubungsmittel war oder nicht. *It might have been drugged* könnte das gleiche bedeuten, ebenso aber auch, daß der Sprecher weiß, daß der Wein nicht vergiftet war.

might, nicht *may,* wird auch gebraucht, wenn der besprochene Sachverhalt niemals erprobt wurde, wie in:
Perhaps we should have taken the other road. It might have been quicker.
It's a good thing you didn't lend him the money. You might never have got it back.

Sätze dieser Art sind dem dritten Typ der Konditionalsätze ähnlich:
If we had taken the other road we might have arrived earlier.

B *may/might* können in Konditionalsätzen statt *will/would* benutzt werden und drücken eine mögliche Folge statt eines sicheren Resultats aus:
If he sees you he will stop. (sicher)
If he sees you he may stop. (möglich)

Ähnlich:
If you poured hot water into it, it might crack.
If you had left it there, someone might have stolen it.
(siehe Abschnitt **223** B)

134 *could* als Alternative zu *may/might*

A *could* kann anstelle von *may/might be* benutzt werden:
»I wonder where Tom is.« »He may/might/could be in the library. Er könnte in der Bibliothek sein.

Gleichermaßen, wenn *be* ein Teil der Verlaufsform des Infinitivs ist:
»I wonder why Bill isn't here?« »He may/might/could still be waiting for a bus.« (= Perhaps he is still waiting for a bus.) Vielleicht wartet er immer noch auf den Bus.)

Und wenn *be* Teil eines Infinitivs im Passiv ist:
»Do you think the plane will be on time?« »I don't know. It may/might/could be delayed by fog.« (= Perhaps it will be delayed by fog.)

In der Frage kann entweder *could* oder *might* benutzt werden:
Might/Could he be waiting for us at the station? (= Do you think he is waiting ...?)

In der Verneinung jedoch gibt es einen Unterschied zwischen *could* und *may/might:*
He may/might not be driving the car himself. (= Perhaps he isn't driving the car himself.)

Aber *He couldn't be driving the car himself* drückt eine negative Schlußfolgerung aus. Der Satz vermittelt *This is impossible. He can't drive.* (d.h. er könnte den Wagen gar nicht selbst gefahren haben)

B *could* + Infinitiv Perfekt eines jeden Verbs kann anstelle von *may/might* + Infinitiv Perfekt (Möglichkeit) gebraucht werden:
»I wonder how Tom knew about Ann's engagement.« »He may/might/could have heard it from Jack.« (= Perhaps he heard it from Jack.)

Wie in Abschnitt A oben kann die Frage mit *might* oder *could* gebildet werden:
Could/Might the bank have made a mistake? (= Do you think it is possible that the bank (has) made a mistake?)

In verneinten Sätzen jedoch liegt ein Bedeutungsunterschied vor:
Ann might not have seen Tom yesterday (= Perhaps she didn't see him.)
Aber: *Ann couldn't have seen Tom yesterday.* (Negative Schlußfolgerung; *= Perhaps Ann and Tom were in different towns.*)

135 *can* zum Ausdruck der Möglichkeit:

A Allgemeine Möglichkeit

Subjekt + *can* kann bedeuten *it is possible,* d.h. die Umstände erlauben es (eine andere Art von Möglichkeit, die durch *may* versprachlicht wird):
You can ski on the hills. (= There is enough snow.)
We can't bathe here on account of the sharks. (= It isn't safe.)

B *can* kann auch eine selten anzutreffende Möglichkeit ausdrücken:
Measles can be quite dangerous. Manchmal können Masern ziemlich gefährlich sein.
The Straits of Dover can be very rough. (= It is possible for the Straits to be rough; this sometimes happens.)

could wird in der Vergangenheit benutzt:
He could be very unreasonable. (= Sometimes he was unreasonable; this was a possibility.) Er konnte sehr unvernünftig sein.
In dieser Bedeutung wird *can* nur zur Bezeichnung der Gegenwart und Vergangenheit und hauptsächlich in Aussagesätzen gebraucht.

13 *can* und *be able* zum Ausdruck der Möglichkeit/Fähigkeit

136 *can* und *be able:* Formen

can wird hier zusammen mit *be* und dem Adjektiv *able* behandelt, das als Ersatzform für die fehlenden Teile von *can* steht und alternative Formen zum Ausdruck der Zeiten der Gegenwart und Vergangenheit bietet. Wir haben folglich die folgenden Formen:

Infinitiv: *to be able*

Partizip Perfekt: *been able*

	Aussage	verneinte Aussage	Frage
Futur	*will/shall be able*	*will/shall not be able*	*shall/will I be able? will he be able?* etc.
Präsens	*can* oder *am able*	*cannot* oder *am not able*	*can I?* oder *am I able?* etc.
Präteritum	*could* oder *was able*	*could not* oder *was not able*	*could I?* oder *was I able?* etc.

Es gibt nur eine Form für die Zukunft. Im Konditional jedoch gibt es zwei Formen: *could* und *would be able.*
Alle anderen Zeiten werden mit *be able* gebildet und unterliegen den Regeln für selbständige Verben:

Present Perfect: have been able

Past Perfect (Plusquamperfekt): *had been able*

Verneinte Frage: *could you not / couldn't you? were you not / weren't you able? will you not / won't you be able?* etc.

can/be/will/shall not und *have* können auf die übliche Art und Weise Kurzformen bilden:
I wasn't able, he won't be able, I've been able.

Auf *can* folgt der reine Infinitiv.
Auf *be able* folgt der volle Infinitiv (Infinitiv mit *to*).

137 *can / am able, could / was able*

A *can* und *be able*

1
shall/will be able ist die einzige Futurform:
Our baby will be able to walk in a few weeks.

2
Im Präsens können entweder *can* oder *am able* gebraucht werden; *can* ist die häufigere Form:
Can you / Are you able to type?
I can't pay you today. Can you wait till tomorrow?
oder: *Could you wait?* (eine Bitte; siehe Abschnitt B 2 nachstehend)

3
Im *present perfect* jedoch muß die Form mit *be able* gebraucht werden:
Since his accident he hasn't been able to leave the house.

B *could*

could kann mit präsentischer Bedeutung verwendet werden und bezeichnet dann eine Bedingung:
Could you run the business by yourself? (= if this was necessary) Könntest Du das Geschäft selbständig führen?
Could he get another job? (= if he left this one) Könnte er einen anderen Job bekommen?
I could get you a copy. (= if you want one) Ich könnte Dir ein Exemplar besorgen.

In den ersten beiden Beispielsätzen könnte *could* durch *would be able* ersetzt werden.

2
Mit *could you?* kann man sehr gut eine Bitte einleiten. Die Wendung stellt eine Alternative zu *would you* dar und klingt etwas höflicher:
Could you show me the way / lend me £5 / wait half an hour?
Could you please send me an application form?

couldn't you? ist ebenfalls möglich:
Householder: Could you come and mend a leak in a pipe?
Plumber: Would sometime next month suit you?
Householder: Couldn't you come a little earlier?

C *could* und *was able* zur Bezeichnung einer in der Vergangenheit genutzten Möglichkeit/Fähigkeit

1
Für die Fähigkeit allein können beide Formen gebraucht werden:
When I was young I could / was able to climb any tree in the forest.

2
Für die Fähigkeit und eine besondere Handlung sollte *was able* benutzt werden:
Although the pilot was badly hurt he was able to explain what had happened.
(d.h. er konnte eine Erklärung liefern und tat das auch)
The boat capsized quite near the bank so the children were able to swim to safety.
(= They could and did swim.)

Diese Regel wird nicht mehr streng beachtet in verneinten Sätzen, wenn von einer Handlung gesprochen wird, die nicht stattfand, und in Verbindung mit Verben der Sinneswahrnehmung:
He read the message but he couldn't/wasn't able to understand it.
I could/was able to see him through the window.

D *had been able* ist die im Plusquamperfekt verwendete Form:
He said he had lost his passport and hadn't been able to leave the country.
(wegen *could* in der indirekten Rede siehe Abschnitt **312**)

138 *could* + Infinitiv Perfekt

A Diese Form wird für eine Möglichkeit in der Vergangenheit benutzt, wenn die Handlung nicht ausgeführt wurde:
I could have lent you the money. Why didn't you ask me?
(siehe auch Abschnitt **154**)

oder wenn man nicht weiß, ob die Handlung ausgeführt wurde oder nicht:
The money has disappeared! Who could have taken it?
Tom could have (taken it); he was here alone yesterday.

Vergleichen Sie bitte:
He was able to send a message. (d.h. er hat sie geschickt)
He could have sent a message. (d.h. er hat sie nicht geschickt oder wir wissen nicht, ob er die Mitteilung überbrachte oder nicht)

(siehe auch Abschnitt **135**)

B *could* + Infinitiv Perfekt kann auch eine Verwunderung ausdrücken oder einen Vorwurf hinsichtlich der Tatsache, daß etwas nicht getan wurde:
You could have told me = I am annoyed/disappointed that you didn't tell me. You should have told me.
Die Betonung liegt auf dem Wort, das der Sprecher hervorheben will.
(wegen des auf die gleiche Art und Weise benutzten *might* siehe Abschnitt **285**)

14 *ought, should, must, have to, need* zum Ausdruck der Verpflichtung

139 *ought:* Formen

ought ist ein modales Verb (siehe Abschnitt **107** **B**).
Die gleiche Form kann für die Gegenwart und die Zukunft benutzt werden und für die Vergangenheit, wenn zuvor ein Verb in der Zeitform des *past tense* gebraucht wird oder wenn auf *ought* ein Infinitiv Perfekt folgt:
I ought to write to him today/tomorrow.
I knew I ought to write to him.
She said I ought to write.
I know / I knew that I ought to have written.

Verneinung: *ought not / oughtn't*

Frage: *ought I?* etc.

Verneinte Frage: *ought I not / oughtn't I?* etc.

ought erfordert den vollen Infinitiv; um die Lernenden an diesen Sachverhalt zu erinnern, findet man häufig die ausgedruckte Form *ought to.* Fragen oder Bemerkungen mit *ought* können durch *should* beantwortet werden und umgekehrt:
»You ought to put in central heating.« »Yes, I suppose I should.«

140 *should:* Formen

should ist gleichfalls ein modales Verb. Wie bei *ought* kann die gleiche Form für die Gegenwart und Zukunft gebraucht werden und für die Vergangenheit, wenn zuvor ein Verb in einer Zeit der Vergangenheit verwendet wurde. *should* könnte *ought to* in den oben angeführten Beispielen ersetzen.

Verneinung: *should not / shouldn't*

Frage: *should I?* etc.

Verneinte Frage: *should I not? / shouldn't I?* etc.

Auf *should* folgt der reine Infinitiv. *should* und *ought* werden beide zum Ausdruck der Verpflichtung verwendet, wobei *should* die häufigere Form ist.
In Unterhaltungen können *should / ought to* oft ohne Zusatz verwendet werden, da der Infinitiv implizit unterstellt und nicht erwähnt wird:
»You should paint / ought to paint your door.« »Yes, I know, I should / I ought to.«

141 *ought/should* im Vergleich zu *must* und *have to*

A Unterschiede im Gebrauch

1
ought/should wird benutzt, um auf die Verpflichtung oder Pflicht des Subjekts hinzuweisen:
You should send in accurate income tax returns.

oder um auf eine richtige und vernünftige Handlung aufmerksam zu machen:
They shouldn't allow parking here; the street is too narrow.
This word is spelt wrongly. There should be another ›s‹.

Hier liegt nicht wie bei *must* eine Anweisung des Sprechers vor oder eine Anweisung eines Dritten wie im Falle von *have to* (siehe Abschnitt **145**). Es ist mehr eine Sache des Gewissens oder des gesunden Menschenverstands:
Pianist to pupil: You must practise at least an hour a day.
Pupil to a musical friend: I have to practise an hour a day.
Friend: You ought to / should practise for more than an hour.

2
Ein weiterer Unterschied zwischen *ought/should* und *must* und *have to* besteht darin, daß man beim Gebrauch von *must* oder *have to* meistens den Eindruck hat, daß der Verpflichtung nachgekommen wird. Dieses ist besonders der Fall mit der ersten Person, trifft aber auch sehr oft auf die anderen Personen zu. Mit *ought/should* hat man nicht notwendigerweise das Gefühl, daß die Pflicht erfüllt wird. Sehr häufig sogar, besonders in der ersten Person, ist das Gegenteil der Fall.
Wenn ein Fahrer sagt *I ought to / should go slowly here; it's a built-up area,* so deutet er oft damit an, daß er nicht langsam fahren wird. Hätte er wirklich die Absicht, langsam zu fahren, würde er sagen *I must go / I have to go / I will have to go slowly here.*
Ähnlich: Wenn eine Person sagt *We must have a party to celebrate your engagement,* können ihre Freunde darauf vertrauen, daß die Verlobung gefeiert wird.

Sagt sie jedoch *We should have a party ...*, so ist es nicht sicher, daß es eine Party geben wird. Ihr Ton oder Ausdruck könnten verdeutlichen, daß eine Feier nicht möglich ist.

B Ähnlichkeiten im Gebrauch

1
should (aber nicht *ought*) kann auf offiziellen Bekanntmachungen, Informationsblättern und Aushängen etc. verwendet werden:
Candidates should be prepared to answer questions on ...
Intending travellers should be in possession of the following documents ...
On hearing the alarm bell, hotel guests should leave their rooms ...

must könnte in den oben angeführten Beispielsätzen ohne Bedeutungsveränderung benutzt werden; *should* jedoch drückt die Verpflichtung höflicher und verbindlicher aus.

2
ought und *should* können bei Ratschlägen gebraucht werden:
You ought to / should read this. It's very good.

Will man eine Aussage jedoch stärker hervorheben, ist *must* besser:
You must read this. It's marvellous!

142 *ought/should* mit der Verlaufsform des Infinitivs

ought/should vermittelt, wenn es mit der Verlaufsform des Infinitivs gebraucht wird, die Vorstellung, daß das handelnde Subjekt den Verpflichtungen nicht nachkommt oder daß es töricht, vorschnell, unklug, vorsichtig etc. handelt:
He ought to be studying for his exam. He shouldn't be spending all his time on the beach.
We should be wearing seat belts. (= But we are not wearing them.)
I shouldn't be telling you this. It's supposed to be a secret.

143 *ought/should* mit dem Infinitiv Perfekt

Diese Konstruktion findet Verwendung, um auszudrücken, daß eine Verpflichtung nicht erfüllt oder daß etwas Vernünftiges nicht getan wurde. In der Verneinung drückt die Wendung eine in der Vergangenheit begangene falsche oder törichte Tat/Handlung aus:
You should have turned his omelette; he likes it turned.
They ought to have stopped at the traffic lights.
She shouldn't have opened the letter; it wasn't addressed to her.
The Emergency Exit doors shouldn't have been blocked.

144 *must* und *have to:* Formen

A *must*

must ist ein modales Verb (siehe Abschnitt **107** B). Es wird in der Gegenwart oder Zukunft benutzt.

Verneinung: *must not / mustn't*

Frage: *must I?* etc.

Verneinte Frage: *must I not? / mustn't I?* etc.

Die Vergangenheit wird mit Zuhilfenahme von *have to* gebildet.
must erfordert den reinen Infinitiv.
Es kann eine Verpflichtung/Forderung oder einen mit Nachdruck erteilten Rat ausdrücken:
Father: You must get up earlier in the morning. (Forderung)
You must take more exercise. Join a squash club. (Rat)

B *have to*

	Verpflichtung/ Forderung		keine Verpflichtung/ keine Forderung
	Anweisung des Sprechers	Anweisung eines Dritten	
Futur	*must*	*shall / will have to*	*shan't/won't have to*
Präsens	*must*	*have to**	*don't/doesn't have to**
	had to	*have (got) to**	*haven't (got) to**
Präteritum		*had to*	*didn't have to*
			hadn't got to

* siehe Abschnitt C unten

C Der Unterschied zwischen den verschiedenen mit * versehenen Formen mit *have to*

have to (ohne *got*) und die verneinte Form *don't/doesn't have to* sind die angemessenen Formen für gewohnheitsmäßige Handlungen, können jedoch auch für einzelne Handlungen verwendet werden und sind häufig im amerikanischen Englisch anzutreffen.

have (got) to und *haven't (got) to* werden nur für einzelne Handlungen gebraucht:
Tom: I have to go to work every day except Sunday. But I don't have to work a full day on Saturday.

Am Sonntag könnte er sagen:
I'm glad I haven't (got) to go to work today.
oder: *I'm glad I don't have to go to work today.*

In der Vergangenheit kann *didn't have to* sowohl für gewohnheitsmäßige als auch für einzelne Handlungen, die in der Vergangenheit stattfanden, gebraucht werden.
hadn't (got) to wird mehr für einzelne Handlungen benutzt.
didn't have to ist die Form, die allgemeiner verwendet wird.
have to drückt in einem Aussagesatz eine Verpflichtung aus.
Wird *have to* verneint, liegt keine Verpflichtung vor. Dieser Sachverhalt kann gleichermaßen durch *need not, don't need* etc. ausgedrückt werden.
(siehe Abschnitt **149**)

145 Unterschied zwischen *must* und *have to* im Aussagesatz

A *must* drückt eine Verpflichtung aus, die der Sprecher auferlegt:
MOTHER: You must wipe your feet when you come in.

have to drückt einen äußeren Zwang / eine von außen auferlegte Verpflichtung aus:
SMALL BOY: I have to wipe my feet everytime I come in.

B Beispiele für die zweite Person

1
Anweisung des Sprechers:
MOTHER: You must wear a dress tonight. You can't go to the opera in those dreadful jeans.
EMPLOYER: You must use a dictionary. I'm tired of correcting your spelling mistakes.
DOCTOR: You must cut down on your smoking.

2
Anweisung durch einen Dritten / von außen:
You have to wear uniform on duty, don't you?
You have to train very hard for these big matches, I suppose?
You'll have to get up earlier when you start work, won't you?
You have to cross the line by the footbridge.

C Beispiele für die dritte Person

Hier wird *must* hauptsächlich in schriftlichen Anweisungen oder Regeln verwendet:
RAILWAY COMPANY: Passengers must cross the line by the footbridge.
OFFICE MANAGER: Staff must be at their desks by 9.00.
REGULATION: A trailer must have two rear lamps.

Wird nur über das gesprochen, was eine andere Person zu tun hat oder wird dazu ein Kommentar geliefert, wird *have to* gebraucht:

In this office even the senior staff have to be at their desks by 9.00.
She has to make her children's clothes. She can't afford to buy them.
They'll have to send a diver down to examine the hull.

Würde in den vorgenannten Beispielen *must* anstelle von *have to* benutzt, entstünde der Eindruck, der Sprecher sei in der Lage, diese Handlungen anzuordnen. *must* kann jedoch benutzt werden, wenn der Sprecher die Verpflichtung für richtig/angemessen erachtet:
A driver who has knocked someone down must stop. (d.h. der Sprecher denkt, daß dieser Fahrer anhalten muß)

must kann auch benutzt werden, wenn der Sprecher eine Sache mit Nachdruck vertritt:
Something must be done to stop these accidents.

D Beispiele für die erste Person

In der ersten Person ist der Unterschied zwischen *must* und *have to* weniger wichtig, und sehr häufig sind beide Formen anzutreffen:
Typist: I must/will have to buy a dictionary.
Patient: I must / have to / will have to cut down on my smoking.

have to ist jedoch besser zur Versprachlichung von Gewohnheiten:
I have to take two of these pills a day.

must ist besser, wenn der Sprecher die Verpflichtung als dringend oder als wichtig ansieht:
I must tell you about a dream I had last night.
Before we do anything I must find my cheque book.

E Einige andere Beispiele (für alle Personen)

You must come and see us some time. (Dies ist eine übliche Wendung, um beiläufig eine Einladung auszusprechen.)
The children have to play in the street till their parents come home.
This sort of thing must stop! (Der Sprecher hat entweder die Macht, etwas anzuordnen, oder er lehnt die angesprochene Handlung mit Nachdruck ab.)
You must write to your uncle and thank him for his nice present.
If there are no taxis we'll have to walk.
If your father was a poor man you'd have to work.
We have to walk our dog twice a day.
Notice in shop window: Closing down sale! Everything must go!

F Verpflichtungen in Zeiten der Vergangenheit in Aussagesätzen: *had to*

Hier kann die Unterscheidung zwischen der Anweisung des Sprechers und der Anweisung von außen nicht ausgedrückt werden; es gibt nur die eine Form *had to:*

I ran out of money and had to borrow from Tom.
You had to pay duty on that, I suppose?
There were no buses so he had to walk.

146 *need not* und *must not* in Formen der Gegenwart und Zukunft

need not kann für die Gegenwart und die Zukunft verwendet werden. Es hat die gleiche Form für alle Personen (siehe Abschnitt **148**).
need not drückt aus, daß eine Verpflichtung nicht besteht. Der Sprecher erteilt seine Erlaubnis, daß etwas nicht getan wird, oder stellt manchmal nur fest, daß eine Handlung unnötig ist:
Employer: You needn't make two copies. One will do.
Give them this cheque. They needn't send me a receipt.
You needn't change (your clothes). Just come as you are.

must not verneint einen Zwang, der von dem Sprecher ausgeübt wurde, oder beinhaltet einen nachdrücklichen Rat:
You mustn't repeat this to anyone.
Notice in shop: Staff must not smoke when serving customers.
You mustn't leave your car unlocked. This place is full of thieves.

147 *need not, must not* und *must* in Zeiten der Gegenwart und der Zukunft

Doctor: You needn't go on a diet; but you must eat sensibly and you mustn't overeat.
Zoo notice: Visitors must not feed the animals.
Railway notice: Passengers must not walk on the line.

You mustn't drive fast. There is a speed limit here.
You needn't drive fast. We've plenty of time.
You needn't strike a match. I can see well enough.
You mustn't strike a match. This room is full of gas.

School notice: The lifts must not be used during Fire Drill.
You mustn't wear that dress again. You look terrible in yellow.
Teacher: You needn't read the whole book but you must read the first four chapters.
You must cut down that dead tree or it will fall on your house.
Doctor: You mustn't take more than two of these pills at once. Three might be fatal.
Doctor (to patient's wife): If the pain has gone he needn't take any more of these.

148 *need:* Formen

A *need* kann sowohl Hilfsverb als auch selbständiges Verb sein. Als Hilfsverb ist es halbmodal, das heißt es hat modale Verbformen und Formen eines selbständigen Verbs. Als modales Hilfsverb sind seine Formen *need* oder *need not / needn't* für alle Personen in der Gegenwart, Zukunft und in der indirekten Rede. (siehe nachstehend Abschnitt **C**)

Frage: *need I?* etc.

Verneinte Frage: *need I not / needn't I?* etc.

Wird *need* wie oben angegeben konjugiert, schließt sich ein reiner Infinitiv an.

B *need* wird als Hilfsverb selten in Aussagesätzen verwendet, es sei denn, ein verneinter Satz oder ein Fragesatz würde durch eine Wendung eingeleitet, die erforderlich macht, daß das verneint oder fragend gebrauchte Verb in ein affirmativ gebrauchtes Verb umgewandelt wird:

I needn't wear a coat.
oder: *I don't suppose I need wear a coat.*
Need I tell Tom?
oder: *Do you think I need tell Tom?*

need wird jedoch manchmal in formellem Englisch mit *hardly/scarcely* oder *only* benutzt:

I need hardly say how pleased we are to welcome Mr X. Ich brauche wohl kaum zu sagen ...

You need only touch one of the pictures for all the alarm bells to start ringing. Du brauchst nur eines der Bilder zu berühren ...

C *needn't* in der direkten Rede kann unverändert in die indirekte Rede übernommen werden:

»You needn't pay till the 31st,« he says/said. > He says/said I needn't pay till the 31st.
(siehe Abschnitt **325** **C**)

D *need* kann als selbständiges Verb mit verneinten Formen, wie in Abschnitt **149** ausgewiesen, konjugiert werden. Die entsprechenden Formen mit *have to* werden ebenfalls angeführt.
(wegen der Frageformen siehe Abschnitt **151**)

Wird *need* mit *will/shall, do/does/did* etc. verbunden, verlangt es den vollen Infinitiv und wird manchmal als *need to* angegeben.

149 Nichtbestehende Verpflichtung: Formen

	Anweisung des Sprechers	Anweisung von außen
Futur	*need not*	*shan't/won't need to* *shan't/won't have to*
Präsens	*need not*	*don't/doesn't need to* *don't / doesn't have to* *haven't/hasn't got to*
Präteritum (siehe **150** B)	*didn't need to* *didn't have to* *hadn't got to*	

(siehe vorstehend Abschnitt **148** C wegen *needn't* in der indirekten Rede)

shan't/won't need to = shan't/won't have to
don't/doesn't need to = don't/doesn't have to
didn't need to = didn't have to (*didn't have to* ist die gebräuchlichere Form)

Von *haven't/hasn't got to* und *hadn't got to* gibt es keine genau entsprechenden *need*-Formen, wie die Tabelle oben verdeutlicht.

150 Unterschied zwischen *need not* und den anderen Formen

A

1
Wie schon erwähnt, drückt *need not* eine Anweisung des Sprechers oder seinen Rat aus:
You needn't write me another cheque. Just change the date and initial it.
I'm in no hurry. He needn't send it by air. He can send it by sea.
You needn't do it by hand. I'll lend you my machine.
You needn't call me Mr Jones. We all use first names here.
COLLEGE LECTURER: *You needn't type your essays but you must write legibly.*

2
Die anderen Formen weisen auf eine Anweisung eines Dritten hin:
Tom doesn't have to wear uniform at school.
We don't have to type our essays but we have to write legibly.
When I'm an old age pensioner I won't have to pay any more bus fares.
Ann hasn't got to go / doesn't have to go to this lecture.
Attendance is optional.
When I have a telephone of my own I won't have to waste time waiting outside these wretched telephone boxes.
Ann doesn't have to cook for herself. She works at a hotel and gets all her meals there.

3
Manchmal jedoch kann *need not* verwendet werden, um eine Anweisung eines Dritten zu vermitteln als Alternative zu *won't/don't need to* oder *won't/don't have to.* Diese Form ist besonders gebräuchlich in der ersten Person:
I needn't type / I won't/don't have to type this report today. Mr Jones said that there was no hurry about it.

Es ist möglich, *need not* zum Ausdruck einer zukünftigen gewohnheitsmäßigen Handlung zu verwenden:
I'm retiring. After Friday I need never go to the office again.
Es ist jedoch nicht statthaft, diese Form zu benutzen, um von einer gegenwärtigen gewohnheitsmäßigen Handlung zu sprechen:
I don't have to queue for my bus. I get on at the terminus. (*need not* könnte in dem Beispielsatz nicht gebraucht werden.)

B Präteritum

Hier besteht der Unterschied zwischen der Anweisung des Sprechers und der Anweisung eines Dritten nicht länger; drei Formen stehen zur Auswahl: *didn't have to, didn't need to* und *hadn't got to.* Alle drei Formen haben die gleiche Bedeutung, aber *hadn't got to* wird üblicherweise nicht zum Ausdruck gewohnheitsmäßiger Handlungen gebraucht. *didn't have to* ist die gebräuchlichste Form:
I didn't have to wait long. He was only a few minutes late.
When he was at university he didn't have to / need to pay anything for his keep, for he stayed with his uncle.

151 *must, have to* und *need* in Fragesätzen

	Fragen an eine direkte, persönliche Autoritätsperson	Fragen hinsichtlich einer äußeren Autorität (Gesetze, Regeln, Anweisungen etc.)	
Futur	*must I?* etc. *need I?* etc.	*shall I/we have to?* *will he have to?* etc.	*shall I/we need to?* *will he need to?* etc.
Präsens	*must I?* etc. *need I?* etc.	*do I/we have to?* *does he have to?* etc. *have I/we (got) to?* *has he (got) to?* etc.	*do I/we need to?* *does he need to?* etc.
Präteritum		*did he have to?* etc. *did he need to?* etc. *had he got to?* etc.	

Beim Gebrauch von *need?* und *must?* wird impliziert, daß die befragte Person diejenige ist, die die Anweisung erteilt.
need? impliziert gleichfalls, daß der Sprecher eine verneinte Antwort erhofft:

Must I go, mother? und *Need I go, mother?* bedeuten das Gleiche, aber in der zweiten Frage hofft der Sprecher, daß seine Mutter mit ›Nein‹ antwortet.
Die andere Frageform von *need, do I need?* etc. kann ähnlich gebraucht werden.
Die möglichen Antworten lauten:
»Shall I have to go?« »Yes, you will / No, you won't.«
»Have I got to go?« »Yes, you have / No, you haven't.«
»Does he have to go?« »Yes, he does / No, he doesn't.«
»Need I go?« »Yes, you must / No, you needn't.«
»Must I go?« »Yes, you must / No, you needn't.«

152 *needn't* + Infinitiv Perfekt

Diese Struktur wird gebraucht, um auszudrücken, daß eine Tätigkeit/Handlung unnötig war:
I needn't have written to him because he phoned me shortly afterwards. (= But I had written, thus wasting my time.)
You needn't have brought your umbrella for we are going by car. (= You brought your umbrella unnecessarily.)
He needn't have left home at 6.00; the train doesn't start till 7.30. (= so he will have an hour to wait.)

153 *needn't have (done)* im Vergleich zu *didn't have / need (to do)*

A *needn't have done:*

Obwohl keine Verpflichtung dazu vorlag, wurde etwas getan (unnötigerweise), d.h. Zeit wurde verschwendet:
You needn't have watered the flowers, for it is going to rain. (= You wasted your time.)
You needn't have written such a long essay. The teacher only asked for 300 words, and you have written 600.
He needn't have bought such a large house. His wife would have been quite happy in a cottage. (= waste of money)
You needn't have carried all this parcels yourself. The shop would have delivered them if you had asked them.

B *didn't have / need to do:*

Eine Verpflichtung lag nicht vor, und es wurde nichts getan:
I didn't have to translate it for him for he understands Dutch.
I didn't have to cut the grass myself. My brother did it.

Manchmal wird *didn't have to / didn't need to* für ausgeführte Handlungen verwendet. In diesen Fällen wird gewöhnlich *have* oder *need* betont:
You didn't 'have to give him my name.

würde dann bedeuten:
It wasn't necessary to give him my name, but you gave it to him. Du mußtest ihm meinen Namen nicht nennen; das war nicht nötig, aber du hast es getan.

Es ist anzuraten, die Form *needn't have* + Partizip Perfekt zu benutzen, wenn eine unnötige Tätigkeit durchgeführt wurde:
You needn't have given him my name.

154 *needn't, could* und *should* + Infinitiv Perfekt

A *needn't* + Infinitiv Perfekt wird oft mit *could* + Infinitiv Perfekt verbunden. Die nachstehend aufgeführten Beispiele zeigen die Kombinationsmöglichkeiten:
»I wanted a copy of the letter, so I typed it twice.« »You needn't have typed it twice. You could have used a carbon.«
»I walked up six flights of stairs.« »You needn't have walked up; you could have taken the lift.«
»She stood in a queue to get an Underground ticket.« »But she needn't have stood in a queue. She could have got a ticket from the machine.«

B *needn't have* und *should have* im Vergleich

should oder *ought to* könnten anstelle von *need* oder *could* in den unter **A** aufgeführten Beispielen verwendet werden:
She shouldn't have stood in a queue. She should have got tickets from the machine.

Es gibt aber einen Bedeutungsunterschied:
She shouldn't have stood in a queue. (d.h. es war dumm von ihr, in einer Schlange zu stehen)
She needn't have stood in a queue. (d.h. es war unnötig, in der Schlange zu warten; sie aber hat es getan)

shouldn't have (done) vermittelt die Vorstellung von Kritik.
needn't have (done) vermittelt diese Vorstellung nicht.

155 *to need* als selbständiges Verb in der Bedeutung von ›brauchen‹, ›erfordern‹

Wie in Abschnitt **149** gezeigt wurde, kann *need* als selbständiges Verb konjugiert werden. Es hat dann die üblichen regelmäßigen Formen, nicht aber die Verlaufsformen. *to need* kann im Zusammenhang mit einem Infinitiv oder einem nominalen/pronominalen Objekt gebraucht werden:
I need to know the exact size.
»How much money do you need?« »I need £5.«

to need kann gleichfalls mit einem Infinitiv Passiv oder dem *gerund* gebraucht werden, wie die nachstehenden Sätze zeigen:

Your hair needs to be cut / needs cutting.
The windows need to be washed / need washing.

want + gerund kann hier anstelle von *need* benutzt werden:
Your hair wants cutting.

15 *must, have, will* und *should* zum Ausdruck von Schlußfolgerungen und Annahmen

156 *must* zum Ausdruck von Schlußfolgerungen

A Formen

Präsens

must + Infinitiv Präsens: *He must live here,* oder

must + Verlaufsform des Infinitivs: *He must be living here.*

Präteritum

must + Infinitiv Perfekt: *He must have lived here,* oder

must + Verlaufsform des Infinitiv Perfekts: *He must have been living here.*

Es ist auf den Unterschied zwischen den Vergangenheitsformen von *must* zum Ausdruck von Schlußfolgerungen und der Vergangenheitsform von *must* zum Ausdruck der Verpflichtung zu achten: *had to.*

must wird nicht gebraucht für eine verneinte Schlußfolgerung (siehe Abschnitt **159**) und wird normalerweise auch nicht in Fragesätzen verwendet, außer in den Fällen, in denen eine Schlußfolgerung mit *must* bezweifelt und entsprechend nachgefragt wird:
»There's a lot of noise from upstairs. It must be Tom.« »Why must it be Tom? Other people use that flat.«

B Beispiele

He has a house in London and another in Paris, so he must be rich.
»I've had no sleep for 48 hours.« »You must be exhausted.«
He develops his own films. That must save him a lot of money.
I keep meeting him on the bus. He must live / must be living nearby.
The police are stopping all cars. They must be looking for the escaped prisoner.
»What explosion? I didn't hear any.« »You must have heard it! The whole town heard it!«

He must have taken sleeping pills last night. He didn't wake up till lunch time.
»I waited under the clock!« »So did I, but I didn't see you! We must have been waiting under different clocks.«
»It was a head-on collision, but the drivers weren't hurt.« »They must have been wearing their seat belts.«

157 *must* (Schlußfolgerung) im Vergleich zu *may/might*

Der Unterschied wird am besten durch Beispiele verdeutlicht:

(a) Man stelle sich vor, daß eine Person einen Schlüsselring mit drei Schlüsseln hat und daß sie weiß, daß einer der Schlüssel eine Kellertür öffnet. Sie könnte einen Schlüssel auswählen und sagen:
This may/might be the key. (d.h. das ist vielleicht der richtige Schlüssel)

Nachdem sie zwei Schlüssel ohne Erfolg probiert hat, wird sie den dritten nehmen und sagen *This must be the key.* Es bleibt kein anderer Schlüssel zur Auswahl übrig.

(b) *»I wonder why Tom hasn't answered my letter.« »He may/might be ill.«* (d.h. Vielleicht ist Tom krank. Es gibt aber auch andere Möglichkeiten: er ist vielleicht gar nicht da oder zu beschäftigt, um zu antworten.)

Man stelle sich vor, daß Bill niemals Besucher empfängt. Wenn ein Krankenwagen vor seinem Haus hält, werden die Nachbarn sagen *Bill must be ill.* Dies ist die einzig mögliche Erklärung der Ankunft eines Krankenwagens.

(c) Ähnlich, wenn von einer Handlung in der Vergangenheit gesprochen wird:
He may have come by train. (d.h. Vielleicht hat er den Zug genommen. Es gibt jedoch auch andere Möglichkeiten: er hätte mit dem Taxi oder mit dem Bus kommen können.)

Aber: *He must have come by taxi* impliziert, daß der Reisende keine andere Wahl hatte, da kein anderes Verkehrsmittel zur Verfügung stand.

158 *have/had* zum Ausdruck von Schlußfolgerungen

Diese Wendung ist vor allen Dingen im amerikanischen Englisch gebräuchlich, ist jedoch auch manchmal in Großbritannien anzutreffen. *have/had* werden hauptsächlich mit *to be* verbunden:
»There's a tall grey bird fishing in the river.« »It has to be / must be a heron.«

had + to be können des Sprechers Sicherheit bezüglich einer Handlung in der Vergangenheit ausdrücken:
There was a knock on the door. It had to be Tom. (= She was sure it was Tom.)

had + to be kann eine sprachliche Alternative zu *must* + Infinitiv Perfekt sein:
»I wonder who took the money.« »It had to be Tom / It must have been Tom. He's the only one who was there.«

Um jedoch Verwirrung zu vermeiden, ist es ratsam, den Gebrauch von *must* in diesen Fällen nachdrücklich zu empfehlen.

159 *can't* und *couldn't* zum Ausdruck verneinter Schlußfolgerungen

A Verneinte Schlußfolgerungen hinsichtlich eines gegenwärtigen Geschehens können durch *can't/couldn't* mit dem Infinitiv Präsens des Verbs *be* oder mit der Verlaufsform des Infinitivs anderer Verben ausgedrückt werden:
CHILD: Can I have some sweets? I'm hungry.
MOTHER: You can't/couldn't be hungry. You've just had a dinner.
ANN (schaut durch ein Fernrohr): *An aeroplane is pulling up people from the boat!*
TOM: It can't/couldn't be an aeroplane. It must be a helicopter.
»He says he's still reading ›The Turn of the Screw‹.« »He can't/couldn't still be reading it. I lent it to him ages ago and it's quite a short book.«

B Verneinte Schlußfolgerungen bezüglich eines vergangenen Geschehens werden durch *can't/couldn't* + Infinitiv Perfekt oder Verlaufsform Infinitiv Perfekt von Verben ausgedrückt:
»A man answered the phone. I suppose it was her husband.« »It can't/couldn't have been her husband. He's been dead for ages.«
»I took a Circle Line train to St Paul's.« »You can't/couldn't have taken the Circle Line. It doesn't go through St Paul's. You must have been on the Central Line.«

couldn't muß benutzt werden, wenn von einer vergangenen Schlußfolgerung die Rede ist oder wenn die Schlußfolgerung durch ein Verb in der Vergangenheit eingeleitet wird:
She said I couldn't have come on the Circle Line.
He said it couldn't be an aeroplane.

Sonst können sowohl *can't* als auch *couldn't* gebraucht werden.

160 *will* und *should* zum Ausdruck von Annahmen

A will drückt Annahmen hinsichtlich gegenwärtiger oder vergangener Handlungen aus.

will kann hier mit dem Infinitiv Präsens (nur für unbewußte Handlungen) oder mit der Verlaufsform oder dem Infinitiv Perfekt gebraucht werden:
Ring his home number. He'll be at home now. (d.h. ich bin sicher, daß er zu Hause ist)
He'll be expecting a call from you. (= I'm sure he's expecting a call.)
He'll have finished his supper. (= I'm sure he has finished his supper.)

It's no use asking Tom; he won't know. (= I'm sure he doesn't.)
Will Bill be at the club now, do you think? (= Do you think he is?)

B *should* zum Ausdruck von Annahmen bezüglich gegenwärtiger oder vergangener Handlungen

should sollte in diesen Fällen hauptsächlich mit dem Infinitiv Präsens (nur für unbewußte Handlungen) in Aussagesätzen oder verneinten Aussagesätzen benutzt werden. Manchmal trifft man die Wendung auch mit der Verlaufsform und Infinitiv-Perfekt-Formen an:
The plane should be landing now. (= I expect it is landing.)
The letter should have arrived by now. (= I expect it has arrived.)

Annahmen, die mit *should* versprachlicht werden, sind weniger sicher als die, die mit *will* gemacht werden:
Tom should know the address. (= I expect Tom knows it.)
Aber: *Tom'll know the address. (= I'm sure Tom knows it.)*
He should have finished by now. (= I expect he has finished.)
Aber: *He'll have finished by now. (= I'm sure he has finished.)*

should wird nicht in Annahmen gebraucht, die das Mißfallen des Sprechers ausdrücken:
Let's not go shopping now. The shops will be very crowded. (*should* würde hier nicht verwendet werden.)

Für gegenteilige Annahmen, die dem Sprecher angenehm sind, könnten *will* oder *should* verwendet werden:
Let's go shopping now. The shops will be / should be fairly empty.
oder: *The shops won't be / shouldn't be too crowded.*

C *will* und *should* können auch Annahmen hinsichtlich der Zukunft versprachlichen:
He should / will have plenty of time to get to the station.
They shouldn't/won't have any difficulty in finding the house.

will + Infinitiv Präsens zum Ausdruck von Annahmen über die Zukunft ist nicht auf unbewußte Handlungen beschränkt. (siehe auch Abschnitt **209**)

D *ought to* kann auf die gleiche Weise wie *should* in den Abschnitten **B** und **C** oben gebraucht werden:
The plane ought to be / should be taking off in a minute.

should ist jedoch die gebräuchlichere Form.

16 Die Hilfsverben *dare* und *used*

161 *dare*

A In Aussagesätzen wird *dare* wie ein selbständiges Verb konjugiert, d.h. *dare/dares* im *present tense, dared* im *past tense.* In verneinten Aussagesätzen und Fragesätzen jedoch kann es entweder wie ein selbständiges Verb oder wie ein Hilfsverb konjugiert werden, d.h. es ist halbmodal.

Verneinte Aussage:	*present*	*do/does not dare*	*dare not*
	past	*did not dare*	*dared not*
Frage:	*present*	*do you / does he dare?*	*dare you/he?*
	past	*did you / did he dare?*	*dared you/he?*

Die Zeitformen des selbständigen Verbs werden häufiger angetroffen.

B Infinitive nach *dare*

Auf verneinte Formen und Frageformen mit *do/did* folgen theoretisch Infinitive mit *to,* in der Praxis jedoch wird *to* häufig weggelassen:
He doesn't dare (to) say anything.
Did he dare (to) criticize my arrangements?

dare I/he/you? etc. und Formen mit *dare not* erfordern den Infinitiv ohne *to:*
Dare we interrupt?
They dared not move.

Steht vor *dare nobody, anybody* etc., ist *to* optional, d.h. es kann gebraucht oder weggelassen werden:
Nobody dared (to) speak.

C *dare* wird in Aussagesätzen selten verwendet, außer in der Wendung *I daresay. I daresay* (oder *I dare say*) hat als idiomatischer Ausdruck zwei Bedeutungen:

1
annehmen/vermuten *(= I suppose):*
I daresay there'll be a restaurant car on the train.

2
annehmen, aber nicht befolgen *(= I accept what you say, but it doesn't make any difference.):*
ENGLISH TOURIST: But I drive on the left in England!
SWISS POLICEMAN: I daresay you do, but we drive on the right here.

TRAVELLER: But the watch was given to me; I didn't buy it.
CUSTOMS OFFICER: I daresay you didn't, but you'll have to pay duty on it all the same.

daresay wird auf diese Weise nur in Verbindung mit der ersten Person Singular benutzt.

D *how dare(d) you?* und *how dare(d) he/they?* können Verärgerung ausdrücken:
How dare you open my letters? (= I'm angry with you for opening them.)
Wie konntest du es nur wagen, meine Briefe zu öffnen?
How dared he complain? (= I'm indignant because he complained.)

E *dare* ist ebenso ein regelmäßiges transitives Verb in der Bedeutung von *challenge* (herausfordern nur zu Taten/Handlungen, für die Mut erforderlich ist). Auf *dare* folgt ein Objekt + ein voller Infinitiv:
MOTHER: Why did you throw the stone through the window?
SON: Another boy dared me (to throw it). Ein anderer Junge meinte, ich traute mich nicht.

162 *used*

A Form

used ist die Form des *past tense* eines unvollständigen Verbs, das keine Form für die Gegenwart hat.

Aussage: *used* für alle Personen

Verneinte Aussage: *used not / usedn't* für alle Personen

Frage: *used you/he/they* etc.

Verneinte Frage: *used you not / usedn't you* etc.

Verneinung und Frage können auch mit *did* gebildet werden:
didn't use to, did you use to?, didn't you use to?
Dies sind weniger förmliche Formen, die in Unterhaltungen weit verbreitet sind.

Auf *used* folgt der volle Infinitiv; aus diesem Grunde wird das Verb häufig als *used to* angegeben (ebenso wie *have* zum Ausdruck der Verpflichtung häufig als *have to* aufgeführt wird).

B Gebrauch

used wird gebraucht:

1
Um eine Gewohnheit auszudrücken, die nicht länger andauert, oder um über eine vergangene Situation zu sprechen, die mit der Gegenwart kontrastiert:

I used to smoke cigarettes; now I smoke a pipe.
He used to drink beer; now he drinks wine.
She usedn't to like Tom but she quite likes him now.
oder: *She used to dislike Tom but she quite likes him now.*

used wird üblicherweise nicht betont, kann jedoch betont werden, wenn der Sprecher den Kontrast zwischen der Vergangenheit und der Gegenwart hervorheben will.

2
Um eine vergangene Routine oder stetig wiederkehrende Handlung in der Vergangenheit auszudrücken. Hier wird kein Unterschied zwischen der Vergangenheit und Gegenwart gemacht; es wird nur die Gewohnheit einer Person während eines bestimmten Zeitraums beschrieben. Häufig liegt in diesen Fällen eine Folge von Handlungen vor. *used to* ist hier durch *would* ersetzbar (*would* kann aber *used to* für eine ›abgelegte‹ Gewohnheit etc., wie in 1 oben beschrieben, nicht ersetzen). *used* wird in diesen Fällen niemals betont:
Tom and Ann were a young married couple. Every morning Tom used to kiss Ann and set off for work. Ann used to stand at the window and wave goodbye. In the evening she used to welcome him home and ask him to tell her about his day.

Wird *would* benutzt, lauten die Sätze:
Every morning Tom would kiss Ann and set off for work. Ann would stand at the window and wave goodbye. etc.

used hat keine Form der Gegenwart. Um gegenwärtige Gewohnheiten oder sich wiederholende Handlungen zu versprachlichen, muß die *simple form* des Präsens verwendet werden.

163 *used* als Adjektiv: *to be/become/get used to*

used kann auch ein Adjektiv in der Bedeutung von *accustomed* (gewohnt) sein. Vor ihm stehen dann *be, become* oder *get* in allen Zeiten, und ihm folgen die Präposition *to* + Nomen/Pronomen oder *gerund:*
I am used to noise.
I am used to working in a noisy room.
You will soon get used to the electronic typewriters.
You will soon get used to typing on electronic typewriters.
They soon got used to the traffic regulations.
They soon got used to driving on the left.

In bestimmten Sinnzusammenhängen läßt *I am used to ...* etc. die Empfindungen eines Sprechers erkennen. *I am used to working in a noisy room* bedeutet, daß ich in einem lauten Raum arbeiten muß, daß der Lärm mich nicht belästigt, daß ich ihn nicht als störend empfinde. *You'll soon get used to typing on electronic typewriters* bedeutet, daß derjenige, der einige Zeit mit Bildschirmgeräten gearbeitet hat, sie als sehr angenehm und die Arbeit erleichternd empfinden wird.

Sehr häufig hat die Wendung *I'm used to it* die Bedeutung *I don't mind it / It doesn't give me any trouble* wie in den oben angeführten Beispielen. Die gegenteilige Verwendung ist jedoch gleichfalls möglich. Man stelle sich vor, daß eine englische Kantine mit ihren Gerichten als einziges Getränk Tee anbietet. Ein Franzose, der gerade aus Frankreich gekommen ist, könnte sagen:
I'm used to wine with my meals, so I find these lunches rather unsatisfying.

Eine Verwechslung von Subjekt + *be/become/get* + *used to* mit Subjekt + *used to* (siehe Abschnitt **162**) ist zu vermeiden.
Im ersten Fall ist *used* Adjektiv und *to* Präposition.
Im zweiten Fall ist *used* Verb und *to* Teil des folgenden Infinitivs. Der Lernende verwechsle ebenfalls nicht diese Formen mit dem regelmäßigen Verb *to use* [ju:z] in der Bedeutung von *employ* (benutzen).

17 Die Zeiten der Gegenwart

Es gibt zwei Zeiten der Gegenwart:

Das *present continuous: I am working.*

Das *simple present: I work.*

Verlaufsform des Präsens *(present continuous)*

164 Form

Das *present continuous* wird mit der Zeit der Gegenwart des Hilfsverbs *be* + dem Partizip Präsens gebildet:

A

Aussage	Verneinung	Frage
I am working	*I am not working*	*am I working?*
you are working	*you are not working*	*are you working?*
he/she/it is working	*he/she/it is not working*	*is he/she/it working?*
we are working	*we are not working*	*are we working?*
you are working	*you are not working*	*are you working?*
they are working	*they are not working*	*are they working?*

Verneinte Frage: *am I not working? are you not working? is he not working?* etc.

B Kurzformen: Das Verb *be* kann in der Kurzform, wie in Abschnitt **102 B** gezeigt, gebraucht werden, so daß die *present continuous*-Form eines jeden Verbs in der Kurzform auftreten kann:

Aussage	Verneinung	Frage
I'm working	*I'm not working*	*aren't I working?*
you're working	*you're not / you aren't working*	*aren't you working?*
he's working etc.	*he's not / he isn't working* etc.	*isn't he working?* etc.

Achten Sie auf die unregelmäßigen Kurzformen *aren't I?* für *am I not?*

In Fragen können die Kurzformen von *am, is, are* wie in Abschnitt **104 B** ausgewiesen gebraucht werden:
Why's he working?
Where're you working?

165 Orthographie/Schreibregeln des Partizip Präsens

A Endet ein Verb mit einem einzelnen *e*, fällt dieses *e* weg, bevor *ing* angehängt wird:
argue/arguing, hate/hating, love/loving

außer nach *age, dye* und *singe:*
ageing, dyeing, singeing

und bei Verben, die auf *ee* enden:
agree/agreeing, see/seeing

B Hat ein einsilbiges Verb einen Vokal und endet es mit einem einzigen Konsonanten, wird dieser Konsonant vor *ing* verdoppelt:
hit/hitting, run/running, stop/stopping

Verben, die aus zwei oder mehr Silben bestehen und deren letzte Silbe nur einen Vokal enthält und mit einem einzigen Konsonanten endet, verdoppeln diesen Konsonanten, wenn die Betonung auf der letzten Silbe liegt:
ad'mit/admitting, be'gin/beginning, pre'fer/preferring

Aber: *'budget/budgeting, 'enter/entering*
(Die letzte Silbe wird nicht betont.)

Der Endkonsonant *l* nach einem einzelnen Vokal wird jedoch immer – außer im amerikanischen Englisch – verdoppelt:
signal/signalling, travel/travelling

C *ing* kann an Verben, die auf *y* enden, angehängt werden, ohne daß die Schreibweise der Verben betroffen wäre:
carry/carrying, enjoy/enjoying, hurry/hurrying

166 Gebrauch der Verlaufsform des Präsens

A Die Verlaufsform drückt aus, daß etwas gerade geschieht:
It is raining.
I am not wearing a coat as it isn't cold.
Why are you sitting at my desk?
»*What's the baby doing?*« »*He's tearing up a £5 note.*«

B Sie drückt aus, daß etwas zu einer bestimmten Zeit geschieht bzw. geschah (nicht notwendigerweise zum Zeitpunkt des Sprechens):
I am reading a play by Shaw.
Der Satz kann bedeuten, daß der Sprecher im Augenblick des Sprechens Shaws Stück liest; ›gerade‹ kann jedoch auch allgemeiner verstanden werden, d.h. im Sinne einer gegenwärtigen Lektüre.

He is teaching French and learning Greek.
In diesem Satz kann nicht auf den Zeitpunkt des Sprechens geschlossen werden, da die angesprochene Person beides zum angegebenen Zeitpunkt nicht tun kann.

Werden zwei Verlaufsformen in einem Satz mit ein und demselben Subjekt durch *and* verbunden, kann das Hilfsverb vor dem zweiten Verb weggelassen werden, wie das obige Beispiel zeigt. Diese Regel gilt für alle Paare von zusammengesetzten Zeiten:
She was knitting and listening to the radio.

C Die Verlaufsform kann zur Bezeichnung eines zukünftigen Geschehens verwendet werden, das fest eingeplant ist (die üblichste Art und Weise, Pläne, die vor der Verwirklichung stehen, mitzuteilen):
I'm meeting Peter tonight. He is taking me to the theatre.
»*Are you doing anything tomorrow afternoon?*« »*Yes, I'm playing tennis with Ann.*«

Die Zeit der Handlung oder Tätigkeit muß immer erwähnt werden, denn sonst bestünde die Möglichkeit, die gegenwärtige und zukünftige Bedeutung zu verwechseln. *come* und *go* jedoch können auf diese Art verwendet werden, ohne daß eine Zeitangabe gemacht wird.
(siehe Abschnitt **202** **B**)

167 Andere Möglichkeiten, die Verlaufsform zu benutzen

A In Verbindung mit einem Zeitpunkt, um eine Handlung anzugeben, die vor diesem Zeitpunkt beginnt und wahrscheinlich über ihn hinaus andauert:
At six I am bathing the baby. (d.h. ich beginne schon vor sechs Uhr, das Baby zu baden)

Gleichermaßen mit einem Verb im *simple present:*
They are flying over the desert when one of the engines fails.

Die Verlaufsform des Präsens wird auf diese Art und Weise selten benutzt, außer in Beschreibungen der täglichen Routine und in einer dramatischen Erzählung; die Verlaufsform der Vergangenheit wird oft mit einem Zeitpunkt verbunden oder einem Verb im *simple past.*
(siehe Abschnitte **179** B, C)

B Mit *always:*
He is always losing his keys.
Diese Form wird hauptsächlich in Aussagesätzen verwendet:

1
Für eine sich häufig wiederholende Handlung, die den Sprecher stört, ärgert oder ihm unvernünftig zu sein scheint: *Tom is always going away for weekends* (Verlaufsform des Präsens) vermittelt die Nachricht, daß Tom häufig weggeht, wahrscheinlich zu häufig nach der Ansicht des Sprechers. Der Satz bedeutet nicht notwendigerweise, daß Tom tatsächlich jedes Wochenende das Haus verläßt. Hier liegt keine wörtlich zu nehmende Aussage vor. Im Vergleich dazu *always* + *simple present:*
Tom always goes away at weekends = *Tom goes away every weekend.*
(d.h. er tut es wirklich)

I/we + *always* + Verlaufsform ist hier ebenfalls möglich. Die sich wiederholende Handlung hat dann oft zufälligen Charakter:
I'm always making that mistake.

2
Für eine Handlung, von der man den Eindruck hat, sie dauere an:
He's always working = *He works the whole time.*

Diese Art von Handlung mißfällt dem Sprecher oft; dies muß aber nicht so sein: *He's always reading* könnte implizieren, daß das Subjekt zuviel Zeit mit dem Lesen vertut; der Satz könnte aber auch in einem Ton der Zustimmung gesagt werden.
Die erste Person könnte hier auch verwendet werden. Die Handlung geschieht dann, wie die anderen Handlungen unter 2, gewöhnlich bewußt.

168 Verben, die üblicherweise nicht in der Verlaufsform verwendet werden

Die Verlaufsformen werden hauptsächlich zur Versprachlichung bewußter Handlungen gebraucht. Einige Verben werden deshalb normalerweise nicht in der Verlaufsform benutzt und haben nur eine Zeitform der Gegenwart, das *simple present.* Diese Verben können wie folgt in Gruppen zusammengefaßt werden:

A Verben der Sinneswahrnehmung (unbewußte Handlungen)

feel, hear, see, smell; auch *notice* und *observe (= notice),* und *feel, look, taste,* wenn sie als *link verbs* gebraucht werden (siehe Abschnitt **18** B, C).

(wegen *feel, look, smell, taste* siehe auch Abschnitt **169**; wegen *hear* und *see* siehe auch Abschnitt **170**)
Verben wie *gaze, listen, look (at), observe (= watch), stare* und *watch* verweisen auf den bewußten Einsatz der Sinnesorgane und können selbstverständlich Verlaufsformen bilden:
»Watch!« »I'm watching but I don't see anything unusual.«
He is listening to a tape, but he's wearing earphones so nobody else hears it.

B Verben, die Gefühle und Emotionen ausdrücken, z.B. *admire (= respect), adore, appreciate (= value), care for (= like), desire, detest, dislike, fear, hate, like, loathe, love, mind (= care), respect, value, want, wish.*
Die Verlaufsform kann aber in Verbindung mit *admire* in der Bedeutung von *look at with admiration; appreciate* in der Bedeutung von *increase in value; care for* in der Bedeutung von *look after, long for; mind* in der Bedeutung von *look after / concern oneself with; value* in der Bedeutung von *estimate the financial worth of, enjoy* und manchmal *like/love* in der Bedeutung von *enjoy* und *hate* in der gegenteiligen Bedeutung verwendet werden, obwohl es sicherer ist, die *simple*-Formen der Zeiten mit *like, love* und *hate* zu benutzen:
He's enjoying his holiday in the Arctic. He hates touristic places and he doesn't mind the cold.
I'm minding my own business.
»How are you liking / Do you like your new job?« »I'm hating it / I hate it. I just don't like work, you see.«

C Verben, die auf eine geistige Aktivität/Tätigkeit verweisen, z.B.:
agree, appreciate (= understand), assume, believe, expect (= think), feel (= think), feel sure/certain, forget, know, mean, perceive, realize, recall, recognize, recollect, remember, see (= understand), see through someone (= penetrate his attempt to deceive), suppose, think (= have an opinion), trust (= believe / have confidence in), understand.

Die Verlaufsform kann jedoch mit *appreciate* in der Bedeutung von *to increase in value* benutzt werden. (wegen *think, assume, expect* siehe auch Abschnitt **171**)

D Verben, die auf Besitzverhältnisse verweisen, wie *belong, owe, own, possess:*
How much do I owe you?

E Die Hilfsverben, außer *be* und *have* in Sonderfällen.
(siehe Abschnitte **113** **B**, **115** **B**, **123**)

F *appear (= seem), concern, consist, contain, hold (= contain), keep (= continue), matter, seem, signify, sound (= seem/appear):*
It concerns us all.
This box contains explosives.

appear in der Bedeutung von *to come before the public* kann jedoch in der Verlaufsform gebraucht werden.

169 *feel, look, smell* und *taste* in der Verlaufsform

A *feel*

Wenn auf *feel* ein Adjektiv folgt, das die Gefühle des Subjekts oder seinen körperlichen oder geistigen Zustand angibt, z.B. *angry/pleased, happy/sad, hot/cold, tense/relaxed, nervous/confident,* so wird *feel* üblicherweise in der *simple form* benutzt, kann jedoch auch in der Verlaufsform gebraucht werden:
»How do you feel / are you feeling?« »I feel / I am feeling better.«

feel in der Bedeutung von *touch* (d.h. fühlen/berühren, um etwas in Erfahrung zu bringen) kann in der Verlaufsform verwendet werden:
The doctor was feeling her pulse.

Gleichermaßen *feel for* in der Bedeutung von *try to find something by touching:*
He was feeling for the keyhole in the dark.

feel wird aber nicht in der Verlaufsform benutzt, wenn es *sense* (spüren) bedeutet:
Don't you feel the house shaking?

wenn es *think* (glauben, meinen) bedeutet:
I feel you are wrong.

und wenn es als *link verb,* d.h. wenn es in Verbindung mit einem Adjektiv benutzt wird:
The water feels cold.

B *look*

Die Verlaufsform wird nicht gebraucht, es sei denn *look* würde als ein *link verb* verwendet, z.B. *That cake looks good.* Dieser Kuchen sieht gut aus., oder mit *look on (= consider), look up to (= respect)* und *look down on (= despise).*
(siehe Kapitel **38**)

Mit *look at, look for/in/into/out* und *look on (= watch)* werden jedoch bewußte Handlungen angegeben, aus diesem Grunde können die Verlaufsformen gebraucht werden:
He is looking for his glasses.
I'm looking out for a better job.

C *smell*

Die Verlaufsform wird nicht mit *smell* in der Bedeutung von *perceive a scent / an odour* (einen Geruch wahrnehmen), z.B. *I smell gas* gebraucht; es kann jedoch mit *smell* in der Bedeutung von *sniff at* (an etwas riechen) benutzt werden:
Why are you smelling the milk? Does it smell sour?

D *taste*

taste wird als *link verb* nicht in der Verlaufsform gebraucht:
This coffee tastes bitter. (has a bitter taste)

Die Verlaufsform ist jedoch anzutreffen bei *taste* in der Bedeutung von *to test the flavour of:*
She was tasting the pudding to see if it was sweet enough.

170 *see* und *hear* in der Verlaufsform

A *see* kann in der Verlaufsform gebraucht werden, wenn es *meet by appointment* (gewöhnlich geschäftlich/dienstlich), *interview* bedeutet:
The director is seeing the applicants this morning.
I am seeing my solicitor tomorrow.
(siehe Abschnitt **202**)

Auch in der Bedeutung von *visit* (gewöhnlich als Tourist):
Tom is seeing the town / the sights.

Es kann auch in der Verlaufsform in folgenden Verbindungen benutzt werden:
see about (= make arrangements or enquiries)
We are seeing about a work permit for you. (= trying to arrange this)
Wir versuchen, Ihnen eine Arbeitserlaubnis zu besorgen.

see to (= arrange, put right, deal with):
The plumber is here. He is seeing to the leak in our tank.

see somebody out (= escort him/her to the door)
see somebody home (= escort him/her home)
see somebody to + place (= escort him/her to + place)

Ann: Is Bill seeing you home after the party?
Mary: No, he's just seeing me to my bus.

see someone off (= say goodbye to a departing traveller at the starting point of his journey (gewöhnlich Bahnsteig, Flughafen usw.):
We're leaving tomorrow. Bill is seeing us off at the airport. Bill wird uns am Flughafen verabschieden.

B *hear* kann in der Verlaufsform benutzt werden, wenn es *listen formally to* (d.h. Anhörungen von Beschwerden/Beweisen usw.) bedeutet:
The court is hearing evidence this afternoon.

hear in der Bedeutung von *receive news or letters* kann in der Verlaufsform benutzt werden, aber nur in der Zeit des *present perfect* und *future:*
I've been hearing all about your accident.
You'll be hearing about the new scheme at our next meeting.

171 *think, assume* und *expect* in der Verlaufsform

A *think* kann in der Verlaufsform gebraucht werden, wenn nicht nach einer Meinung gefragt oder wenn keine Meinung vermittelt wird:

»What are you thinking about?« »I'm thinking about the play we saw last night.«

Aber: *»What do you think of it?«* (Man fragt nach einer Meinung.) *»I don't think much of it.«* (Eine Meinung wird vermittelt.)

»Tom is thinking of emigrating. What do you think of the idea?« »I think it is a stupid idea. He should stay where he is.«

B *assume* kann in der Verlaufsform verwendet werden, wenn es *accept as a starting point* bedeutet:
I'm assuming that you have time to do a lot of research.

assume power/control of a country or organization kann gleichfalls in der Verlaufsform benutzt werden:
The new government is assuming power at once.

expect kann in der Verlaufsform auftreten, wenn es *await* bedeutet:
I'm expecting a letter.
She's expecting a baby in May.

Die einfache Form des Präsens *(simple present)*

172 Form

A Im Aussagesatz hat das *simple present* die gleiche Form wie der Infinitiv, fügt jedoch ein *s* an die dritte Person Singular an.

Aussage	verneinte Aussage	Frage	verneinte Frage
I work	*I do not work*	*do I work?*	*do I not work?*
you work	*you do not work*	*do you work?*	*do you not work?*
he/she/it works	*he/she/it does not work*	*does he/she/it work?*	*does he/she/it not work?*
we work	*we do not work*	*do we work?*	*do we not work?*
you work	*you do not work*	*do you work?*	*do you not work?*
they work	*they do not work*	*do they work?*	*do they not work?*

Unregelmäßige Verben bilden diese Zeit auf genau dieselbe Art und Weise.

B Kurzformen: Das Verb *do* wird normalerweise in verneinten Aussage- und Fragesätzen in seiner Kurzform verwendet (siehe Abschnitt **103** **A**):
I don't work, he doesn't work, don't I work?, doesn't he work?

C Hinweise zur Schreibung:

Verben, die auf *ss, sh, ch, x* und *o* enden, fügen *es* anstelle von *s* allein an, um die dritte Person Singular zu bilden:
I box / she boxes, I do / she does, I go / she goes, I kiss / she kisses,
I rush / she rushes, I watch / she watches

Folgt *y* auf einen Konsonanten, wird *y* in *i* verwandelt und *es* hinzugefügt:
I carry / he carries, I copy / he copies, I try / he tries

Verben aber, bei denen *y* auf einen Vokal folgt, unterliegen der allgemeinen Regel:
I obey / he obeys, I say / he says

173 Das *simple present* zum Ausdruck gewohnheitsmäßiger Handlungen

A Das *simple present* wird hauptsächlich verwendet, um gewohnheitsmäßige Handlungen auszudrücken:
He smokes.
Dogs bark.
Cats drink milk.

Diese Zeitform sagt nicht aus, ob eine Handlung im Augenblick des Sprechens ausgeführt wird oder nicht; wenn das ausgedrückt werden soll, muß ein Verb in der Verlaufsform hinzugefügt werden:
He's working. He always works at night.
My dog barks a lot, but he isn't barking at the moment.

B Das *simple present* wird oft in Zusammenhang mit einem Adverb oder einer adverbialen Bestimmung wie: *always, never, occasionally, often, sometimes, usually, every week, on Mondays, twice a year* etc. verwendet:
How often do you wash your hair?
I go to church on Sundays.
It rains in winter.

Oder es wird mit einem Temporalsatz benutzt, der gewohnheitsmäßige Handlungen oder eine Routine versprachlicht. *whenever* und *when (= whenever)* sind besonders nützlich:
Whenever it rains the roof leaks.
When you open the door a light goes on.

174 Andere Gebrauchsmöglichkeiten des *simple present*

A Die Zeitform wird gebraucht, hauptsächlich in Verbindung mit dem Verb *say,* wenn aus Büchern zitiert, von Notizen gesprochen oder nach kürzlich erhaltenen Briefen gefragt wird:
»What does that notice say?« »It says, NO PARKING.«
»What does the book say?« »It says, COOK VERY SLOWLY.«

»I see you've got a letter from Ann. What does she say?« »She says she is coming to London next week.«
Shakespeare says, »Neither a borrower nor a lender be.«

Andere Verben zur Versprachlichung von Mitteilungen sind ebenso möglich:
Shakespeare advises us not to borrow or lend.
A notice at the end of the road warns people not to go any further.

B Die Zeitform kann in Schlagzeilen benutzt werden:
MASS MURDERER ESCAPES
PEACE TALKS FAIL

C Sie kann dramatische Erzählform sein. Dies ist besonders nützlich, wenn die Handlung eines Stücks, einer Oper etc. beschrieben wird; sie wird oft im Rundfunk von Kommentatoren bei Sportereignissen, öffentlichen Auftritten etc. benutzt:
When the curtain rises, Juliet is writing at her desk. Suddenly the window opens and a masked man enters.

D Sie kann benutzt werden, wenn von einer geplanten zukünftigen Handlung oder von einer Reihe von Handlungen gesprochen wird, besonders wenn sie sich auf Reisen beziehen. Reisevermittler, Reisebegleiter benutzen sie sehr häufig:
We leave London at 10.00 next Tuesday and arrive in Paris at 13.00. We spend two hours in Paris and leave again at 15.00. We arrive in Rome at 19.30, spend four hours in Rome etc.

E Sie muß anstelle der Verlaufsformen bei Verben, die nicht in der Verlaufsform benutzt werden dürfen, z.B. *love, see, believe* etc., verwendet werden. Man kann zwar *I love you* sagen, nicht aber *I am loving you.*
(siehe Abschnitt **168**)

F Sie wird in Konditionalsätzen, Typ 1 (siehe Abschnitt **221**) gebraucht:
If I see Ann I'll ask her.
Unless you take the brake off the car won't move.

G Sie wird in Temporalsätzen benutzt,

(a) wenn die Vorstellung einer Routine/Gewohnheit vorliegt:
As soon as he earns any money he spends it.
She takes the boy to school before she goes to work. und

(b) wenn das Verb des Hauptsatzes im Futur benutzt wird (siehe Abschnitt **342**):
It will stop raining soon. Then we'll go out. = When it stops raining we'll go out.

18 Präteritum und Perfekt *(past tense / perfect tense)*

Die einfache Form des Präteritums *(simple past)*

175 Form

A Die einfache Form der Vergangenheit von regelmäßigen Verben wird durch das Anhängen von *ed* an den Infinitiv gebildet:
Infinitiv: *to work*
simple past: worked

Verben, die auf *e* enden, fügen nur *d* an:
Infinitiv: *to love*
simple past: loved

Für alle Personen wird dieselbe Form benutzt:
I worked, you worked, he worked etc.

Verneint werden regelmäßige und unregelmäßige Verben durch *did not (didn't)* und den Infinitiv:
I did not / didn't work, you did not / didn't work etc.

Die Frage von regelmäßigen und unregelmäßigen Verben wird mit *did* + Subjekt + Infinitiv gebildet:
did I work? did you work? etc.

Verneinte Frage: *did you not / didn't you work?* etc.

B Hinweise zur Schreibung:

Die Regeln bezüglich der Verdopplung der Endkonsonanten bei dem Hinzufügen von *ing* (siehe Abschnitt **165**) finden auch Anwendung, wenn *ed* angehängt wird:
admit/admitted, stop/stopped, travel/travelled

Bei Verben, die auf *y* nach einem Konsonant enden, wird das *y* in *i* verwandelt, bevor *ed* angehängt wird:
carry/carried, try/tried

Folgt *y* jedoch auf einen Vokal, wird es nicht verändert und bleibt erhalten:
obey/obeyed

176 Unregelmäßige Verben: Form

Die Formen der unregelmäßigen Verben im *simple past* zeigen eine große Bandbreite:
Infinitiv: *to eat, to leave, to see, to speak*
simple past: ate, left, saw, spoke

Die einfache Form des Präteritums eines jeden unregelmäßigen Verbs muß deshalb gelernt werden; zusätzliche Schwierigkeiten gibt es danach nicht mehr, da unregelmäßige Verben (wie die regelmäßigen) keine Flexionsformen in der Vergangenheit haben. Eine Liste der unregelmäßigen Verben ist in Kapitel **39** zu finden.

177 Gebrauch zur Wiedergabe vergangener Ereignisse/Handlungen

A Die Zeitform wird benutzt zur Wiedergabe von Handlungen, die zu einem bestimmten Zeitpunkt in der Vergangenheit abgeschlossen wurden. Deshalb wird sie verwendet:

1
für eine Handlung der Vergangenheit bei Angabe des Zeitpunkts:
I met him yesterday.
Pasteur died in 1895.

2
oder wenn nach dem Zeitpunkt gefragt wird:
When did you meet him?

3
oder wenn die Handlung eindeutig zu einem Zeitpunkt der Vergangenheit erfolgte, obwohl dieser Zeitpunkt nicht erwähnt wird:
The train was ten minutes late.
How did you get your present job?
I bought this car in Montreal.

4
Manchmal wird der Zeitpunkt bestimmt als Folge einer Frage und Antwort, die im *present perfect* gestellt und gegeben wird:
»Where have you been?« »I've been to the opera.« »Did you enjoy it?«

(siehe Abschnitt **184** **A** wegen weiterer Beispiele)

B Die einfache Form des Präteritums wird für eine Handlung benutzt, deren Zeitpunkt nicht angeführt wird, die aber (a) eine bestimmte Zeitdauer in der Vergangenheit aufwies, oder (b) zu einem bestimmten Zeitpunkt der jetzt beendeten Zeitdauer auftrat. Dieser Sachverhalt kann bildlich verdeutlicht werden. ZS gibt den Zeitpunkt des Sprechens in der Gegenwart an:

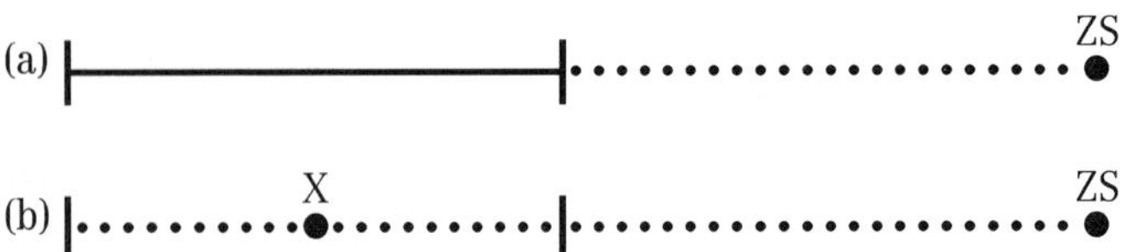

Beispiele von Typ (a):
He worked in that bank for four years. (but he does not work there now)
She lived in Rome for a long time. (but she is not living there now)

Beispiele von Typ (b):
My grandmother once saw Queen Victoria.
Did you ever hear Maria Callas sing?

Beim Vergleich mit der Zeitform des *present perfect* wird der Unterschied noch klarer (siehe Abschnitte **182-184**).

C Das *simple past* wird auch für eine Gewohnheit in der Vergangenheit gebraucht:
He always carried an umbrella.
They never drank wine.

(wegen *used to* zur Angabe von gewohnheitsmäßigen Handlungen in der Vergangenheit siehe Abschnitt **162**)

D Das *simple past* wird in Konditionalsätzen Typ 2 (siehe Abschnitt **222**) verwendet. (wegen des Gebrauchs der ›irrealen Vergangenheit‹ nach *as if, as though, it is time, if only, wish, would sooner/rather* siehe Kapitel **28, 29**)

Verlaufsform des Präteritums *(past continuous)*

178 Form

Die Verlaufsform des Präteritums wird durch das Präteritum des Verbs *to be* + das Partizip Präsens gebildet:

Aussage	Verneinung	Frage
I was working	*I was not working*	*was I working?*
you were working	*you were not working*	*were you working?*
he/she/it was working	*he/she/it was not working*	*was he/she/it working?*
we were working	*we were not working*	*were we working?*
you were working	*you were not working*	*were you working?*
they were working	*they were not working*	*were they working?*

Verneinte Kurzformen: *I wasn't working / you weren't working* etc.

Verneinte Frage: *Was he not / wasn't he working?* etc.
(wegen der Schreibung des Partizips Präsens siehe Abschnitt **165**. Es muß darauf geachtet werden, daß einige Verben nicht in den Verlaufsformen der Zeiten benutzt werden können; siehe Abschnitt **168**)

179 Die häufigsten Anwendungsmöglichkeiten der Verlaufsform der Vergangenheit

A Die Verlaufsform der Vergangenheit wird hauptsächlich für Handlungen in der Vergangenheit benutzt, die eine bestimmte Zeitdauer aufweisen, deren genaue Abgrenzungen aber nicht bekannt und nicht wichtig sind. Der Sachverhalt kann im Diagramm dargestellt werden. ›.....‹ veranschaulicht die Unsicherheit bezüglich des Beginns oder des Endpunkts der Handlung:

• • • • • ——————————— • • • • •

B Ohne Angabe der Zeit kann die Form eine allmähliche Entwicklung verdeutlichen:
It was getting darker.
The wind was rising.

C Wird sie mit einem Zeitpunkt benutzt, so drückt die Verlaufsform eine Handlung aus, die vor diesem Zeitpunkt begann und wahrscheinlich nach ihm fortgeführt wurde. *At eight he was having breakfast* impliziert, daß eine Person um acht Uhr gerade beim Frühstücken war, d.h. daß sie ihr Frühstück vor acht Uhr bekommen hatte. *He had breakfast at eight* würde bedeuten, daß er um acht Uhr zu frühstücken begonnen hatte.

D Wird eine Zeitangabe durch ein Verb im *simple past* ersetzt,

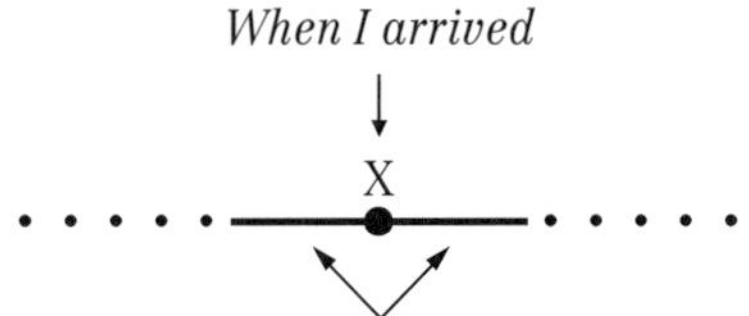
When I arrived
X
Tom was talking on the phone

wird die Vorstellung vermittelt, daß die Handlung in der Verlaufsform des Präteritums vor der Handlung in dem *simple past* begann und wahrscheinlich nach ihr noch andauerte. Das Diagramm sollte diese Beziehung verdeutlichen. Die Handlung im *simple past* wird durch X bezeichnet. Man vergleiche diese Verbindung mit einer Verbindung von zwei Zeitformen im *simple past,* die in der Regel aufeinanderfolgende Handlungen versprachlichen:
When he saw me he put the receiver down.

E Die Verlaufsform wird in Beschreibungen gebraucht. Man beachte die Verbindung einer Beschreibung *(past continuous)* mit einer Erzählung *(simple past):*

180 Andere Gebrauchsmöglichkeiten der Verlaufsform des Präteritums

Diese Zeitformen können als präteritales Äquivalent zur Verlaufsform des Präsens benutzt werden:

A Direkte Rede: *He said, »I'm living in London.«*
Indirekte Rede: *He said he was living in London.*

B Die Verlaufsform des Präsens kann benutzt werden, um eine definitiv geplante Handlung in der Zukunft auszudrücken:
I'm leaving tonight. I've got my plane ticket.

Die Verlaufsform des Präteritums kann diese Art von Zukunft in der Vergangenheit versprachlichen:
He was busy packing, for he was leaving that night. (d.h. die Entscheidung, aufzubrechen, wurde schon vor einiger Zeit getroffen)

C Die Verlaufsform des Präteritums mit *always:*
He was always ringing me up.
He was always working.
(wegen der Verlaufsform des Präsens in Verbindung mit *always* siehe Abschnitt **167** **B**)

181 *past continuous* als Alternative zum *simple past*

Die Verlaufsform des Präteritums kann als Alternative zum *simple past* benutzt werden, um eine beiläufigere, weniger überlegte Handlung anzuzeigen:
I was talking to Tom the other day.

Die Verlaufsform des Präteritums vermittelt hier den Eindruck, daß die Handlung in keiner Weise unüblich oder bemerkenswert war. Sie hat auch die Tendenz, die Verantwortung für eine Handlung nicht dem Subjekt zuzuweisen. In dem oben angeführten Beispiel ist es nicht klar, wer die Unterhaltung begann, und das spielt auch keine Rolle. Im Gegensatz dazu bedeutet der Satz mit *simple past: I talked to Tom,* daß ich die Initiative ergriff, um mit Tom zu reden. Gleichermaßen:
From four to six Tom was washing the car.
Dieser Satz würde andeuten, daß die Handlung beiläufig erfolgte, möglicherweise eine Routine war. Im Vergleich dazu:
From four to six Tom washed the car.
Hier liegt eine bewußte Entscheidung Toms vor.

Die Verlaufsformen werden in der Regel für anscheinend ununterbrochene, andauernde Handlungen benutzt. Wird eine Handlung zerlegt oder wird gesagt, wie häufig sie geschah, muß die Form im *simple past* benutzt werden:
I talked to Tom several times.
Tom washed both cars.

Natürlich kann die Verlaufsform für offenkundig gleichzeitige Handlungen verwendet werden:
Between one and two I was doing the shopping and walking the dog.

Diese Zeitform wird üblicherweise mit einer Zeitangabe wie *today, last night, in the afternoon* gebraucht, die entweder als Zeitpunkte oder Zeiträume betrachtet werden können. Zeiträume können auch als exakte Zeitangaben, wie oben gezeigt, ausgedrückt werden. Wird gefragt, wie eine Zeit verbracht wurde, klingt die Verlaufsform oft höflicher als die Form im *simple past: What were you doing before you came here?* klingt höflicher als *What did you do before you came here?* Auf der anderen Seite könnte der Satz *What were you doing in my room?* das Gefühl vermitteln, daß der Sprecher glaubt, jemand habe kein Recht, dort zu sein, während *What did you do in my room?* diesen Eindruck niemals entstehen lassen würde.

Perfekt *(present perfect)*

182 Form und Gebrauch

A Form

Das *present perfect* wird mit der Gegenwart von *have* + dem Partizip Perfekt gebildet: *I have worked* etc.
Das Partizip Perfekt von regelmäßigen Verben hat die gleiche Form wie die einfache Vergangenheit, d.h. *loved, walked* etc. (siehe Kapitel **37** wegen der Schreibregeln). Unregelmäßige Verben haben verschiedene Partizip-Perfekt-Formen (siehe Abschnitt **364**). In Verneinungen wird *not* an das Hilfsverb gehängt. Die Frage wird durch die Inversion von Hilfsverb und Subjekt gebildet.

Aussage	verneinte Aussage	Frage
I have worked	*I have not worked*	*have I worked?*
you have worked	*you have not worked*	*have you worked?*
he/she/it has worked	*he/she/it has not worked*	*has he/she/it worked?*
we have worked	*we have not worked*	*have we worked?*
you have worked	*you have not worked*	*have you worked?*
they have worked	*they have not worked*	*have they worked?*

Verneinte Frage: *has he not worked?* etc.

Kurzformen:
have/has und *have not / has not* können folgendermaßen (siehe Abschnitt **118**) gebildet werden: *I've worked, you haven't worked, hasn't he worked?* etc. In der gesprochenen Sprache sind die bejahenden Kurzformen kaum hörbar. *have?* und *has?* können, wie in Abschnitt **104** **B** gezeigt, zusammengezogen werden:
Where've you been?
What's he done?

B Gebrauch

Es wird gesagt, daß diese Zeit eine Art Mischung von Gegenwart und Vergangenheit beinhaltet. Sie verweist auf eine starke Anbindung an die Gegenwart und wird hauptsächlich in Unterhaltungen, Briefen, Zeitungen, Rundfunk- und Fernsehberichten benutzt.

183 Das *present perfect* mit *just* zum Ausdruck für gerade/kürzlich abgeschlossene Handlungen

He has just gone out = He went out a few minutes ago.

Dieses ist ein Sondergebrauchsfall dieser Zeit. *just* muß zwischen dem Hilfsverb und Hauptverb benutzt werden. Diese Verbindung findet sich hauptsächlich in Aussagesätzen, ist jedoch auch in Fragesätzen möglich:
Has he just gone out?

Sie wird normalerweise nicht in Verneinungen benutzt.

184 Das *present perfect* zum Ausdruck vergangener Handlungen, deren Zeitpunkt nicht bestimmt ist oder genannt wird

A Das *present perfect* wird für kürzlich stattgefundene Handlungen benutzt, deren Zeitpunkt nicht erwähnt wird:
I have read the instructions but I don't understand them.
»Have you had breakfast?« »No, I haven't had it yet.«

Im Vergleich dazu:
I read the instructions last night.
Der Zeitpunkt ist angegeben, daher *simple past.*
Did you have breakfast at the hotel? (i.e. before you left the hotel)
Wieder ist der Zeitpunkt angegeben, daher *simple past.*

Mögliche Antworten auf Fragen, die in der Zeitform des *present perfect* gestellt werden:
»Have you seen my stamps?« »Yes, I have / No, I haven't.«
oder: *»Yes, I saw them on your desk a minute ago.«*
»Have you had breakfast?« »Yes, I have.«
oder: *»No, I haven't had it yet.«*
oder: *»Yes, I had it at seven o'clock.«*
oder: *»Yes, I had it with Mary.«* (Der Zeitpunkt wird als bekannt vorausgesetzt.)

B Vorgänge, die zwar in der Vergangenheit abgeschlossen wurden, haben oft Folgen für die Gegenwart:
Tom has had a bad car crash. (= He's probably still in hospital.)
The lift has broken down. (= We have to use the stairs.)
I've washed the car. (= It looks lovely.)

Wird bei Handlungen ohne Zeitangabe das *simple past* benutzt, so haben diese Handlungen üblicherweise keine Folgen für die Gegenwart:
Tom had a bad car crash. (= but he is probably out of hospital now)
The lift broke down. (= but it's probably working again now)
I washed the car. (= but it may be dirty again now)

Benutzt man zum Ausdruck von Handlungen das *present perfect* und *yet,* liegen üblicherweise Folgen und Ergebnisse für die Gegenwart vor:
He hasn't come yet. (= so we are still waiting for him)

C Die Zeit kann auch für Handlungen gebraucht werden, die weiter zurück in der Vergangenheit liegen, unter der Voraussetzung, daß eine Verbindung mit der Gegenwart aufrechterhalten wird, d.h. daß die Handlung in der Gegenwart wiederholt werden könnte: *I've seen wolves in that forest* impliziert, daß es immer noch möglich ist, Wölfe dort zu sehen, und *John Smith has written a number of short stories* bedeutet, daß John Smith noch lebt und noch Kurzgeschichten verfassen könnte. Wurden jedoch die Wölfe ausgerottet und ist John Smith gestorben, müßte gesagt werden:

I saw wolves in that forest once / several times.
oder: *I used to see wolves here.*
und: *John Smith wrote a number of short stories.*

Ein so benutztes *present perfect* deutet an, daß nicht an eine besondere Handlung gedacht wird (die Handlung könnte häufiger vorgenommen worden sein) oder an den genauen Zeitpunkt, an dem die Handlung erfolgte. Denkt man an eine besondere Handlung zu einem bestimmten Zeitpunkt, würde man wahrscheinlich das *simple past* vorziehen.

185 Das *present perfect* zum Ausdruck von Zeitbestimmungen, die auf einen bis zur Gegenwart reichenden Zeitraum verweisen

A Dieser Sachverhalt kann durch das folgende Schaubild verdeutlicht werden:

|• • • • • • • • • • • • • X • • • • • • • • • • • • • X • • • • • • • • • • • • • ●

Jedes X steht für eine Handlung, und ● bezeichnet den Zeitpunkt des Sprechens in der Gegenwart.

B Ein nicht abgeschlossener Zeitraum kann durch Angaben wie *today* oder *this morning/afternoon/evening/week/month/year/century* etc. angegeben werden. Das *present perfect* kann mit der Zeitangabe *this morning* nur bis ungefähr ein Uhr mittags verwendet werden, danach bezeichnet *this morning* einen abgeschlossenen Zeitraum; in ihm stattgefundene Handlungen müssen in das Präteritum gesetzt werden:
(at 11 a.m.) Tom has rung up three times this morning already.
(at 2 p.m.) Tom rang up three times this morning.

Ähnlich ist die Zeitangabe *this afternoon* bis ungefähr fünf Uhr gültig:
(at 4 p.m.) I haven't seen Tom this afternoon.
(at 6 p.m.) I didn't see Tom this afternoon.

Wenn das *present perfect* mit einer nicht abgeschlossenen Zeitdauer verbunden wird, so wird implizit damit ausgedrückt, daß die Handlung zu einem unbestimmten Zeitpunkt während dieser Dauer geschah oder nicht geschah:
»Have you seen him today?« (at any time today) »Yes, I have / Yes, I have seen him.« (at some time during the day)

Weiß der Sprecher jedoch, daß eine Handlung gewöhnlich zu einem bestimmten Zeitpunkt oder während eines gewissen Teils der nicht abgeschlossenen Zeitdauer geschieht, wird er das Präteritum benutzen. Wenn eines Sprechers Wecker täglich um sechs Uhr läutet, würde der Sprecher beim Frühstück sagen:
My alarm clock didn't go off this morning.

Ein weiteres Beispiel:
Der Postbote kommt gewöhnlich zwischen neun und zehn Uhr. Von neun bis zehn wird man sagen:
Has the postman come yet / this morning?
Aber nach diesem Zeitraum:
Did the postman come this morning?
Man benutzt hier das Präteritum, weil man an einen abgeschlossenen Zeitraum denkt, obwohl dieser nicht erwähnt wird.

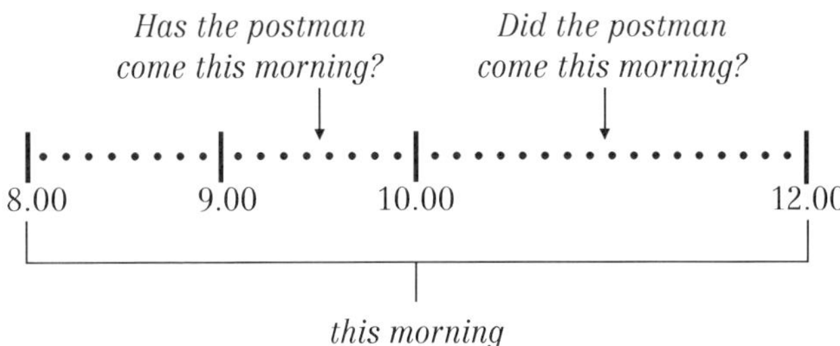

C *lately, recently* werden mit dem *present perfect* benutzt, um auf einen nicht abgeschlossenen Zeitraum zu verweisen. In den Sätzen *Has he been here lately/ recently?* und *He hasn't been here lately/recently* bedeutet *lately/recently at any time during the last week/month* etc.; und in *He hasn't been here recently* bedeutet *recently: at some undefined time during the last week/month* etc. *lately* ist weniger gebräuchlich in Aussagesätzen, außer zur Angabe von Handlungen, die eine bestimmte Zeitdauer benötigen:
There have been some changes lately/recently.
He's had a lot of bad luck lately/recently.

Wird *recently* mit dem Präteritum benutzt, bedeutet es *a short time ago* (vor kurzem):
He left recently = He left a short time ago.

D Das *present perfect* kann ähnlich mit *ever, never, always, occasionally, often, several times* etc. und *since* + ein Zeitpunkt, *since* + Nebensatz oder *since* als Adverb benutzt werden:

1
Ann: Have you ever fallen off a horse?
Tom: Yes, I've fallen off quite often/occasionally.

Wenn Tom nicht länger reitet, würde der Dialog lauten:
Ann: Did you ever fall off a horse? (past tense)
Tom: Yes, I did occasionally/frequently.

2
I haven't seen him since November.
Has he written since he left home?
We had a letter last week. We haven't heard since.
I've since changed my mind = I've changed my mind since then.

3
Das *present perfect* kann hier zum Ausdruck gewohnheitsmäßiger Handlungen benutzt werden:
They've always answered my letters.
I've never been late for work.

Manchmal vermitteln diese Handlungen den Eindruck, sie dauerten die ganze Zeit an und würden nicht ständig wiederholt:
Since my accident I have written with my left hand.
I've worn glasses since my childhood.

Dann kann *for* zur Bezeichnung eines Zeitraums und *since* zur Bezeichnung des Zeitpunkts, seit wann eine Handlung oder ein Zustand andauert, benutzt werden:
I've used my left hand for a month now.
I've worn glasses for ten years.
(siehe Abschnitt **186**)

4
Satzkonstruktionen des Typs:
This is the best wine I have ever drunk.
This is the worst book I have ever read.
This is the easiest job I have ever had.

können ohne *ever* mit *the first, the second* etc. und *the only* verwendet werden:
It/This is the first time I have seen a mounted band. (berittene Kapelle)
It is only the second time he has been in a canoe.
This is the only book he has written.

186 Das *present perfect* zum Ausdruck einer Handlung, die während eines nicht abgeschlossenen Zeitraumes andauert

Zeitangaben schließen *for, since* (siehe Abschnitt **187**), *all day/night/week* etc., *all my life, all the time, always, lately, never, recently* ein:

A Die Handlung beginnt gewöhnlich in der Vergangenheit und dauert bis in die Gegenwart, d.h. den Zeitpunkt des Sprechens an:
He has been in the army for two years. (= He is still in the army)
I have smoked since I left school. (= I still smoke.)

We have waited all day. (= We are still waiting.)
He has lived here all his life. (= He still lives here.)
He has always worked for us. (= He still works for us.)

Dieser Handlungstyp kann durch das nachfolgende Diagramm verdeutlicht werden (● = Zeitpunkt des Sprechens):

Im Vergleich zu den obengenannten Sätzen:
He was in the army for two years. (= He is not in the army now.)
I smoked for six months. (= and then stopped smoking)
He lived here all his life. (= Presumably he is now dead.)

In jedem der drei letztgenannten Beispielsätze wird von einem abgeschlossenen Zeitraum gesprochen,

so daß das Präteritum verwendet wird (siehe Abschnitt **177** B).

B Manchmal jedoch findet eine Handlung ihr Ende zum Zeitpunkt des Sprechens:
Ann (on meeting someone): I haven't seen you for ages. (= but I see you now)
This room hasn't been cleaned for months. (= but we are cleaning it now)
It has been very cold lately but it's just beginning to get warmer.

Dieser Handlungstyp kann durch das Schaubild verdeutlicht werden:

C Verben zum Ausdruck des Wissens, Glaubens und Verstehens können nicht im *present perfect,* außer wie in Abschnitt A oben gezeigt, verwendet werden:
I have known him for a long time.
I have never believed their theories.

So müssen auch erst kurz zurückliegende Handlungen im Präteritum ausgedrückt werden, selbst wenn die Zeit nicht genau bestimmt und erwähnt wird:
Did you know that he was going to be married? (*Have you known* würde nicht möglich sein.)
Hello! I didn't know you were in London. How long have you been here?

think und *wonder* jedoch können wie in Abschnitt **185** D beschrieben benutzt werden:
I have sometimes thought that I should have emigrated.
I have often wondered why he didn't marry her.

D Auf Fragen/Antworten wie:
»How long have you been here?« »I've been here six months.«

folgen üblicherweise allgemeine Erkundigungen im *present perfect* bezüglich Handlungen, die während des erwähnten Zeitraums stattfanden, weil dieser als ein noch nicht abgeschlossener Zeitraum angesehen wird:

Die Handlung des Verweilens, der Zustand etc. ist noch nicht beendet:
Have you been to the zoo / to the theatre / the museum / the casino?
Have you enrolled in a school / found a job / met many people?

Wird keine Zeitangabe gemacht, so erfolgen die Antworten in der gleichen Zeit, andernfalls werden sie im Präteritum gemacht:
Yes, I have (been to the zoo etc.*)*
oder: *Yes, I went there last week.*
No, I haven't enrolled yet.
oder: *Yes, I enrolled on Monday / this morning.*

187 Das *present perfect* im Zusammenhang mit *for* und *since*

A *for* bezeichnet einen Zeitraum: *for six days, for a long time*

for in Verbindung mit dem Präteritum deutet auf einen abgeschlossenen Zeitraum:
We lived there for ten years. (= but we don't live there now)

for mit dem *present perfect* bezeichnet einen Zeitraum, der sich bis in die Gegenwart erstreckt:
We have lived in London for ten years. (= and still live there)

for kann manchmal weggelassen werden, besonders nach *be, live* und *wait:*
We have been here an hour / two days.

for (zur Bezeichnung der Zeitdauer) wird nicht vor Ausdrücken, die mit *all* beginnen, benutzt:
They've worked all night.

B *since* bezeichnet einen Zeitpunkt und bedeutet *from that point to the time of speaking* (den Zeitpunkt, seit wann eine Handlung oder ein Zustand andauert). *since* wird immer mit einer Zeit des Perfekts gebraucht, außer in den Fällen, die in **D** und in Abschnitt **188** aufgeführt sind.
She has been here since six o'clock. (= and is still here)
We've been friends since our schooldays.

C Folgender Unterschied besteht zwischen *last* und *the last.* Im Vergleich:
(a) *I have been here since last week (month, year,* etc.*)* und
(b) *I have been here for the last week.*

last week in (a) bedeutet einen Zeitpunkt, der ungefähr sieben Tage zurückliegt. *the last week* in (b) bezeichnet den Zeitraum von sieben Tagen, der gerade abgeschlossen ist.

D *since* + Nebensatz ist gleichfalls möglich:
I've worked here since I left school.

und *ever since* (Adverb):
He had a bad fall last year and has been off work ever since.

188 *it is* + Zeitraum + *since* + Präteritum oder Perfekt

Im Englischen sind Sätze möglich wie:

It is three years since I (last) saw Bill.
oder: *It is three years since I have seen Bill.*
I last saw Bill three years ago.
oder: *I haven't seen Bill for three years.*
It is two months since Tom (last) smoked a cigarette.
oder: *It is two months since Tom has smoked a cigarette.*
He last smoked a cigarette two months ago.
oder: *He hasn't smoked a cigarette for two months.*

Die Konstruktion *it is ... since* kann ohne das Adverb *last* benutzt werden:
It is two years since he left the country.

Dieser Satz jedoch kann nur gegen:
He left the country two years ago.
ausgetauscht werden. Eine verneinte Form im *present perfect* kann in diesem Satz nicht verwendet werden wie in dem oben angeführten Satz zu Bill.

He hasn't been (living) in this country for the last two years ist möglich, entspricht aber nicht genau der Aussage *He left two years ago.* Diese Konstruktion kann im Präteritum gebraucht werden:
He invited me to go riding with him. But it was two years since I had ridden a horse. (d.h. zum Zeitpunkt der Einladung hatte ich seit zwei Jahren nicht mehr geritten und war mir nun nicht sicher, daß es mir wieder Spaß machen würde)

189 Weitere Beispiele für Gebrauchsmöglichkeiten des *present perfect* und des Präteritums

A

Tom (visiting Philip for the first time): I didn't know you lived in a houseboat.
Philip: I've always lived in a houseboat. I was born in one.
»I thought you were still on holiday. When did you get back?« »I came back last week.«
»Has your term started yet?« »Yes, it started on Monday.«

B Eine Unterhaltung über eine abgeschlossene Handlung beginnt oft mit einer Frage und einer Antwort im Perfekt, wird aber üblicherweise im Präteritum fortgesetzt, selbst wenn keine Zeitangabe gemacht wird. Dies geschieht, weil die zuerst erwähnte Handlung jetzt in der Vorstellung der Sprecher abgeschlossen ist:
»*Where have you been?*« »*I've been to the cinema.*«
»*What did you see? / What was the film?*« »*(I saw) ›Amadeus‹.*«
»*Did you like it?*«

Husband: Where have you been?
Wife: I've been at the sales.
Husband: What have you bought? / What did you buy?
Wife: I have bought / I bought you some yellow pyjamas.
Husband: Why did you buy yellow? I hate yellow.

C Das *present perfect* wird oft in Zeitungsmeldungen und Rundfunkberichten verwendet, um eine Handlung einzuführen, die dann in der Folge im Präteritum beschrieben wird. Der Zeitpunkt, an dem die Handlung stattfand, wird oft im zweiten Satz erwähnt:
Thirty thousand pounds' worth of jewellery has been stolen from Jonathan Wild and Company, the jewellers. The thieves broke into the flat above some time during Sunday night and entered the shop by cutting a hole in the ceiling.

Selbst wenn der Zeitpunkt der Handlung nicht genannt wird, wird im zweiten Satz üblicherweise ein Präteritum benutzt:
Two prisoners have escaped from Dartmoor. They used a ladder which had been left behind by some workmen, climbed a twenty-foot wall and got away in a stolen car.

D Das *present perfect* wird häufig in Briefen verwendet:
I am sorry I haven't written before but I've been very busy lately as Tom has been away.
We have carefully considered the report which you sent us on 26 April, and have decided to take the following action.

Verlaufsform des Perfekts *(present perfect continuous)*

190 Form

Die Form wird gebildet durch das *present perfect* des Verbs *to be* + Partizip Präsens:

Aussage: *I have been working, he has been working* etc.

Verneinung: *I have not / haven't been working* etc.

Frage: *have I been working?* etc.

Verneinte Frage: *have I not / haven't I been working?* etc.

191 Gebrauch

Diese Zeitform wird für Handlungen benutzt, die in der Vergangenheit begannen und noch andauern (● Zeitpunkt des Sprechens):

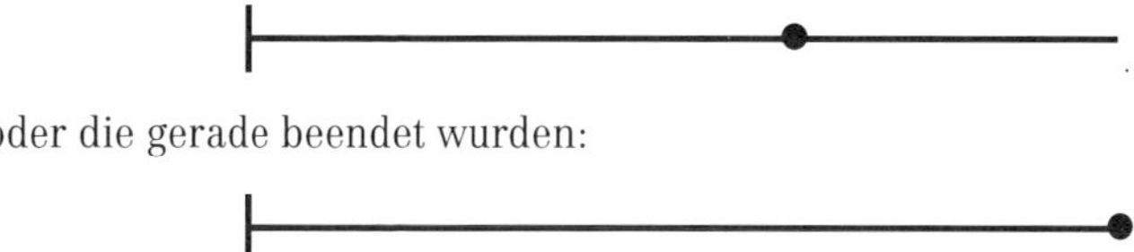

oder die gerade beendet wurden:

I've been waiting for an hour and he still hasn't turned up.
I'm so sorry I'm late. Have you been waiting long?

Der Lernende erinnere sich daran, daß eine Anzahl von Verben üblicherweise nicht in der Verlaufsform benutzt wird (siehe Abschnitt **168**), daß aber einige von ihnen unter bestimmten Umständen in der Verlaufsform gebraucht werden dürfen (siehe Abschnitte **169-171**). Deshalb finden sich Sätze wie:
Tom has been seeing about a work permit for you.
She has been having a tooth out.
I've been thinking it over.

Des weiteren ist zu erwähnen, daß das Verb *want* oft in der Verlaufsform auftritt, die ebenso bei *wish* anzutreffen ist:
Thank you so much for the binoculars. I've been wanting a pair for ages.

Die Verlaufsform des *present perfect* tritt nicht im Passiv auf. Das nächstliegende Äquivalent im Passiv eines Satzes wie *They have been repairing the road* würde normalerweise *The road has been repaired lately (present perfect passive)* sein, obwohl die letztgenannte Satzaussage mit der ersten nicht identisch ist.

192 Vergleich der *simple form* und *continuous form* des *present perfect*

A Eine Handlung, die in der Vergangenheit begann und noch andauert oder die gerade beendet wurde, kann mit bestimmten Verben entweder durch die *simple form* des *present perfect* oder die Verlaufsform des *present perfect* ausgedrückt werden. Verben, die so benutzt werden können, schließen *expect, hope, learn, lie, live, look, rain, sleep, sit, snow, stand, stay, study, teach, wait, want, work* ein:

How long have you learnt English?
How long have you been learning English?
He has slept for ten hours.
He has been sleeping for ten hours.
It has snowed for a long time.
It has been snowing for a long time.

Diese Alternativmöglichkeiten gibt es natürlich nicht bei Verben, die nicht in der Verlaufsform auftreten (siehe Abschnitt **168**), d.h. die Verlaufsform des *present perfect* könnte nicht die *simple form* des *present perfect* in den nachstehenden Beispielsätzen ersetzen:
They've always had a big garden.
How long have you known that?
He's been in hospital since his accident.

Die Verlaufsform des *present perfect* kann mit einer oder ohne eine Zeitangabe gebraucht werden. Hier unterscheidet sie sich von der *simple form* des *present perfect,* die diesen Handlungstyp nur dann versprachlichen kann, wenn eine Zeitangabe wie *for six days, since June, never* hinzugefügt wird. Wird eine derartige Zeitangabe nicht gemacht, bezeichnet die *simple form* des *present perfect* eine einzelne abgeschlossene Handlung.

B Eine wiederkehrende Handlung, die durch die *simple form* des *present perfect* bezeichnet wird, kann manchmal als fortdauernde Handlung durch die Verlaufsform des *present perfect* angegeben werden:
I've written six letters since breakfast.
I've been writing letters since breakfast.
I have knocked five times. I don't think anyone's in.
I've been knocking. I don't think anybody's in.

Die Verlaufsform des *present perfect* bezeichnet eine Handlung, die offenkundig nicht unterbrochen wurde; sie wird nicht benutzt, wenn die Anzahl von Malen erwähnt wird, die eine Handlung ausgeführt wurde, oder die Anzahl der Dinge, die getan wurden.

C Es liegt jedoch ein deutlicher Unterschied zwischen einer einzelnen Handlung, die durch die *simple form* des *present perfect* bezeichnet wird, und einer Handlung, die unter Benutzung der Verlaufsform des *present perfect* versprachlicht wird, vor.
I've polished the car bedeutet, daß diese Tätigkeit beendet ist.
I've been polishing the car bedeutet *this is how I've spent the last hour* (so habe ich die letzte Stunde verbracht). Der Satz bedeutet nicht notwendigerweise, daß die Arbeit beendet und nichts mehr zu tun ist.

Eine einzelne Handlung, die in der Verlaufsform des *present perfect* versprachlicht wird, dauert bis zum Zeitpunkt des Sprechens oder reicht bis an die Gegenwart heran:

He's been taking photos. (d.h. er hat vielleicht immer noch die Kamera in der Hand)

Aber: *He has taken photos.* (d.h. das Fotografieren mag oder mag nicht vor sehr kurzer Zeit stattgefunden haben)

193 Weitere Beispiele für die Verwendung der einfachen Form und der Verlaufsform des *present perfect*

A: I haven't seen your brother lately. Has he gone away?
B: Yes, he's/ he has been sent to America.
A: When did he go?
B: He went last month.
A: Have you had any letters from him?
B: I haven't, but his wife has been hearing from him regularly.
A: Does she intend to go out and join him?
B: They've been thinking about it but haven't quite decided yet. Unfortunately they've had a lot of expense lately and perhaps haven't got the money for her fare.

Tom: What have you done with my knife? (= Where have you put it?)
Ann: I put it back in your drawer.
Tom (taking it out): But what have you been doing with it? The blade's all twisted! Have you been using it to open tins?

A: Do you see those people on that little sandy island? They've been waving handkerchiefs for the last half hour. I wonder why.
B: They need help. The tide's coming in and very soon that little island will be under water. Have you been sitting here calmly and doing nothing to help them?
A: I've never been here before. I didn't know about the tides.

Plusquamperfekt *(past perfect)*

194 Form und Gebrauch

A Form

Die Zeit wird mit *had* und dem Partizip Perfekt gebildet:

Aussage: *I had / I'd worked* etc.

Verneinung: *I had not / hadn't worked* etc.

Frage: *had I worked?* etc.

Verneinte Frage: *had I not / hadn't I worked?* etc.

B Gebrauch

Das Plusquamperfekt ist die Vergangenheitsstufe des *present perfect.*

Gegenwart: *Ann has just left. If you hurry, you'll catch her.* (siehe Abschnitt **183**)

Vergangenheit: *When I arrived Ann had just left.*

Gegenwart: *I've lost my case.* (siehe Abschnitt **184**)

Vergangenheit: *He had lost his case and had to borrow Tom's pyjamas.*

Anders als das *present perfect* kann das Plusquamperfekt auch zur Bezeichnung von Handlungen verwendet werden, die an einem genannten Zeitpunkt stattfanden. Deshalb kann im Englischen gesagt werden:
He had left his case on the 4.40 train.

1
Das *present perfect* kann im Zusammenhang *since/for/always* etc. für eine Handlung, die in der Vegangenheit begann und noch andauert oder gerade beendet wurde, gebraucht werden (siehe Abschnitt **186**). Das Plusquamperfekt kann ähnlich für eine Handlung benutzt werden, die vor dem Zeitpunkt des Sprechens in der Vergangenheit begann und

(a) zu jeder Zeit noch andauert oder

(b) zu jener Zeit oder gerade vorher beendet wurde.
Es ist darauf zu achten, daß das Plusquamperfekt auch benutzt werden kann

(c) zur Bezeichnung einer Handlung, die einige Zeit vor dem Zeitpunkt des Sprechens beendet war.

Beispiele der Typen (a), (b) und (c) werden nachstehend aufgeführt:

(a) *Bill was in uniform when I met him. He had been a soldier for ten years / since he was seventeen, and planned to stay in the army till he was thirty.*
Ann had lived in a cottage for sixty years / ever since she was born and had no wish to move to a tower block. (Die Verlaufsform des Plusquamperfekts *had been living* wäre hier ebenfalls möglich.)

(b) *The old oak tree, which had stood in the churchyard for 300 years / since before the church was built, suddenly crashed to the ground.* (Die Verlaufsform des Plusquamperfekts *had been standing* wäre hier ebenfalls möglich.)
Peter, who had waited for an hour / since ten o'clock, was very angry with his sister when she eventually turned up. (*had been waiting* wäre ebenfalls möglich.)

(c) *He had served in the army for ten years; then he retired and married. His children were now at school.*

In Beispiel (c) können *since* oder die Verlaufsform des Plusquamperfekts nicht gebraucht werden. Das Plusquamperfekt hat auch hier kein Äquivalent im *present perfect.* Wenn das letzte Verb in den Sätzen im Präsens gebraucht wird, müssen die anderen Verben im Präteritum benutzt werden:

He served in the army for ten years; then retired and married.
His children are now at school.
Diese Strukturen werden durch das Schaubild verdeutlicht, wobei die Linie XY die Handlung im Plusquamperfekt verdeutlicht und ● den Zeitpunkt des Sprechens in der Vergangenheit bezeichnet:

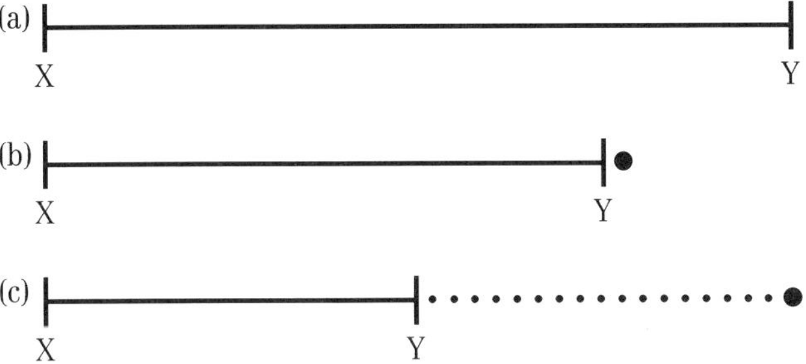

(wegen des Gebrauchs des Plusquamperfekts in der indirekten Rede siehe auch Abschnitt **196**)

2
Das Plusquamperfekt ist auch die Vergangenheitsform des einfachen Präteritums und wird benutzt, wenn der Erzähler oder Sprecher von einem bestimmten Zeitpunkt in der Vergangenheit auf eine weiter zurückliegende Handlung zurückblickt:
Tom was 23 when our story begins. His father had died five years before and since then Tom had lived alone. His father had advised him not to get married till he was 35, and Tom intended to follow this advice.
I had just poured myself a glass of beer when the phone rang. When I came back from answering it the glass was empty. Somebody had drunk the beer or thrown it away.

He met her in Paris in 1977. He had last seen her ten years before. Her hair had been grey then; now it was white. oder:
He met her in 1967 and again ten years later. Her hair, which had been grey at their first meeting, was now white.

Wenn jedoch die Handlungen in der Abfolge ihres Geschehens geschildert werden, ist der Gebrauch des Plusquamperfekts nicht nötig:
Tom's father died when Tom was eighteen. Before he died he advised Tom not to marry till he was 35, and Tom at 23 still intended to follow this advice.
He met her first in 1967 when her hair was grey. He met her again in 1977 / He didn't meet her again till 1977. Her hair was now white.

Da der Sprecher in den oben genannten zwei Beispielen nicht zurückblickt, entfällt der Grund, das Plusquamperfekt zu gebrauchen.

Die Bedeutungsunterschiede in den nachfolgenden Beispielsätzen sind zu beachten:

She heard voices and realized that there were three people in the next room.
She saw empty glasses and cups and realized that three people had been in the room. (d.h. sie waren nicht mehr da.)
He arrived at 2.30 and was told to wait in the VIP lounge.
He arrived at 2.30. He had been told to wait in the VIP lounge.

Im dritten Beispiel erhielt der Sprecher seine Anweisungen nach seiner Ankunft. In dem vierten Beispiel erhielt er sie vor seiner Ankunft, möglicherweise bevor er die Reise antrat.

195 Präteritum und Plusquamperfekt in Temporalsätzen

A Sätze mit *when*

Wenn eine vergangene Handlung einer anderen folgt, *He called her a liar, She smacked his face,* können sie durch *when* und zwei Zeiten des Präteritums *simple form* verbunden werden, wenn es klar ist, daß die zweite Handlung der ersten folgte und daß sie nicht gleichzeitig stattfanden:
When he called her a liar she smacked his face.

Werden zwei Zeiten des Präteritums auf diese Art verwendet, so liegt gewöhnlich die Vorstellung vor, daß die erste Handlung zur zweiten führte und daß die zweite unmittelbar auf die erste folgte:
When he opened the window the bird flew out.
When the play ended the audience went home.
When he died he was given a state funeral.

Das Plusquamperfekt wird nach *when* benutzt, wenn der Sprecher hervorheben will, daß die erste Handlung beendet war, bevor die zweite begann:
When he had shut the window we opened the door of the cage. (= We waited for the window to be quite shut before opening the cage.)
When she had sung her song she sat down. (*When she sang her song she sat down* könnte den Eindruck erwecken, daß sie sitzend sang.)
When he had seen all the pictures he said he was ready to leave. (= When he had finished looking at them ...)

Im Vergleich zu:
When he saw all the pictures he expressed amazement that one man should have painted so many. (d.h. er sagte dies unmittelbar, als er die Bilder sah)

Das Plusquamperfekt kann ähnlich in Verbindung mit *as soon as, the moment, immediately* benutzt werden (wegen *as* als temporaler Konjunktion siehe Abschnitt **323**).

B Das Plusquamperfekt kann mit *till/until* und *before* gebraucht werden, um die Vollendung einer Handlung oder die erwartete Vollendung einer Handlung hervorzuheben. Es muß darauf geachtet werden, daß in Verbindungen mit *till/ until* + Plusquamperfekt + Präteritum die Handlung, die mit dem Präteritum

bezeichnet wird, der Handlung, die mit dem Plusquamperfekt angegeben wird, vorhergehen kann; in Verbindungen bestehend aus *before* + Plusquamperfekt + Präteritum wird die Handlung, die im Präteritum versprachlicht wird, immer der Handlung, die mit dem Plusquamperfekt ausgedrückt wird, vorhergehen:
He refused to go till he had seen all the pictures.
He did not wait till we had finished our meal.
Before we had finished our meal he ordered us back to work.
Before we had walked ten miles he complained of sore feet.

Im temporalen Nebensatz und im Hauptsatz sind auch zwei Plusquamperfekt-Formen möglich:
It was a very expensive town. Before we had been here a week we had spent all our money.

C Auf *after* folgt üblicherweise das Plusquamperfekt:
After the will had been read there were angry exclamations.

D Es wurde schon erwähnt (siehe Abschnitt **194**), daß Handlungen, auf die man von einem Zeitpunkt in der Vergangenheit zurückblickt, mit dem Plusquamperfekt versprachlicht werden. Liegen zwei solche Handlungen vor:
He had been to school but he had learnt nothing there, so was now illiterate.
die mit Hilfe einer temporalen Konjunktion verbunden werden sollen, so kann *when* etc. mit zwei Plusquamperfekt-Formen benutzt werden:
When he had been at school he had learnt nothing, so he was now illiterate.

Es ist jedoch üblicher, das Verb im Temporalsatz im Präteritum zu benutzen:
When he was at school he had learnt nothing, ...

Ähnlich:
He had stayed in his father's firm till his father died. Then he had started his own business and was now a very successful man.

E Verben des Wissens, Verstehens etc. werden normalerweise in Temporalsätzen nicht im Plusquamperfekt gebraucht, es sei denn, es würde ausdrücklich mit Hilfe einer Zeitangabe auf einen Zeitraum verwiesen:
When she had known me for a year she invited me to tea.
Aber: *When I knew the work of one department thoroughly I was moved to the next department.*
oder: *As soon as I knew* etc.

Zum Vergleich:
When I had learnt the work of one department I was moved.

F Plusquamperfekt-Formen in Temporalsätzen können mit einem Hauptverb im Konditional verbunden werden; solche Verbindungen finden sich hauptsächlich in der indirekten Rede, von der einige Beispiele im nächsten Abschnitt aufgeführt werden.

196 Gebrauch des Plusquamperfekts in der indirekten Rede

A Die Zeit des *present perfect* in der direkten Rede wird zum Plusquamperfekt in der indirekten Rede verschoben unter der Voraussetzung, daß das einführende Verb im Präteritum steht:

He said, »I've been in England for ten years.« > He said that he had been in England for ten years.

He said, »When you've worked for a year you'll get a rise.« > He said that when I'd worked for a year I'd get a rise.

She said, »I'll lend you the book as soon as I have read it myself« > She said she'd lend me the book as soon as she'd read it herself.

B Präteritum-Formen in der direkten Rede werden gewöhnlich ähnlich verschoben:

He said, »I knew her well« > He said that he had known her well.

In einer Anzahl von Fällen jedoch bleiben die Zeiten des Präteritums unverändert (siehe Abschnitte **309-310**).

(wegen des Plusquamperfekts nach *if* (Konditional) siehe Abschnitt **223**; nach *wish* und *if only* siehe Abschnitt **300**; nach *as if, as though* siehe Abschnitt **292**)

Verlaufsform des Plusquamperfekts

197 Form und Gebrauch

A Form

Die Verlaufsform wird mit *had been* + Partizip Präsens gebildet. Sie ist deshalb für alle Personen gleich:

I had / I'd been working
they had not / hadn't been working
had you been working?
had you not / hadn't you been working?

Sie wird nicht bei Verben benutzt, die nicht in der Verlaufsform gebraucht werden, mit Ausnahme von *want* und bisweilen *wish:*

The boy was delighted with his new knife. He had been wanting one for a long time.

Es kann von dieser Zeitform kein Passiv gebildet werden. Das nächste Passiväquivalent eines Satzes wie *They had been picking apples* würde *Apples had been picked* sein, wobei jedoch ein Bedeutungsunterschied vorliegt (siehe nachstehend Abschnitt **B** 3).

B Gebrauch

Die Verlaufsform des Plusquamperfekts verhält sich zur einfachen Form des Plusquamperfekts wie die Verlaufsform des *present perfect* sich zur einfachen Form des *present perfect* verhält (siehe Abschnitt **192**).

1
Wenn die Handlung vor dem Zeitpunkt des Sprechens in der Vergangenheit begann und bis zu jener Zeit andauerte oder gerade vorher beendet wurde, können oft beide Formen benutzt werden (siehe Abschnitt **192** A):
It was now six and he was tired because he had worked since dawn = *It was now six and he was tired because he had been working since dawn.*

2
Eine im Plusquamperfekt ausgedrückte wiederholte Handlung kann manchmal als andauernde und fortlaufende Handlung durch die Verlaufsform des Plusquamperfekts bezeichnet werden (siehe Abschnitt **192** B):
He had tried five times to get her on the phone.
He had been trying to get her on the phone.

3
Es liegt jedoch ein Unterschied zwischen einer einzelnen Handlung in der einfachen Form des Plusquamperfekts und einer Handlung in der Verlaufsform dieser Zeit vor (siehe Abschnitt **192** C):
By six o'clock he had repaired the engine. (d.h. um diese Zeit war die Arbeit erledigt)

He had been repairing the engine sagt aus, wie jemand die vergangene Stunde / halbe Stunde etc. verbrachte. Der Satz vermittelt nicht die Information, ob die Reparatur vollständig ausgeführt wurde oder nicht. Ein weiterer Unterschied liegt darin, daß eine Handlung, die durch die Verlaufsform des Plusquamperfekts ausgedrückt wurde, bis zum Zeitpunkt des Sprechens in der Vergangenheit oder sogar über ihn hinaus andauert. Eine Handlung, die durch das Plusquamperfekt versprachlicht wird, könnte kurz vor dem Zeitpunkt des Sprechens stattgefunden haben, es könnte jedoch auch eine lange Zeitspanne zwischen der Handlung und dem Zeitpunkt des Sprechens vorliegen:

He had been painting the door. (= The paint was probably still wet.)
Aber: *He had painted the door. (= perhaps recently, perhaps some time ago)*

19 Futur *(future)*

198 Formen des Futurs

Es gibt mehrere Arten, die Zukunft im Englischen auszudrücken. Die Formen werden nachstehend aufgelistet und in der Reihenfolge ihres Erscheinens behandelt. Die Lernenden sollten die Reihenfolge dieser Anordnung beachten, da andernfalls die Beziehungen zwischen den einzelnen Formen nicht klar werden.

(a) Präsens *simple form* (siehe Abschnitt **166**)
(b) *will* + Infinitiv zur Versprachlichung von Absichten (**210**)
(c) Präsens Verlaufsform (**202**)
(d) *be going to* (**203-206**)
(e) Futur *simple form will/shall* + Infinitiv (**207-210**)
(f) Futur Verlaufsform (**211-214** B)
(g) Futur II (**216** A)
(h) Futur II Verlaufsform (**216** B)

(wegen *be* + Infinitiv zum Ausdruck von Plänen für die Zukunft siehe Abschnitt **114**; wegen *be about* + Infinitiv und *be on the point of* + Gerundium siehe Abschnitt **114** C)

Achtung: Die meisten der Hilfsverben werden in den Kapiteln **11** bis **16** behandelt, da *will* + Infinitiv aber wesentlich zur Versprachlichung der Zukunft ist, wird es an dieser Stelle dargestellt. Obwohl es auf den ersten Blick eigenartig zu sein scheint, diese Form von der einfachen Form des Futurs zu trennen, ist es logisch überzeugender, sie vor der Verlaufsform des Präsens und der Form *be going to* zu behandeln.

199 Die einfache Form des Präsens zum Ausdruck zukünftigen Geschehens

Diese Zeit kann in Zusammenhang mit einer Zeitangabe benutzt werden, um ein zukünftiges Geschehen auszudrücken, das definitiv festgelegt wurde:
The boys start school on Monday.
I leave tonight.
Sie steht dann anstelle der üblicheren Verlaufsform des Präsens (siehe Abschnitt **202**):
The boys are starting school on Monday.
I'm leaving tonight.

Der Unterschied zwischen den Sätzen ist:

(a) Die einfache Form des Präsens ist unpersönlicher als die Verlaufsform. *I'm leaving tonight* würde wahrscheinlich implizieren, daß ich entschieden habe aufzubrechen, aber *I leave tonight* könnte bedeuten, daß die Entscheidung zum Aufbruch nicht notwendigerweise von mir ausging.

(b) Die einfache Form des Präsens kann auch förmlicher als die Verlaufsform klingen. Eine Ladenkette, die die Absicht hat, eine neue Filiale zu eröffnen, wird wahrscheinlich sagen *Our new branch opens next week* und nicht *Our new branch is opening next week.*

(c) Die einfache Form des Präsens wird manchmal gebraucht, wenn die Verlaufsform schwerfällig klingen würde, z.B. wenn man von einer Reihe geplanter oder vorgeschlagener zukünftiger Handlungen spricht, wie z.B. von Reisestationen:
We leave at six, arrive in Dublin at ten and take the plane on ...
anstelle von:
We are leaving at six, arriving in Dublin at ten and taking the plane on ...

Es ist jedoch darauf zu achten, daß in einem Satz wie *My train leaves at six* die einfache Form des Präsens zum Ausdruck einer gewohnheitsmäßigen Handlung benutzt wird. Aus diesem Grunde ist im vorliegenden Fall die einfache Form des Präsens nicht durch die Verlaufsform zu ersetzen.

200 Bedeutung/Aussage des Futurs im Zusammenhang mit Absichten

Wenn man sagt, daß ein ›intentionales Futur‹ vorliegt, meint man, daß eine zukünftige Handlung von dem Sprecher unternommen wird, die in Übereinstimmung mit seinen Wünschen steht. *will* + Infinitiv und die Form *be going to* können auf diese Art und Weise verwendet werden.

Wenn im Englischen gesagt wird, daß eine Form Zukunft versprachlicht, bei der keine Absicht vorliegt, bedeutet dies, daß nur festgestellt wird, daß eine bestimmte Handlung stattfinden wird. Wir wissen nicht, ob sie von dem Subjekt oder von einer anderen Person arrangiert wurde, und wir wissen nicht, was das Subjekt von dieser Handlung hält. Das Präsens und die Verlaufsform des Futurs können auf diese Art benutzt werden. Die Verlaufsform des Präsens in der zweiten oder dritten Person vermittelt keine Vorstellung einer Absicht, obwohl Hinweise bezüglich einer Absicht vorliegen können, wenn man die Form im Zusammenhang mit der ersten Person gebraucht. Die einfache Form des Futurs (mit Ausnahme von *will* wie in den Abschnitten **201, 205** gebraucht) vermittelt üblicherweise keine Vorstellung einer Absicht (siehe aber *shall,* Abschnitte **208 B**, **234**).

201 *will* + Infinitiv zum Ausdruck einer Absicht im Augenblick der Entscheidung

(siehe auch Abschnitte **205** E 2 und E 3)

(a) »*The phone is ringing.*« »*I'll answer it.*«
(b) *BILL (to waiter): I'll have a steak, please.*
(*would like* ist ebenso möglich; siehe Abschnitt **210** B)
(c) *ANN: I'd better order a taxi for tonight.*
TOM: Don't bother. I'll drive you.
(d) *MARY (looking at a pile of letters): I'll answer them tonight.*
(e) *PAUL (who is getting fat and who is tired of paying parking fines): I know what to do. I'll sell my car and buy a bike.*
(f) *ALAN (on receiving a telegram saying his father is ill): I'll go home tonight / I'll leave tonight.*

Für vorher nicht überlegte Handlungen, wie oben, muß *will* (üblicherweise in der Kurzform *'ll*) gebraucht werden. Es ist darauf zu achten, daß der Sprecher, nachdem er seine Entscheidung getroffen hat und die Handlung erneut erwähnt, nicht wieder *will* benutzten wird, sondern *be going to* oder die Verlaufsform des Präsens. (*be going* ist immer möglich; die Verlaufsform des Präsens hat eingeschränktere Gebrauchsmöglichkeiten; siehe Abschnitt **202**)

Man stelle sich z.B. vor, daß in

(b) oben ein Freund Tom sich Bill anschließt, bevor sein Essen serviert wird:
TOM: What are you having/going to have?
BILL: I'm having/going to have a steak.

Ähnlich zu einem späteren Zeitpunkt, in

(c) könnte Ann sagen:
Tom is driving me / going to drive me to the airport tonight.

(d) Mary jedoch könnte nur sagen:
I'm going to answer these letters tonight. (d.h. sie hat mit niemandem eine Verabredung getroffen)

(e) Ähnlich könnte Paul sagen:
I'm going to sell the car.

wenn er jedoch einen Käufer findet, kann er sagen:
I'm selling the car.

(f) Alan könnte die Worte benutzen:
I'm going home tonight.
obwohl dies bis zum vorliegenden Zeitpunkt nur eine Absichtserklärung ist (siehe Abschnitt **202** B , D).

(wegen *will* im Vergleich zu *be going to* siehe Abschnitt **205**)

202 Die Verlaufsform des Präsens zum Ausdruck zukünftigen Geschehens

Eine Zeitangabe muß gemacht werden, denn sonst könnte es zu Verwechslungen zwischen der Gegenwart und Zukunft kommen.

A Die Verlaufsform des Präsens kann eine feste Planung in der nahen Zukunft versprachlichen: *I'm taking an exam in October* impliziert, daß ich mich zum Examen habe einschreiben lassen; und *Bob and Bill are meeting tonight* impliziert, daß Bob und Bill sich verabredet haben. Soll nur die Mitteilung einer Absicht gemacht werden, wie in Abschnitt **201** (d) und (e) oben, wird die Form *be going to* gebraucht.

B Im Zusammenhang mit Verben der Bewegungsänderung, z.B. *arrive, come, drive, fly, go, leave, start, travel,* Verben der Ortsangabe, z.B. *stay, remain,* und den Verben *do* und *have (food* oder *drink)* kann die Verlaufsform des Präsens häufiger benutzt werden. Sie kann eine Entscheidung oder eine Absicht ohne eine getroffene Verabredung versprachlichen. Alan in Abschnitt **210** (f) kann deshalb sagen *I'm going home tonight / I'm leaving tonight,* selbst wenn er für seine Abreise noch keine Vorkehrungen getroffen hat. Siehe ebenso:
What are you doing next Saturday? (Dies ist die übliche Form, Personen nach ihren Absichten zu fragen.)

Mögliche Antworten:
I'm going to the seaside.
The neighbours are coming in to watch television.
I'm not doing anything. I'm staying at home. I'm going to write letters.
(*I'm writing* ... wäre nicht möglich.)

C Diese Art, zukünftige Handlungen oder zukünftiges Geschehen auszudrücken, kann nicht bei Verben verwendet werden, die üblicherweise nicht in der Verlaufsform benutzt werden (siehe Abschnitt **168**). Diese Verben sollten in der einfachen Form des Futurs *(will/shall)* gebraucht werden:

I am meeting him tonight.
Aber: *I will/shall know tonight.*
They are coming tomorrow.
Aber: *They will be here tomorrow.*
We'll think it over.

see jedoch kann, wenn es zum Ausdruck einer bewußten Handlung *(see to/about, see someone out/off/home* etc., *see* in der Bedeutung von *meet by appointment* – (sich mit jemandem verabreden / verabredet haben*)* in der Verlaufsform gebraucht werden (siehe Abschnitt **170**):
I'm seeing him tomorrow. Ich bin morgen mit ihm verabredet.

to be kann in der Verlaufsform auftreten, wenn es Teil einer Verbkonstruktion im Passiv ist:

He is being met at the station tonight.
Our new piano is being delivered this afternoon.

D Weitere Beispiele der Verbindungen von *will* + Infinitiv im Augenblick der Entscheidung benutzt (siehe Abschnitt **201**) und der Verlaufsform des Präsens zum Ausdruck zukünftiger Handlungen:
TRAVEL AGENT: Now, how do you want to go to Rome, sir? By air or by train?
TRAVELLER (making up his mind): The trains are too slow. I'll fly.

Der Reisende wird nach diesem Gespräch, wenn er von seinen Plänen spricht, sagen:
I'm flying to Rome next week.

ANN: I'll have to pay £150 rent at the end of this month and I don't know where to find the money.
TOM: Don't worry. I'll lend you £150.

Ann wird später, jedoch bevor Tom ihr das Geld geliehen hat, sagen:
Tom is lending me £150.

TOM: Would you like to come to the opera tonight?
ANN: I'd loved to. Shall I meet you there?
TOM: No, I'll call for you. About seven?
ANN: OK.

Danach wird Ann, wenn sie einem Freund von ihren Plänen für den Abend berichtet, sagen:
Tom is taking me to the opera tonight. He is calling for me at seven.

(Die Form *be going to* könnte die Verlaufsform in den oben angeführten Beispielen ersetzen.)

203 Die Form *be going to*

A Form

Die Verlaufsform des Verbs *to go* + der volle Infinitiv:
I'm going to buy a bicycle.
She is not going to be there.
Is he going to lecture in English?

B Die Form wird benutzt:

(a) Zum Ausdruck von Absichten (siehe Abschnitt **204**).
(b) Für Vorhersagen (siehe Abschnitt **206**).

204 *be going to* zum Ausdruck von Absichten

Die Form *be going to* drückt die Absicht des Subjekts aus, in der Zukunft eine bestimmte Handlung mit Sicherheit auszuführen. Diese Absicht ist immer überlegt, und es liegt gewöhnlich auch die Vorstellung zugrunde, daß bestimmte Vorkehrungen getroffen wurden, die Absicht in die Tat umzusetzen. Bei Handlungen, die mit der Form *be going to* versprachlicht werden, wird deshalb gewöhnlich unterstellt, daß sie mit einem hohen Grad an Wahrscheinlichkeit ausgeführt werden, obwohl nicht die Vorstellung vorliegt, es handle sich um eine sichere Verabredung für die Zukunft, wie sie beim Gebrauch der Verlaufsform des Präsens anklingt. Die folgenden Punkte können im Gedächtnis behalten werden:

1
Wie schon gezeigt wurde, kann *be going to* zum Ausdruck nahen zukünftigen Geschehens mit einer Zeitangabe als Alternative zur Verlaufsform des Präsens gebraucht werden:
I'm / I am meeting Tom at the station at six.
I'm / I am going to meet Tom at the station at six.

Der Satz *I'm meeting Tom* deutet auf eine feste Verabredung mit Tom hin.
I'm going to meet Tom tut dies nicht: Tom könnte überrascht sein!

2
be going to kann mit Temporalsätzen verwendet werden, wenn die Absicht des Subjekts hervorgehoben werden soll:
He is going to be a dentist when he grows up.
What are you going to do when you get your degree?

Normalerweise jedoch wird die einfache Form des Futurs *(shall/will)* in Temporalsätzen verwendet. (siehe Abschnitt **342**)

3
be going to kann ohne eine Zeitangabe benutzt werden:
I'm going to play you a Bach fugue.
He is going to lend me his bicycle.

In diesen Fällen weist die Form auf die unmittelbar bevorstehende oder nahe Zukunft.

4
Wie in 2 oben ersichtlich, kann die Form *be going to* mit dem Verb *to be* gebraucht werden. Sie findet sich manchmal auch zusammen mit anderen Verben, die üblicherweise nicht in den Verlaufsformen gebraucht werden:
I'm going to think about it.
I'm sure I'm going to like it.

Grundsätzlich ist es jedoch sicherer, die einfache Form des Futurs zu benutzen.

5
Es ist nicht üblich, die Verben *go* und *come* in der Form *be going to* zu benutzen. An ihrer Stelle wird im Englischen gemeinhin die Verlaufsform des Präsens benutzt, d.h. anstelle von *I'm going to go* wird üblicherweise gesagt *I'm going*, und anstelle von *I'm going to come* wird häufig *I'm coming* benutzt.
Die Absicht kann durch *will* + Infinitiv ausgedrückt werden. Diese Form wird mit *be going to* in Abschnitt **205** verglichen.

205 Gebrauchsformen von *be going to* und *will* + Infinitiv zum Ausdruck von Absichten im Vergleich

Sehr häufig können beide Formen, *be going to* oder *will* + Infinitiv, verwendet werden; da jedoch Bedeutungsunterschiede vorliegen, sind beide Versprachlichungsformen nicht austauschbar und immer gleichzeitig einsetzbar.

Der wesentliche Unterschied ist:

A Die Form *be going to* vermittelt immer den Eindruck einer überlegten Absicht und oft einer festen Absicht und eines Plans zur Durchführung. *will* + Infinitiv verweist allein auf eine Absicht, und diese Absicht ist üblicherweise, obwohl nicht notwendigerweise, nicht vorüberlegt.
Wenn aus diesem Grunde Vorkehrungen getroffen wurden, eine Absicht in die Tat umzusetzen, muß *be going to* benutzt werden:
I have bought some bricks and I'm going to build a garage.

Wenn die Absicht eindeutig nicht vorüberlegt ist, muß *will* benutzt werden:
»*There is somebody at the hall door.*« »*I'll go and open it.*«
(siehe Beispiele in Abschnitt **E**)

Ist die Absicht weder klar überlegt noch eindeutig unüberlegt, kann entweder *be going to* oder *will* verwendet werden:
I will / am going to climb that mountain one day.
I won't / am not going to tell you my age.

will ist die beste Art und Weise, einen Entschluß auszudrücken:
I 'will help you. (mit der Betonung auf *will*)
Der Satz bedeutet *I definitely intend to help you.*

Andere Unterschiede:

B Wie schon erwähnt wurde, wird *will* + Infinitiv im Aussagesatz fast ausschließlich für die erste Person benutzt. Absichten der zweiten und dritten Person werden deshalb üblicherweise durch *be going to* ausgedrückt:
He is going to resign.
Are you going to leave without paying?

C In verneinten Sätzen kann *won't* jedoch für alle Personen verwendet werden. So kann im Englischen gesagt werden:
He isn't going to resign oder *He won't resign.*

Es ist zu beachten, daß *won't* zum Ausdruck einer verneinten Absicht üblicherweise *refuse* (sich weigern, etwas zu tun) bedeutet:
He won't resign = He refuses to resign.

He isn't going to resign bedeutet demgegenüber *He doesn't intend to resign.*

D *be going to* verweist, wie schon ausgeführt wurde, gewöhnlich auf ein unmittelbar bevorstehendes Geschehen. *will* kann demgegenüber auf unmittelbare Zukunft oder etwas entfernt liegendere Zukunft verweisen.

E Weitere Beispiele von *be going to* und *will*

1
Beispiele von *be going to* zum Ausdruck von Absichten:
»What are you doing with that spade?« »I am going to plant some apple trees.«
She has bought some wool; she is going to knit a jumper.
»Why are you taking down all the pictures?« »I am going to repaper the room.«
Some workmen arrived today with a roller. I think they are going to repair our road.
»Why is he carrying his guitar?« »He is going to play it in the Underground.«

Es wäre nicht möglich, in den vorgenannten Beispielsätzen *will* statt *be going to* zu verwenden, da den beschriebenen Handlungen Vorüberlegungen zugrunde liegen.

2
Beispiele von *will* + Infinitiv (siehe Abschnitt **201**):
»This is a terribly heavy box.« »I'll help you to carry it.«
»I've left my watch upstairs.« »I'll go and get it for you.«
»Who will post this letter for me?« »I will.«
»Will you lend me £100?« »No, I won't.«

3
be going to und *will* im Vergleich:
Auf Toms Hinweis *There aren't any matches in the house* könnte Ann entweder mit *I'm going to get some today* (vorüberlegte Entscheidung) oder mit *I'll get some today* (nicht vorüberlegt, spontane Entscheidung) antworten. Der erste Satz würde ausdrücken, daß Ann schon einige Zeit vor der Unterhaltung bemerkte, daß keine Streichhölzer im Haus waren, und sie sich deshalb entschloß, einige Schachteln zu kaufen. Der zweite Satz impliziert, daß dieser Kaufentschluß nicht vorlag, sondern daß sie unmittelbar nach Toms Hinweis beschloß, Streichhölzer zu kaufen.
Analog dazu, wenn Ann sagt *Where is the telephone book?* und Tom mit *I'll get it for you* antwortet, drückt er damit aus, daß der Entschluß, das Telefonbuch zu

holen, unmittelbar nach Anns Frage erfolgte. Sagt er jedoch *I'm going to get it,* bedeutet der Satz, daß er schon vor Anns Frage beabsichtigt hatte, das Telefonbuch zu holen (wahrscheinlich weil er ahnte, daß Ann es gebrauchen würde oder weil er es selbst benötigte).

4
Bei *will/won't* liegt keine Bedeutung einer mit Absicht vollzogenen Handlung vor, wenn es wie in Abschnitt **209** A bis E verwendet wird, d.h. wenn es als Teil der einfachen Form des Futurs *will/shall* benutzt wird. So kann der Satz *He won't resign* bedeuten *He refuses to resign* oder *I don't expect that he will resign;* in *If he hurries he'll catch up with her* drückt *will* keine Absicht aus, sondern vermittelt eine Tatsache und einen Sachverhalt.

206 *be going to* zum Ausdruck einer Vorhersage

A *be going to* kann des Sprechers Annahme ausdrücken, daß ein Geschehen mit Sicherheit eintreten wird. Die Zeit wird üblicherweise nicht erwähnt, es wird aber erwartet, daß die Handlung in der nahen oder unmittelbar bevorstehenden Zukunft eintreten wird:
Look at those clouds! It's going to rain.
Listen to the wind. We're going to have a rough crossing.

Die Form kann auf diese Art nach Verben wie *be sure/afraid, believe, think* verwendet werden:
How pale that girl is! I am sure / I believe / I think she is going to faint.

B *be going to* (Ausdruck einer Vorhersage) im Vergleich zu *will* (Ausdruck einer Möglichkeit in der Zukunft)

will ist die übliche Form, die ein Sprecher benutzt, wenn er denkt, glaubt, hofft, annimmt, fürchtet etc., daß etwas geschieht (siehe Abschnitt **209** A):
It will probably be cold / I expect it will be cold.
Tomatoes will be expensive this year / I'm sure tomatoes will be expensive.

In dieser Hinsicht ähneln sich *will* und *be going to,* so daß oft beide Formen verwendet werden können:
It will take a long time to photocopy all the documents = It is going to take a long time to photocopy all the documents.

Es gibt aber zwei Unterschiede:

1
be going to impliziert, daß Anzeichen dafür vorliegen, daß etwas geschehen wird; *will* impliziert, daß der Sprecher denkt/glaubt, daß es geschieht.

2
be going to wird üblicherweise zur Bezeichnung unmittelbar bevorstehenden Geschehens / relativ naher Zukunft benutzt; *will* weist nicht auf einen besonderen

Zeitpunkt hin und kann auch auf entfernte Zukunft verweisen. Zum Beispiel *The lift is going to break down* impliziert, daß Anzeichen für Fehlfunktionen (eigenartige Geräusche, nicht ordnungsgemäßes Fahrverhalten) vorliegen; die Benutzer täten besser daran, den Lift nicht länger zu benutzen. *The lift will break down* impliziert, daß die Funktionsstörung irgendwann in der Zukunft eintreten wird (vielleicht weil der Lift immer überladen wird oder aber auch weil er ein Fabrikat einer Firma ist, die nicht gerade Qualitätsprodukte herstellt.) Ähnlich, wenn von einer kranken Person die Rede ist: *He is going to get better* impliziert, daß Anzeichen für eine Genesung vorliegen. Vielleicht ist das Fieber der Person gefallen. *He will get better* impliziert, daß der Sprecher Vertrauen in den behandelnden Arzt und in seine Behandlungsmethode setzt, läßt aber nicht auf die unmittelbare Genesung des Kranken Rückschlüsse zu.

207 Die einfache Form des Futurs

Im modernen Englisch gibt es eigentlich keine Zeit des Futurs, es hat sich aber die Konvention eingebürgert, mit dem Begriff *future simple* die Form *will/shall* + reiner Infinitiv zu bezeichnen.

Aussage	Verneinung	Frage
I will / I'll work oder	*I will not / won't work* oder	
I shall work	*I shall not / shan't work*	*shall I work?*
you will / you'll work	*you will not / won't work*	*will you work?*
he will / he'll work etc.	*he will not / won't work* etc.	*will he work?* etc.
we will / we'll work oder	*we will not / won't work* oder	
we shall work	*we shall not / shan't work*	*shall we work?*
you will / you'll work	*you will not / won't work*	*will you work?*
they will / they 'll work	*they will not / won't work*	*will they work?*

(wegen verneinter Kurzformen siehe Abschnitt **104**)

Verneinte Frage: *will he not / won't he work?* etc.

208 Erste Person *will* und *shall*

A Ursprünglich wurde *will* zur Bezeichnung einer Absicht verwendet:
I will wait for you = I intend to wait for you.

und *shall* wurde benutzt, wenn keine Absicht vorlag, d.h. für Handlungen, bei denen die Absichten des Handlungsträgers irrelevant waren:
I shall be 25 next week.
We shall know the result next week. (= It will be in the papers.)
Unless the taxi comes soon we shall miss our plane.
I'm sure I shan't lose my way.
I shall see Tom tomorrow. (= Perhaps we go to work on the same train.)

shall findet sich, wie oben benutzt, noch in formellem Englisch, ist aber in der gesprochenen Sprache, in Unterhaltungen nicht länger üblich. Statt dessen wird normalerweise *will* benutzt:
I will be 25 next week.
We'll know the result tomorrow.
Unless the taxi comes soon we'll miss the plane.
I'm sure I won't lose my way.

Manchmal jedoch verändert ein benutztes *will* die Bedeutung des Satzes. Wird in dem Satz *I shall see Tom tomorrow shall* durch *will* ersetzt, so könnte *I will see Tom tomorrow* auf die Absicht des Subjekts verweisen. Um doppelte Bedeutungen dieser Art und damit Mißverständnisse zu vermeiden, wird die Verlaufsform des Futurs verwendet:
I'll be seeing Tom tomorrow.
(siehe Abschnitt **211-214**)

shall wird jedoch noch in Fragen benutzt:
In *question tags* nach *let's: Let's go, shall we?*
In Vorschlägen: *Shall we take a taxi?*
In Bitten um Anweisungen: *What shall I do with your mail?*
In Spekulationen: *Where shall we be this time next year?* In diesem Beispielsatz wäre *will* ebenfalls möglich.

B *shall* zum Ausdruck eines Entschlusses

Es wurde schon erwähnt (siehe Abschnitt **201**, **205**), daß ein Entschluß normalerweise durch *will* versprachlicht wird. Manchmal haben Sprecher bei offiziellen Verlautbarungen jedoch das Gefühl, sie sollten ein ›kräftigeres‹, d.h. aussagestärkeres Wort benutzen, und greifen dann auf *shall* zurück:
(in einer Rede) *We shall fight and we shall win.*
We will fight and we shall win wäre ebenfalls möglich.

Ein auf diese Art und Weise benutztes *shall* vermittelt manchmal die Vorstellung eines Versprechens, die beim Gebrauch mit der zweiten Person vorliegt:
You shall have a sweet = I promise you a sweet.
(siehe Abschnitt **234** **A**)

In *we shall win* verspricht der Redner, siegreich zu sein.
shall kann auf diese Art auch in Alltagsunterhaltungen gebraucht werden:
I shall be there, I promise you.

will ist hier ebenfalls möglich und problemloser für den Englischlernenden zu gebrauchen. Deshalb sollte in Zweifelsfällen immer *will* benutzt werden.

209 Die einfache Form des Futurs im Gebrauch

A Sie drückt des Sprechers Meinungen, Annahmen, Spekulationen über die Zukunft aus. Diese können durch Verben wie *assume, be afraid, be/feel sure, believe, daresay, doubt, expect, hope, know, suppose, think, wonder* eingeleitet werden, von Adverbien wie *perhaps, possibly, probably, surely* begleitet werden, oder können auch für sich allein stehen:
(I'm sure) he'll come back.
(I suppose) they'll sell the house.
(Perhaps) we'll find him at the hotel.
They'll (probably) wait for us.

Die einfache Form des Futurs kann mit einer oder ohne eine Zeitangabe verwendet werden. *be going to* ist hier manchmal auch möglich, läßt aber die Handlung wahrscheinlicher erscheinen und (wenn keine Zeitangabe gemacht wird) unmittelbarer bevorstehend. *He'll build a house* bedeutet nur *this is my opinion* und vermittelt keine Information darüber, wann mit dem Bau begonnen wird. Aber *He's going to build a house* impliziert, daß eine Person ihre Entscheidung getroffen hat und daß sie mit dem Bauen wahrscheinlich sehr bald anfangen wird.

B Die einfache Form des Futurs wird ähnlich für zukünftige gewohnheitsmäßige Handlungen verwendet, von denen begründet angenommen werden kann, daß sie stattfinden:
Spring will come again.
Birds will build nests.
People will make plans.
Other men will climb these stairs and sit at my desk.
(*will be coming/building/making/climbing/sitting* wären ebenfalls möglich.)

C Die einfache Form des Futurs wird in Satzgefügen verwendet, in denen Konditionalsätze, Temporalsätze und manchmal Nebensätze zum Ausdruck des Zwecks vorliegen:
If I drop this glass it will break. (siehe Abschnitt **221**)
When it gets warmer the snow will start to melt. (siehe Abschnitt **342**)
I'm putting this letter on top of the pile so that he'll read it first.
(siehe Abschnitt **336**)

Innerhalb des Konditionalsatzes oder Temporalsatzes wird nicht die einfache Form des Futurs benutzt, selbst wenn futurische Bedeutung vorliegt:

He will probably be late.
Aber: *If he is late ...*
und: *It will get warmer soon.*
Aber: *When it gets warmer ...*

D Verben, die üblicherweise nicht in der Verlaufsform benutzt werden, z.B. Hilfsverben, Verben der Sinneswahrnehmung, der Gefühle, des Denkens, des Besitzes etc. (siehe Abschnitt **168**), verweisen auf die Zukunft durch die einfache Form des Futurs, obwohl *be going to* manchmal ebenso möglich ist:
He'll be here at six.
You'll have time for tea.
She'll wonder where you are.
They'll know tonight.

E Die einfache Form des Futurs wird hauptsächlich in Zeitungen und Rundfunk- und Fernsehnachrichten, für offizielle Ankündigungen bezüglich Planungen und für Wetterberichte verwendet. In Unterhaltungen würden solche Mitteilungen normalerweise durch die Verlaufsform des Präsens oder *be going to* und zur Bezeichnung von Plänen durch die Verlaufsform des Präsens versprachlicht:
Newspaper: The president will open the new heliport tomorrow.
The fog will persist in all areas.

Außerhalb des offiziellen Kontextes wird der Normalbürger sagen:
The President is going to open / is opening ...
The fog is going to persist/continue ...

F *won't* kann mit allen Personen gebraucht werden, um auszudrücken, daß keine Absicht vorliegt. So bedeutet der Satz *He won't pay* entweder *He refuses to pay* oder *I don't think he'll pay.*

I/we will können eine Absicht in einem Aussagesatz versprachlichen (siehe Abschnitt **201**), aber *he/you/they will* drücken normalerweise keine Absicht aus. Der gegenteilige Eindruck könnte in Sätzen wie *My son/brother/ husband* etc. *will help you* entstehen, doch liegt die Absicht eher beim Sprecher als bei dem Subjekt des Satzes.

210 *will* im Gegensatz zu *want/wish/would like*

A *will* darf nicht mit *want/wish/would like* verwechselt werden.
will drückt eine Absicht aus + einen Entschluß, die Absicht in die Tat umzusetzen:
I will buy it = I intend to buy it / I'm going to buy it.

want/wish/would like drücken nur einen Wunsch aus. Sie vermitteln keine Informationen hinsichtlich beabsichtigter Handlungen.
(siehe auch Abschnitte **296**, **299**)

B *I'd like* ist oft eine mögliche Alternative zu *I'll have/take:*
Customer (in a shop): I'd like / I'll have a pound of peas, please.
Guest (in a restaurant): I'd like / I'll have the soup, please.

Beide Formen können für Einladungen verwendet werden:

Would you like a drink?

oder: *Will you have a drink?*

Wird die Einladung angenommen, können beide Strukturen benutzt werden: *I'd like / I'll have a sherry, please.*

In verneinten Sätzen jedoch können beide Formen nicht länger gleichbedeutend gebraucht werden; so muß eine Person, wenn sie eine Einladung ablehnen will, sagen:

I won't have anything, thanks.

oder: *I don't want anything, thanks.*

wouldn't like bedeutet *would dislike* und könnte hier nicht benutzt werden.

211 Verlaufsform des Futurs

A Form

Die Zeitform wird aus der einfachen Form des Futurs von *to be* + dem Partizip Präsens gebildet. In der ersten Person ist *will* gebräuchlicher als *shall,* außer in Fragen.

Aussage: *I/we will/shall be working*
he/she/it/you/they will be working

Verneinung: *I/we will/shall not be working*
he/she/it/you/they will not be working

Frage: *shall/will I/we be working?*
will he/she/it/you/they be working?

Kurzformen: wie in Abschnitt **207** aufgeführt.

Verneinte Frage: *will he not / won't he be working?* etc.

B Gebrauch

Diese Zeitform hat zwei Gebrauchsmöglichkeiten:
Sie kann als gewöhnliche Verlaufsform benutzt werden.
Sie kann auf eine zukünftige Handlung verweisen, die unbeabsichtigt erfolgt.

212 Die Verlaufsform des Futurs als gewöhnliche Verlaufsform

Wie die anderen Verlaufsformen auch wird sie üblicherweise mit einer Zeitangabe verwendet und verweist auf eine Handlung, die vor dem genannten Zeitpunkt begann und wahrscheinlich auch über ihn hinaus andauert. Dieser Gebrauch läßt sich am besten durch Beispiele verdeutlichen. Man stelle sich eine

Gruppe von Schülerinnen und Schülern zu einem bestimmten Zeitpunkt eines Tages – 9.30 Uhr vormittags – vor. Dann könnte gesagt werden:
Now they are sitting in their classroom. They are listening to a tape. This time tomorrow they will be sitting in the cinema. They will be watching a film. On Saturday there is no class. So on Saturday they will not be sitting in the classroom. They will be doing other things. Bill will be playing tennis. Ann will be shopping. George will still be having breakfast.

Eine Verlaufsform kann auch mit einem Verb in einer einfachen Zeitform benutzt werden:
Peter has been invited to dinner with Ann and Tom. He was asked to come at eight but tells another friend that he intends to arrive at seven. The friend tries to dissuade him: »When you arrive they'll still be cooking the meal!«

213 Die Verlaufsform des Futurs zum Ausdruck einer zukünftigen Handlung, die ohne eine Absicht erfolgt

Beispiel: *I will be helping Mary tomorrow.*

Dieser Satz impliziert nicht, daß der Sprecher Vorkehrungen getroffen hat, Mary zu helfen, oder daß er ihr zu helfen wünscht. Er vermittelt nur die Information, daß die Handlung geschehen wird. Die Verlaufsform des Futurs ist, wenn sie so benutzt wird, der Verlaufsform des Präsens ähnlich, unterscheidet sich aber von ihr in den folgenden Punkten:
Die Verlaufsform des Präsens wird verwendet, wenn von einer überlegten zukünftigen Handlung gesprochen wird. Die Verlaufsform des Futurs verweist gewöhnlich auf eine Handlung, die innerhalb einer Handlungsabfolge eintreten wird. Diese grammatische Form deutet aus diesem Grunde weniger auf eine Entscheidung und mehr auf einen Zufall hin als die Verlaufsform des Präsens:
I am seeing Tom tomorrow.
I'll be seeing Tom tomorrow.

Der erste Satz drückt aus, daß Tom oder der Sprecher das Treffen bewußt vereinbart haben, während der zweite Satz impliziert, daß Tom und der Sprecher sich im normalen Handlungsablauf treffen werden (vielleicht weil sie zusammen arbeiten).
Der Unterschied jedoch ist nicht immer sehr bedeutsam, und sehr häufig können beide Zeitformen benutzt werden:
He'll be taking his exam next week.
oder: *He is taking his exam next week.*
He won't be coming to the party.
oder: *He isn't coming to the party.*

Die Verlaufsform des Präsens kann nur mit einer Zeitbestimmung und für die nahe Zukunft verwendet werden, während die Verlaufsform des Futurs mit einer oder ohne eine Zeitbestimmung und für die nahe oder entfernt liegende Zukunft gebraucht werden kann:

I'm meeting him tomorrow.
Aber: *I'll be meeting him tomorrow / next year / some time.* (oder ohne irgendeine Zeitangabe)

214 Die Verlaufsform des Futurs und *will* + Infinitiv im Vergleich

A Es liegt ungefähr die gleiche Unterscheidung zwischen *will* + Infinitiv und der Verlaufsform des Futurs vor, wie sie zwischen *will* + Infinitiv und der Verlaufsform des Präsens besteht. *will* + Infinitiv drückt eine beabsichtigte zukünftige Handlung aus. Die Verlaufsform des Futurs drückt eine zukünftige Handlung aus, der keine Absicht zugrunde liegt.
In dem nachfolgenden Satz:
I'll write to Mr Pitt and tell him about Tom's new house.
drückt *I'll write* eine Absicht aus. Der Sprecher kündigt eine beabsichtigte zukünftige Handlung an, die mit seinen eigenen Wünschen übereinstimmt. In dem Satz:
I'll be writing to Mr Pitt and I'll tell him about Tom's new house.
drückt *I'll be writing* keine Absicht aus. Es vermittelt eine reine Tatsache und läßt darauf schließen, daß der Brief an Mr Pitt entweder routinemäßig geschrieben wird oder aus Gründen, die mit Tom's neuem Haus nichts zu tun haben. Ähnlich bedeutet *Tom won't cut the grass,* daß Tom sich weigert, den Rasen zu mähen, während *Tom won't be cutting the grass* kommentarlos eine Tatsache vermittelt und keine Hinweise auf Toms Gefühle oder seine Stimmung beinhaltet. Vielleicht ist Tom gar nicht anwesend, krank oder mit einer anderen Tätigkeit beschäftigt.

B *will* + Infinitiv zum Ausdruck einer Einladung, einer Bitte oder einer Aufforderung:
Will you have a cigarette? (siehe Abschnitt **210**)
Will you help me to lift the piano? (siehe Abschnitt **284**)
You will work in this room. (siehe Abschnitt **282**)

Die Verlaufsform des Futurs hat keine der oben angeführten Bedeutungen:
»*Will you please bring the piano in here?*« (Bitte) »*Yes, sir / OK.*«
Aber: »*Will you be bringing the piano in here?*« (wirkliche Frage) »*Yes, I think I will*« oder »*No, I think I'll put it upstairs.*«
You will work in this office. (Anweisung)
Aber: *You will be working here.* (nur eine Aussage)

Wie zuvor könnte die Verlaufsform des Präsens anstelle der Verlaufsform des Futurs benutzt werden unter der Voraussetzung, daß eine Zeitangabe hinzugefügt wird.

215 Beispiele verschiedener Futurformen

A Man stelle sich vor, man befrage fünf Personen zu ihren Plänen für den folgenden Samstag:
What are you doing / going to do on Saturday?

(a) Peter hat sich mit George zum Golf verabredet; so wird er sagen:
I'm playing / going to play golf with George.

(b) Mary hat beschlossen, zu Hause zu bleiben und Marmelade einzukochen; so wird sie sagen:
I'm staying / going to stay at home. I'm going to make jam.

(c) Andrew macht seine Pläne vom Wetter abhängig; so kann er sagen:
If it's fine I'll work / I'm going to work in the garden.

(d) Ann ist noch unentschlossen:
Perhaps I'll take / I expect I'll take / I'll probably take / I suppose I'll take my children for a walk.

(e) Bill muß samstags immer arbeiten; deshalb sagt er:
Oh, I'll be working as usual. (Keine andere Form würde genau die gleiche Bedeutung vermitteln.)

B Fragen zu Absichten

Fragen werden üblicherweise mit der Verlaufsform des Präsens, *be going to* oder der Verlaufsform des Futurs gestellt. Als Frageform ist die Verlaufsform des Futurs besonders nützlich, da sie für höflicher als die anderen Formen angesehen wird. Fragt man die oben angeführten fünf Personen weiter, so wird man sagen:
(a) *Where are you playing / are you going to play / will you be playing golf?*
(b) *What kind of jam are you going to make / will you be making?*

will you + Infinitiv ist weniger gebräuchlich als die anderen Formen und findet sich selten am Satzanfang. (Dadurch werden Mißverständnisse vermieden, denn *will you* + Infinitiv am Satzanfang leitet gewöhnlich eine Bitte ein.) Die Form findet sich jedoch in Konditionalsätzen und wenn der Sprecher etwas anbietet oder eine andere Person bittet, eine Entscheidung zu fällen:
What will you do if he is not on the plane?
Will you have a drink?
Will you have your meal now or later?

Weitere Fragebeispiele auf der Grundlage der Sätze unter Abschnitt **A** :

(c) Wird Andrew befragt, werden die Formen benutzt:
What are you going to do / What will you be doing in the garden?
(Obwohl *What will you do?* möglich wäre) und
Are you going to cut / Will you be cutting the grass? (*Will you cut the grass?* würde mehr wie eine Bitte klingen.)

(d) Zu Ann würde man wahrscheinlich sagen:
If you take them, where will you go? (Obwohl *Where will you be going?* möglich ist.)

(e) Zu Bill könnte gesagt werden:
Will you be working all day?
Dies ist die einzig mögliche Form, wenn die Vorstellung vermittelt werden soll, daß Bill gezwungenermaßen samstags arbeitet und nicht aus eigenem Antrieb und freiwillig.

Die Verlaufsform des Futurs muß natürlich in Fragen des Typs *What will you be doing this time next week?* benutzt werden, ungeachtet der Tatsache, daß eine Handlung beabsichtigt ist oder nicht (siehe Abschnitt **212**).

216 Das Futur II und die Verlaufsform des Futurs II

A Das Futur II

Form
will/shall + Infinitiv Perfekt für erste Personen,
will + Infinitiv Perfekt für die anderen Personen.

Gebrauch
Die Form wird gewöhnlich mit einer Zeitangabe, die mit *by* beginnt, gebraucht: *by then, by that time, by the 24th:*
By the end of next month you will have been here for ten years.

Sie wird zum Ausdruck einer Handlung benutzt, die zu einem bestimmten zukünftigen Zeitpunkt abgeschlossen sein wird oder gerade beendet wurde. Man stelle sich vor, es ist der 3. Dezember, und David ist beunruhigt über ein Examen, das er am 13. Dezember ablegen wird.
Einer seiner Freunde, der eine kleine Feier plant, könnte sagen:
We'd better wait till 14 December. David will have had his exam by then, so he'll be able to enjoy himself.

Achtung:
I save £50 a month and I started in January. So by the end of the year I will/shall have saved £600.
Bill (looking at Tom's cellar): You've got over 400 bottles. How long will that last you? Two years?
Tom: Not a hope. I drink eight bottles a week. I'll have drunk all these by the end of this year.

B Die Verlaufsform des Futurs II

Form
will/shall have been + Partizip Präsens für die ersten Personen, *will have been* + Partizip Präsens für die anderen Personen.

Gebrauch
Wie die einfache Form des Futurs II wird diese Form normalerweise mit einer Zeitangabe benutzt, die mit *by* beginnt:
By the end of this year he'll have been acting for thirty years.

Die Verlaufsform des Futurs II hat das gleiche Verhältnis zur einfachen Form des Futurs II wie die Verlaufsform des Perfekts zur einfachen Form des Perfekts, d.h. die Verlaufsform des Futurs II kann anstelle der einfachen Form des Futurs II benutzt werden:

1
Wenn die Handlung fortlaufend ist:
By the end of the month he will have been living/working/studying here for ten years.

2
Wenn die Handlung als fortlaufend begriffen wird:
By the end of the month he will have been training horses / climbing mountains for twenty years.

Wird die Anzahl der Pferde oder Berge jedoch erwähnt oder wird diese Handlung in Einzelhandlungen untergliedert, muß die einfache Form des Futurs II benutzt werden:
By the end of the month he will have trained 600 horses / climbed fifty mountains.

20 Zeitenfolge

217 Nebensätze *(subordinate clauses)*

Ein Satzgefüge besteht aus einem Hauptsatz und einem oder mehreren Nebensätzen. Ein Nebensatz ist eine Wortgruppe, die ein Subjekt und ein Verb enthält und Teil eines Satzes ist:
We knew <u>that the bridge was unsafe.</u>
He gave it to me <u>because he trusted me.</u>
He ran faster <u>than we did.</u>
This is the picture <u>that I bought in Rome.</u>

(In den obigen Beispielen und in Abschnitt **218** sind die Nebensätze durch Unterstreichung hervorgehoben.)

Wegen anderer Beispiele siehe unter Konditionalsätzen, Relativpronomen und Nebensätzen des Zwecks, Vergleichs, Zeit, Folge und Einräumung. Der Lernende muß nicht in der Lage sein, die verschiedenen Arten von Nebensätzen zu erkennen und die Unterschiede genau zu definieren, es ist für ihn jedoch unabdingbar notwendig zu wissen, welches das Hauptverb eines Satzes ist, weil sonst die nachstehende wichtige Regel unverständlich bleibt.

218 Zeitenfolge

Wenn das Hauptverb eines Satzes in einer Zeit der Vergangenheit benutzt wird, so werden Verben in Nebensätzen üblicherweise ebenfalls in einer Zeit der Vergangenheit gebraucht. Vergleiche die mit * versehenen nachstehenden Sätze.

Zeit des Verbs im Hauptsatz		Zeit des Verbs im Nebensatz
Präsens	*He thinks that it will rain.*	einfache Form des Futurs
Präteritum	*He thought that it would rain.* *	Konditional
Präsens	*He sees that he has made a mistake.*	Perfekt
Präteritum	*He saw that he had made a mistake.* *	Plusquamperfekt
Präsens	*I work so hard that I am always tired.*	Präsens
Präteritum	*I worked so hard that I was always tired.* *	Präteritum
Perfekt	*He has done all that is necessary.*	Präsens
Plusquamperfekt	*He had done all that was necessary.* *	Präteritum
Präsens	*He says that he is going to eat it.*	Verlaufsform d. Präsens
Präteritum	*He said that he was going to eat it.* *	Verlaufsform d. Präteritums

Infinitive und Gerundien werden durch die oben angeführte Regel nicht betroffen:
He wants to go to Lyons. He wanted to go to Lyons.
He likes riding. He liked riding.

Diese Regel bezüglich der Zeitenfolge findet auch in der indirekten Rede Anwendung, wenn das Verb, das die indirekte Rede einleitet, im Präteritum benutzt wird (siehe Abschnitt **31**).

21 Konditional

Zeiten des Konditionals *(conditional tenses)*

219 Konditional I

A Die Struktur wird mit *would/should* + Infinitiv für die erste Person und *would* + Infinitiv für die anderen Personen gebildet.

Aussagesatz:	*I would / I'd work* oder *I should work / you should work / you'd work* etc.
verneinte Aussage:	*I would not / wouldn't work* oder *I should not / shouldn't work* etc. *you would not / wouldn't work* etc.
Frage:	*would/should I work?* *would you work?* etc.
verneinte Frage:	*should I not / shouldn't I work?* *would you not / wouldn't you work?* etc.

B Die Zeit wird verwendet:

(a) In Konditionalsätzen (siehe Abschnitte **221-229**).

(b) In Sondergebrauchsfällen von *would* und *should* siehe Kapitel **22**).

(c) Als Vergangenheitsform der einfachen Form des Futurs. *would/should* müssen anstelle von *will/shall* verwendet werden, wenn das Hauptverb des Satzes im Präteritum benutzt wird:
I hope (that) I will/shall succeed.
I hoped (that) I would / should succeed.
I know (that) he will be in time
I knew (that) he would be in time.
He thinks (that) they will give him a visa.
He thought (that) they would give him a visa.
I expect (that) the plane will be diverted.
I expected (that) the plane would be diverted.

(wegen *will/shall, would/should* in der indirekten Rede siehe Kapitel **31**.)

220 Konditional II

A Diese Aussage wird mit *would/should* und dem Infinitiv Perfekt gebildet:

Aussage: *I would/should have worked*
you would have worked etc.

verneinte Aussage: *I would not / should not have worked* etc.

Frage: *would/should I have worked?* etc.

verneinte Frage: *should I not have / shouldn't I have worked?* etc.
would you not have / wouldn't you have worked? etc.

Andere Kurzformen wie in Abschnitt **219**.

B Die Struktur wird benutzt:

(a) In Konditionalsätzen (siehe Abschnitte **221-229**).
(b) In Sondergebrauchsfällen von *would* und *should* (siehe Abschnitte **230-237**).
(c) Als Vergangenheitsform der Zeit Futur II:
I hope he will have finished before we get back.
I hoped he would have finished before we got back.

Konditionalsätze

Konditionalsätze bestehen aus zwei Teilen: dem *if*-Satz und dem Hauptsatz. In dem Satz *If it rains I shall stay at home* ist der Teil *If it rains* der Konditionalsatz und *I shall stay at home* der Hauptsatz.
Es gibt drei Arten von Konditionalsätzen. Jede Art wird mit einem unterschiedlichen Paar grammatischer Zeiten gebildet. Innerhalb eines jeden Typs gibt es bestimmte Variationsmöglichkeiten, die der Lernende, der die Konditionalsätze zum ersten Mal kennenlernt, noch nicht beachten sollte, da die Grundmuster besonders wichtig sind.

221 Konditionalsätze Typ 1: wahrscheinlich/möglich

A Das Verb in dem *if*-Teil wird im Präsens benutzt, das Verb im Hauptsatz in der einfachen Form des Futurs. Mit welchem Satzteil das Satzgefüge beginnt, spielt keine Rolle:
If he runs he'll get there in time.
The cat will scratch you if you pull her tail.

Dieser Satztyp impliziert, daß der Sprecher die Verwirklichung oder die Erfüllung der Bedingung für wahrscheinlich und durchaus möglich hält. Obwohl die Aussage auf die Zukunft verweist, muß das Verb im Bedingungssatz im Präsens benutzt werden. *If* + *will/would* ist nur unter besonderen Bedingungen möglich und hat andere Bedeutungsinhalte. (siehe Abschnitt **224**)

B Mögliche Variationen der Grundform

1 Variationen des Hauptsatzes

Anstelle von *if* + Präsens + Futur können im Englischen auftreten:

(a) *if* + Präsens + *may/might* (Möglichkeit)
If the fog gets thicker the plane may/might be diverted. (d.h. es ist möglich, daß das Flugzeug umgeleitet wird)

(b) *if* + Präsens + *may* (Erlaubnis) oder *can* (Erlaubnis oder Möglichkeit)
If your documents are in order you may/can leave at once. (Erlaubnis)
If it stops snowing we can go out. (Erlaubnis oder Möglichkeit)

(c) *if* + Präsens + *must, should* oder ein anderer Ausdruck eines Befehls, einer Bitte oder eines Ratschlags:
If you want to lose weight you must/should eat less bread.
If you want to lose weight you had better eat less bread.
If you want to lose weight eat less bread.
If you see Tom tomorrow could you ask him to ring me?

(d) *if* + Präsens + eine weitere Zeit der Gegenwart
if + zwei Präsens-Zeiten drücken automatische oder gewohnheitsmäßige Resultate/Folgen aus:
If you heat ice it turns to water. (*will turn* ist ebenso möglich.)
If there is a shortage of any product prices of that product go up.

(e) Wird *if* in der Bedeutung von *as/since* (siehe Abschnitt **383** A) gebraucht, so kann eine Vielzahl von Zeiten im Hauptsatz benutzt werden:
»Ann hates London.« »If she hates it why does she live there?« (= she ought to move out.) (*If so* könnte *If she hates it* hier ersetzen.)
Dieser Satztyp ist natürlich kein wirklicher Bedingungssatz.

2 Variationen des Konditionalteils

Anstelle von *if* + Präsens kann im Englischen gebraucht werden:

(a) *if* + Präsens Verlaufsform zur Angabe einer gerade stattfindenden Handlung oder eines Arrangements für die Zukunft
If you are waiting for a bus (gegenwärtige Handlung) *you'd better join the queue.*
If you are looking for Peter (gegenwärtige Handlung) *you'll find him upstairs.*
If you are staying for another night (Vorkehrung für die Zukunft) *I'll ask the manager to give you a better room.*

(b) *if + present perfect*
If you have finished dinner I'll ask the waiter for the bill.
If he has written the letter I'll post it.
If they haven't seen the museum we'd better go there today.

222 Konditionalsätze Typ 2

A Das Verb im *if*-Teil wird im Präteritum verwendet, das Verb im Hauptsatz im Konditional:
If I had a map I would lend it to you. (d.h. aber ich habe jetzt keine / Gegenwart)
If someone tried to blackmail me I would tell the police. (d.h. aber ich erwarte nicht, daß mich jemand erpressen wird / Zukunft)

Typ 1 und Typ 2 der Konditinoalsätze beziehen sich auf die gleiche Zeitstufe. Typ 2 bezieht sich wie Typ 1 auf die Gegenwart oder die Zukunft, und das Präteritum im Konditionalteil ist nicht ein wirkliches Präteritum, sondern ein Konjunktiv, der die Unmöglichkeit ausdrückt (wie in dem ersten Beispielsatz oben) oder die Unwahrscheinlichkeit (wie in dem angeführten zweiten Beispielsatz).

B Typ 2 wird verwendet:

1
Wenn die Annahme im Gegensatz zu bekannten Tatsachen steht:
If I lived near my office I'd be in time for work. (= But I don't live near my office.)
If I were you I'd plant some trees round the house. (= But I am not you.)

2
Wenn nicht erwartet wird, daß die im Bedingungsatz angegebene Handlung stattfindet:
If a burglar came into my room at night I'd scream. (= But I don't expect a burglar to come in.)
If I dyed my hair blue everyone would laugh at me. (= But I don't intend to dye it.)

Einige Konditionalsätze können die beiden oben angeführten Bedeutungen haben:
If he left his bicycle outside someone would steal it.

If he left his bicycle könnte den Eindruck vermitteln *but he doesn't* (Aussage hat Gültigkeit für die Gegenwart wie in 1 oben) oder *but he doesn't intend to* (Aussage hat Bedeutung für die Zukunft wie in 2). Der wirkliche Aussagegehalt ergibt sich aus dem Kontext. Eine Mehrdeutigkeit dieser Art kann durch den Gebrauch von *were/was* + Infinitiv anstelle des Präteritums in Typ 2 vermieden werden.

if he/she/it were kann an Stelle von *if he/she/it was* benutzt werden und wird als die korrektere Form angesehen:
If he were to resign ... = If he resigned ...
If I were to succeed ... = If I succeeded ...

Diese Konstruktion mit *were* wird hauptsächlich in formellen Sprachzusammenhängen benutzt. Die Verwendung von *if he/she/it was* + Infinitiv ist im Umgangsenglisch möglich, das Präteritum ist jedoch wie oben gezeigt gebräuchlicher.

3
Manchmal kann, was verwirrend erscheint, der Satztyp 2 als Alternative zu Typ 1 für durchaus mögliche Pläne und Vorschläge gebraucht werden:

»Will Mary be in time if she gets the ten o'clock bus?« »No, but she'd be in time if she got the nine-thirty bus.«

oder: *»No, but she'll be in time if she gets the nine-thirty bus.«*

»We'll never save £100!« »If we each saved £10 a week we'd do it in ten weeks.«

oder: *»If we each save £10 a week we'll do it in ten weeks.«*

Ein Vorschlag, bei dem die Formen des Typs 2 verwendet werden, ist geringfügig höflicher als ein Vorschlag unter Verwendung der Formen von Typ 1, genau wie *would you* eine höflichere Bitte ist als *will you*. Diese Gebrauchsmöglichkeiten sollten jedoch dem Lernenden »keine Kopfschmerzen« bereiten.

C Mögliche Variationen der Grundform

1
Variationen des Hauptsatzes

(a) *might* oder *could* können anstelle von *would* benutzt werden:
If you tried again you would succeed. (sicheres Resultat)
If you tried again you might succeed. (mögliches Resultat)
If I knew her number I could ring her up. (Möglichkeit)
If he had a permit he could get a job. (Möglichkeit oder Erlaubnis)

(b) Die Verlaufsform des Konditionals könnte anstelle der einfachen Konditionalform benutzt werden:
»Peter is on holiday; he is touring Italy.« »If I were on holiday I would/might be touring Italy too.«

(c) Auf *if* + Präteritum kann eine andere Zeit der Vergangenheit folgen, wenn auf automatische oder gewohnheitsmäßige Reaktionen in der Vergangenheit verwiesen werden soll, siehe *if* + zwei Präsens-Zeiten, Abschnitt **221** B 1 (d). Die Zeiten der Vergangenheit hier haben eine Bedeutung, die auf die Vergangenheit verweist:
If anyone interrupted him he got angry. (= whenever anyone interrupted him)
If there was a scarcity of anything prices of that thing went up.

(d) Wird *if* in der Bedeutung von *as* oder *since* gebraucht, ist eine Vielzahl von Zeiten im Hauptsatz möglich. *if* + Präteritum hat hier eine Bedeutung, die auf die Vergangenheit hinweist. Der Satz ist nicht wirklich ein Konditionalsatz.
»The pills made him dizzy. All the same he bought / has bought / is buying some more.« »If they made him dizzy why did he buy / has he bought / is he buying more?«

»I knew she was short of money.« »If you knew she was short of money you should have lent her some / why didn't you lend her some?«

2
Variationen des Bedingungssatzes

Anstelle von *if* + einfache Form des Präteritums kann gebraucht werden:

(a) *if* + Verlaufsform des Präteritums
(We're going by air and) I hate flying. If we were going by boat I'd feel much happier.
If my car was working I would/ could drive you to the station.

(b) *if* + Plusquamperfekt
If he had taken my advice he would be a rich man now.

Dies ist eine Mischung der Typen 2 und 3.

(wegen weiterer Beispiele siehe Abschnitt **223**; wegen *if* + *would* siehe Abschnitt **224**)

223 Konditionalsätze Typ 3

A Das Verb im Konditionalsatz wird im Plusquamperfekt benutzt, das Verb im Hauptsatz im Konditional II. Inhaltlich wird von der Vergangenheit gesprochen, und die Bedingung kann nicht mehr erfüllt werden, weil die Handlung im Konditionalsatz nicht stattfand.
If I had known that you were coming I would have met you at the airport.
(= But I didn't know, so I didn't come.)
If he had tried to leave the country he would have been stopped at the frontier.
(= But he didn't try.)

B Mögliche Variationen der Grundform

1
could oder *might* können anstelle von *would* benutzt werden:
If we had found him earlier we could have saved his life. (Fähigkeit)
If we had found him earlier we might have saved his life. (Möglichkeit)
If our documents had been in order we could have left at once. (Möglichkeit oder Erlaubnis)

2
Die Verlaufsform des Konditionals II kann verwendet werden:
At the time of the accident I was sitting in the back of the car, because Tom's little boy was sitting beside him in front. If Tom's boy had not been there I would have been sitting in front.

3
Die Verlaufsform des Plusquamperfekts kann im Konditionalsatz benutzt werden:
I was wearing a seat belt. If I hadn't been wearing one I'd have been seriously injured.

4
Eine Kombination von Typ 2 mit Typ 3 ist möglich:
The plane I intended to catch crashed and everyone was killed. If I had caught that plane I would be dead now.
oder: *I would have been killed.* (Typ 3)
If I had worked harder at school I would be sitting in a comfortable office now; I wouldn't be sweeping the streets. (= But I didn't work hard at school and now I am sweeping the streets.)

5
had kann am Satzanfang benutzt werden, wenn *if* wegfällt:
If you had obeyed orders this disaster would not have happened. > Had you obeyed orders this disaster would not have happened.

224 Sondergebrauchsfälle von *will/would* und *should* in Konditionalsätzen

Gewöhnlich werden diese Hilfsverben nicht nach *if* in Konditionalsätzen verwendet; es gibt jedoch gewisse Ausnahmen.

A *if you will/would* wird oft in höflichen Bitten benutzt. *would* ist die höflichere Form:
If you will/would wait a moment I'll see if Mr Jones is free.
I would be very grateful if you would make the arrangements for me.

if you would + Infinitiv wird oft als selbständiger Satz benutzt, wenn er eine Bitte ausdrückt, die unter den gegebenen Umständen häufig ausgesprochen wird. Der Sprecher nimmt dann an, daß die angeredete Person dieser Bitte selbstverständlich nachkommt:
If you'd fill up the form.
(in einem Hotel) *If you'd just sign the register.*
(in einem Laden) *If you'd put your address on the back of the cheque.*
(im Klassenzimmer) *If you'd open your books.*

B *if + will/would* können mit allen Personen zum Ausdruck der Bereitschaft / des Wollens verwendet werden:
If he'll listen to me I'll be able to help him. (= If he is willing to listen ...)
If Tom would tell me what he wants for his dinner I'd cook it for him.
(d.h. der Sprecher / die Sprecherin geht von der Annahme aus, daß Tom es ihm/ihr nicht erzählen will.)
won't kann – so benutzt – *refuse* bedeuten:

If he won't listen to me I can't help him. (= If he is unwilling to listen / If he refuses to listen ...)
If they won't accept a cheque we'll have to pay cash. (= If they refuse to accept ...)

C *will* kann zum Ausdruck eines hartnäckigen Nachdrucks verwendet werden (siehe Abschnitt **230 B**):
If you 'will play the drums all night no wonder the neighbours complain. (= If you insist on playing ...)

D *if + would like/care* können anstelle von *if + want/wish* benutzt werden und klingen höflicher:
If you would like to come I'll get a ticket for you.
If you'd care to see the photographs I'll bring them round.
If he'd like to leave his car here he can.

Werden die Sätze so abgefaßt, daß *would like* ein Objekt hat, kann *would* ausgelassen werden:

If you like I'll get a ticket for you.
Aber: *If you'd like a ticket I'll get one for you.*
If he likes he can leave his car here.
Aber: *If he'd like to leave his car here he can.*
oder: *He can leave it here if he'd like to.*

E *if + should* können in Typ 1 gebraucht werden, um anzugeben, daß die Handlung, obwohl prinzipiell möglich, nicht sehr wahrscheinlich ist. Die Struktur wird gewöhnlich mit einem Imperativ verbunden und hauptsächlich in schriftlichen Anweisungen verwendet:
If you should have any difficulty in getting spare parts ring this number.
If these biscuits should arrive in a damaged condition please inform the factory at once.

should kann an den Satzanfang treten, wobei *if* wegfällt:
Should these biscuits arrive ... (siehe Abschnitt **225 B**)

225 *if + were* und die Inversion von Subjekt und Hilfsverb

A *if + were* anstelle von *if + was*

1
Im Normalfall können beide Formen gebraucht werden, wobei *were* in formellem Englisch wahrscheinlich häufiger benutzt wird:
If she was/were offered the job she'd take it.
If Tom was/were here he'd know what to do.

2
were ist aber üblicher als *was* in Ratschlägen:
If I were/was you I would/should ....:
»If I were you I would wait a bit,« he said.
(siehe Abschnitt **287** **C**)

were ist ebenso gebräuchlich in Infinitivkonstruktionen:
If Peter were/was to apply for the post he'd get it.
(siehe Abschnitt **222** **B**)

3
were, nicht *was,* wird benutzt, wenn das Hilfsverb am Satzanfang gebraucht wird:
Were I Tom I would refuse.
(siehe nachstehend Abschnitt **B**)

Wenn *if* in der Bedeutung von *since* (siehe Abschnitt **222** **C**) benutzt wird, kann *was* nicht durch *were* ersetzt werden. *were* kann *was* ersetzen nach *if only* (siehe Abschnitt **228**) und *wish* (siehe Abschnitt **300**).

B *if* + Subjekt + Hilfsverb kann in formellem Englisch durch die Inversion von Hilfsverb und Subjekt ersetzt werden, wobei *if* ausfällt:
If I were in his shoes ... / Were I in his shoes ...
If you should require anything ... / Should you require anything ...
If he had known ... / Had he known ...

226 *if, even if, whether, unless, but for, otherwise, provided, suppose*

A *even if = even though*

Zum Vergleich:
You must go tomorrow if you are ready.
und: *You must go tomorrow even if you aren't ready.*

B *whether ... or = if ... or*

You must go tomorrow whether you are ready or not.

C *unless* + bejahend gebrauchtes Verb = *if* + verneint gebrauchtes Verb

Unless you start at once you'll be late = If you don't start at once you'll be late.
Unless you had a permit you couldn't get a job = If you hadn't a permit you couldn't get a job.

Der Unterschied zwischen:
(a) *Don't call me if you need help.*
und: (b) *Don't call me unless you need help.*

ist zu beachten. In (a) wird der Sprecher der zweiten Person nicht helfen, selbst wenn sie Hilfe benötigt. In (b) wird er der zweiten Person helfen, wenn sie seiner Hilfe bedarf, möchte aber nicht unnötig belästigt und nur in dringenden Fällen benachrichtigt werden.

unless + he'd/you'd like/prefer etc. ersetzt normalerweise *if he/you wouldn't like* etc.:
I'll ask Tom, unless you'd prefer me to ask / unless you'd rather I asked Bill.

D *but for = if it were not for / if it hadn't been for* (wenn das nicht so wäre / wenn das nicht gewesen wäre)

My father pays my fees. But for that I wouldn't be here.
The car broke down. But for that we would have been in time.

E *otherwise = if this doesn't happen / didn't happen / hadn't happened* (andernfalls, andernfalls)

We must be back before midnight; otherwise we'll be locked out = If we are not back by midnight we'll be locked out.
Her father pays her fees; otherwise she wouldn't be here = If her father didn't pay her fees she wouldn't be here.
I used my calculator; otherwise I'd have taken longer = If I hadn't used my calculator I'd have taken longer.

F In der Umgangssprache kann *or (+ else)* oft *otherwise* ersetzen:
We must be early or (else) we won't get a seat.

G *provided (that)* kann *if* ersetzen, wenn eine stark ausgeprägte Vorstellung einer Beschränkung vorliegt. Die Struktur wird hauptsächlich benutzt, wenn eine Erlaubnis erteilt wird:
You can camp here provided you leave no mess.

H *suppose/supposing ...? = what if ...?*

Suppose the plane is late? = What if / What will happen if the plane is late?
Suppose no one had been there? = What if no one had been there?

suppose kann auch Vorschläge und Hinweise einleiten:
Suppose you ask him / Why don't you ask him?

227 *if* und *in case*

A Auf *in case* folgt ein Präsens, ein Präteritum oder *should* (siehe Abschnitt **337**). Die Form scheint *if* ähnlich zu sein und wird oft mit ihr verwechselt. Die zwei Strukturen sind aber völlig verschieden.

B Ein mit *in case* eingeleiteter Nebensatz gibt den Grund für eine Handlung an, von der im Hauptsatz gesprochen wird:
Some cyclists carry repair outfits in case they have a puncture = Some cyclists carry repair outfits because they may have / because it is possible they will have a puncture.
I always slept by the phone in case he rang during the night = I always slept by the phone because (I knew) he might ring during the night.

Ein mit *in case* eingeleiteter Nebensatz kann, ohne daß die Bedeutung des Hauptsatzes sich ändert, weggelassen werden. In einem Konditionalsatz jedoch gibt es eine starke Abhängigkeit zwischen der Handlung im Hauptsatz und der Handlung im Konditionalsatz; entfällt der *if*-Teil, ändert sich die Bedeutung des Hauptsatzes. Zum Vergleich:
(a) *Bill: I'll come tomorrow in case Ann wants me.*
und: (b) *Tom: I'll come tomorrow if Ann wants me.*

In (a) möchte Ann vielleicht, daß Bill kommt, vielleicht möchte sie es auch nicht. Bill wird aber auf jeden Fall vorbeischauen. Seine Handlung hängt nicht von Anns Wünschen ab. *in case Ann wants me* könnte ausgelassen werden, ohne daß die Bedeutung des Hauptverbs sich änderte. In (b), einem Konditionalsatz, wird Tom nur dann kommen, wenn Ann ihn darum bittet. Sein Tun hängt von ihrer Handlung ab. Der Satzteil *if Ann wants me* kann nicht ausfallen, ohne daß die Bedeutung des Hauptverbs sich ändert.

B Üblicherweise wird ein mit *in case* eingeleiteter Satz hinter den Hauptsatz gestellt und nicht vor ihn.
Aber: *in case of* + Nomen = *if there is a/an* + Nomen:
In case of accident phone 999 = If there is an accident phone 999.

Solche Konstruktionen können zu der Verwechslung von *if*-Sätzen und Sätzen mit *in case* geführt haben.

228 *if only*

only kann auf *if* folgen und drückt dann eine Hoffnung, einen Wunsch oder ein Bedauern aus, je nachdem mit welcher Zeit es benutzt wird.

A *if only* + Präsens / *will* drückt Hoffnung aus:
If only he comes in time = We hope he will come in time.
If only he will listen to her = We hope he will be willing to listen to her.

B *if only* + Präteritum/Plusquamperfekt drückt Bedauern aus (siehe auch *wish* + Präteritum/Plusquamperfekt, Abschnitt **300**):

If only he didn't smoke! = We wish he didn't smoke oder *We are sorry he smokes.*
If only (= I/We wish) Tom were here!
If only you hadn't said, »Liar!« = We wish you hadn't said, »Liar« / We are sorry you said »Liar«.

C *if only + would* kann Bedauern über eine gegenwärtige Handlung ausdrücken als Alternative zu *if only* + Präteritum (es hat die gleiche Bedeutung wie *wish + would*):
If only he would drive more slowly! = We are sorry that he isn't willing to drive more slowly.
oder einen wenig aussichtsreichen Wunsch für die Zukunft:
If only (= I/We wish) the rain would stop! (d.h. eigentlich wird ein Ende des Regens nicht erwartet)
(siehe auch *wish,* Abschnitte **300-301**)

Sätze mit *if only* können für sich allein stehen oder als Teil eines konditionalen Satzgefüges.

229 Konditionalsätze in der indirekten Rede

A Typ I, Grundform. Die Zeiten werden hier auf die übliche Art und Weise geändert:
He said, »If I catch the plane I'll be home by five.« > He said that if he caught the plane he would be home by five.

Typ 2, Grundform. Keine Zeitenänderung:
»If I had a permit I could get a job,« he said > He said that if he had a permit he could get a job.

Typ 3, Grundform. Keine Zeitenänderung:
»If she had loved Tom,« he said, »she wouldn't have left him« > He said that if she had loved Tom she wouldn't have left him.

B Beispiele von *if*-Sätzen und Befehlen und Bitten in der indirekten Rede (siehe auch Abschnitte **320-321**):
He said, »If you have time wash the floor.« oder *He said, »If you have time would you wash the floor?« > He told/asked me to wash the floor if I had time* (man beachte die Wortstellung) oder *He said if I had time I was to wash the floor.*
»If you see Ann ask her to ring me,« he said > He said that if I saw Ann I was to ask her to ring him. (Die Infinitiv-Konstruktion wäre hier schwerfällig und weniger klar.)
Peter (on phone): If you miss the last bus get a taxi > Peter says that if we miss the last bus we are to get a taxi. (Die Infinitiv-Konstruktion wäre hier weniger üblich.)

(wegen Bitten mit *if you would* siehe Abschnitt **284** **F**)

C *if*-Sätze + Ausdrücke für Ratschläge in der indirekten Rede:
»If you feel ill,« she said, »why don't you go to bed?« oder *»... you'd better go to bed.«* > *She advised me to go to bed if I felt ill* oder *She said that if I felt ill I'd better / I should go to bed.*
»If I were you I'd stop taking pills,« she said > *She advised me to stop taking pills.*

D *if*-Sätze + Fragen werden gewöhnlich in der indirekten Rede nach dem Hauptsatz benutzt:
»If the baby is a girl what will they call her?« he wondered > *He wondered what they would call the baby if it was a girl.*
»If the door is locked what shall I do?« she asked > *She asked what she should / was to do if the door was locked.*

22 Weitere Gebrauchsmöglichkeiten von *will/would, shall/should*

(wegen *will/shall* in Befehlen siehe Abschnitt **282**; wegen *will/would* in Bitten siehe Abschnitt **284**; wegen *will/would* in Einladungen siehe Abschnitt **286**)

230 *will, would* zum Ausdruck von Gewohnheiten

A Gegenwärtige Gewohnheiten werden üblicherweise durch die einfache Form des Präsens versprachlicht; es kann aber *will* + Infinitiv gebraucht werden, wenn man eher den Handlungsträger charakterisieren will als die vorgenommene Handlung. Die Struktur wird hauptsächlich in allgemeinen Aussagen benutzt:
An Englishman will usually show you the way in the street. (d.h. es ist für einen Engländer selbstverständlich, so zu handeln)

Ein solcher Gebrauchsfall von *will* ist nicht sehr bedeutsam, die Vergangenheitsform *would* jedoch wird häufiger verwendet und kann *used to* ersetzen, wenn über eine gewohnheitsmäßige Handlung der Vergangenheit gesprochen wird:
On Sundays he used to / would get up early and go fishing. He used to / would spend the whole day by the river and in the evening used to / would come home with marvellous stories of the fish he had nearly caught.

Es ist jedoch anzumerken, daß *used to* zum Ausdruck einer nicht länger fortgeführten Gewohnheit nicht durch *would* ersetzt werden kann.
(siehe Abschnitt **162**)

will und *would* können in ihren Kurzformen erscheinen, wenn sie wie oben verwendet werden.

B *will* kann ebenso ein hartnäckiges Bestehen auf etwas ausdrücken, das sich gewöhnlich wiederholt:
If you will keep your watch half an hour slow it is hardly surprising that you are late for your appointments.

would wird in der Vergangenheit benutzt:
We all tried to stop him smoking in bed but he would do it.

will und *would* können hier nicht in ihren Kurzformen erscheinen und werden stark betont.

C *would* kann eine charakteristische Handlung versprachlichen, gewöhnlich eine, die den Sprecher verärgert / verärgert hat:
»Bill objects/objected.« »He would! / He would object!« (d.h. er widerspricht immer / er hat immer Einwände)

231 *should/would think* + *that*-Satz oder *so/not*

(wegen *so/not* als Alternative zu Nebensätzen siehe Abschnitt **347**)

A *»Will it be expensive?« »I should/would think so. / I should think it would.«* (wahrscheinlich)
oder: *»I shouldn't think it would. / I shouldn't/wouldn't think so. / I should/would think not.«* (unwahrscheinlich)

Mit einer solchen Antwort drückt der Sprecher aus, daß er etwas nicht sicher weiß, daß er aber von dem angesprochenen Sachverhalt diese Vorstellung hat. *I should/would think* drückt deshalb eine weniger sichere Annahme aus als *I think*.

so/not ist gewöhnlich nicht möglich, wenn *should/would think* einen Kommentar einleitet. Ein *that*-Satz muß in diesen Fällen benutzt werden:
»He's an astrologer, looking for work.« »I shouldn't/wouldn't think that he'd find it easy to get work.«

B Wird eine Stellungnahme hinsichtlich einer Handlung in der Vergangenheit abgegeben, wird *should/would have thought* benutzt:
»He actually got a job as an astrologer.« »I shouldn't/wouldn't have thought that it was possible to do that.«

C *should/would have expected* + eine Infinitivkonstruktion oder ein *that*-Satz ist ebenso möglich. Das unpersönliche Pronomen *you* kann manchmal *I* ersetzen:
»She has emigrated.« »Has she? You'd/I'd have expected her to stay in this country.«

232 *would* zum Ausdruck einer Absicht in der Vergangenheit

Wie schon erwähnt wurde, ist *would* das Vergangenheitsäquivalent von *will*, wenn *will* zum Ausdruck zukünftigen Geschehens gebraucht wird:
He knows he will be late.
He knew he would be late.

would ist gleichfalls Vergangenheitsäquivalent von *will* zum Ausdruck einer Absicht (siehe Abschnitt **201**):
I said, »I will help him« > I said that I would help him.
He said, »I won't lend you a penny« >He said that he wouldn't lend me a penny.

Obwohl *would* zur Versprachlichung der Zukunft oder der Absicht auf untergeordnete Nebensätze wie in den oben angeführten Beispielen beschränkt ist, kann *wouldn't* zum Ausdruck einer verneinten Absicht allein stehen:
He won't help me today. (= He refuses to help.)
He wouldn't help me yesterday. (= He refused to help.)

would kann so nicht gebraucht werden. Wenn ein Satz wie *I will help him today* in die Vergangenheit verschoben werden soll, muß *will* durch ein anderes Verb ersetzt werden:
I wanted/intended/offered to help him yesterday.

233 *shall I/we?* in Bitten um Anweisungen oder Ratschlägen, Angeboten, Vorschlägen

Bitten um Anweisungen:
How shall I cook it?
Where shall we put this?

Bittet man nur um einen Rat, kann entweder *shall* oder *should* verwendet werden:
Which one shall I buy? oder *Which one should I buy?*

Angebote:
Shall I wait for you?
Shall I help you to pack?

Vorschläge:
Shall we meet at the theatre?
Let's meet at the theatre, shall we?

(wegen *shall I/we?* in der indirekten Rede siehe Abschnitt **318**)

234 *shall* in den zweiten und dritten Personen

shall kann **A** die Absicht eines Subjekts ausdrücken, eine bestimmte Handlung auszuführen oder zu veranlassen, daß diese Handlung ausgeführt wird, und **B** einen Befehl. Beide Gebrauchsmöglichkeiten sind altmodisch und formell und werden normalerweise im modernen gesprochenen Englisch vermieden.

A Beispiele von *shall* zum Ausdruck der Absicht des Sprechers:
You shall have a sweet. (= I'll give you a sweet oder *I'll see that you get a sweet.)*
He shan't come here. (= I won't let him come here.)
They shall not pass. (= We won't let them pass.)

In der Vergangenheit, d.h. in der indirekten Rede, ist es gewöhnlich nötig, den Wortlaut zu ändern:
He said, »You shall have a sweet.« > He promised me a sweet.

B Beispiele von *shall* zum Ausdruck eines Befehls / einer Anweisung:
Yachts shall go round the course, passing the marks in the correct order. (yacht-racing-rules)
Members shall enter the names of their guests in the book provided. (= club rules)

Diese Konstruktion wird hauptsächlich in Regeln, Bestimmungen oder offiziellen Dokumenten benutzt. In weniger formellem Englisch würden *must* oder *are to* anstelle von *shall* in den obigen Sätzen gebraucht. (siehe auch Abschnitt **282**)

C *shall you?* ist eine altmodische Form, die sich gelegentlich noch in einigen Romanen findet, vielleicht weil sie kürzer und prägnanter als die Verlaufsform des Futurs ist:
Shall you go? = Will you be going?

235 *that ... should* nach bestimmten Verben

Auf bestimmte Verben kann *that* + Subjekt + *should* als Alternative zu einem Gerundium oder einer Infinitivkonstruktion folgen.

that ... should ist besonders im Passiv nützlich und manchmal die einzig mögliche Passiv-Form.
that ... should ist formeller als ein *gerund* oder eine Infinitivkonstruktion und deutet auf einen weniger direkten Kontakt zwischen den Ratgebern/Organisatoren etc. und den Personen, die die Handlung ausführen.

Verben, die mit *that ... should* gebraucht werden, schließen die folgenden ein:
advise, agree, arrange, ask, beg, command, decide, demand, determine, insist, order, propose, recommend, request, stipulate, suggest, urge
Man achte auch auf:
be anxious, be determined
She advised that we should keep the gate locked.
She advised that the gate should be kept locked.
She advised keeping the gate locked / advised us to keep it locked.
(siehe Abschnitt **267**)
recommend könnte oben *advise* ersetzen und würde formeller klingen.

They agreed/decided that the roof should be repaired.
They agreed/decided to repair the roof.

He arranged that I should go abroad.
He arranged for me to go abroad.
They arranged that the minister should be met at the airport.
They arranged for the minister to be met at the airport.

be anxious (= wish; siehe Abschnitt **27 C** *)* verlangt die gleiche Konstruktion wie *arrange:*
He is anxious that classes should start / should be started at once.
He is anxious for classes to start / to be started at once.
They asked/begged/urged that relief work should be given priority.
They asked/begged/urged the authorities to give relief work priority.
(siehe Abschnitt **243**)

He commanded that the army should advance. (d.h. er befand sich nicht notwendigerweise in dieser Armee)
He commanded the army to advance. (d.h. er befand sich wahrscheinlich in dieser Armee)

She determined / was determined that he should study music.
She determined / was determined to let him / make him study music.
She insisted that he should study music / insisted on his studying music.
(siehe Abschnitt **262**)

He ordered that Ann should go. (d.h. wahrscheinlich ließ er es ihr ausrichten)
He ordered Ann to go. (d.h. wahrscheinlich hat er es ihr selbst gesagt)
(siehe Abschnitt **320**)

He ordered that the goods should be sent by air.
He ordered the goods to be sent by air.

He proposed/suggested that we should try homeopathic remedies.
(siehe Abschnitt **289**)
He proposed/suggested that homeopathic remedies should be tried.
He proposed/suggested (our) trying homeopathic remedies.

They stipulated that the best materials should be used.
They stipulated for the best materials to be used.

should wird manchmal vor *be* ausgelassen. (siehe Abschnitt **291 C**)

236 *it is/was* + Adjektiv + *that ... should*

A *that ... should* kann nach *it is/was advisable, better, desirable, essential, imperative, important, natural, necessary* benutzt werden: nach *fair (= just), just, right* (diesen geht oft *only* voran) und nach *reasonable,* als Alternative zu einer Konstruktion mit *for* + Infinitiv:
It is advisable that everyone should have a map.
It is better for him to hear it from you.
It is better that he should hear it from you.
It is essential for him to be prepared for this.
It is essential that he should be prepared for this.
It is only right that she should have a share.

should kann manchmal vor *be* entfallen:
It is essential that he be prepared.

B *that ... should* kann nach *it is/was absurd, amazing, annoying, ludicrous, odd, ridiculous, strange, surprising* und ähnlichen Adjektiven als Alternative zu *that* + Präsens/Präteritum gebraucht werden:
It is ridiculous that we should be (d.h. daß wir es wirklich sind) *short of water in a country where it is always raining.*

Der Infinitiv Perfekt wird manchmal benutzt, wenn von vergangenen Geschehnissen/Handlungen die Rede ist:
It is amazing that she should have said nothing (d.h. daß sie wirklich nichts sagte) *about the murder.*

237 Andere Gebrauchsmöglichkeiten von *should*

A Nach *can't think why / don't know why / see no reason why* etc., wenn der Sprecher die Logik oder Rechtfertigung einer Annahme bezweifelt:
I don't know why you should think that I did it.
I see no reason why you should interfere in their quarrel.

Der Infinitiv Perfekt ist üblich, wenn die Annahme in der Vergangenheit lag:
I can't think why he should have said that it was my fault.

B Als idiomatische Wendung mit *what, where, who* in dramatischen Ausdrücken der Überraschung:
What should I find but an enormous spider!

Oft ist diese Überraschung unangenehm:
Who should come in but his first wife!

C Nach *lest* und manchmal nach *in case:*

1
In literarischem Englisch wird *lest ... should* manchmal nach Ausdrücken der Furcht und Angst benutzt:
He was terrified lest he should slip on the icy rocks.

should + Infinitiv Perfekt wird verwendet, wenn die Angst oder Befürchtung sich auf eine vergangene Handlung bezieht:
She began to be worried lest he should have met with some accident.

2
lest kann in Sätzen zum Ausdruck des Zwecks in der Bedeutung von *for fear that* gebraucht werden:
He dared not spend the money lest someone should ask where he had got it.
Dies ist, wie oben, eine literarische Form.

Auf *in case,* eine hier üblichere Wendung als *lest,* kann *should* oder ein Präsens oder Präteritum folgen:
in case someone should ask / someone asked
(siehe auch Abschnitte **227**, **337**)

D *Should* wird manchmal in Sätzen des Zwecks als Alternative zu *would/could* verwendet:
He wore a mask so that no one should recognize him.
(siehe Abschnitt **336**)

E In Konditionalsätzen anstelle des Präsens:
If the pain should return take another of these pills.
(siehe Abschnitt **224**)

F In indirekten, ziemlich förmlichen Anweisungen, wenn diejenige Person, der die Anweisungen gelten, sie nicht direkt erhält:
He ordered that Tom should leave the house.
(siehe Abschnitt **321** **B**)

Im Vergleich dazu der Satz *He ordered Tom to leave,* der ausdrückt, daß der Sprecher Tom die Anweisung selbst erteilt.

23 Der Infinitiv *(infinitive)*

238 Form

A Beispiele von Infinitiv-Formen

Infinitiv Präsens:	*to work, to do*
Verlaufsform des Infinitiv Präsens:	*to be working, to be doing*
Infinitiv Perfekt:	*to have worked, to have done*
Verlaufsform des Infinitiv Perfekt:	*to have been working, to have been doing*
Infinitiv Präsens Passiv:	*to be done*
Infinitiv Perfekt Passiv:	*to have been done*

B Der volle Infinitiv besteht aus zwei Wörtern, *to* + Verb, wie oben gezeigt wurde. Nach bestimmten Verben und Ausdrücken wird jedoch die Form ohne *to* benutzt, d.h. der ›reine‹ Infinitiv (siehe Abschnitt **246**):
You had better say nothing.
(siehe Abschnitt **120**)

C Es ist grundsätzlich nicht ratsam, Wörter zwischen *to* und das Verb zu stellen (siehe aber Abschnitt **248** *split infinitives* getrennte Infinitive)

D Um Wiederholungen zu vermeiden, vertritt manchmal *to* die volle Infinitiv-Form:
»Do you smoke?« »No, but I used to (smoke).«
(siehe Abschnitt **247**)

239 Der Infinitiv im Gebrauch

A Der Infinitiv kann allein gebraucht werden:
We began to walk.
oder als Teil einer Infinitiv-Wendung:
We began to walk down the road.

B Der Infinitiv kann das Subjekt eines Satzes sein (siehe Abschnitt **240**).

C Der Infinitiv kann die Ergänzung eines Verbs sein:
His plan is to keep the affair secret.

D Der Infinitiv kann das Objekt oder Teil des Objekts eines Verbs sein. Er kann direkt dem Verb folgen:
He wants to pay. (siehe Abschnitte **241**, **243**)
oder dem Verb + *how, what* etc. (siehe Abschnitt **242**)
oder dem Verb + Objekt:
He wants me to pay. (siehe Abschnitte **234**, **244**)

E *be* + Infinitiv kann Befehle oder Anweisungen versprachlichen. (siehe Abschnitt **114**)

F Der Infinitiv kann einen Zweck ausdrücken. (siehe Abschnitt **334**)

G Der Infinitiv kann nach bestimmten Adjektiven benutzt werden:
angry, glad, happy, sorry (siehe Kapitel **26**)
fortunate, likely, lucky (siehe Kapitel **27**)

H Der Infinitiv kann zwei Sätze miteinander verbinden. (siehe Abschnitt **249**)

I Der Infinitiv kann manchmal Relativsätze ersetzen. (siehe Abschnitte **77**, **250**)

J Der Infinitiv kann nach bestimmten Nomen verwendet werden. (siehe Abschnitt **251**)

K Der Infinitiv kann mit *too/enough* und bestimmten Adjektiven/Adverbien gebraucht werden.
(siehe Abschnitt **252**)

L Eine Infinitiv-Wendung wie *to tell the truth, to cut a long story short* kann an den Anfang oder das Ende eines Satzes gestellt werden.
(siehe Abschnitt **253**)

240 Der Infinitiv als Subjekt

A Ein Infinitiv oder eine Infinitiv-Phrase kann das Subjekt der Verben *appear, be, seem* sein. Der Infinitiv kann den Satz einleiten:
To compromise appears advisable.
To lean out of the window is dangerous.
To save money now seems impossible.

B Es ist jedoch gebräuchlicher, das Pronomen *it* an den Satzanfang und den Infinitiv oder die Infinitiv-Phrase an das Ende des Satzes zu stellen:
It appears advisable to compromise.
It is dangerous to lean out of the window.
It seemed impossible to save money.

it ist hier als Satzeinleitung bekannt. In der Frageform:
Would it be safe to camp here?
Wouldn't it be better to go on?

Die *it*-Konstruktion ist hier nötig. *would + to camp* und *wouldn't + to go on* wären nicht möglich.

C Infinitiv-Konstruktionen dieses Typs bestehen gewöhnlich aus *if + be +* Adjektiv + Infinitiv. (siehe Kapitel **26**, **27**)
Manchmal kann ein Nomen anstelle eines Adjektivs gebraucht werden:
It would be a crime / a mistake to cut down any more trees.
It is an offence to drop litter in the street.

D *cost/take* + Objekt kann ebenso benutzt werden:
It would cost millions / take years to rebuild the castle.

E Das Gerundium kann anstelle des Infinitivs verwendet werden, wenn von einer Handlung allgemein gesprochen wird; es ist aber immer richtig, einen Infinitiv zu benutzen. Wenn man sich auf eine besondere Handlung bezieht, muß man den Infinitiv gebrauchen:
He said, »Do come.« It was impossible to refuse.

Der Satz *It is not always easy to refuse invitations* kann durch *Refusing invitations is not always easy* ersetzt werden. Hier wird von einer Handlung allgemein gesprochen, und in diesem Fall ist der Infinitiv oder das Gerundium verwendbar. (siehe auch Abschnitt **258**)

F Vor *it* + Infinitiv kann *believe/consider/discover/expect/find/think (that)* und *wonder (if)* stehen:
He thought (that) it would be safer to go by train.

Nach so benutztem *find* kann *that* + das Verb *be* fortgelassen werden, d.h. im Englischen kann gesagt werden:

He found (that) it was easy to earn extra money.
oder: *He found it easy to earn extra money.*
He will find (that) it is hard to make friends.
oder: *He will find it hard to make friends.*

Diese Konstruktion ist mit *think* ebenso möglich:
He thought it safer to go.

Nach anderen Verben jedoch sollte der Lernende *be* nicht weglassen.
(wegen ähnlicher gerundialer Konstruktionen siehe Abschnitt **258**)

G Der Infinitiv Perfekt kann ebenso als das Subjekt eines Satzes gebraucht werden:
To have made the same mistake twice was unforgivable.

Gleichermaßen bei vorangestelltem *it:*
It is better to have loved and lost than never to have loved at all.

241 Der Infinitiv als Objekt oder prädikative Ergänzung

A Die gebräuchlichsten Verben, auf die der Infinitiv direkt folgt, sind:
*agree**, aim, appear*, arrange**, ask**, attempt, bother, care (negative), choose, claim**, condescend, consent, decide**, decline, demand**, determine**, be determined**, endeavour, fail, forget*, guarantee*, happen*, hesitate, hope, learn*, long, manage, neglect, offer, plan, prepare, be prepared, pretend*, proceed, promise*, prove*, refuse, remember*, resolve**, seem*, swear*, tend, threaten*, trouble (negative), try (= attempt), undertake*, volunteer, vow*

* siehe **D** ; ** siehe **F**

Hilfsverben

be, can, dare, do, have, may, must, need, ought, shall, will, used
(wegen Verben in Verbindung mit Objekt + Infinitiv siehe Abschnitt **244**; wegen Verben in Verbindung mit Infinitiv oder Gerundium siehe Kapitel **25**)

B Der Infinitiv kann auf die folgenden Wendungen folgen:
be about, be able + afford, do one's best / do what one can, make an / every effort, make up one's mind (= decide), occur** + *to* + Objekt, *set out, take the trouble, turn out* (= prove to be)*

(* siehe **D**)

C Beispiele von **A** und **B**

She agreed to pay £50.
Two men failed to return from the expedition.
I managed to put the fire out.
They are preparing (= getting ready) to evacuate the area.
We are not prepared (= willing) to wait any longer.
The tenants refused to leave.
Prices always tend to go up.
She volunteered to help with Meals on Wheels.
He is just about to leave. (im Begriff)
We can't afford to live in the centre.
He didn't bother/trouble to answer personally.

Im Gegensatz zu den oben genannten:
He took the trouble to answer personally.

D Die mit * gekennzeichneten Verben oder Ausdrücke können auch mit einem *that*-Satz benutzt werden (siehe Abschnitt **346**):

I promise to wait = I promise that I will wait.
He pretended to be angry = He pretended that he was angry.

occur (hauptsächlich in Fragesätzen und verneinten Fragesätzen benutzt) erfordert ein einleitendes *it,* sowohl mit einer Infinitiv- als auch mit einer *that*-Konstruktion:
It didn't occur to me to ask him for proof of his identity. (d.h. ich dachte nicht daran, dies zu tun)
It occurred to me that he was trying to conceal something. (d.h. mir kam diese Idee)

appear, happen, seem, turn out erfordern ebenfalls ein einleitendes *it,* wenn sie mit einer *that*-Konstruktion verbunden werden:
It turned out that his ›country cottage‹ was an enormous bungalow.
Aber: *His ›country cottage‹ turned out to be an enormous bungalow.* (Infinitiv-Konstruktion)

E Ein Verb + Infinitiv hat jedoch nicht notwendigerweise dieselbe Bedeutung wie das gleiche Verb in Verbindung mit einem *that*-Satz. Bei *learn, forget* und *remember* ist die Bedeutung unterschiedlich:
He learnt to look after himself. Er lernte, für sich selbst zu sorgen.
He learnt (= was told) that it would cost £100. Er erfuhr, daß es £100 kosten würde.
He forgot to leave the car keys on the table. Er vergaß, die Wagenschlüssel auf dem Tisch zurückzulassen.
He forgot that his brother wanted to use the car. Er vergaß, daß sein Bruder den Wagen benutzen wollte.

remember könnte ähnlich mit unterschiedlicher Bedeutung verwendet werden.
agree/decide + Infinitiv drückt eine Handlungsabsicht aus.
agree that ... drückt eine Meinung aus.
decide ... drückt eine Schlußfolgerung oder eine Entscheidung aus, die nicht notwendigerweise zu einer Handlung führt.

F Verben mit ** können in Verbindung mit einer Infinitiv- oder einer *that...should*-Konstruktion benutzt werden. *that ... should* ist besonders im Passiv nützlich (siehe Abschnitt **302**):
They decided/agreed to divide the profits equally.
They decided that the profits should be divided equally.
I arranged to meet / for Tom to meet them.
I arranged that Tom should meet them.
I arranged that they should be met.

G Die Verlaufsform des Infinitivs wird oft nach *appear, happen, pretend, seem* benutzt:
I happened to be looking out of the window when they arrived.
He seems to be following us.

Sie ist gleichermaßen möglich nach *agree, arrange, decide, determine, hope, manage, plan* und den Hilfsverben (siehe Abschnitt **254**).

H Der Infinitiv Perfekt ist möglich nach *appear, hope, pretend, seem* und den Hilfsverben (siehe Abschnitt **255**).

242 Verb + *how/that/what/when/where/which/why* + Infinitiv

A Die Verben, die besonders häufig auf diese Art und Weise verwendet werden, sind *ask, decide, discover, find out, forget, know, learn, remember, see (= understand/perceive), show* + Objekt, *think, understand, want to know, wonder:*
He discovered how to open the safe.
I found out where to buy fruit cheaply.
I didn't know when to switch the machine off.
I showed her which button to press.
She couldn't think what to say.

(Es ist anzumerken, daß diese Konstruktion nach *think* in der einfachen Form des Präsens oder Präteritums nicht üblich ist, daß sie aber nach anderen Zeiten von *think* oder nach *think* als einem zweiten Verb wie in dem letzten obigen Beispiel verwendet werden kann.)

B *whether* + Infinitiv kann ähnlich nach *want to know, wonder* gebraucht werden:
I wonder/wondered whether to write or phone.

und nach *decide, know, remember, think,* wenn diese Verben auf ein fragend oder verneint benutztes Verb folgen:
You needn't decide yet whether to study arts or science.
He couldn't remember whether to turn left or right.

C Auf *ask, decide, forget, learn, remember* kann der Infinitiv direkt folgen (siehe Abschnitt **241**). Die Bedeutung ist jedoch nicht notwendigerweise dieselbe.

learn how + Infinitiv = *acquire a skill* (eine Fertigkeit erwerben):
She learnt how to make lace.

Wenn die Fertigkeit jedoch allgemein üblich und nichts Besonderes ist, fällt *how* weg:
She learnt to drive a car.

learn + Infinitiv (ohne *how*) kann eine andere Bedeutung haben:
She learnt to trust nobody = She found from experience that it was better to trust nobody.)

Siehe ebenso:
I decided to do it = I said to myself, »I'll do it.«
I decided how to do it = I said to myself, »I'll do it this way.«

I remembered to get a ticket. (d.h. ich besorgte mir eins)
I remembered where to get a ticket. (= I remembered that the tickets could be obtained from the Festival Office.)

243 Der Infinitiv nach Verb oder Verb + Objekt

A Die wichtigsten Verben, die auf diese beiden Arten gebraucht werden können, sind *ask, beg, expect, would hate, help, intend, like (= think wise or right), would like (= enjoy), would love, mean, prefer, want, wish:*
He likes to eat well.
He likes his staff to eat well.
I want to ride.
I want you to ride too.

B *ask* und *beg*

ask + Infinitiv bedeutet etwas anderes als *ask* + Objekt + Infinitiv:
I asked to speak to Mrs Jones = I said, »Could I speak to Mrs Jones?« (Frage)
Aber: *I asked Bill to speak to her = I said »Bill, would you speak to her?«* (Bitte)

Ein ähnlicher Unterschied liegt bei *beg* vor, obwohl auf *beg* nicht häufig ein Infinitiv folgt:
I begged (to be allowed) to go = I said, »Please let me go.«
I begged him to go = I said, »Please go.«

Auf *ask* und *beg* kann auch *that ... should* folgen (siehe Abschnitt **235**).

C *expect* + Infinitiv und *expect* + Objekt + Infinitiv kann die gleiche Bedeutung haben:
I expect to arrive tomorrow = I think it is likely that I will arrive tomorrow.
I expect him to arrive tomorrow = I think it is likely that he will arrive tomorrow.

Sehr oft jedoch vermittelt *expect* + Objekt + Infinitiv die Vorstellung einer Pflicht:
He expects his wife to bring him breakfast in bed at weekends. (d.h. er glaubt, dies sei ihre Pflicht)

Auf *expect* kann auch *that* + Subjekt + Verb folgen. Hier liegt jedoch nicht die Vorstellung einer Pflicht vor.

D Wegen Beispielen von *care, hate, like, love* und *prefer* in Verbindung mit Infinitiven und Gerundien siehe Abschnitte **294-298**
Auf *intend, mean, want* können auch Gerundien folgen (siehe Abschnitt **266**).

244 Der Infinitiv nach Verb + Objekt

A Unter diesen sind die wichtigsten:
advise, allow, bribe, command, compel, enable, encourage, entitle, feel, forbid, force, hear*, implore, induce, instruct, invite, let*, make*, oblige, order, permit, persuade, remind, request, see*, show how, teach / teach how, tell / tell how, tempt, train, urge, warn, watch**

* bedeutet hier ›reiner Infinitiv‹. (siehe Abschnitt **246**)

advise, allow und *permit* können auch mit Gerundien benutzt werden.
(wegen Verben zum Ausdruck des Wissens und Denkens siehe Abschnitt **245**)

B Beispiele von Verb + Objekt + Infinitiv:

These glasses will enable you to see in the dark.
She encouraged me to try again.
They forbade her to leave the house.
oder: *She was forbidden to leave the house.* (gebräuchlicher)
Nothing would induce me to do business with them.
They persuaded us to go with them.
They are training these dogs to sniff out drugs.

C *show/teach/tell + how*

show erfordert in Verbindung mit einem Infinitiv *how:*
He showed me how to change a fuse.

tell how + Infinitiv = *instruct* (zeigen, erklären):
He told me how to replace a fuse. (d.h. er gab mir die notwendigen Informationen/Instruktionen)

Aber *tell* + Objekt + Infinitiv = *order* (anweisen):
He told me to change the fuse = He said, »Change the fuse.«

teach how:
teach someone (how) to swim, dance, type, ride etc.:
He taught me how to light a fire without matches.

how ist möglich; wenn aber die Fertigkeit, von der die Rede ist, allgemein üblich ist, wird *how* gewöhnlich weggelassen:
He taught me to ride.

teach + Objekt + Infinitiv (ohne *how*) kann auch in der Bedeutung von ›jemanden lehren oder unterweisen, sich auf eine bestimmte Art und Weise zu verhalten‹ verwendet werden:
He taught me to obey all commands without asking questions.

D Auf *remind, show, teach, tell* kann auch *that* folgen:
He reminded me that the road was dangerous.
He showed me that it was quite easy.

tell + *that* hat nicht dieselbe Bedeutung wie *tell* + Infinitiv:
He told (= ordered) me to go.
He told (= informed) me that I was late.

E Auf *request* kann auch *that ... should* folgen. Diese Konstruktion wird hauptsächlich im Passiv verwendet:
He requested that the matter should be kept secret.

245 Der Infinitiv nach Verben zum Ausdruck des Wissens und Denkens etc.

A *assume, believe, consider, feel, know, suppose, understand* können mit einem Objekt + *to be* verbunden werden:
I consider him to be the best candidate.

Es ist jedoch üblicher, mit *that* und einem Satz anzuschließen:
I consider that he is the best candidate.

Mit *think, estimate* und *presume* ist die Objekt+Infinitiv-Konstruktion äußerst selten, im Normalfall wird ein *that*-Satz benutzt:
I think that he is the best player.
They estimate that this vase is 2,000 years old.

B Werden jedoch diese Verben im Passiv verwendet, folgt auf sie häufiger ein Infinitiv als die *that*-Konstruktion:
He is known to be honest. = It is known that he is honest.
He is thought to be the best player. = It is thought that he is ...
This vase is estimated to be 2,000 years old.

C Wird *suppose* jedoch im Passiv benutzt, drückt es häufig die Vorstellung einer Pflicht aus:
He is supposed to be washing the car. (d.h. er sollte es waschen)

D Betrifft die Meinung/Vorstellung eine abgeschlossene Aktion, wird der Infinitiv Perfekt verwendet:
They are believed to have landed in America. (= It is believed that they landed.)

Bei *suppose* + Infinitiv Perfekt kann die Vorstellung einer Pflicht vorliegen oder nicht. *They are supposed to have discovered America* bedeutet *It is thought that they did.* Der Satz *You are supposed to have read the instructions* würde jedoch normalerweise bedeuten *You should have read them.*

E *estimate* und *presume* werden im Aktiv normalerweise mit einer *that*-Konstruktion verbunden. Im Passiv kann entweder *that* oder ein Infinitiv verwendet werden:

It is estimated that the vase is 2,000 years old.
oder: *The vase is estimated to be 2,000 years old.*

Auf alle oben angeführten Verben können *that*-Sätze folgen (siehe Abschnitt **346**).

246 Der reine Infinitiv nach Verben und Ausdrücken

A *can, do, may, must, shall, will:*
They could do it today.
I may as well start at once.
He will probably object.

B *need* und *dare,* außer wenn sie mit *do/did* oder *will/would* konjugiert werden:
You needn't say anything aber *You don't/won't need to say anything.*
I dare not wake him aber *I didn't/wouldn't dare (to) wake him.*

Theoretisch ist *to* im letzten Beispielsatz erforderlich, in der Praxis wird es jedoch häufig fortgelassen. Die Theorie besagt, daß wenn *dare* und *used* als Hilfsverben gebraucht werden, sie den reinen Infinitiv wie die meisten Hilfsverben erfordern. Wenn sie als selbständige Verben benutzt werden, d.h. mit *do/did* etc., ist der volle Infinitiv nötig wie bei den anderen selbständigen Verben auch.

C *feel, hear, see* und *watch:*
I heard him lock the door.
I saw/watched him driving off.

see und *hear* erfordern im Passiv den vollen Infinitiv:
He was seen to enter the office.
He was heard to say that ...
I heard them shouting.
(siehe Abschnitt **273**)

D *let* verlangt den reinen Infinitiv sowohl im Aktiv als auch im Passiv. *let* im Passiv wird jedoch oft durch ein anderes Verb ersetzt: *They let me know ...* würde im Passiv durch *I was told ...* und *They let him see the documents* durch *He was allowed to see them* ersetzt werden.

Der Infinitiv / Die Infinitiv-Phrase nach *let* wird manchmal fallengelassen, um eine Wiederholung zu vermeiden:
She wants to go out to work but he won't let her (go out to work).

let wird in der Wendung:
Live and let live
ohne Objekt gebraucht.
(wegen *let us / let's* in Imperativformen zum Ausdruck von Befehlen und Vorschlägen siehe Abschnitte **281**, **289**)

E *make*

make im Aktiv erfordert den reinen Infinitiv:
He made me move my car.

Im Passiv jedoch verlangt es den vollen Infinitiv:
I was made to move my car.

Der Infinitiv nach *make* (Aktiv) wird manchmal fortgelassen, um unnötige Wiederholungen zu vermeiden:
»Why did you tell him?« »He made me (tell him)!«

Ein Infinitiv nach *make* (Passiv) kann durch den ersten Teil *to* angedeutet werden:
I was made to (tell him).

F *would rather/sooner, rather/sooner than* (siehe Abschnitte **297**, **298**):
»Shall we go today?« »I'd rather wait till tomorrow.«
Rather/Sooner than risk a bad crossing, he postponed his journey.

G *had better* (siehe Abschnitt **120**):
»You had better start at once,« he said.

H Auf *help* kann ein Infinitiv mit oder ohne *to* folgen:
He helped us (to) push it.

I Werden zwei Infinitive durch *and* verbunden, wird das *to* des zweiten Infinitivs üblicherweise ausgelassen:
I intend to sit in the garden and write letters.
I want you to stand beside me and hold the torch.

J *but* und *except* machen den reinen Infinitiv nötig, wenn sie auf *do + anything/nothing/everything* folgen:
He does nothing but complain.
My dog does everything but speak.
Can't you do anything but ask silly questions?
There's nothing to do but wait.

K *to* ist optional in Sätzen wie:
The only thing to do / we can do is (to) write to him.
oder: *All we can do is (to) write to him.*

247 Der Infinitiv wird durch seinen Bestandteil *to* vertreten

Ein Infinitiv kann durch *to* vertreten werden, um unschöne Wiederholungen zu vermeiden. Dieses wird hauptsächlich nach Verben wie *hate, hope, intend, would like/love, make* (Passiv), *mean, plan, try, want,* nach den Hilfsverben *have, need, ought* und in Verbindung mit *used to, be able to* und *be going to* vorgenommen:
»Would you like to come with me?« »Yes, I'd love to.«
»Did you get a ticket?« »No, I tried to, but there weren't any left.«
»Why did you take a taxi?« »I had to (take one). I was late.«
»Do you ride?« »Not now but I used to.«
He wanted to go but he wasn't able to.
»Have you fed the dog?« »No, but I'm just going to.«

248 Geteilte Infinitive *(split infinitives)*

Früher empfand man es als schlechten Stil, wenn ein Infinitiv geteilt wurde (d.h. wenn ein Wort zwischen *to* und das Verb gestellt wurde), aber heute wird ein solcher Sprachgebrauch nicht mehr als ein starkes Vergehen empfunden.

really wird im Umgangsenglisch häufig hinter *to* gestellt:
It would take ages to really master this subject
anstelle von ... *really to master,* was ziemlich förmlich klingt.

Einige andere Adverbien zum Ausdruck der Abstufung wie *completely, entirely, (un)duly* können ähnlich verwendet werden:
to completely cover the floor anstelle von *to cover the floor completely**
to unduly alarm people anstelle von *to alarm people unduly**
Es ist jedoch sicherer, sich an die konventionelle Wortstellung zu halten wie in * oben.

249 Der Infinitiv als Satzverbindung

A Der Infinitiv wird nach *only* benutzt, um einen Sachverhalt zu versprachlichen, über den ein Sprecher enttäuscht ist:
He hurried to the house only to find that it was empty. < *He hurried to the house and was disappointed when he found that it was empty.*
He survived the crash only to die in the desert. < *He survived the crash but died in the desert.*

B Der Infinitiv kann auch als Bindeglied ohne *only* verwendet werden, wobei nicht die Vorstellung eines unglücklichen Geschehens vorliegt:
We returned home to learn that his daughter had just become engaged.

Ein solcher Sprachgebrauch ist hauptsächlich auf Verben wie *find, hear, learn, see, be told* etc. beschränkt, da andernfalls eine Verwechslung zwischen einem zur Verbindung gebrauchten Infinitiv und einem Infinitiv zur Angabe eines Zwecks entstehen könnte.

250 Der Infinitiv als Ersatz eines Relativsatzes

A Der Infinitiv kann nach *the first, the second* etc., *the last, the only* und manchmal nach Superlativen (siehe Abschnitt **77**) benutzt werden:
He loves parties; he is always the first to come and the last to leave. (< the first who comes and the last who leaves)
She was the only one to survive the crash. (< the only one who survived)

So verwendete Infinitive ersetzen ein pronominales Subjekt + Verb. Im Vergleich dazu ein Infinitiv, der ein pronominales Objekt + Verb ersetzt, wie nachstehend unter Abschnitt **B** gezeigt wird. Der Infinitiv hat hier eine Bedeutung im Aktiv; ist eine Passiv-Bedeutung erforderlich, wird ein Infinitiv im Passiv verwendet:
He is the second man to be killed in that way. (< the second man who was killed)
the best play to be performed that year (<the best play that was performed that year)

Im Vergleich:
the best play to perform (< the best play for you to perform / the best play you should perform)

B

1
Der Infinitiv kann hinter Nomen/Pronomen gestellt werden, um zu zeigen, wie sie verwendet werden oder was mit ihnen geschieht, manchmal aber auch, um die Wünsche des Subjekts zu versprachlichen (siehe Abschnitt **77**):
I have letters to write. (< that I must write)
Does he get enough to eat?
Have you anything to say? (< that you want to say)
At the customs: I have nothing to declare. (< that I need to declare)
a house to let (< a house that the owner wants to let)

Gleichermaßen Infinitive + Präpositionen:
someone to talk to , cushions to sit on, a tool to open it with, a case to keep my records in, a glass to drink out of, a table to write on

2
Der Gebrauch der Passivform des Infinitivs

There is plenty to do = plenty of things we can do, (d.h. viele Freizeitmöglichkeiten) oder *plenty of work we must do.* *

In der *there+be*+Nomen/Pronomen+Infinitiv-Konstruktion, wenn eine Vorstellung von Pflicht, wie in * oben, vorliegt, ist eine Infinitivform im Passiv möglich:
There is a lot to be done.

Die Aktivform des Infinitivs ist jedoch gebräuchlicher.

251 Der Infinitiv nach bestimmten Nomen

Der Infinitiv kann direkt auf eine Anzahl von Nomen folgen. Einige der nützlichsten sind:
ability, ambition, anxiety, attempt, decision, demand, desire, determination, eagerness, effort, failure, offer, plan, promise, refusal, request, scheme, willingness, wish

His ability to get on with people is his chief asset.
He made an attempt/effort to stand up.
Failure to obey the regulations may result in disqualification.
Their offer/plan/promise to rebuild the town was not taken seriously.
She was annoyed by his unwillingness to do his share of the work.

252 Der Infinitiv nach *too, enough* und *so ... as*

A *too* + Adjektiv/Adverb + Infinitiv

1
too + Adjektiv + Infinitiv

(a) Der Infinitiv kann sich auf das Subjekt des Satzes beziehen. Er hat dann eine aktive Bedeutung:
You are too young to understand. (= You are so young that you cannot understand.)
He was too drunk to drive home. (= He was so drunk that he couldn't drive home.)

(b) Der Infinitiv kann sich ebenso auf das Objekt eines Verbs beziehen. Er hat dann eine passive Bedeutung:
The plate was so hot that we couldn't touch it.
könnte ausgedrückt werden durch:
The plate was too hot to touch. (= too hot to be touched)

Es ist zu bemerken, daß das Objekt von *touch* im ersten Satz in der Infinitiv-Konstruktion nicht auftaucht, weil der Infinitiv trotz seiner Form im Aktiv eine passive Bedeutung hat.
Manchmal kann der Infinitiv sowohl in der aktiven als auch in der passiven Form benutzt werden:
This parcel is too heavy to send / to be sent by post.

Diese Konstruktion ist jedoch nicht immer möglich, so daß der Lernende gut beraten ist, die aktive Form des Infinitivs zu benutzen. *for* + Nomen/Pronomen kann vor den Infinitiv in der Konstruktion treten:
The case was too heavy (for a child) to carry = The case was too heavy to be carried by a child.

(c) Der Infinitiv kann sich gleichermaßen auf das Objekt einer Präposition beziehen:
The grass was so wet that we couldn't sit on it.
The grass was too wet (for us) to sit on.
The light is so weak that we can't read by it.
The light is too weak to read by.

2
too + Adjektiv + *a* + Nomen + Infinitiv

He was too shrewd a businessman to accept the first offer. = *As a businessman he was too shrewd to accept the first offer.*
He is too experienced a conductor to mind what the critics say. = *As a conductor he is too experienced to mind what the critics say.*

Der Infinitiv hier bezieht sich immer auf das Subjekt wie unter 1 oben. Eine Passivform des Infinitivs ist ebenso möglich:
He was too experienced a conductor to be worried by what the critics said.

3
too + Adverb + Infinitiv

It is too soon (for me) to say whether the scheme will succeed or not.
He spoke too quickly for me to understand. (*for me* ist hier notwendig.)
She works too slowly to be much use to me.

B Adjektiv/Adverb + *enough* + Infinitiv

1
Adjektiv + *enough* + Infinitiv

(a) Wie bei der *too*-Konstruktion kann sich der Infinitiv auf das Subjekt des Verbs beziehen:
She is old enough to travel by herself.
He was tall enough to see over the heads of the other people.

(b) Oder er kann sich auf das Objekt eines Verbs beziehen:
The case is light enough for me to carry = *The case is so light that I can carry it.*
After a few minutes the coffee was cool enough (for us) to drink.

(c) Er kann sich auf ein präpositionales Objekt beziehen:
The ice was thick enough to walk on.
The light was strong enough to read by.

2
enough kann als Pronomen oder Adjektiv verwendet werden:
He doesn't earn enough (money) to live on.
We haven't enough time to do it properly.
She had enough sense to turn off the gas.

have + *enough* + abstraktes Nomen kann hier manchmal durch *have* + *the* + Nomen ersetzt werden:
She had the sense to turn off the gas.
He had the courage to admit his mistake.
I hadn't the patience to listen to any more.

Vor *time* kann *the* benutzt werden oder auch nicht:
We haven't (the) time to do it properly.

3
Adverb + *enough* + Infinitiv
He didn't jump high enough to win a prize.
He spoke slowly enough for everyone to understand.

C *so* + Adjektiv + *as* + Infinitiv:
He was so foolish as to leave his car unlocked.

Diese Konstruktion ist eine Ausdrucksalternative für *enough*, wie in Abschnitt **B** 1 oben verwendet; es ist jedoch anzumerken, daß *He was foolish enough to leave his car unlocked* entweder bedeuten kann, daß der Handlungsträger es tat oder auch nur zu dieser Handlung fähig war, während *He was so foolish as to leave* etc. bedeutet, daß jemand die Tat ausführte.

Die *so... as*-Konstruktion wird in der oben angeführten Form nicht oft benutzt, findet sich jedoch ziemlich häufig als Bitte:
Would you be so good as to forward my letters? = *Would you be good enough to forward my letters?*

Zwischen den beiden angeführten Formen gibt es keinen Bedeutungsunterschied. Es ist wichtig, *as* nicht zu vergessen.

(wegen anderer Adjektiv+Infinitiv-Konstruktionen siehe Kapitel **26**, **27**)

253 Satzeinleitende oder satzbeendende Infinitiv-Fügungen

Bestimmte Infinitiv-Fügungen können an den Satzanfang oder manchmal an das Satzende gestellt werden und ähneln den Satzadverbien (siehe Abschnitt **40**):

To be perfectly frank, you're a bad driver.
To be honest, I just don't like him.
To be fair (to him), he wasn't entirely to blame.
To cut a long story short, we said »No!«
To tell you the truth, I've never met him.
oder: *I've never met him, to tell you the truth.*

254 Die Verlaufsform des Infinitivs

A Form

to be + Partizip Präsens: *He seems to be following us.*

B Gebrauch

Die Verlaufsform des Infinitivs kann gebraucht werden:

1
Nach den Hilfsverben:
They'll be wondering where you are.
»*He may/might be watching TV.*« »*He can't/couldn't be watching TV. There are no programmes today because of the strike.*« (negative Ableitung)
He must be coming by bus. (Ableitung)
You shouldn't be reading a novel. You should be reading a textbook.

2
Nach *appear, happen, pretend, seem:*
He appears/seems to be living in the area = It appears/seems that he is living in the area.
He appeared/seemed to be living in the area = It appeared/seemed that he was living in the area.
I happened to be standing next to him when he collapsed = It happened that I was standing next to him when he collapsed.
He pretended to be looking for a book = He pretended that he was looking for a book.

3
Nach *hope* und *promise* und, aber weniger häufig, nach *agree, arrange, decide, determine / be determined, plan, undertake:*
I hope/hoped to be earning my living in a year's time = I hope I will / I hoped I would be earning etc.

determine / be determined, plan können im obigen Beispiel *hope* mit leichten Bedeutungsänderungen ersetzen:
I promised to be waiting at the door when he came out.

agree, arrange, decide, determine / be determined, plan, undertake könnten anstelle von *promise* im oben genannten Beispiel mit leichten Bedeutungsveränderungen benutzt werden.

4
Nach *believe, consider, suppose, think* etc. im Passiv:
He is believed to be living in Mexico.
(siehe Abschnitt **306**)

255 Der Infinitiv Perfekt

A Form

to have + Partizip Perfekt: *to have worked, to have spoken*

B Gebrauch in Zusammenhang mit Hilfsverben

1
Mit *was/were* zum Ausdruck eines noch nicht vollzogenen Plans oder einer Unternehmung (siehe Abschnitt **114**):
The house was to have been ready today. (d.h. es ist aber nicht fertig)

2
Mit *should, would, might* und *could*, um die Form des zweiten Konditionals zu bilden (siehe Abschnitt **223**):
If I had seen her I should have invited her.

3
Mit *should* oder *ought,* um eine Verpflichtung auszudrücken, der noch nicht nachgekommen wurde; oder in verneinten Sätzen zum Ausdruck einer falschen oder törichten Handlung (siehe Abschnitt **243**):
He should have helped her. (d.h. er tat es aber nicht)
I shouldn't/oughtn't to have lied to him.

4
Mit *should/would like* zum Ausdruck eines unerfüllten Wunsches (siehe Abschnitt **296** **D**):
He would like to have seen it. (d.h. es war aber nicht möglich)
oder: *He would have liked to see it.*

Das heißt, beide Verben können im Infinitiv Perfekt gebraucht werden, ohne daß die Bedeutung des Satzes sich ändert.

5
Mit *could,* um auszudrücken, daß in der Vergangenheit eine Fähigkeit nicht genutzt wurde oder daß in der Vergangenheit eine Möglichkeit bestand:
I could have made a lot of money. (d.h. ich tat es aber nicht)
He could/might have phoned her. (d.h. vielleicht rief er an / hat er angerufen)
(siehe auch Abschnitte **134**, **138**)

6
Mit *might/could* zum Ausdruck der Tatsache, daß ein Sprecher darüber verärgert ist, daß eine Handlung nicht ausgeführt wurde:
He might/could have told me! = I am annoyed that he didn't tell me.
(siehe Abschnitt **285** **D**)

7
Mit *may/might* in Spekulationen über Handlungen/Geschehnisse in der Vergangenheit:

He may/might have left = It is possible that he (has) left. (siehe Abschnitt **133**)
You might/could have been killed!

8
Mit *can't/couldn't,* um eine negative Ableitung auszudrücken (siehe Abschnitt **159**):
He can't/couldn't have moved the piano himself.
We knew he couldn't have paid for it, because he had no money.

9
Mit *must,* um eine positive Ableitung zu versprachlichen (siehe Abschnitt **156**):
He must have come this way; here are his footprints.

10
Mit *needn't,* um von einer Handlung zu sprechen, die in der Vergangenheit unnötigerweise stattfand (siehe auch Abschnitte **152**, **153**):
You needn't have hurried. Now we are too early.
You needn't have cooked it. We could have eaten it raw.

C Mit bestimmten anderen Verben

1
Mit *appear, happen, pretend, seem*
Es liegt ein Unterschied zwischen den Infinitivformen des Präsens und des Perfekts vor:

Infinitiv Präsens:
He seems to be a great athlete = It seems that he is ...
He seemed to be a great athlete = It seemed that he was ...

Infinitiv Perfekt:
He seems to have been ... = It seems that he was ...
He seemed to have been ... = It seemed that he had been ...

Das heißt, die Handlung, die durch den Gebrauch des Infinitiv Perfekt versprachlicht wird, fand früher statt; sie liegt vor der Zeit des Hauptverbs.

Andere Beispiele:
I happened to have driven that kind of car before = It happened that I had driven that kind of car before.
He pretended to have read the book = He pretended that he had read it.

2
Mit den folgenden Verben im Passiv: *acknowledge, believe, consider, find, know, report, say, suppose, think, understand:*
He is understood to have left the country.
(siehe Abschnitt **306**)

3
Der Infinitiv Perfekt ist möglich, aber weniger gebräuchlich in Zusammenhang mit *claim, expect, hope, promise:*
He expects/hopes to have finished by June = He expects/hopes that he will have finished by June.

256 Die Verlaufsform des Infinitiv Perfekts

A Form

to have been + Partizip Präsens:
He seems to have been spying for both sides.

B Gebrauch

Die Form wird hauptsächlich nach Hilfsverben und nach *appear* und *seem* benutzt, kann aber ebenso nach *happen, pretend* und der Passivform von *believe, know, report, say, understand* verwendet werden:
»He says he was talking to Tom.« »He couldn't have been talking to Tom. Tom wasn't there.«
»I was following Peter closely.« »You shouldn't have been following him closely; you should have left a good space between the two cars.«
He appears to have been waiting a long time = It appears that he has been waiting a long time.
He pretended to have been studying = He pretended that he had been studying.

24 Das Gerundium *(gerund)*

257 Form und Gebrauch

Das Gerundium hat genau die gleiche Form wie das Partizip Präsens: *running, speaking, working* etc.

Es kann folgendermaßen gebraucht werden:
(a) als Subjekt eines Satzes: *Dancing bored him.* (siehe Abschnitt **258**)
(b) als prädikative Ergänzung: *Her hobby is painting.*
(c) nach Präpositionen: *He was accused of smuggling.* (siehe Abschnitt **259**)
(d) nach bestimmten Verben (siehe Abschnitte **162**, **261** **F**)
(e) in zusammengesetzten Substantiven: *a 'diving board (a board for diving off).* In solchen Zusammensetzungen liegt der Ton auf dem Gerundium, dem ersten Bestandteil der Zusammensetzung. (siehe Kapitel **16**)

258 Das Gerundium als Subjekt

Wie schon in Abschnitt **240** E ersichtlich war, kann entweder ein Infinitiv oder ein Gerundium das Subjekt eines Satzes sein, wenn von einer Handlung im allgemeinen Sinne gesprochen wird:

It is easier to read French than to speak it.
oder: *Reading French is easier than speaking it.*

Das Gerundium kann, wie der Infinitiv auch (siehe Abschnitt **240** F), das Subjekt eines Satzes nach *believe, consider, discover, expect, find, think, wonder* etc. sein. Nach *find* kann *that* und das Verb *be* weggelassen werden:

He found that parking was difficult.
oder: *He found parking difficult.*

Es ist jedoch sicherer, *be* nach anderen Verben nicht wegzulassen. Zwischen den oben angeführten Formen gibt es einen Bedeutungsunterschied:
He found parking difficult bedeutet, daß jemand grundsätzlich/immer Schwierigkeiten hatte, einen Parkplatz zu finden / zu parken. *He found it difficult to park* könnte sich auf eine besondere Situation beziehen. Der Satz könnte auch bedeuten, daß der Sprecher diese Schwierigkeiten immer hatte; gewöhnlich wird die allgemeine Vorstellung jedoch durch ein Gerundium versprachlicht.
Das Gerundium wird in kurzen Verboten verwendet:
No smoking.
No waiting.
No fishing.

Auf sie kann kein Objekt folgen, so daß in Verboten, die mit einem Objekt verbunden werden, üblicherweise Imperativ-Formen auftreten:
Do not touch these wires.
Do not feed the lions.

Gerundien werden in Redensarten wie *Seeing is believing* benutzt.

259 Gerundien nach Präpositionen
(siehe auch Abschnitt **98**)

A Folgt ein Verb unmittelbar auf eine Präposition, so muß es in der gerundialen Form benutzt werden:
What can you do besides typing?
I have no objection to hearing your story again.
Touch your toes without bending your knees!
He is good at diving.
She is fond of climbing.
I'm not keen on gambling. I'm too afraid of losing.
He was fined for being drunk in charge of a car.
I'm against saying anything / I'm for saying nothing.
I'm tired of arguing.

I'm fed up waiting. (umgangssprachlich)
This is a tool for opening tins.
Do you feel like going out?
After swimming I felt cold.
She disapproves of jogging.
What about leaving it here and collecting it later?
He is thinking of emigrating.
I'm sorry for keeping you waiting.
They escaped by sliding down a rope.
We had difficulty in finding a parking place.
You should be ashamed of yourself for behaving so badly.
In spite of starting late he arrived in time.
Aren't you interested in making money?
There's no point in waiting.

B Eine Anzahl von Verb+Präposition/Adverb-Kombinationen *(phrasal verbs)* erfordert das Gerundium. Die gebräuchlichsten von diesen sind *be for/against, care for, give up, keep on, leave off, look forward to, put off, see about, take to* (wegen *go on* siehe Abschnitt **363**):
I don't care for standing in queues.
Eventually the dogs left off barking.
I am looking forward to meeting her.
He put off making a decision till he had more information.
He took to ringing us up in the middle of the night.

260 Das Wort *to*

Dieses Wort verursacht oft Verwirrung, da es sowohl als Teil eines Infinitivs (**A**) oder als Präposition (**B**) benutzt wird.

A Folgt *to* auf die Hilfsverben *be, have, ought, used* und *going* (in Ausdrücken wie *be going to*), so ist es Teil des Infinitivs des folgenden Verbs und wird nur hinzugefügt, um den Lernenden daran zu erinnern, daß das vorangegangene Verb den vollen Infinitiv erfordert, d.h. den Infinitiv mit *to*.

to folgt oft auf *hate, hope, intend, would like/love, mean, plan, try, want* und einige andere Verben (siehe Abschnitt **247**), um die Wiederholung eines vorher angeführten Infinitivs zu vermeiden:
»Did you buy cheese?« »No, I meant to (buy some) but the shop was shut.«

B Folgt *to* auf ein anderes Verb, ist es möglicherweise eine Präposition, an die mit einem Nomen/Pronomen oder einem Gerundium angeschlossen wird. Vergleiche die Ausdrücke *look forward to, take to, be accustomed to, be used to:*
I am looking forward to my holidays / to next weekend / to it.
I am looking forward to seeing you.

I am used to heat / hard work / bad food / noise / dust.
I am used to standing in queues / to it.

Eine Verwechslung von *I used to / he used to* etc. zum Ausdruck einer gewohnheitsmäßigen Handlung in der Vergangenheit *(They used to burn coal; now they burn fuel oil only)* mit *I am used to / he is used to* etc. in der Bedeutung von *I am / he is accustomed to / familiar with* ist zu vermeiden:
I am used to the cold. (= It doesn't worry me.)
He is used to working at night. (= He doesn't mind it.)
(siehe Abschnitt **162**)

Eine gute Methode herauszufinden, ob *to* Präposition oder Teil eines Infinitivs ist, besteht darin, zu überprüfen, ob mit einem Nomen/Pronomen angeschlossen werden kann. Zum Beispiel könnte ein Nomen/Pronomen auf *I am accustomed to* folgen:
I am accustomed to it / the dark.

to ist deshalb eine Präposition, und Verben, die nachgestellt werden, müssen in ihrer gerundialen Form auftreten.

261 Verben, auf die das Gerundium folgt

A Die wichtigsten von diesen sind:
admit, anticipate*, appreciate, avoid, consider*, defer, delay, deny*, detest, dislike, dread, enjoy, escape, excuse, fancy* (= imagine), finish, forgive, imagine*, involve, keep (= continue), loathe, mean* (= involve), mind (= object), miss, pardon, postpone, practise, prevent, propose* (= suggest), recollect*, remember* (= recollect), resent, resist, risk, save (sb the trouble of), stop (= cease), suggest*, understand**

(siehe Abschnitt **B**)

Das Gerundium folgt auch auf Ausdrücke *can't stand (= endure), can't help (= prevent/avoid), it's no use/good* und auf das Adjektiv *worth.*

B Andere Konstruktionen mit den oben angeführten Verben

Auf mit * versehene Verben können auch *that*-Sätze folgen (siehe Abschnitt **346**).
(wegen *suggest* und *propose (= suggest)* siehe Abschnitt **289**)

mean/propose (= intend) erfordert den Infinitiv (siehe Abschnitt **269**).
(wegen *hate, like, love, prefer* siehe Abschnitt **295**; wegen anderer Verben, auf die Gerundien oder Infinitive folgen, siehe Kapitel **25**)

dread + Infinitiv wird in dem Ausdruck *dread to think* benutzt:
I dread to think what this will cost. Ich wage gar nicht daran zu denken, was das wohl kostet.

C Beispiele von Sätzen, in denen Verben + Gerundien verwendet werden:
He admitted taking the money.
Avoid over-eating.
Would you consider selling the property?
He detests writing letters.
She dreads getting old.
Do you enjoy teaching?
He narrowly escaped being run over.
Fancy meeting you!
Putting in a new window will involve cutting away part of the roof.
He kept complaining.
He didn't want to risk getting wet.
If we buy plenty of food now it will save shopping later in the week.
I can't understand his/him leaving his wife.
I couldn't help laughing.
It's no good/use arguing.
Is there anything here worth buying?

262 Verben + Possessivadjektiv / pronominales Objekt + Gerundium

A Folgt ein Gerundium unmittelbar auf das Verb oder das Verb + Präposition, bezieht es sich auf das Subjekt:
Tom insisted on reading the letter. (d.h. Tom las den Brief)

Wird jedoch ein Possessivadjektiv oder -pronomen vor das Gerundium gestellt, bezieht sich das Gerundium auf die Person, die durch das Possessivadjektiv/-pronomen bezeichnet wird:
He insisted on my/me reading it. (d.h. ich mußte den Brief lesen; er wollte es so)

B Nützliche Verben und Ausdrücke, die mit beiden Konstruktionen verwendet werden können, sind:
dislike, dread, fancy, involve, like (verneint), *mean, mind, propose, recollect, remember, resent, save, stop, suggest, understand, approve/disapprove of, insist on, it's no good/use, object to, there's no point in, what's the point of*

He disliked working late.
He disliked my/me working late.
I object to paying twice for the same thing.
I object to his/him making private calls on this phone.
He resented being passed over for promotion.
He resented my/me being promoted before him.

(wegen *mind* siehe Abschnitt **263**; wegen *suggest* und *propose* siehe Abschnitt **289**)

C *excuse, forgive, pardon* und *prevent* können nicht unmittelbar mit dem Gerundium verbunden werden; es ist entweder ein Possessivadjektiv/-pronomen + Gerundium oder Pronomen + Präposition + Gerundium erforderlich:
Forgive my/me ringing you up so early.
Forgive me for ringing you up so early.
You can't prevent his/him spending his own money.
You can't prevent him from spending his own money.

appreciate erfordert gewöhnlich ein Possessivadjektiv oder ein Gerundium im Passiv:
I appreciate your giving me so much of your time.
I appreciate being given this opportunity.

D Das Possessivadjektiv und Objektpronomen im Vergleich

In formellem Englisch wird das Possessivadjektiv mit dem Gerundium benutzt. In informellem Englisch wird jedoch häufig das Pronomen verwendet. Der Lernende hat somit die Wahlmöglichkeit, ist jedoch gut beraten, das Pronomen zu verwenden.
Bei *stop* in der Bedeutung von *prevent* ist das Pronomen gebräuchlicher als das Possessivadjektiv:
I can't stop him writing to the papers.

E Nomen mit Gerundien

In sehr förmlichem Englisch wird der Genitiv gebraucht:
I do not remember my mother's complaining about it.

Es ist jedoch üblicher, das *'s* wegzulassen:
I don't remember my mother complaining.

263 Das Verb *mind*

A Dieses Verb findet sich hauptsächlich in Fragesätzen und verneinten Aussagesätzen:
Would you mind waiting a moment?
I don't mind walking.

B Auf dieses Verb kann ein Gerundium unmittelbar folgen oder ein Nomen/Pronomen oder ein Possessivadjektiv + Gerundium:
I don't mind living here. (= I live here and don't object to it.)
I don't mind his/him living here. (= He lives here and I don't object to this. / I don't object to his/him living here.)
He didn't mind leaving home. (= He left home quite happily.)
He didn't mind Ann leaving home. (= Ann left home and he was quite happy about it.)
(wegen der Kasusformen des Nomens siehe Abschnitt **262** **E**)

C *would you mind?* ist eine der üblichsten Wendungen, eine Bitte auszusprechen:
Would you mind not smoking? (= Please don't smoke.)
Would you mind moving your car? (= Please move it.)
Die Bedeutung des Satzes ändert sich, wenn vor dem Gerundium ein Possessivadjektiv steht:
Would you mind my moving your car? = Would you object if I moved your car?
(Hier liegt keine Bitte vor, sondern eine höfliche Frage.)

Do you mind if I move it? ist eine mögliche Alternative zu *Would you mind my moving it?;* aber *Do you mind my moving it?* könnte bedeuten, daß mit dem Fortfahren des Wagens schon begonnen wurde.

D Auf *mind* kann nie ein Infinitiv folgen.

E Anstelle eines Possessivadjektivs kann in Verbindung mit Gerundien das Personalpronomen im Akkusativ verwendet werden (siehe Abschnitt **262** **D**).

264 Das Gerundium im Perfekt (*having worked, having spoken* etc.)

Diese Form kann anstelle der Gegenwartsform des Gerundiums *(working, speaking* etc.) benutzt werden, wenn von einer Handlung in der Vergangenheit die Rede ist:
He was accused of deserting his ship.
oder: *He was accused of having deserted his ship.*

Das Gerundium im Perfekt ist nach *deny* ziemlich gebräuchlich:
He denied having been there.

In anderen Fällen ist die Form der Gegenwart üblicher.

265 Das Gerundium im Passiv

Gegenwart: *being written*
Vergangenheit: *having been written*
He was punished by being sent to bed without any supper.
I remember being taken to Paris as a small child.
The safe showed no signs of having been touched.

25 Infinitiv- und Gerundium-Konstruktionen

266 Verben, die in Verbindung mit einem Infinitiv oder Gerundium benutzt werden können

advise (siehe Abschnitt **267**), *agree* (**269**), *allow* (**267**), *begin* (**267**), *can/could/bear* (**267**), *cease* (**267**), *continue* (**267**), *forget* (**268**), *hate* (**295**), *intend* (**267**), *like* (**295**), *love* (**295**), *mean* (**269**), *need* (**267**), *permit* (**295**), *prefer* (**295**), *propose* (**269**), *recommend* (**267**), *regret* (**268**), *remember* (**268**), *require* (**267**), *start* (**267**), *stop* (**270 B**), *try* (**270 C**), *used to* (**270 D**), *want* (**267**)

(siehe ebenso *be ashamed (of) / afraid (of) / sorry (for),* Abschnitt **271**; *care (for),* Abschnitte **294**, **295**; *go on,* Abschnitt **270**)

267 Verben, die in Verbindung mit einem Infinitiv oder Gerundium ohne Bedeutungsänderung verwendet werden können

A *begin, start, continue, cease*

B *can't bear*

C *intend*

D *advise, allow, permit, recommend*

E *it needs/requires/wants*

A Mit *begin, start, continue, cease* kann entweder ein Infinitiv oder ein Gerundium benutzt werden, ohne daß sich eine Bedeutungsänderung ergibt; der Infinitiv ist jedoch gebräuchlicher in Verbindung mit Verben des Wissens und Verstehens und dem Verb *matter:*
I began working / I began to work.
He continued living / to live above the shop.

Aber:
I am beginning to understand/see/realize why he acted as he did.
It ceased to matter whether or not he sold his work.
She never ceased complaining / to complain about prices.

B nach *can/could bear* (hauptsächlich in verneinten Aussagesätzen verwendet) kann entweder ein Gerundium oder ein Infinitiv benutzt werden:
I can't bear waiting / to wait.

Bezieht sich der Infinitiv jedoch auf eine überlegte Handlung, so wird durch die Struktur implizit die Information vermittelt, daß der Sprecher gefühlsmäßig daran gehindert wird/wurde, die Handlung auszuführen:
I couldn't bear to tell him. (= so I didn't)

C Nach *intend* ist ein Infinitiv gebräuchlicher als ein Gerundium:
I intend to sell it
statt: *I intend selling it.*

Der Infinitiv ist in Verbindung mit *intend* + Objekt nötig. Die Wendung findet sich nur in formellem Englisch:
I intend him to take over the department. Ich habe ihn dazu bestimmt, die Abteilung zu übernehmen.

D Mit *advise, allow, permit, recommend*

Wird die betroffene Person erwähnt, findet sich der Infinitiv:
He advised me to apply at once.
She recommends housewives to buy the big tins.
They don't allow us to park here.

Wird aber diese Person nicht genannt, wird das Gerundium verwendet:
He advised applying at once.
She recommends buying the big tins.
They don't allow parking.

Das Gerundium nach *allow* und *permit* kann kein Objekt haben; möchte man also eine *allow/permit*+Verb+Objekt-Konstruktion gebrauchen, muß der Infinitiv verwendet und die betroffene Person erwähnt werden:
They allowed their tenants to use the garage.

E Auf *it needs/requires/wants* kann entweder ein Gerundium oder ein Infinitiv im Passiv folgen, obwohl das Gerundium gebräuchlicher ist:
The grass wants cutting.
oder: *The grass needs to be cut.*

268 *regret, remember, forget*

A *regret, remember, forget* werden mit einem Gerundium verbunden, wenn die durch das Gerundium versprachlichte Handlung in der Vergangenheit stattfand:
I regret spending so much money = I'm sorry I spent so much money. (*spending* ist die erste Handlung, *regret* die zweite.)
I remember reading about the earthquake in the papers. (*reading* ist die erste Handlung, *remember* die zweite.

Auf *remember* kann ein Possessivadjektiv/Objekt + Gerundium folgen:
I remember his/him telling me about it.
I remember my father('s) telling me about it.

forget + Gerundium ist nur dann möglich, wenn *forget* in seiner verneinten Form benutzt wird. Die Konstruktion findet sich häufig nach *will never forget:*
I'll never forget waiting for bombs to fall = I'll always remember waiting for bombs to fall.

B Versprachlichen *regret, remember, forget* selbst die frühere Handlung, wird mit einem Infinitiv angeschlossen:
I regret to say that you have failed your exam. (*regret* ist die erste Handlung, *to say* die zweite.)

Auf *regret* folgt normalerweise ein Verb wie *say, inform, tell.* Es wird üblicherweise nur im Präsens gebraucht.

remember kann in jeder Zeit verwendet werden:
I'll remember to ring Bill. (*remember* ist die frühere Handlung.)

forget wird ähnlich verwendet:
I often forget to sign my cheques.
I remembered to lock / I didn't forget to lock the door. (d.h. sie ist wirklich verschlossen)

Umgekehrt:
I didn't remember / I forgot to lock it. (d.h. ich habe sie nicht verschlossen)

C *regret, remember, forget* können mit einem Nomen/Pronomen oder einem *that*-Satz verbunden werden.
Auf *remember* und *forget* können auch Sätze, die mit *how, why, when, where, who* etc. beginnen, folgen:
I can't remember when I saw him last.
I've forgotten where I put it.

269 *agree / agree to, mean, propose*

A *agree* und *agree to* (Präposition)

agree verlangt den Infinitiv. Es ist das Gegenteil von *refuse* + Infinitiv:
When I asked them to wait, Tom agreed to wait a week but Bill refused to wait another day.

agree kann nicht in Verbindung mit einem Nomen/Pronominalobjekt verwendet werden. Das Gegenteil von *refuse* + Objekt ist *accept* + Objekt:
He refused any reward.
She accepted the post.

Auf *agree to* (Präposition) kann ein Possessivadjektiv + Gerundium folgen:
He agreed to my leaving early on Friday. (I asked if I could leave early on Friday and he said that I could. Das Gegenteil würde versprachlicht werden durch *He wouldn't agree to my leaving early* etc.)

Auf *agree to* kann ein Nomen / pronominales Objekt folgen:
He agreed to the change of plan / to this / to that.

B *mean* in der Bedeutung von *intend* macht den Infinitiv nötig:
I mean to get to the top by sunrise. Ich beabsichtige, bei Sonnenaufgang ...

mean in der Bedeutung *involve* (nur in Verbindung mit unpersönlichen Subjekten verwendet) erfordert das Gerundium:
He is determined to get a seat even if it means standing in a queue all night.

C *propose* in der Bedeutung von *intend* erfordert gewöhnlich den Infinitiv:
I propose to start tomorrow.

propose in der Bedeutung von *suggest* macht den Gebrauch des Gerundiums erforderlich:
I propose waiting till the police get here.

(wegen *propose + that ... should* siehe Abschnitt **289**)

270 *go on, stop, try, used (to)*

A Auf *go on = continue* folgt normalerweise ein Gerundium. *go on* wird aber mit einem Infinitiv verbunden, gewöhnlich eines Verbs wie *explain, talk, tell,* wenn der Sprecher über denselben Sachverhalt weiterspricht, aber einen neuen Aspekt anschneidet:
He began by showing us where the island was and went on to tell us about its climate.

Im Vergleich dazu *He went on talking about his accident,* wo impliziert wird, daß er über den Unfall zuvor schon gesprochen hatte, und *He went on to talk about his accident,* wo implizit vermittelt wird, daß der Sprecher vielleicht über sich selbst oder seine Reise zuvor sprach, daß aber der Unfall zum ersten Mal erwähnt wurde.

B *stop (= cease)* wird mit einem Gerundium verbunden: *Stop talking.*

Ein Objekt + Gerundium kann folgen:
I can't stop him talking to the press.
Ein Possessivadjektiv wäre hier ebenso möglich, wird aber sehr selten benutzt.

stop (= halt) kann in Verbindung mit einem Infinitiv zum Ausdruck eines Zwecks benutzt werden:
I stopped to ask the way. (= I stopped in order to ask the way.)

C Auf *try,* das häufig *attempt* bedeutet, folgt der Infinitiv:
They tried to put wire netting all round the garden. (= They attempted to do this.)
Der Satz vermittelt keine Information darüber, ob die handelnden Personen Erfolg hatten oder nicht.

try kann auch in der Bedeutung von *make the experiment* verwendet werden und verlangt dann das Gerundium:
They tried putting wire netting all round the garden.

Der Satz sagt aus, daß sie den Garten mit Draht umzäunten, um zu überprüfen, ob damit ihre Probleme gelöst wären (es ist anzunehmen, daß sie so versuchten, Kaninchen und Füchse dem Garten fernzuhalten). Wir wissen, daß die Handlungsträger die Haupthandlung ausführten; wir wissen jedoch nicht, ob die Handlung den gewünschten Erfolg hatte oder nicht, z.B. die Füchse fernzuhalten.

D Subjekt + *used* + Infinitiv drückt eine gewohnheitsmäßige Handlung oder Routine in der Vergangenheit aus:
I used to swim all the year round. (d.h. zu einer bestimmten Zeit schwamm ich das ganze Jahr über)
(siehe Abschnitt **162**)

Auf Subjekt + *be/become/get* + *used* + *to* (Präposition) folgt ein Nomen, Pronomen oder Gerundium und bedeutet *be/become/get accustomed (to):*
I'm used to heat/ living in a hot climate. (= I have lived in a hot climate for some time so I don't mind it.)
(siehe Abschnitt **163**)

271 *be afraid (of), be sorry (for), be ashamed (of)*

A *be afraid of* + Gerundium oder Gerundium + Nomen/Pronomen

Hier versprachlicht das Gerundium üblicherweise eine Handlung, deren Eintreten das Subjekt befürchtet. Es handelt sich normalerweise um eine ungewollte Handlung:
He never swam far out. He was afraid of getting cramp.
She avoids lonely streets. She is afraid of being mugged.
She didn't tell him because she was afraid of upsetting him.

be afraid + Infinitiv bedeutet, daß das Subjekt zu ängstlich ist/war etc. zu handeln. Hier liegt offenkundig eine geplante und überlegte Handlung vor:
He was afraid to jump. (d.h. deswegen sprang er nicht)
She was afraid to protest. (d.h. deswegen sagte sie nichts)

Auf *be afraid* kann auch ein *that*-Satz folgen. Dieser drückt eine Furcht aus:
I'm afraid (that) he'll blame me for this.

Aber die Wendung kann auch, besonders in der ersten Person, ein (üblicherweise nicht sehr großes) Bedauern ausdrücken:

I'm afraid (that) we haven't any tickets left.

(wegen *I'm afraid so/not* siehe Abschnitt **347**)

B *be sorry for* + Gerundium bedeutet *apologize, regret*. Das Gerundium bezieht sich gewöhnlich auf eine vergangene Handlung, kann aber auch auf eine unmittelbar folgende Handlung verweisen:
I'm sorry for making such a noise last night.
I'm sorry for disturbing you. (d.h. jetzt, im Moment)
Eine Fügung wie *I'm sorry to disturb you* wäre hier üblicher.

be sorry + Infinitiv kann Bedauern oder Mitleid versprachlichen:
I'm sorry to hear that you've been ill.
(siehe Abschnitt **26** **F**)

Wenn die Handlung, von der im Infinitiv gesprochen wird, ohne Absicht geschah, erfolgten beide Handlungen fast gleichzeitig:
I was sorry to see him looking so ill. (= When I saw him ... I was sorry.)

Bezieht sich der Infinitiv auf eine mit Überlegung vorgenommene Handlung, ist *be sorry* die frühere der beiden Handlungen und ähnelt dann *regret* (siehe Abschnitt **268** **B**):
I'm sorry to inform you that there has been an accident.

be sorry that ... ist ebenso möglich. Es ist anzumerken, daß *I'm sorry that* ein wirkliches Bedauern ausdrückt, während *I'm sorry to say that* oder *I'm afraid that* ein Bedauern ausspricht, daß sehr schwach ausgeprägt und sogar oberflächlich ist.

C *be ashamed of* + Gerundium oder *be ashamed of yourself* etc.
for + Gerundium

Das Gerundium bezieht sich hier auf eine vorherige Handlung:
You should be ashamed of lying to him.
oder: *You should be ashamed of yourself for lying to him.*

In *be ashamed* + Infinitiv verweist der Infinitiv üblicherweise auf eine nachfolgende Handlung:
I'm ashamed to tell you what this carpet cost.

would be ashamed + Infinitiv impliziert oft, daß das Subjekt gefühlsmäßig / durch Ahnungen zurückgehalten wird, eine Handlung auszuführen:
I'd be ashamed to ask for help. (= so I won't/wouldn't ask)

26 Partizipien *(participles)*

272 Partizip Präsens / Aktiv *(present participle / active)*

A Form

Der Infinitiv + *ing*, z.B. *working, loving, sitting*

B Gebrauch

1
Zur Bildung der Zeiten in ihrer Verlaufsform (siehe Abschnitte **164**, **178** etc.):
He is working.
You've been dreaming.

2
Als Adjektive (siehe Kapitel **17**):
running water, floating wreckage, dripping taps, leaking pipes

Partizip und Nomen werden in diesen Fällen gleich betont. Vergleiche dazu Verbindungen, die aus Gerundium und Nomen bestehen (siehe Kapitel **16**).

3
Nach *have* + Objekt (siehe Abschnitt **121**):
He had me swimming in a week.
We have people standing on our steps all day.
I won't have him cleaning his bike in the kitchen.

4
Ein Partizip Präsens kann manchmal ein Relativpronomen + Verb (siehe Abschnitt **77**) ersetzen:
a map that marks/marked political boundaries = a map marking political boundaries
people who wish/wished to visit the caves = people wishing to visit the caves
children who need/needed medical attention = children needing medical attention

5
Partizip Präsens/Partizipialphrasen wie *adding/pointing out/reminding/warning* können in der indirekten Rede Aussagen einleiten:
He told me to start early, reminding me that the roads would be crowded.
(siehe Abschnitt **324** C)

Über die oben angeführten Gebrauchsfälle ist schon gesprochen worden. Das Partizip Präsens kann ebenso benutzt werden:

6
Nach Verben der Sinneswahrnehmung (siehe Abschnitt **273**).

7
Nach *catch/find/leave* + Objekt (siehe Abschnitt **274**).

Nach *go, come, spend, waste, be busy* (siehe Abschnitt **275**).

9
Partizipien Präsens können manchmal Subjekt + Verb in anderen Haupt- oder Nebensätzen ersetzen, die einen anderen Charakter als die oben angeführten haben (siehe Abschnitte **276**, **277**).

273 Partizip Präsens nach Verben der Sinneswahrnehmung

A Die Hauptverben der Sinneswahrnehmung sind *see, hear, feel, smell;* sie und die Verben *listen (to), notice* und *watch* können mit einem Objekt + Partizip Präsens verbunden werden:
I see him passing my house every day.
Didn't you hear the clock striking?
I felt the car skidding.
She smelt something burning and saw smoke rising.
I watched them rehearsing the play.

Die Aktion, die durch das Partizip Präsens versprachlicht wird, kann entweder abgeschlossen oder noch nicht beendet sein: *I saw him changing the wheel* könnte bedeuten, daß ich mir die ganze Handlung anschaute oder nur einen Teil von ihr sah.

B *see, hear, feel* und manchmal *listen (to), notice* und *watch* können ebenso mit einem Objekt und dem reinen Infinitiv verbunden werden:
We saw him leave the house.
I heard him make arrangements for his journey.

Der Infinitiv impliziert, daß die Handlung abgeschlossen ist. *I saw him change the wheel* bedeutet, daß ich mir den ganzen Reifenwechsel angeschaut habe.

C Vergleich der beiden Formen:

Das Partizip ist ganz allgemein die nützlichere, weil häufiger verwendbare Struktur, da sie vollendete und unvollendete Handlungen ausdrücken kann. Der Infinitiv ist jedoch vorzuziehen, wenn hervorgehoben werden soll, daß eine Handlung abgeschlossen ist. Er ist auch klarer und eindeutiger als das Partizip, wenn eine Abfolge von Handlungen vorliegt:
I saw him enter the room, unlock a drawer, take out a document, photograph it and put it back.

D Im Passiv wird der volle Infinitiv nach Verben der Sinneswahrnehmung verwendet:
He was heard to say that the minister had been bribed.

274 *catch, find, leave* + Objekt + Partizip Präsens

A *catch/find*

I caught them stealing my apples. (= I found them doing this.)
If she catches you reading her diary, she'll be furious.

Die Handlung, die durch das Partizip ausgedrückt wird, mißfällt immer dem Subjekt. Bei *find* liegt kein Hinweis auf Mißfallen vor:
I found him standing at the door = I saw him standing / He was standing at the door when I arrived.

Bei *find* könnte das Objekt unbelebt sein:
He found a tree lying across the road.

B *leave* kann mit einem Partizip benutzt werden:
I left him talking to Bob = He was talking to Bob when I left.

275 *go, come, spend/waste, be busy*

A *go* und *come*

Auf *go* und *come* können Partizipien von Verben physischer Aktivität und das Verb *shop* folgen:
They are going riding/skiing/sailing.
Come dancing.
I'm going shopping this afternoon.

(wegen *go* und *come* in Verbindung mit Infinitiven des Zwecks siehe Abschnitt **335**)

B *spend/waste* und ein Ausdruck der Zeit oder des Geldes + Partizip Präsens

He spends two hours (a day) travelling.
He doesn't spend much time preparing his lessons.
We wasted a whole afternoon trying to repair the car.
He spent a lot of money modernizing the house.

C *be busy* + Partizip Präsens

She is/was busy packing.

276 Partizip Präsens anstelle eines Hauptsatzes

Die Partizip-Konstruktionen, die nachstehend unter den Abschnitten **A** und **B** beschrieben werden, werden hauptsächlich in der Schriftsprache verwendet.

A Vermittelt man zwei Handlungen ein und desselben Subjekts, die zeitlich parallel (simultan) verlaufen, so wird in der Regel eine von ihnen durch ein Partizip Präsens ausgedrückt. Das Partizip kann vor dem finiten Verb stehen oder nach ihm benutzt werden:
He rode away. He whistled as he went. = *He rode away whistling.*
He holds the rope with one hand and stretches out the other to the boy in the water = *Holding the rope with one hand, he stretches* etc.

B Folgt eine Handlung ein und desselben Subjekts unmittelbar auf eine vorhergehende Handlung, so kann die erste oft durch ein Partizip Präsens versprachlicht werden. Das Partizip muß dann zuerst gebraucht werden:
He opened the drawer and took out a revolver = *Opening the drawer he took out a revolver.*
She raised the trapdoor and pointed to a flight of steps = *Raising the trapdoor she pointed to a flight of steps.*
We take off our shoes and creep cautiously along the passage = *Taking off our shoes we creep cautiously along the passage.*

Zwar würde es hier logischer erscheinen, das Partizip Perfekt zu benutzen und *Having opened, Having raised, Having taken off* zu sagen, doch ist dies nur in den Fällen nötig, in denen der Gebrauch des Partizip Präsens zu Mehrdeutigkeiten (Ambiguität) führen würde. *Eating his dinner he rushed out of the house* würde den Eindruck vermitteln, daß jemand das Haus mit dem ›Teller in der Hand‹ verläßt. In diesem Fall wäre es deshalb besser zu sagen *Having eaten his dinner ...*

C Ist die zweite Handlung Teil der ersten oder resultiert sie aus ihr, so kann die zweite Handlung oft durch ein Partizip Präsens ausgedrückt werden:
She went out, slamming the door.
He fired, wounding one of the bandits.
I fell, striking my head against the door and cutting it.
(Hier liegen drei Handlungen vor, wobei die letzten beiden durch Partizipien versprachlicht wurden.)

Das Partizip muß nicht notwendigerweise das gleiche Subjekt wie das erste Verb haben:
The plane crashed, its bombs exploding as it hit the ground.

277 Partizip Präsens anstelle eines Nebensatzes

Diese Konstruktionen finden sich hauptsächlich in der Schriftsprache. Das Partizip Präsens kann *as/since/because* + Subjekt + Verb ersetzen, d.h. es kann helfen, die nachfolgende Handlung auszudrücken:

Knowing that he wouldn't be able to buy food on his journey he took large supplies with him = *As he knew* etc.

Fearing that the police would recognize him he never went out in daylight = *As he feared* etc.

being am Satzanfang bedeutet normalerweise *as he is / as he was:*

Being a student he was naturally interested in museums = *Because/As he was a student* etc. (Es kann nicht *while he was a student* während seines Studiums bedeuten.)

Das Subjekt des Partizips muß nicht mit dem Subjekt des nachfolgenden Verbs identisch sein:

The day being fine, we decided to go swimming.

In Fällen wie dem vorgenannten muß das Partizip auf ein Nomen/Pronomen, auf das es sich bezieht, folgen. *Being fine the day, we decided ...* ist inkorrekt; *Being athletic, Tom found the climb quite easy* ist jedoch ein richtiger Satz, da Tom Subjekt des Partizips und des nachfolgenden Verbs ist. Es ist auch möglich, zwei oder mehr Partizipien, die aufeinander folgen, zu verwenden:

Realizing that he hadn't enough money and not wanting to borrow from his father, he decided to pawn his watch.

Not knowing the language and having no friends in the town, he found it hard to get work.

278 Partizip Perfekt / Aktiv *(perfect participle / active)*

A Form

having + past participle, z.B. *having done, having seen.*

B Gebrauch

Das Partizip Perfekt kann anstelle des Partizips Präsens in den Sätzen des unter Abschnitt **276 B** aufgeführten Typs verwendet werden (d.h. in den Fällen, in denen eine Handlung unmittelbar auf eine vorherige folgt):

Tying one end of the rope to his bed, he threw the other end out of the window = *Having tied one end of the rope to his bed, he threw the other end out of the window.*

Das Partizip Perfekt hebt hervor, daß die erste Handlung abgeschlossen wurde, bevor die zweite beginnt, ist aber nicht unabdingbar notwendig in Kombinationen dieser Art, außer in den Fällen, in denen der Gebrauch des Partizips

Präsens zur Verwirrung führen würde. *Reading the instructions, he snatched up the fire extinguisher* könnte den Eindruck vermitteln, daß die beiden Handlungen gleichzeitig erfolgen. Hier wäre der Gebrauch des Partizips Perfekt anzuraten: *Having read the instructions, he snatched up the fire extinguisher.*

Das Partizip Perfekt ist jedoch nötig, wenn zwischen den beiden Handlungen eine zeitliche Pause liegt:
Having failed twice, he didn't want to try again.

Es wird ebenso benutzt, wenn die erste Handlung eine relativ lange Zeitdauer umfaßte:
Having been his own boss for such a long time, he found it hard to accept orders from another.

279 Partizip der Vergangenheit / Passiv *(past participle / passive)* und Partizip Perfekt / Passiv *(perfect participle / passive)*

A Form

Das Partizip der Vergangenheit von regelmäßigen Verben wird durch Anhängung von *ed* oder *d* an den Infinitiv gebildet, z.B. *worked, loved.*
(wegen des Partizips der Vergangenheit der unregelmäßigen Verben siehe Kapitel **39**)

B Gebrauch

1
Als Adjektiv:
stolen money, broken glass, a written report, tired drivers, fallen trees, blocked roads

2
Bei der Bildung von Perfekt-Zeiten/Infinitiven, Partizipien und Passiv-Form:
he has seen, to have loved, it was broken

3
Das Partizip der Vergangenheit kann ein Subjekt + passives Verb ersetzen, ebenso wie das Partizip Präsens an die Stelle eines Subjekts + aktiven Verbs treten kann:
She enters. She is accompanied by her mother. = *She enters, accompanied by her mother.*
He was aroused by the crash and leapt to his feet = *Aroused by the crash, he leapt to his feet.*
The bridge had been weakened by successive storms and was no longer safe = *Weakened by successive storms, the bridge was no longer safe* oder *Having been weakened* etc. (siehe unten).
As he was convinced that they were trying to poison him, he refused to eat anything = *Convinced that they were trying to poison him, he refused to eat anything.*

c Das Partizip Perfekt Passiv (*having been* + Partizip der Vergangenheit) wird benutzt, wenn es nötig ist zu betonen, daß die Handlung, die durch das Partizip versprachlicht wird, vor der Handlung lag, die durch das nächste Verb ausgedrückt wird:
Having been warned about the bandits, he left his valuables at home. (= He had been warned etc.)
Having been bitten twice, the postman refused to deliver our letters unless we chained our dog up. (= He had been bitten etc.)

280 Falsch bezogene Partizipien

Ein Partizip wird als dem ihm vorangehenden Nomen/Pronomen zugehörig betrachtet:
Tom, horrified at what he had done, could at first say nothing.
Romeo, believing that Juliet was dead, decided to kill himself.
A man carrying a large parcel got out of the bus.

Es kann auch der Fall eintreten, daß das Partizip von dem Nomen/Pronomen, auf das es sich bezieht, durch das Hauptverb abgetrennt wird:
Jones and Smith came in, followed by their wives.
She rushed past the policeman, hoping he wouldn't ask what she had in her case.

Fehlt ein Nomen/Pronomen, so bezieht sich das Partizip auf das Subjekt des folgenden Hauptverbs:
Stunned by the blow, Peter fell heavily. (= Peter had been stunned.)
Believing that he is alone, the villain expresses his thoughts aloud.

Wird dieses Prinzip mißachtet, so kann Verwirrung eintreten. *Waiting for my bus a brick fell on my head* bedeutet, daß der Ziegelstein auf den Bus wartete, was natürlich unsinnig ist. Ein Partizip, das auf diese Weise mit dem falschen Nomen/Pronomen verbunden wird, nennt man falsch bezogenes Partizip *(misrelated participle).* Der oben angeführte Satz müßte korrigiert werden zu:
As I was waiting for a bus a brick fell on my head.

Andere Beispiele falsch bezogener Partizipien:
When using this machine it must be remembered ...
Korrekte Form:
When using this machine you must remember ...

Believing that I was the only person who knew about this beach, the sight of someone else on it annoyed me very much.
Korrekte Form:
As I believed I was the only person etc.
oder: *Believing that I was the only person on the beach, I was annoyed by the sight of someone else.*

27 Anweisungen, Bitten, Einladungen, Ratschläge, Vorschläge

281 Anweisungen, die durch den Imperativ versprachlicht werden

A Die zweite Person Imperativ

1
Diese hat die gleiche Form wie der reine Infinitiv:
Hurry!
Wait!
Stop!

Zur Verneinung wird *do not (don't)* vor das Verb gestellt:
Don't hurry!

Die angeredete Person wird häufig nicht erwähnt, kann jedoch durch ein Nomen, das an das Ende des Satzes gestellt wird, ausgedrückt werden:
Eat your dinner, boys.
Be quiet, Tom.

Diese Nomen können auch vor das Verb rücken, diese Stellung ist jedoch weniger gebräuchlich.

Das Pronomen *you* wird selten benutzt, es sei denn, der Sprecher möchte sehr direkt, sogar unhöflich sein, oder er möchte eine Unterscheidung treffen, wie in:
You go on; I'll wait.

3
do kann im Aussagesatz vor den Infinitiv treten:
Do hurry.
Do be quiet.

Dieses *do* könnte nachdrücklich gemeint sein, aber ebensogut eine Verunsicherung ausdrücken.

B Die erste Person Imperativ

Form
let us (let's) + reiner Infinitiv:
Let us stand together in this emergency.

Um die Verneinung zu bilden, wird gewöhnlich *not* vor den Infinitiv gestellt:
Let us not be alarmed by rumours.

Im Umgangsenglisch ist es auch möglich, *don't* vor *let's* zu stellen:
Don't let's be alarmed by rumours.

Durch den Gebrauch von *let us (let's)* kann der Sprecher auf seine Zuhörer einwirken, auf eine ganz bestimmte Art und Weise zu reagieren, oder eine Entscheidung versprachlichen, von der er annimmt, daß sie sie gleichfalls akzeptieren, oder einen Vorschlag ausdrücken (siehe Abschnitt **289**).

C Die dritte Person Imperativ

Form
let him/her/it/them + reiner Infinitiv (siehe auch Abschnitt **322**):
Let them go by train.

Diese Konstruktion findet sich in modernem Englisch nicht mehr sehr häufig. Es wäre üblicher zu sagen:
They are to go / must go by train.

Der verneinte Imperativ, *let him/her/it/them* + verneinter Infinitiv, wird in modernem Englisch nicht benutzt. Statt dessen würde *must not* oder *is/are not to* gebraucht werden:
They must not / are not to go by air.

282 Andere Arten/Sprachformen, Anweisungen zu geben

A Subjekt + *shall* für Anweisungen in der dritten Person (im Schriftenglisch)

shall kann in sehr förmlichen, schriftlichen Bestimmungen verwendet werden, die üblicherweise für eine bestimmte Zeit in Kraft bleiben werden. Diese werden oft im Passiv gebraucht (siehe auch Abschnitt **234**):
The Chairman, Secretary, and Treasurer shall be elected annually.
(Vereinsregeln)
A record shall be kept of the number of students attending each class.
(Fachhochschulregeln)

B Subjekt + *will,* hauptsächlich für Anweisungen in der dritten Person:
WHEN THE ALARM RINGS PASSENGERS AND CREW WILL ASSEMBLE AT THEIR BOAT STATIONS.
(Hinweisschild auf einem Schiff)

Dieses ist eine förmliche, unpersönliche, nachdrückliche Art, eine Anweisung zu erteilen, die impliziert, daß die Person, die die Anweisung gibt, sicher ist, daß andere ihr nachkommen. Sie wird hauptsächlich in schriftlichen Instruktionen von Leuten benutzt, die ›Befehlsgewalt‹ ausüben, z.B. von Schiffskapitänen, Offizieren der Streitkräfte, Schuldirektoren, Trainern von Sportmannschaften usw.:
The team will report to the gymnasium for weight-lifting training.

Wird *will* im Satz vor das Subjekt gestellt, so wird die Anweisung zu einer Bitte abgeschwächt.
In gesprochenen Anweisungen ist es auch möglich, die Form *you will* zu verwenden:
You will not mention this meeting to anyone.

Es ist jedoch üblicher und höflicher, *must* zu benutzen:
You must not mention this meeting to anyone.

C Anweisungen werden wie Verpflichtungen oft durch *must* versprachlicht:
You must not smoke in the petrol store.
Passengers must cross the line by the footbridge.
Dogs must be kept on leads in this area.

D Anweisungen oder Befehle können durch *be* + Infinitiv-Konstruktion vermittelt werden:
You are to report for duty immediately.
The switchboard is to be manned at all times.

E Verbote können in schriftlichen Instruktionen durch *may not* ausgedrückt werden:
Candidates may not bring textbooks into the examination room.

283 Bitten mit *can/could/may/might I/we*

A *can/could/may/might I/we* + *have* + Nomen/Pronomen

can ist die am wenigsten förmliche Form:
»*Can I have a sweet?*« *said the little boy.*

can I/we drückt, wenn es von Erwachsenen gebraucht wird, mehr Zutrauen als *could I/we* aus.
could I/we ist die am weitesten verbreitete nützliche Form:
Could I have a cup of tea?
Could I have two tickets, please?

may und *might* sind förmlicher als *could,* aber sowohl in gesprochenem als auch in geschriebenem Englisch möglich:
May/Might I have a copy of the letter? (Diese Aussage könnte ebenso in der Berichtsform erscheinen: *He asked if he might have a copy of the letter.*)

Über diese Bitten wird üblicherweise durch *ask* (+ indirektes Objekt) + *for* + Objekt berichtet:
The little boy asked (me) for a sweet.
He asked for a copy of the letter.

B *can/could/may/might I/we* + Verb

Wegen der Unterschiede zwischen ihnen siehe vorstehend Abschnitt **A** .
Diese könnten Bitten um Erlaubnis (siehe Abschnitt **131**), aber zusammen mit bestimmten Verben, z.B. *see, speak (to), talk (to),* auch ganz gewöhnliche Bitten sein:
May/Could I see Mr Jones? = *I would like to see Mr Jones.*

Dieser Typ von Bitte wird durch *ask to see / to speak to* etc. in die Berichtsform umgesetzt:
I asked to see Mr Jones.

Nach *ask* darf kein Nomen/Pronomen verwendet werden, da sich sonst die Bedeutung des Satzes ändern würde (siehe Abschnitt **243** B).
In der Umgangssprache würde *ask for* + Name etc. ebenfalls möglich sein, besonders wenn über ein Telefongespräch berichtet wird:
CALLER: *Could I speak to the secretary, please?* > *She asked for the secretary / to speak to the secretary.*

C Vor Bitten mit *could/might I/we* können die Wendungen *do you think / I wonder(ed) / was wondering if* gestellt werden. Diese Voranstellungen lassen die Bitten schüchterner und weniger selbstbewußt klingen:
I wonder / was wondering if I could have tomorrow off?
Do you think I could speak to the secretary?

Auf den Wechsel des Verbs von der Frageform zur Aussageform ist zu achten (siehe Abschnitt **104**).

284 Bitten mit *could/will/would you* etc.

(wegen der mit * versehenen Formen siehe nachstehend Abschnitt K)

A *could you** ist eine sehr nützliche Form, eine Bitte auszusprechen:
Could you please show me the way?

possibly kann hinzugefügt werden, wenn der Sprecher um etwas Besonderes bittet:
Could you possibly lend me £100?

couldn't drückt die Hoffnungen des Sprechers aus, sein Gegenüber möge seine Meinung ändern und dieses Mal positiver reagieren:
»I can't wait.« »Couldn't you wait five minutes?«

you couldn't ... could you? kann benutzt werden, um eine Bitte zu formulieren, auf deren Erfüllung man nicht ernsthaft hofft:
You couldn't wait five minutes, could you?
You couldn't give me a hand with this, could you?
(In beiden Fällen erwartet der Sprecher nicht wirklich eine positive Antwort.)

B *will/would you* (please):*
Will/Would you please count your change?

would you (please) hat die gleiche Bedeutung wie *could you.*
will you ist autoritärer und deshalb weniger höflich.
will/would you kann an das Satzende gestellt werden:
Shut the door, will you?

Diese Form kann jedoch nur in sehr freundschaftlichen, entspannten Situationen gebraucht werden. In anderen Fällen würde sie sehr unhöflich klingen.

will/would kann auch für Bitten in der dritten Person verwendet werden:
Would Mrs Jones, passenger to Leeds, please come to the Enquiry Desk?
Will anyone who saw the accident please phone this number ...?
(polizeiliche Durchsage)

C *you'll ... won't you?* ist eine sehr inständige Form einer Bitte, die hauptsächlich unter Freunden Verwendung findet:
You'll write to me, won't you?

D *would you mind* + Gerundium* (siehe Abschnitt **263**):
Would you mind moving your car?

E *perhaps you would* drückt die Zuversicht aus, daß die andere Person der Bitte nachkommen wird. Die Struktur würde nicht zu Beginn einer Unterhaltung oder am Briefanfang verwendet werden, könnte jedoch möglicherweise später benutzt werden:
Perhaps you would let me know when your new stock arrives = Please let me know when your new stock arrives.

F *if you would* ist eine nützliche Formulierung einer Bitte. Sie wird im gesprochenen Englisch für alltägliche Bitten verwendet, bei denen der Sprecher sicher ist, daß ihnen entsprochen wird:
If you'd fill in this form / take a seat / wait a few minutes. (in einem Amt)
If you'd sign the register / follow the porter. (in einem Hotel)

just kann hinzugefügt werden, um zu zeigen, daß die Handlung, um die gebeten wird, sehr leicht auszuüben ist:
If you'd just put your address on the back of the cheque. (in einem Laden)

G *would you like to ...?* ist ebenso eine mögliche Form einer Bitte:
Would you like to take a seat? = Please take a seat.

H *I should/would be very grateful if you would* ist eine förmliche Bitt-Form, die sich hauptsächlich in Briefen findet, manchmal aber auch in der gesprochenen Sprache anzutreffen ist:
I should be very grateful if you would let me know if you have any vacancies.

I *Would you be good/kind enough to keep me informed?*
Would you be so kind as to keep me informed?

J *I wish you would* kann eine Bitte sein. Mit dieser Form wird implizit ausgedrückt, daß die andere Person etwas tun sollte oder ihre Mithilfe hätte anbieten sollen (siehe Abschnitt **301**):
I wish you'd give me a hand.

K Die mit * versehenen *would-* und *could*-Formen können durch Wendungen wie *do you think? I wonder(ed) if, I was wondering if* eingeleitet werden (siehe Abschnitt **104**):
Do you think you could lend me £500?

285 Bitten mit *might*

A *you might* kann eine sehr beiläufige Bitte versprachlichen:
You might post these for me.

Die Form kann nur in sehr freundschaftlichen, entspannten Situationen verwendet werden, andernfalls würde sie barsch und unhöflich klingen.

B Mit einer bestimmten Betonung und einem Hochton auf dem wichtigen Wort kann *might* eine Bitte mit einem Vorwurf verbinden: *You might 'help me* mit der Betonung auf *help* könnte implizieren *Why aren't you helping me? You should be helping me.* Warum hilfst du mir denn nicht? Du solltest mir wirklich helfen.

C *might* kann auch mit anderen Personen benutzt werden, um diese Art von Verwunderung und Irritation auszudrücken: *He might 'pay us!* mit der Betonung auf *pay* könnte bedeuten *We are annoyed that he doesn't pay / hasn't paid us.* (d.h. er könnte uns wirklich bezahlen; wir sind verärgert, daß er es nicht tut / getan hat)

D *might* + Infinitiv Perfekt kann eine Verwunderung oder einen Vorwurf darüber ausdrücken, daß eine Handlung in der Vergangenheit nicht ausgeführt wurde: *You might have 'told us* mit der Betonung auf *told* könnte bedeuten *You should have told us.* Du hättest es uns erzählen sollen/müssen.

286 Einladungen

A *will you have / would you like* + Nomen

Will you have a drink? (manchmal in der Kurzform *Have a drink.*)
Would you like a coffee?

do you want drückt keine Einladung aus.
(wegen *want* und *would like* siehe Abschnitt 296.)

In der indirekten Rede wird *offer* + indirektes Objekt (= angesprochene Person) + Nomen gebraucht:
She offered me a drink / a coffee.

B *will/would/could you? would you like to?*

Will you have lunch with me tomorrow? ist informell möglich, aber *Would/Could you have lunch with me?* oder *Would you like to have lunch with me?* sind in förmlicher wie informeller Ausdrucksweise üblich. Von diesen Einladungen könnte in der Berichtsform durch *invite/ask* + direktes Objekt + *to* + Nomen, oder *invite/ask* + direktes Objekt + Infinitiv gesprochen werden:
He invited me to lunch / to have lunch with him.

C Anworten auf Einladungen

Auf Angebote eines Drinks, einer Zigarette etc. wird gewöhnlich geantwortet:
Yes, please.
oder: *No, thank you.*

Die Antworten auf Einladungen mit *would you / could you / would you like* lauten gewöhnlich:
I'd like to very much / I'd love to.
oder: *I'd like to very much but I'm afraid I can't.*

wouldn't like wäre natürlich nicht möglich.
Einladung und Antwort darauf in der Berichtsform:
He invited us to dinner / to a party / to spend the weekend with him and we accepted / but we refused / but we had to refuse because ...

D Erwartet der Sprecher nicht wirklich, daß sein Angebot / seine Einladung angenommen wird, kann er sagen:
You wouldn't like another drink, would you? (Vielleicht möchte der Sprecher selbst noch etwas zu trinken und sich sozusagen dafür entschuldigen. Er erwartet nicht wirklich, daß sein Freund das Angebot zu einem weiteren Drink akzeptiert.)
You wouldn't like to come with me, would you? (Auch in diesem Fall wird nicht wirklich eine Annahme des Angebots erwartet.)

287 Ratschläge

A *must, ought to* und *should* können für Ratschläge verwendet werden:
You must read this book. It's marvellous.
You should grow your own vegetables.
You ought to plant some trees.

In der indirekten Rede bleiben *must, ought to* und *should* unverändert oder werden durch *advise* + Objekt ersetzt:
He advised me to plant trees.

B *you had better* + reiner Infinitiv (siehe Abschnitt **120**)

You'd better take off your wet shoes.
You'd better not wait any longer.

had better kann mit der dritten Person gebraucht werden:
He'd better stop taking those pills.

C *if I were you I should/would*

If I were you I'd buy a car.

Der gesamte Satz wird oft zu *I should/would* mit einer leichten Betonung auf dem *I* verkürzt:
'I'd buy a car.

In der indirekten Rede wird *If I were you I should/would ...* durch *advise* + Objekt ersetzt:
He advised me to buy a car.

D *I advise / would advise you* + Infinitiv

I (would) advise you to apply at once.
oder: *I advise / would advise* + Gerundium:
I('d) advise applying at once.

E *why don't you ...?* kann einen Ratschlag oder einen Vorschlag ausdrücken:
Why don't you learn to play your guitar?
Why don't you take a holiday?

Ein Rat wird in der Berichtsform durch *advise* + Objekt ausgedrückt:
He advised me to take a holiday.

F *it is time you* + Präteritum

It is time you bought a new coat. (siehe Abschnitt **293**)

In der Berichtsform:
He said it was time I bought a new coat.

288 Rat mit *may/might as well* + Infinitiv

Diese Konstruktion kann einen Ratschlag ausdrücken, der nicht mit viel Nachdruck erteilt wird:
You may/might as well ask him = It would do no harm to ask him.
She said I might as well ask him.

Diese Form kann mit der dritten Person benutzt werden:
He may as well come with me.

und der Sprecher kann sie, wenn er von sich selbst redet, ebenso verwenden:
As there isn't anything more to do, I may as well go home early.

289 Vorschläge

A Vorschläge in der ersten Person mit *let's* oder *shall I/we*

let's + Infinitiv:
Let's make it ourselves.

shall we wird manchmal hinzugefügt:
Let's get the paint today, shall we?

shall I/we + Infinitiv:
Shall we invite Bill?

Auf Vorschläge mit *let's* oder *shall we* kann positiv durch *yes, let's* geantwortet werden. Lautet die Antwort »Nein«, könnte *let's not* im Spaß gebraucht werden:
»Let's take the tent.« »Let's not!«

Oder *let's not* kann einen Vorschlag in einem verneinten Satz einleiten:
Let's not start too early.

don't let's könnte auch verwendet werden:
Don't let's start too early.

B Vorschläge in der ersten und zweiten Person

why don't we/you + Infinitiv oder *why not* + Infinitiv / Orts- oder Zeitangabe:
Why don't we meet and discuss it?
Why not meet and discuss it?
»Where shall we meet?« »Why not here? / Why not at the hotel?«

In der Umgangssprache findet sich auch *what's wrong with / what's the matter with* + Nomen:
What's wrong with the hotel?

what/how about + Gerundium/Nomen:
Where shall we sleep?
What about renting a caravan?
What about a bed and breakfast place?

suppose I/we/you + Präsens oder Präteritum:
Suppose you offer/offered to pay him?

C Vorschläge in der ersten, zweiten oder dritten Person mit *suggest* oder *propose*

suggest (+ Possessivadjektiv) + Gerundium oder *suggest that* + Subjekt + Präsens/*should.*

propose wird in derselben Art und Weise verwendet, ist jedoch geringfügig förmlicher als *suggest.*
Im Aktiv ist *suggest* + *should* + Infinitiv förmlicher als *suggest* + Präsens oder Präteritum:
I suggest (your) selling it.
We suggest that you should sell it. (förmlich)
I propose that the secretary sends in / should send in a report. (förmlich)
I propose that a report (should) be sent in. (förmlich)

that ... should ist im Passiv nötig. Bei *should be* ist es in formellem Englisch möglich, *should* wegzulassen und *be* zu gebrauchen, wie das oben angeführte Beispiel zeigt.

D Vorschläge in der indirekten Rede

Von Vorschlägen kann berichtet werden mit:
suggest/suggested (+ Possessivadjektiv) + Gerundium
oder: *suggest that* + Subjekt + Präsens/*should*
oder: *suggested that* + Subjekt + Präteritum/*should*
oder: *suggest* (jede Zeit) + Nomen/Pronomen:
Tom suggests/suggested (our) having a meeting.
Ann suggests that he sells / should sell his house.
Ann suggested that he sold / should sell it.
Mr Jones suggested a meeting.

(wegen Vorschlägen mit *let's* siehe auch Abschnitt **322**)

28 Konjunktiv *(subjunctive)*

290 Form

A Der Konjunktiv Präsens hat dieselbe Form wie der Infinitiv; deshalb heißt die Präsensform des Konjunktivs von *to be: be* für alle Personen, und die Konjunktivform des Präsens aller anderer Verben ist die gleiche wie ihre Präsensform, außer daß für die dritte Person Singular kein *s* angefügt wird:
The queen lives here. (einfache Form Präsens)
Long live the queen! (Konjunktiv)

B Das Präteritum Konjunktiv hat dieselbe Form wie das einfache Präteritum, außer daß bei dem Verb *be* das Präteritum des Konjunktivs entweder *I/he/she/it was* oder *I/he/she/it were* ist. In Ausdrücken des Zweifels oder der Nichtwirklichkeit ist *were* gebräuchlicher als *was:*
He behaves as though he were the owner. (d.h. er ist es aber nicht)

In Unterhaltungen wird jedoch *was* häufig anstelle von *were* benutzt (siehe auch Abschnitt **255**). Die Präteritumformen des Konjunktivs werden oft als ›nichtwirkliche Vergangenheitsformen‹ bezeichnet.

291 Gebrauch des Konjunktivs Präsens

A Der Konjunktiv Präsens wird in bestimmten Ausrufen benutzt, um einen Wunsch oder eine Hoffnung auszudrücken, in denen übernatürliche Kräfte angerufen werden:
(God) bless you!
God save the queen!
Heaven help us!
Curse this fog!
Come what may, we'll stand by you!

Es gibt auch die Wendung *if need be* in der Bedeutung von *if it is necessary:*
If need be we can always bring another car.

B Der Präsens des Konjunktivs wird manchmal in der Dichtung, in Wunsch-, Konditional- und Konzessivsätzen (Einräumungssätzen) verwendet:
Stevenson: Fair the day shine as it shone in my childhood. (May the day shine / I hope it will shine.)
Shakespeare: If this be error, and upon me proved ... (if this is error)
Byron: Though the heart be still as loving ... (though the heart is)

C Wie in Abschnitt **235** gezeigt wurde, kann *should* + Infinitiv auf bestimmte Verben folgen. Ist der Infinitiv *be,* wird *should* manchmal fortgelassen:
He suggested that a petition (should) be drawn up.

Ein so einzeln gebrauchter Infinitiv wird zum Konjunktiv.

292 *as if / as though* + Präteritum des Konjunktivs

Das Präteritum des Konjunktivs kann nach *as it / as though* zum Ausdruck der Nichtwirklichkeit oder Unwahrscheinlichkeit oder des Zweifels hinsichtlich einer gegenwärtigen Situation (es gibt keinen Unterschied zwischen *as if* und *as though*) gebraucht werden:
He behaves as if he owned the place. (= But he doesn't own it or probably doesn't own it or we don't know whether he owns it or not.)
He talks as though he knew where she was. (= But he doesn't know oder *He probably doesn't know* oder *We don't know whether he knows or not.)*
He orders me about as if I were his wife. (= but I am not)

Das Verb, das *as if/ as though* vorangeht, kann im Präteritum verwendet werden, ohne daß sich dadurch die Zeit des Konjunktivs ändert:
He talks/talked as though he knew where she was.

Nach *as if/ as though* wird ein Plusquamperfekt benutzt, wenn auf eine wirkliche oder vorgestellte Handlung in der Vergangenheit Bezug genommen wird:
He talks about Rome as though he had been there himself. (= But he hasn't oder *probably hasn't* oder *we don't know whether he has or not.)*

Wieder kann das Verb, das *as if/ though* vorangeht, auch im Präteritum stehen, ohne daß die Zeit des Konjunktivs verändert wird:
He looks/looked as though he hadn't had a decent meal for a month.

293 *it is time* + Präteritum des Konjunktivs (nichtwirkliche Vergangenheit)

Auf *it is time* kann mit dem Infinitiv angeschlossen werden:
It is time to start.

oder mit *for* + Objekt + Infinitiv:
It's time for us to go.

oder mit Subjekt + Präteritum des Konjunktivs:
It's time we went.
It's time we were leaving.

Es gibt einen geringen Bedeutungsunterschied zwischen den Formen.
it is time + Infinitiv drückt den Sachverhalt aus, daß die richtige Zeit gekommen ist / daß es an der Zeit ist, etwas zu tun;
it is time + Subjekt + Präteritum des Konjunktivs sagt aus, daß es ein wenig spät ist.

high kann hinzugefügt werden, um diese Vorstellung hervorzuheben:
It's high time we left.

Auf *it is time + I/he/she/it* kann nicht *were* folgen:
It's time I was going.

(wegen Konjunktivformen des Präteritums / nichtwirkliche Vergangenheit in Konditionalsätzen siehe Abschnitt **222**; nach *would rather/sooner* siehe Abschnitt **297**; nach *wish* + Subjekt siehe Abschnitt **300**; in der indirekten Rede siehe Abschnitt **310**.)

29 *care, like, love, hate, prefer, wish*

294 *care* und *like*

care wird hauptsächlich in verneinten Aussagesätzen und Fragesätzen verwendet.

A *care for* + Nomen/Gerundium ist *like* + Nomen/Gerundium sehr ähnlich:

(a) *Does/Did Tom care for living in the country?*
oder: *Does/Did Tom like living in the country?*
(b) *You don't care for science fiction, do you?*
oder: *You don't like science fiction, do you?*

Auf die unter (b) angeführten Fragen könnte geantwortet werden:
I don't care for it.
oder: *I don't like it much.*
oder: *Oh yes, I like it.* (*care* wäre hier nicht möglich.)

Bei *care* in Fragesätzen schwingt manchmal ein Anzeichen von Zweifel mit: *Does Ann care for horror movies?* (Der Sprecher glaubt, daß sie es wahrscheinlich nicht tut oder ist überrascht, daß sie es offensichtlich doch tut.)

Der Hinweis auf einen Zweifel ist bei der Wendung *would you care (for) ...?* deutlicher und greifbarer.

B *would care* und *would like*

would care for + Nomen und *would care* + Infinitiv sind der Wendung ähnlich. *would care for* wird normalerweise nicht im Aussagesatz gebraucht, und Angebote, die mit *would you care for ...?* versprachlicht werden, sind weniger ernst gemeint als Angebote mit *would you like ...?*

(a) *Tom: Would you care for a lift, Ann?* (Vielleicht ist sein Wagen unbequem, und sie liebt einen gewissen Komfort.)
(b) *Tom: Would you care to see my photos, Ann?* (Er ist sich nicht sicher, daß sie sie zu sehen wünscht.)

Eine bejahende Antwort auf (b) oben würde sein:
I'd like to see them very much.

Wie im Aussagesatz ersetzt *would like: would care.*
Ähnlich in verneinten Aussagesätzen:
»*I wouldn't care to live on the 35th floor.*« »*Oh, I'd rather like it.*«

would care / would like kann manchmal zusammen mit Gerundien benutzt werden. (siehe Abschnitt **295** **B**)

C *would have cared (for)* und *would have liked*

Beide Ausdrücke beziehen sich hier auf Handlungen, die nicht stattfanden:

ANN: I'd have liked to go with Tom. (= I wanted to go but he didn't get my wish.) (d.h. Tom begreift dies aber nicht. Er ging nicht mit; siehe auch Abschnitt **296** **D**)

care könnte hier nicht verwendet werden.

BILL: But he walked all the way! You wouldn't have cared for / have liked that, would you?

oder: *Would you have cared for / have liked that?*

D *care* wie oben gebraucht, darf nicht mit *care for (= look after)* und *care (about)* verwechselt werden:

1

care for (= look after) wird hauptsächlich im Passiv verwendet:
The old people were cared for by their families.

2

care (about) (= feel concerned) wird hauptsächlich in verneinten Aussagesätzen und Fragesätzen gebraucht.
I don't care (about) ist *I don't mind* ähnlich, das ebenso stellvertretend benutzt werden kann:

»It will be very expensive.« »I don't care/mind.«

oder: *I don't care about / mind the expense.*
oder: *I don't care/mind what it costs.*

Es gibt den folgenden Bedeutungsunterschied: *I don't care (about) = I'm indifferent (to),* während *I don't mind = I don't object (to),* d.h. *He/it doesn't worry/upset/annoy me* bedeutet.
I don't mind ist sehr viel höflicher als *I don't care,* das oft arrogant und überheblich klingt. In einem verneinten Aussagesatz können jedoch beide Formen verwendet werden:
Don't you care/mind what happens to him?
Didn't you care/mind what happened?

In einem normalen Fragesatz gibt es jedoch zwischen beiden Formen einen Bedeutungsunterschied:
Do you care? = Are you concerned? / Do you feel concern?

Dagegen bedeutet *Do you mind?* üblicherweise *Do you object?*.
(siehe Abschnitt **263**)

295 *care, like, love, hate, prefer*

A Werden diese Verben im Konditional gebraucht, folgt ihnen gewöhnlich der Infinitiv:

Would you care/like to come with me? (= Would it please you to come with me?)
I'd like to (come) very much.
oder: *I'd love to (come).*
I'd hate to spend Christmas alone.

Hier denkt man an eine bestimmte Handlung in der Zukunft.

B Auf *would care for, would like* können auch Gerundien folgen, wenn nicht an besondere Handlungen und Tätigkeiten gedacht, sondern ganz allgemein über die Vorlieben des Subjekts gesprochen wird. Es ist anzumerken, daß *would care for / would like* durch *would enjoy* ersetzbar sind:
She would like / would enjoy riding if she could ride better.
I wonder if Tom would care for / would enjoy hang-gliding.

hate und *prefer* können ähnlich benutzt werden, sind jedoch weniger üblich.

C Werden *care for, like (= enjoy), love, hate* und *prefer* im Präsens oder Präteritum verwendet, folgt ihnen gewöhnlich das Gerundium:
He doesn't/didn't care for dancing.
They love/loved wind-surfing.
He prefers/preferred walking to cycling.

Der Infinitiv ist jedoch nicht ausgeschlossen und findet sich sogar häufig im amerikanischen Englisch:
They love/loved to run on the sands.

D *like* kann auch *think wise or right* bedeuten, worauf dann immer ein Infinitiv folgt:
She likes them to play in the garden. (= She thinks they are safe there.)
I like to go to the dentist twice a year. (= I think this wise.)

Im Vergleich dazu *I like going to the dentist* mit der Aussage, daß ich den Zahnarzt gerne aufsuche. Ähnlich *I don't like to go = I don't think it right to go* während *I don't like going = I don't enjoy going* bedeutet.

Zwischen beiden verneinten Formen liegt ein weiterer Unterschied vor. *I don't like to go* bedeutet üblicherweise *I don't go* (weil ich nicht denke, daß es richtig ist). *I don't like going* bedeutet gewöhnlich *I go, although I don't enjoy it.* Ähnlich *I didn't like to open the letter* bedeutet *I didn't open it because I didn't think it right to do so,* während *I didn't like opening the letter* die Bedeutung *I opened it reluctantly* annimmt.

E Auf *enjoy* und *dislike* folgt immer ein Nomen/Pronomen oder Gerundium.

296 *would like* und *want*

A Manchmal können beide Formen, *would like* oder *want,* benutzt werden.

1
In Bitten und Nachfragen bezüglich Bitten (*would like* wird aber hier nicht benutzt: siehe **B** 1 nachstehend):

CUSTOMER: I'd like some raspberries, please.
oder: *I want some raspberries, please.*
GREENGROCER: I'm afraid I haven't any. Would you like some strawberries?
CUSTOMER: No, I don't want any strawberries, thanks. (*wouldn't like* ist nicht möglich.)

I would like ist gewöhnlich höflicher als *I want.*
would you like? ist sehr viel höflicher und nützlicher als *do you want?*
would you like? kann die Bereitschaft einer Person andeuten, den Wünschen einer anderen Person nachzukommen. *do you want?* vermittelt diese Vorstellung nicht. Hat folglich jemand mit einem Kunden zu tun, wird er deshalb üblicherweise *would you like?* verwenden:
CALLER: I'd like to / I want to speak to Mr X, please.
TELEPHONIST: Mr X is out. Would you like to speak to Mr Y?

2
Äußert man keine Bitten, sondern spricht über Wünsche, kann entweder *would like* oder *want* im Aussagesatz, verneinten Aussagesatz oder Fragesatz verwendet werden. Es gibt keinen Bedeutungsunterschied, obwohl *I want* gewöhnlich selbstsicherer und zuversichtlicher klingt als *I would like,* weswegen *I want* üblicherweise nicht für unrealistische Wünsche gebraucht wird:
I would like to live on Mars.

B *would like* und *want* können in den nachfolgenden Gebrauchsfällen einander nicht ersetzen:

1
In Einladungen wird *would like?* und nicht *do you want?* benutzt:
Would you like a cup of coffee?
Would you like to come to the theatre?

do you want? wäre hier nur eine Frage, nicht eine Einladung.

2
wouldn't like und *don't want* sind verschieden.
don't want = have no wish for, aber *wouldn't like = would dislike.*
wouldn't like kann deshalb nicht als Antwort auf Einladungen oder Angebote gebraucht werden, da der Ausdruck unhöflich klingen würde. Statt dessen wird *don't want* oder eine andere Form verwendet:

»*Would you like some more coffee?*« »*No, I don't want any more, thanks.*«
oder: »*No, thanks.*«

C Im Präteritum verhalten sich die beiden Formen unterschiedlich. In der indirekten Rede wird *want* zu *wanted* verschoben, während *would like* unverändert bleibt:
Tom said, »I would like / want to see it« > Tom said he would like / wanted to see it.

Wird jedoch keine indirekte Rede benutzt, muß im Englischen *Tom wanted to see it* gesagt werden. (*would like* kann hier nicht verwendet werden, da der Satz *Tom would like to see it* eine Bedeutung hat, die auf Gegenwart oder die Zukunft zielt.)

D *would like* hat zwei Vergangenheitsformen.
would like + Infinitiv Perfekt oder *would have liked* + Infinitiv/Nomen/ Pronomen. Diese Formen drücken nur unerfüllte Wünsche aus:
I'd like to have gone skiing.
I'd have liked a day's skiing. (= But I didn't get my wish.)

297 *would rather/sooner* und *prefer/would prefer*

Es gibt keinen Bedeutungsunterschied zwischen *would rather* und *would sooner; would rather* wird jedoch häufiger verwendet.

A Auf *would rather/sooner* folgt der reine Infinitiv, wenn das Subjekt von *would rather/sooner* das gleiche ist wie das Subjekt der nachfolgenden Handlung:
Tom would rather read than talk.

1
would rather/sooner + Infinitiv kann anstelle von *prefer* + Gerundium für Handlungen/Tätigkeiten in der Gegenwart benutzt werden:
Tom prefers reading to talking.

Achtung:
would rather + Infinitiv + *than* + Infinitiv, aber *prefer* + Gerundium + *to* + Gerundium.

Auf *prefer* kann auch ein Nomen folgen, *would rather* erfordert jedoch immer ein Verb:
He prefers wine to beer = He would rather drink wine than beer.
I prefer tennis to golf = I'd rather play tennis than golf.

Einige Aussagen mit *prefer* + Nomen haben kein genaues Äquivalent zu *would rather: He prefers dogs to cats* und *He would rather have dogs than cats* bedeuten nicht genau dasselbe.

2
would rather + Infinitiv kann nicht ausdrücken, daß jemand etwas in der Vergangenheit vorgezogen hat, so ist das Äquivalent der Vergangenheit von

Tom would rather read than talk: Tom preferred reading to talking / liked reading better than talking. (siehe aber 4 nachstehend)

3
would rather + Infinitiv kann ebenso anstelle von *would prefer* + Infinitiv benutzt werden:
I'd rather fly than go by sea / I'd prefer to fly.

Beim Gebrauch von *would prefer* wird nur die Handlung erwähnt, die der Sprecher vorzieht; siehe oben. Möchte man hingegen die beiden Handlungen erwähnen, muß *would rather* gebraucht werden. Ähnlich wird mit Nomen verfahren:

»*Would you like some gin?*« »*I'd prefer a coffee.*«
oder: »*I'd rather coffee than gin.*«

4
Auf *would rather/sooner* und *would prefer* kann der Infinitiv Perfekt folgen:
We went by sea but I'd rather have gone by air / I'd prefer to have gone by air. (*= I wanted to go by air but didn't get my wish.*)

Diese Konstruktion ist *would like* + Infinitiv Perfekt ähnlich, die einen unerfüllten Wunsch ausdrückt. (siehe Abschnitt **296** D)

B Auf Subjekt + *would rather/sooner* folgt Subjekt + Präteritum (Konjunktiv), wenn die beiden Subjekte verschieden sind:
»*Shall I give you a cheque?*« »*I'd rather you paid cash.*«

Der Gebrauch von *would rather* + Subjekt + *didn't* zum Ausdruck eines Wunsches in einem verneinten Satz ist zu beachten:
»*Would you like him to paint it?*« »*No, I'd rather he didn't (paint it).*«
Ann wants to tell Tom but I'd rather she didn't (tell him).

prefer wird jedoch wie *like* mit Objekt + Infinitiv verbunden:
I'd prefer you to pay cash.
I'd prefer him not to paint.
I'd prefer her not to tell Tom.

298 Weitere Beispiele der Vorlieben / des Vorziehens

A

I like hot weather better than cold = I prefer hot weather to cold = I'd rather/sooner have hot weather than cold.
I like skiing better than skating = I prefer skiing to skating = I'd rather/sooner ski than skate.

B

I liked playing in matches better than watching them = I preferred playing matches to watching them. (*would rather/sooner* könnte hier nicht verwendet werden.)

C

Would you like to start today oder *would you rather wait / would you prefer to wait till tomorrow? = I'd rather go today (than wait till tomorrow).*
I'd rather not wait.
oder: *I'd prefer to start today. I'd prefer not to wait.*
I'd rather deliver it by hand than post it.
He says he'd rather go to prison than pay the fine.
I'd rather pay his fine for him than let him go to prison.

rather than ... would + Infinitiv ist in förmlichem Englisch möglich:
Rather than let him go to prison I would pay his fine myself.

D

»Do you want Ann to repair it herself?« »I'd prefer her to ring / I'd rather she rang the electrician.«
oder: *I'd rather she didn't try to repair it herself.*

They want to camp in my garden but I'd rather they didn't. I'd rather they camped by the river.
He usually has a pub lunch, but she'd prefer him to come home for a meal / she'd rather he came home for lunch. She'd rather he didn't spend money in pubs.

299 *wish, want* und *would like*

wish, want und *would like* bedeuten alle *desire* (wünschen).
wish ist der förmlichste Ausdruck.
(wegen *want* und *would like* siehe Abschnitt **296**.)

A Auf *wish* kann unmittelbar ein Infinitiv oder ein Objekt + Infinitiv folgen:
»Why do/did you wish to see the manager?« »I wish/wished to make a complaint.«
The government does not wish Dr Jekyll Hyde to accept a professorship at a foreign university.

In weniger förmlicher Sprache würde *want* oder *would like* verwendet werden:
I would like/want to speak to Ann.
I wanted to speak to Ann.
She doesn't/didn't want the children to stay up late.
(Würde in diesem Beispielsatz *like* anstelle von *want* benutzt, würde der Satz bedeuten, daß die Person, von der die Rede ist, es mißbilligt, wenn Kinder lange aufbleiben.)

B Auf *want* und *would like* können Nomen direkt folgen:
I want/would like a single room.
He wanted a single room.

Die Gebrauchsmöglichkeiten von *wish* sind eingeschränkter; so kann man jemandem Glück/Erfolg/Fröhliche Weihnachten etc. wünschen (*wish someone luck/success/ a happy Christmas* etc.):
He said, »Good luck!« = He wished me luck.

Jemandem können auch gute/beste Wünsche übermittelt werden *(send someone ›good/best wishes‹):*
With all good wishes, yours, Bill (Grußformel am Briefende)
Best wishes for the New Year (Karte zum Jahreswechsel)

Außer in derartigen Grüßen folgt auf *wish* üblicherweise kein nominales Objekt. Auf *wish + for* kann ein Nomen/Pronomen folgen, was aber impliziert, daß das Subjekt wenig Hoffnungen hat, seinen Wunsch erfüllt zu bekommen. Die Wendung wird hauptsächlich in Ausrufen benutzt:
How he wished for a drink!
What he chiefly wished for was a chance to explain. (= It seems unlikely that he was going to get this chance.)

300 *wish* + Subjekt + Präteritum des Konjunktivs

A *wish (that)* + Subjekt + Präteritum (Konjunktiv siehe Abschnitt **290 B**) drückt ein Bedauern hinsichtlich einer gegenwärtigen Situation aus:
I wish I knew his address = I'm sorry I don't know his address.
I wish you could drive a car = I'm sorry you can't drive a car.
I wish he was coming with us = I'm sorry he isn't coming with us.

wish kann im Präteritum verwendet werden, ohne damit den Konjunktiv zu ändern:
He wished he knew the address = He was sorry he didn't know the address.

Nichtwirkliche Zeiten der Vergangenheit werden in der indirekten Rede nicht verändert:
I wish I lived nearer my work,« he said > He said he wished he lived nearer his work.

B *wish (that)* + Subjekt + Plusquamperfekt (Konjunktiv) drückt ein Bedauern hinsichtlich einer vergangenen Situation aus:
I wish that I hadn't spent so much money = I'm sorry I spent so much money.
I wish you had written to him = I'm sorry you didn't write to him.

wished kann *wish* ersetzen, ohne daß sich der Konjunktiv ändert:
I wished I hadn't spent so much money = I was sorry I had spent so much money.

Diese Verben werden unverändert in die indirekte Rede übernommen:
»I wished I had taken his advice,« she said = She (said she) wished she had taken his advice.

C *if only* kann auf dieselbe Art und Weise benutzt werden. Es hat dieselbe Bedeutung wie *wish,* klingt aber dramatischer:
If only we knew where to look for him!
If only she had asked someone's advice!

301 *wish (that)* + Subjekt + *would*

A *wish* + Subjekt + Präteritum kann ein Bedauern hinsichtlich einer gegenwärtigen Situation ausdrücken, wie es oben in Abschnitt **300** gezeigt wurde:
I wish that he wrote more regularly = I'm sorry he doesn't write more regularly.

B *wish* + Subjekt + *would* kann ähnlich benutzt werden, aber nur im Zusammenhang mit Handlungen, die das Subjekt kontrollieren, d.h. die es nach Wunsch beeinflussen oder ändern kann.
wish + *would* können hier das Interesse an der Bereitschaft / fehlenden Bereitschaft des Subjekts, eine Handlung in der Gegenwart auszuführen, ausdrücken. Dieses ist üblicherweise eine gewohnheitsmäßige Handlung:
I wish he would write more often = I'm sorry he isn't willing to write more often.
I wish he would wear a coat = I'm sorry he refuses to wear a coat.

Das Subjekt von *wish* kann nicht mit dem Subjekt von *would* identisch sein, da dieses unlogisch wäre. Deshalb finden sich keine Zusammensetzungen von *I wish* + *I would.*

C *wish* + Subjekt + *would* versprachlicht die Unzufriedenheit mit der Gegenwart und den Wunsch auf zukünftige Änderung:
I wish he would answer my letter. (= I have been waiting for an answer for a long time.)
I wish they would change the menu. (= I'm tired of eating sausages.)
I wish they would stop making bombs.

Im Normallfall sind die Hoffnungen des Sprechers gering, daß der erwünschte Wechsel eintreten wird, und oft sogar, wie im dritten Beispiel oben, sind die Hoffnungen unrealistisch.
Wie unter Abschnitt **B** oben ist *wish* + Subjekt + *would* auf Handlungen beschränkt, die geändert werden können, und *wish* und *would* können nicht dasselbe Subjekt haben.

Gibt es ein persönliches Subjekt, so unterliegt die Handlung der Kontrolle des Subjekts und die Vorstellung von Bereitschaft / fehlender Bereitschaft ist noch gegeben; *wish* + Subjekt + *would* kann hier jedoch manchmal mit unbelebten Subjekten verwendet werden:
I wish it would stop raining.
I wish prices would come down.
I wish the sun would come out.
I wish the train would come.

wish + Subjekt + *would* ähnelt hier *would like,* aber *would like* ist nicht auf Handlungen, die beeinflußbar sind, beschränkt und deutet auch keine Unzufriedenheit mit der gegenwärtigen Situation an. Die Konstruktion mit *would like* impliziert auch nicht den Mangel an Hoffnung:
I would like Jack to study art. Ich möchte, daß Jack Kunst studiert.
I wish Peter would study art. Ich wünschte, Peter würde Kunst studieren. (d.h. er hat dies wohl abgelehnt)

D *I wish you would* ist eine mögliche Form, eine Bitte auszusprechen. Hier liegt nicht die Vorstellung vor, daß die angesprochene Person sich weigern wird, der Bitte nachzukommen, es schwingt aber oft eine Andeutung mit, daß diese Person den Sprecher auf irgendeine Art und Weise ärgert oder enttäuscht.
I wish you would help me impliziert oft *You should have offered to help me,* und *I wish you would stop humming/interrupting/asking silly questions* würde die Vorstellung vermitteln, daß der Sprecher durch den Lärm / die Unterbrechungen / die dummen Fragen irritiert und gestört war.
Der Ausdruck *I wish you would* kann jedoch in Antworten auf ein Angebot zu helfen benutzt werden und vermittelt dann nicht die Vorstellung einer Unzufriedenheit:
»Shall I help you check the accounts?« »I wish you would.« (= I'd be glad of your help.)

E *if only* + *would* kann *wish* + *would* in den Abschnitten **B** und **C** oben ersetzen. Die Wendung kann nicht für Bitten wie in Abschnitt **D** gebraucht werden.
If only ist dramatischer als *wish: If only he would join our party!*

30 Passiv *(passive voice)*

302 Formen

A Das Passiv einer aktiven Zeit wird dadurch gebildet, daß das Verb *to be* in die gleiche Zeit wie das aktive Verb gesetzt wird und das Partizip Perfekt des aktiven Verbs damit verbunden wird. Das Subjekt des aktiven wird das Agens des passiven Verbs. Das Agens (der Handlungsträger) wird sehr häufig nicht erwähnt. Wird der Handlungsträger genannt, so wird er mit einer Präposition beigefügt und an das Satzende gestellt:
This tree was planted by my grandfather.

B Beispiele der Zeiten des Präsens, Präteritums und Perfekts im Passiv:
Aktiv: *We keep the butter here.*
Passiv: *The butter is kept here.*
Aktiv: *They broke the window.*
Passiv: *The window was broken.*
Aktiv: *People have seen wolves in the streets.*
Passiv: *Wolves have been seen in the streets.*

C Das Passiv der Verlaufsformen erfordert die Verlaufsform von *to be,* die sonst nicht häufig benutzt wird:
Aktiv: *They are repairing the bridge.*
Passiv: *The bridge is being repaired.*
Aktiv: *They were carrying the injured player off the field.*
Passiv: *The injured player was being carried off the field.*

Die Verlaufsformen anderer Zeiten werden ausgesprochen selten im Passiv verwendet, so daß Sätze wie:
They have/had been repairing the road.
und: *They will/would be repairing the road.*
normalerweiswe nicht in das Passiv umgewandelt werden.

D Kombinationen mit Hilfsverben und Infinitiven werden in das Passiv verschoben, indem ein passiver Infinitiv benutzt wird:
Aktiv: *You must/should shut these doors.*
Passiv: *These doors must/should be shut.*
Aktiv: *They should/ought to have told him.* (Infinitiv Perfekt Aktiv)
Passiv: *He should/ought to have been told.* (Infinitiv Perfekt Passiv)

E Andere Infinitiv-Fügungen

Verben, die Vorlieben, gern ausgeführte Tätigkeiten, Wünsche etc. ausdrücken, + Objekt + Infinitiv-Formen, bilden ihre Passivform mit dem Infinitiv des Passivs:
Aktiv: *He wants someone to take photographs.*
Passiv: *He wants photographs to be taken.*

Mit Verben zum Ausdruck einer Anweisung, einer Bitte, eines Rats, einer Einladung + indirektes Objekt + Infinitiv wird das Passiv durch die passive Form des Hauptverbs gebildet:
Aktiv: *He invited me to go.*
Passiv: *I was invited to go.*

Die Verben *advise/beg/order/recommend/urge* + indirektes Objekt + Infinitiv + Objekt können ihre Passivform auf zwei verschiedene Arten bilden. Entweder indem das Hauptverb (das selbständige Verb) in das Passiv gesetzt wird, wie oben beschrieben, oder dadurch, daß *advise* etc. + *that ... should* + Infinitiv Passiv verwendet wird:

Aktiv: *He urged the Council to reduce the rates.*
Passiv: *The Council was/were urged to reduce the rates.*
oder: *He urged that the rates should be reduced.*

agree / be anxious / arrange / be determined / determine / decide / demand + Infinitiv + Objekt treten gewöhnlich im Passiv mit *that ... should,* wie oben gezeigt, auf:
Aktiv: *He decided to sell the house.*
Passiv: *He decided that the house should be sold.*
(siehe Abschnitt **235**)

F Wendungen mit Gerundien

advise/insist/propose/recommend/suggest + Gerundium + Objekt werden gewöhnlich im Passiv mit *that ... should,* wie oben gezeigt, verwendet:
Aktiv: *He recommended using bullet-proof glass.*
Passiv: *He recommended that bullet-proof glass should be used.*
(siehe Abschnitt **235**)

it/they + *need* + Gerundium kann auch durch *it/they* + *need* + Infinitiv Passiv ersetzt werden. Beide Formen haben eine ›passive‹ Bedeutung, d.h. eine Tätigkeit wird am Subjekt ausgeübt.

Andere gerundiale Kombinationen werden im Passiv durch das Gerundium des Passivs ausgedrückt:
Aktiv: *I remember them taking me to the Zoo.*
Passiv: *I remember being taken to the Zoo.*

303 Zeiten des Aktivs und ihre Äquivalente im Passiv

A

Zeit/Verbform	Aktiv	Passiv
Einfache Form Präsens	*keeps*	*is kept*
Verlaufsform Präsens	*is keeping*	*is being kept*
Einfache Form Präteritum	*kept*	*was kept*
Verlaufsform Präteritum	*was keeping*	*was being kept*
Perfekt	*has kept*	*has been kept*
Plusquamperfekt	*had kept*	*had been kept*
Futur	*will keep*	*will be kept*
Konditional I	*would keep*	*would be kept*
Konditional II	*would have kept*	*would have been kept*
Präsens Infinitiv	*to keep*	*to be kept*
Perfekt Infinitiv	*to have kept*	*to have been kept*
Partizip Präsens / Gerundium	*keeping*	*being kept*
Partizip Perfekt	*having kept*	*having been kept*

B In der Umgangssprache wird manchmal *get* anstelle von *be* verwendet:
The eggs got (= were) broken.
You'll get (= be) sacked if you take any more time off.

C Theoretisch könnte ein Satz mit einem direkten und einem indirekten Objekt wie *Someone gave her a bulldog* zwei Passiv-Formen haben:
She was given a bulldog.
A bulldog was given to her.

Der erste Satz ist der gebräuchlichere, d.h. das indirekte Objekt wird gewöhnlich das Subjekt des passiven Verbs.
(siehe auch Abschnitt **302** **E**, **F**)

D Fragen bezüglich der Identität des Subjekts eines aktiven Verbs werden üblicherweise wie folgt gestellt (siehe Abschnitt **55**):
What delayed you?
Which team won?

Fragen hinsichtlich des Subjekts eines passiven Verbs werden so gestellt:
»Something was done.« »What was done?«
»One of them was sold.« »Which of them was sold?«

Fragende Verben in aktiven Fragen können Aussageverben in passiven Fragen werden:
What did they steal? (interrogativ)
What was stolen? (affirmativ)

Bezieht sich die Frage jedoch auf den Handlungsträger, ist ein Verb in der Frageform nötig:
Who painted it? (affirmativ)
Who was it painted by? (interrogativ)

304 Gebrauch des Passivs

Das Passiv wird gebraucht:

A Wenn es unnötig ist, den Handlungsträger zu erwähnen, da es offensichtlich ist, wer er ist/war / sein wird:
The rubbish hasn't been collected.
The streets are swept every day.
Your hand will be X-rayed.

B Wenn nicht bekannt oder nicht genau bekannt ist oder vergessen wurde, wer die Handlung ausführt(e):
The minister was murdered.
You'll be met at the station.
My car has been moved!
I've been told that ...

C Wenn das Subjekt des aktiven Verbs *people* wäre:
He is suspected of receiving stolen goods. (= People suspect him of ...)
They are supposed to be living in New York. (= People suppose that they are living ...)

(wegen Infinitiv-Konstruktionen mit Passivformen von Verben siehe Abschnitte **245**, **306**)

D Wenn das Subjekt des aktiven Satzes das indefinite (unbestimmte) Pronomen *one* wäre: *One sees this sort of advertisement everywhere* würde üblicherweise folgendermaßen ausgedrückt:
This sort of advertisement is seen everywhere.

In der Umgangssprache kann das indefinitive Pronomen *you* (siehe Abschnitt **68**) und ein aktives Verb benutzt werden:
You see this sort of advertisement everywhere.

Förmlicheres Englisch erfordert jedoch *one* + aktives Verb oder die gebräuchlichere Passiv-Form.

E Wenn ein größeres Interesse an der Handlung selbst besteht als an der Person, die die Handlung ausführt(e):
The house next door has been bought (by a Mr Jones).

Ist jedoch Mr Jones bekannt, würde das Aktiv verwendet:
Your father's friend, Mr Jones, has bought the house next door.

Gleichermaßen:
A new public library is being built (by our local council).
obwohl in informellem Englisch das indefinite Pronomen *they* (siehe Abschnitt **68**) und ein aktives Verb gebraucht würde:
They are building a new public library.
während ein Ratsmitglied selbstverständlich sagen wird:
We are / The council is building etc.

F Das Passiv kann benutzt werden, um einen unschönen oder grammatikalisch kaum vertretbaren Satz zu verhindern. Dies wird gewöhnlich getan, um einen Subjektwechsel zu vermeiden:
When he arrived home a detective arrested him.
würde besser ausgedrückt durch:
When he arrived home he was arrested (by a detective).

When their mother was ill neighbours looked after the children.
würde besser lauten:
When their mother was ill the children were looked after by neighbours.

G Aus psychologischen Gründen wird manchmal das Passiv vorgezogen. Ein Sprecher kann die Verantwortung für wenig erfreuliche Ankündigungen ablehnen und nicht übernehmen wollen:
Employer: Overtime rates are being reduced / will have to be reduced.

Das Aktiv wird natürlich demgegenüber für erfreuliche Mitteilungen benutzt werden:
I'm/We are going to increase overtime rates.

Der Sprecher weiß vielleicht, wer die Handlung ausübte, möchte aber vermeiden, einen Namen zu nennen. Tom, der Bill verdächtigt, seine Briefe zu öffnen, kann taktvoll sagen:
This letter has been opened!
anstelle von
You've opened this letter!

H (wegen *have* + Objekt + Partizip Perfekt, *I had the car resprayed,* siehe Abschnitt **119**)

305 Präpositionen mit Verben im Passiv

A Wie schon erwähnt wurde, geht dem Handlungsträger, wenn er genannt wird, *by* voran:
Aktiv: *Dufy painted this picture.*
Passiv: *This picture was painted by Dufy.*
Aktiv: *What makes these holes?*
Passiv: *What are these holes made by?*

Die Passiv-Form von *Smoke filled the room* ist *The room was filled with smoke.* Die Passiv-Form von *Paint covered the lock* ist *The lock was covered with paint.*

Hier wird von benutzten Materialien gesprochen, nicht von Handlungsträgern, denjenigen, die die Handlung ausführten.

B Wird eine Kombination aus Verb + Präposition + Objekt in das Passiv gestellt, folgt die Präposition unmittelbar dem Verb:
Aktiv: *We must write to him.*
Passiv: *He must be written to.*
Aktiv: *You can play with these cubs quite safely.*
Passiv: *These cubs can be played with quite safely.*

Ähnlich bei Zusammenfügungen aus Verb + Präposition/Adverb:
Aktiv: *They threw away the old newspapers.*
Passiv: *The old newspapers were thrown away.*
Aktiv: *He looked after the children well.*
Passiv: *The children were well looked after.*

306 Infinitiv-Konstruktionen nach Verben im Passiv

A Nach *acknowledge, assume, believe, claim, consider, estimate, feel, find, know, presume, report, say, think, understand* etc. (siehe auch Abschnitt **245**)

Sätze des Typs *People consider/know/think* etc. *that he is* ... haben zwei mögliche Passiv-Formen:
It is considered/known/thought etc. *that he is ...*
He is considered/known/thought etc. *to be ...*

Gleichermaßen:
People said that he was jealous of her = It was said that he was ...
oder: *He was said to be jealous of her.*

Die Infinitiv-Konstruktion ist die klarere der beiden. Sie wird hauptsächlich mit *to be* benutzt, obwohl auch andere Infinitive manchmal gebraucht werden:
He is thought to have information which will be useful to the police.

Betrifft der Gedanke eine vergangene Handlung, wird der Infinitiv Perfekt verwendet:
People believed that he was = It was believed that he was
oder: *People know that he was = It is known that he was*
oder: *He is known to have been ...*

Diese Konstruktion kann mit dem Infinitiv Perfekt eines jeden anderen Verbs gebildet werden.

B Nach *suppose*

1
Auf *suppose* im Passiv kann der Infinitiv Präsens eines jeden Verbs folgen, doch vermittelt diese Konstruktion gewöhnlich die Vorstellung einer Pflicht und ist deshalb auch nicht das übliche Äquivalent von *suppose* im Aktiv:
You are supposed to know how to drive = It is your duty to know / You should know how to drive.
Jedoch *He is supposed to be in Paris* kann bedeuten, daß er dort sein sollte oder daß man ihn dort vermutet.

2
Auf *suppose* im Passiv kann gleichermaßen der Infinitiv Perfekt eines jeden Verbs folgen. Diese Konstruktion vermittelt manchmal die Idee der Pflicht, sehr oft aber auch nicht:
You are supposed to have finished = You should have finished.
Aber: *He is supposed to have escaped disguised as a woman = People suppose that he escaped* etc.

C Infinitive, die auf Verben im Passiv folgen, sind üblicherweise volle Infinitive:
Aktiv: *We saw them go out.*
Passiv: *They were seen to go out.*
Aktiv: *He made us work.*
Passiv: *We were made to work.*

let wird jedoch ohne *to* benutzt:
Aktiv: *They let us go.*
Passiv: *We were let go.*

D Die Verlaufsform des Infinitivs kann nach dem Passiv von *believe, know, report, say, suppose, think, understand* gebraucht werden:
He is believed/known/said/supposed/thought to be living abroad = People believe/know/say/suppose/think that he is living abroad.
You are supposed to be working = You should be working.

Die Verlaufsform Perfekt des Infinitivs ist ebenso möglich:
He is believed to have been waiting for a message = People believed that he was waiting for a message.
You are supposed to have been working = You should have been working.

31 Indirekte Rede *(indirect speech)*

307 Direkte und indirekte Rede *(direct and indirect/reported speech)*

Es gibt zwei Arten, die Aussagen einer Person wiederzugeben: die direkte und die indirekte Rede.
In der direkten Rede werden die Aussagen des Sprechers im Wortlaut vermittelt:
He said, »I have lost my umbrella.«

So wiederholte Aussagen werden mit Anführungszeichen gekennzeichnet, und ein Komma oder Doppelpunkt wird unmittelbar vor die Aussage gestellt. Direkte Rede findet sich in Unterhaltungen, in Büchern, in Stücken und in Zitaten.
In der indirekten Rede wird die genaue Bedeutung einer Bemerkung oder Aussage vermittelt, ohne daß notwendigerweise die Worte des Sprechers im Wortlaut wiederholt werden:
He said (that) he had lost his umbrella.

Nach *say* findet sich in der indirekten Rede kein Komma. *that* kann gewöhnlich nach *say* und *tell* + Objekt weggelassen werden. Es sollte jedoch nach anderen

Verben beibehalten werden: *complain, explain, object, point out, protest* etc. Die indirekte Rede findet sich normalerweise, wenn über eine Unterhaltung berichtet oder gesprochen wird, doch ist auch die direkte Rede möglich, um einen dramatischeren und unmittelbareren Effekt zu erzielen.

Wird die direkte Rede in die indirekte umgesetzt, sind in der Regel einige Änderungen nötig. Diese lassen sich am besten verdeutlichen, wenn Aussagen, Fragen und Befehle voneinander getrennt betrachtet werden.

308 Aussagen in der indirekten Rede: Zeitwechsel nötig

A Die indirekte Rede kann durch ein Verb im Präsens eingeleitet werden: *He says that ...* Dies geschieht gewöhnlich, wenn:
(a) über eine Unterhaltung, die noch weiter fortgesetzt wird, berichtet wird,
(b) ein Brief gelesen und von seinem Inhalt erzählt wird,
(c) Anweisungen gelesen werden und über sie berichtet wird,
(d) eine Aussage wiederholt wird, die jemand sehr oft macht, z.B. *Tom says that he'll never get married.*

Wird das einleitende Verb im Präsens, Perfekt oder Futur gebraucht, so kann die direkte Rede in die indirekte Rede (Berichtsform) ohne Zeitwechsel verschoben werden:
PAUL (phoning from the station): I'm trying to get a taxi.
ANN (to Mary, who is standing beside her): Paul says he is trying to get a taxi.

B Die indirekte Rede wird aber üblicherweise durch ein Verb im Präteritum eingeleitet. Verben in der direkten Rede müssen dann in eine entsprechende Zeit der Vergangenheit umgesetzt werden. Diese Wechsel werden in der nachfolgenden Tabelle angezeigt. (*that* wurde in den letzten fünf Beispielen weggelassen.)

Direkte Rede		Indirekte Rede
Präsens einfache Form *»I never eat meat,« he explained*	=	Präteritum einfache Form *He explained that he never ate meat.*
Präsens Verlaufsform *»I'm waiting for Ann,« he said*	=	Präteritum Verlaufsform *He said (that) he was waiting for Ann.*
Perfekt *»I have found a flat,« he said*	=	Plusquamperfekt *He said (that) he had found a flat.*
Perfekt Verlaufsform *He said, »I've been waiting for ages«*	=	Plusquamperfekt Verlaufsform *He said (that) he had been waiting for ages.*

Direkte Rede		Indirekte Rede
Präteritum einfache Form *»I took it home with me,« she said*	=	Plusquamperfekt *She said she had taken it home with her.*
Futur *He said, »I will/shall be in Paris on Monday«*	=	Konditional *He said he would be in Paris on Monday.*
Futur Verlaufsform *»I will/shall be using the car myself on the 24th,« she said*	=	Konditional Verlaufsform *She said she'd be using the car herself on the 24th.*
Aber: Konditional: *I said, »I would/should like to see it«*	=	Konditional *I said I would/should like to see it.* (Kein Zeitenwechsel; siehe auch Abschnitt **227**)

C Anmerkung zu *I/we shall/should*

I/we shall wird normalerweise in der indirekten Rede zu *he/she/they would:*
»I shall be 21 tomorrow,« said Bill > Bill said he would be 21 the following day.

Wird der Satz aber in der Berichtsform durch den Sprecher vermittelt, der ihn ursprünglich prägte, so wird *I/we shall* entweder zu *I/we should* oder *I/we would. would* ist die häufiger anzutreffende Form. Ähnlich wird *I/we should* üblicherweise zu *he/she/they would* in der indirekten Rede:
»If I had the instruction manual I should/would know what to do,« said Bill >
Bill said that if he had the instructions he would know what to do.

Berichtet der »Originalsprecher« von diesem Satz, kann *I/we should* entweder unverändert beibehalten oder zu *would* in der Berichtsform verschoben werden. (siehe das letzte Beispiel oben unter Abschnitt **B**)

309 Zeiten der Vergangenheit bleiben manchmal unverändert erhalten

A Theoretisch wird das Präteritum zum Plusquamperfekt verschoben, im gesprochenen Englisch aber wird es unter der Voraussetzung beibehalten, daß dies ohne Verwirrung bezüglich der Zeitabfolge getan werden kann. Zum Beispiel muß der Satz *He said, »I loved her«* zu *He said he had loved her* umgesetzt werden, da sich andernfalls eine Bedeutungsänderung ergibt. Aber *He said, »Ann arrived on Monday«* könnte in der indirekten Rede zu *He said Ann arrived / had arrived on Monday* umgesetzt werden.

B Theoretisch wird die Verlaufsform des Präteritums in die Verlaufsform des Plusquamperfekts verschoben, praktisch wird sie jedoch gewöhnlich beibehalten, außer in den Fällen, in denen sie auf eine abgeschlossene Handlung verweist:

She said, »We were thinking of selling the house but we have decided not to« > She said that they had been thinking of selling the house but had decided not to.

Aber: *He said, »When I saw them they were playing tennis« > He said that when he saw them they were playing tennis.*

C In der Schriftsprache wird das Präteritum gewöhnlich zum Plusquamperfekt verschoben; es gibt aber die folgenden Ausnahmen:

1
Ein Präteritum / Eine Verlaufsform des Präteritums in Temporalsätzen wird normalerweise nicht verändert:

He said, »When we were living / lived in Paris ...« > He said that when they were living in Paris ...

Das Hauptverb solcher Sätze kann entweder unverändert beibehalten oder im Plusquamperfekt verwendet werden:

He said, »When we were living / lived in Paris we often saw Paul« > He said that when they were living / lived in Paris they often saw / had often seen Paul.

2
Ein Präteritum, das zur Beschreibung eines zum Zeitpunkt der Rede noch gegebenen Zustandes verwendet wird, bleibt unverändert:

She said, »I decided not to buy the house because it was on a main road« > She said that she had decided not to buy the house because it was on a main road.

310 Nichtwirkliche Zeiten der Vergangenheit (Konjunktive) in der indirekten Rede

A Nichtwirkliche Präterita nach *wish, would rather/sooner* und *it is time* werden nicht verändert:

»We wish we didn't have to take exams,« said the children > The children said they wished they didn't have to take exams.

»Bill wants to go alone,« said Ann, »but I'd rather he went with a group« > Ann said that Bill wanted to go alone but that she'd rather he went with a group.

»It's time we began planning our holidays,« he said > He said that it was time they began planning their holidays.

B *I/he/she/we/they had better* bleibt unverändert. *you had better* kann unverändert beibehalten oder in Zusammenhang mit *advise* + Objekt + Infinitiv in die Berichtsform verschoben werden (siehe Abschnitt **120**):

»The children had better go to bed early,« said Tom > Tom said that the children had better go to bed early.
»You'd better not drink the water,« she said > She advised/warned us not to drink the water.

C Konditionalsätze des Typs 2 und 3 werden nicht verändert (siehe Abschnitt **229**):
»If my children were older I would emigrate,« he said > He said that if his children were older he would emigrate.

311 *might, ought to, should, would, used to* in indirekten Aussagen

A *might* wird nicht verändert, es sei denn, es wird in einer Bitte gebraucht:
He said, »Ann might ring today« > He said that Ann might ring (that day).
Aber: *»You might post this for me,« he said > He asked me to post it for him.*

(siehe Abschnitt **285** für Bitten)

B *ought to / should* zum Ausdruck einer Verpflichtung oder Annahme bleibt unverändert:
»They ought to / should widen this road,« I said > I said that they ought to / should widen the road.
I said »I should be back by six« (= I assume I will be) > I said I should be back by six.

C *you ought to / you should* können jedoch, wenn sie mehr einen Rat als eine Verpflichtung versprachlichen, durch *advise* + Objekt + Infinitiv in der indirekten Rede ersetzt werden. *you must* kann ebenso einen Rat ausdrücken und ähnlich in der indirekten Rede ersetzt werden:
»You ought to / should / must read the instructions,« said Ann > Ann advised/ urged/warned me to read the instructions.

D Die Formulierung eines Ratschlags *if I were you I should/would ...* wird in der indirekten Rede üblicherweise durch *advise* + Objekt + Infinitiv ersetzt:
»If I were you I'd wait,« I said > I advised him to wait.

E Die Form der Bitte *I should/would be (very) grateful if you would ...* wird normalerweise in der indirekten Rede durch *ask* + Objekt + Infinitiv ersetzt:
»I'd be very grateful if you'd keep me informed,« he said > He asked me to keep him informed.

F *would* in Aussagesätzen wird nicht verändert.
(siehe aber Abschnitt **284** für *would* in Bitten etc.)

G *used to* bleibt erhalten:

»I know the place well because I used to live here,« he explained > He explained that he knew the place well because he used to live there.

(wegen *could* siehe Abschnitt **312**; wegen *must* siehe Abschnitt **325**)

312 *could* in indirekten Aussagen

(wegen *could* in Fragesätzen siehe Abschnitte **283**, **284**)

A *could* zum Ausdruck der Fähigkeit

1

could zum Ausdruck einer gegenwärtigen Fähigkeit wird nicht verändert:

»I can't/couldn't stand on my head,« he said > He said he couldn't stand on his head.

2

could zum Ausdruck einer zukünftigen Fähigkeit kann unverändert beibehalten werden oder in der indirekten Rede durch *would be able* ersetzt werden:

He said, »I could do it tomorrow« > He said that he could do it / would be able to do it the next day.

3

could im Typ 2 der Konditionalsätze wird ähnlich verwendet:

»If I had the tools I could mend it,« he said > He said that if he had the tools he could/would be able to mend it.

would be able vermittelt hier den Eindruck, daß die Bedingung erfüllt wird. (Vielleicht wird die Person in der Lage sein, sich die erforderlichen Werkzeuge zu leihen.)

4

could in Typ 3 der Konditionalsätze bleibt unverändert erhalten.

5

could zu Ausdruck einer vergangenen Fähigkeit bleibt unverändert erhalten oder wird in der indirekten Rede durch *had been able* ersetzt:

»I could read when I was three!« she boasted > She boasted that she could / had been able to read when she was three.

B *could* zum Ausdruck der Erlaubnis

1

In Typ 2 der Konditionalsätze kann *could* unverändert erhalten bleiben oder durch *would be allowed to* ersetzt werden:

»If I paid my fine I could walk out of prison today.« he said > He said that if he paid his fine he could/would be allowed to walk etc.

2
could in der Vergangenheit kann unverändert erhalten bleiben oder in der indirekten Rede durch *was/were allowed to* oder *had been allowed to* ersetzt werden:
He said, »When I was a boy I could stay up as long as I liked« > He said that when he was a boy he could / was allowed to stay up oder *He said that as a boy he was / had been allowed* etc.

313 Indirekte Rede: Pronomen und Adjektiv

A Pronomen und Possessivadjektive werden gewöhnlich von der ersten oder zweiten zur dritten Person verschoben, außer in den Fällen, in denen der Sprecher von seinen eigenen Worten berichtet:
He said, »I've forgotten the combination of my safe« > He said that he had forgotten the combination of his safe.
I said »I like my new house« > I said that I liked my new house. (Berichtsform)

Manchmal muß ein Nomen eingefügt werden, um eine Doppeldeutigkeit zu vermeiden: *Tom said, »He came in through the window«* würde normalerweise nicht umgesetzt werden zu *Tom said that he had come in through the window,* da dies implizieren würde, daß er selbst auf diesem Wege in das Haus gelangte; wird hingegen ein Nomen benutzt, liegt diese Doppeldeutigkeit nicht vor:
Tom said that the man/burglar/cat etc. *had come in ...*

Werden Pronomen verändert, so kann das Verb betroffen sein:
He says, »I know her« > He says he knows her.
He says, »I shall be there« > He says that he will be there.

B *this* und *these*

this in Angaben der Zeit wird in der indirekten Rede gewöhnlich zu *that:*
He said, »She is coming this week« > He said that she was coming that week.

Werden jedoch *this* und *that* als Adjektive verwendet, so werden sie in der indirekten Rede in der Regel durch *the* ersetzt:
He said, »I bought this pearl / these pearls for my mother« > He said that he had bought the pearl/pearls for his mother.

this, these werden als Pronomen durch *it, they/them* ersetzt:
He showed me two bullets. »I found these embedded in the panelling,« he said > He said he had found them embedded in the panelling.
He said, »We will discuss this tomorrow« > He said that they would discuss it / the matter the next day.

this, these (Adjektive oder Pronomen) werden, wenn sie eine Wahlmöglichkeit andeuten, zur Unterscheidung zwischen einzelnen Dingen dienen, in der indirekten Rede durch *the one(s) near him* etc. ersetzt:

»I'll have this (one),« he said to me > He said he would have the one near him

oder: *He pointed to / touched / showed me the one he wanted.*

314 Ausdrücke der Zeit und des Orts in der indirekten Rede

A Adverbien oder adverbiale Ausdrücke der Zeit werden wie folgt verändert:

direkt	indirekt
today	*that day*
yesterday	*the day before*
the day before yesterday	*two days before*
tomorrow	*the next day / the following day*
the day after tomorrow	*in two days' time*
next week/year etc.	*the following week/year* etc.
last week/year etc.	*the previous week/year* etc.
a year etc. *ago*	*a year before / the previous year*

»I saw her the day before yesterday,« he said > He said he'd seen her two days before.

»I'll do it tomorrow,« he promised > He promised that he would do it the next day.

»I'm starting the day after tomorrow, mother,« he said > He told his mother that he was starting in two days' time.

She said, »My father died a year ago« > She said that her father had died a year before / the previous year.

B Wurde die Rede gehalten und am gleichen Tag von ihr berichtet, so sind diese Zeitwechsel nicht nötig:
At breakfast this morning he said, »I'll be very busy today« > At breakfast this morning he said that he would be very busy today.

C Logische Anpassungen sind natürlich erforderlich, wenn von einer Rede einen oder zwei Tage später berichtet wird. An einem Montag sagt Jack zu Tom:
I'm leaving the day after tomorrow.

Spricht Tom über diese Aussage am nächsten Tag (Dienstag), wird er wahrscheinlich sagen:
Jack said he was leaving tomorrow.

Spricht er über diese Aussage am Mittwoch, sagt er wahrscheinlich:
Jack said he was leaving today.

D *here* kann durch *there* ersetzt werden, aber nur, wenn klar ist, von welchem Ort gesprochen wird:
At the station he said, »I'll be here again tomorrow« > He said that he'd be there again the next day.

Gewöhnlich muß *here* durch eine längere Wendung ersetzt werden:
She said, »You can sit here, Tom« > She told Tom that he could sit beside her etc.
Aber: *He said, »Come here, boys«* würde in der indirekten Rede üblicherweise zu: *He called the boys.*

315 Infinitive und gerundiale Konstruktionen in der indirekten Rede

A *agree/refuse/offer/promise/threaten* + Infinitiv können manchmal anstelle von *say (that)* benutzt werden:
ANN: Would you wait half an hour?
TOM: All right > Tom agreed to wait.
oder: *Tom said he would wait.*

ANN: Would you lend me another £50?
TOM: No, I won't lend you any more money > Tom refused to lend her any more money.
oder: *Tom said that he wouldn't lend* etc.
PAUL: I'll help you if you like, Ann > Paul offered to help her.
oder: *Paul said that he'd help her.*
(siehe auch *shall I?*, Abschnitt **318**)

ANN: I'll pay you back next week. Really I will > Ann promised to pay him back the following week
oder: *Ann said that she would pay him back*
oder: *Ann assured him that she would pay him back.*

KIDNAPPERS: If you don't pay the ransom at once we'll kill your daughter > The kidnappers threatened to kill his daughter if he didn't pay the ransom at once
oder: *The kidnappers said that they would kill* etc.

(wegen Objekt + Infinitiv-Konstruktionen siehe Abschnitt **320**)

B *accuse ... of / admit / apologize for / deny / insist on* + Gerundium können manchmal für *say (that)* gebraucht werden:
»You took the money!«
könnte umgesetzt werden zu:
He accused me of taking the money.
»I stole / didn't steal it.«
könnte verschoben werden zu:
I admitted/denied stealing it.

»I'm sorry I'm late,« he said.
könnte werden zu:
He apologized for being late oder *He said he was sorry he was late.*
Bill: Let me pay for myself. Tom: Certainly not! I'll pay!
könnte werden zu:
Tom insisted on paying.

316 *say, tell* und andere einführende Verben

A *say* und *tell* in der direkten Rede

1
say kann eine Aussage einleiten oder auf sie folgen:
Tom said, »I've just heard the news«
oder: *»I've just heard the news,« Tom said.*

Die Umstellung von *say* und einem Nomen als Subjekt ist möglich, wenn *say* auf die Aussage folgt:
»I've just heard the news,« said Tom.

say + *to* + angeredete Person ist möglich, doch muß diese Wendung der direkten Aussage folgen; sie kann sie nicht einleiten:
»I'm leaving at once,« Tom said to me.

Die Inversion (Umstellung) ist hier nicht möglich.

2
tell erfordert die Angabe der Person, die angeredet wird:
Tell me.
He told us.
I'll tell Tom.

Außer in Wendungen wie *tell lies/stories / the truth,* in denen die angeredete Person nicht genannt werden muß:
He told me lies.
I'll tell (you) a story.

Wird *tell* in der direkten Rede benutzt, muß es hinter die direkte Aussage gestellt werden:
»I'm leaving at once,« Tom told me.

Mit *tell* ist die Inversion nicht möglich.

B *say* und *tell* in der indirekten Rede

Indirekte Aussagen werden normalerweise durch *say* oder *tell* + Objekt versprachlicht. *say* + *to* + Objekt ist möglich, aber weniger gebräuchlich als *tell* + Objekt:

He said he'd just heard the news.
He told me that he'd just heard the news.

Achtung auf *tell ... how/about:*
He told us how he had crossed the mountains.
He told us about crossing the mountains.
He told us about his journeys.

(wegen *say* und *tell* in indirekten Aufforderungen/Befehlen siehe Abschnitte **320**, **321**)

C Andere verbreitete Verben sind:
add, admit*, answer*, argue*, assure* + Objekt, *boast*, complain*, deny*, explain*, grumble*, object*, observe*, point out, promise*, protest*, remark*, remind* + Objekt, *reply**

Diese Verben können in der direkten oder indirekten Rede benutzt werden. In der direkten Rede folgen sie der direkten Aussage:
»It won't cost more,« Tom assured us.

Die mit * versehenen Verben können umgestellt werden (Inversion), unter der Voraussetzung, daß das Subjekt ein Nomen ist:
»But it will take longer,« Bill objected / objected Bill.
»It'll cost too much,« Jack grumbled / grumbled Jack.

Sie können alle indirekte Aussagen einleiten. *that* kann hinter das Verb gestellt werden:
Tom assured us that it wouldn't cost more. But Bill objected / pointed out that it would take longer.

D *murmur, mutter, shout, stammer, whisper* können direkten Aussagen oder Fragen vorausgehen oder ihnen folgen. Ist das Subjekt der Sätze ein Nomen, können sie invertiert werden, wie oben gezeigt wurde:
»You're late,« whispered Tom / Tom whispered.

Sie können indirekte Aussagen einleiten. *that* ist gewöhnlich nötig:
Tom whispered that we were late.

Es gibt natürlich eine Menge anderer Verben, die die Stimme oder die Stimmlage beschreiben, z.B. *bark, growl, roar, scream, shriek, snarl, sneer, yell.* Diese finden sich jedoch häufiger in der direkten als in der indirekten Rede.

317 Fragen in der indirekten Rede

Direkte Frage: *He said, »Where is she going?«*
Indirekte Frage: *He asked where she was going.*

A Werden direkte Fragen zu indirekten, sind die folgenden Änderungen nötig: Die Zeiten, Pronomen und Possessivadjektive, Adverbien der Zeit und des Ortes werden wie in den Aussagen verändert.
Die Frageform des Verbs wird zur Aussageform verschoben. Das Fragezeichen (?) findet sich deshalb in indirekten Fragen nicht:
He said, »Where does she live?« > He asked where she lived.

In Fragen, in denen die Verben affirmativ benutzt werden (siehe Abschnitt **55**), ist dieser Wechsel natürlich nicht nötig:
»Who lives next door?« he said > He asked who lived next door.
»What happened?« she said > She asked what had happened.

B Ist das einleitende Verb *say,* so muß es in ein Verb, das eine Frage versprachlicht, verändert werden, z.B. *ask, inquire, wonder, want to know* etc.:
He said, »Where is the station?« > He asked where the station was.

ask, inquire, wonder können ebenso in der direkten Rede verwendet werden. Sie werden dann gewöhnlich an das Satzende gestellt:
»Where is the station?« he inquired.

C Auf *ask* kann die Angabe der angeredeten Person (indirektes Objekt) folgen:
He asked, »What have you got in your bag?« > He asked (me) what I had got in my bag.

inquire, wonder, want to know können jedoch nicht mit einem indirekten Objekt verbunden werden, so daß in den Berichtsformen von Fragen, in denen die angeredete Person erwähnt wird, mit *ask* gearbeitet werden muß:
He said, »Mary, when is the next train?« > He asked Mary when the next train was.

Wird *inquire, wonder* oder *want to know* benutzt, muß *Mary* weggelassen werden.

D Beginnt die direkte Frage mit einem Fragewort (*when, where, who, how, why* etc.), wird das Fragewort in der indirekten Frage wiederholt:
He said, »Why didn't you put on the brake?« > He asked (her) why she hadn't put on the brake.
She said, »What do you want?« > She asked (them) what they wanted.

E Gibt es kein Fragewort, muß *if* oder *whether* verwendet werden:
»Is anyone there?« he asked > He asked if/whether anyone was there.

1
Im Normallfall können entweder *if* oder *whether* benutzt werden. *if* ist die üblichere Form:
»Do you know Bill?« he said > He asked if/whether I knew Bill.
»Did you see the accident?« the policeman asked > The policeman asked if/whether I had seen the accident.

2

whether kann betonen, daß eine Wahl zu treffen ist:

»Do you want to go by air or sea?« the travel agent asked > The travel agent asked whether I wanted to go by air or by sea.

Achtung: *whether or not:*

»Do you want to insure your luggage or not?« he asked > He asked whether or not I wanted to insure my luggage oder *He asked if I wanted to insure my luggage or not.*

3

whether + Infinitiv ist nach *wonder, want to know* möglich:

»Shall/Should I wait for them or go on?« he wondered > He wondered whether to wait for them or go on oder *He wondered whether he should wait for them or go on.*

inquire + *whether* + Infinitiv ist möglich, aber weniger gebräuchlich.
(wegen *whether* + Infinitiv siehe auch Abschnitt **242** B)

4

whether ist klarer, wenn die Frage einen Konditionalsatz enthält, da andernfalls zweimal *if* benutzt würde:

»If you get the job will you move to York?« Bill asked > Bill asked whether, if I got the job, I'd move to York.

318 Fragen, die mit *shall I/we* in der indirekten Rede beginnen

Diese Fragen können in vier Arten/Kategorien unterteilt werden.

A Spekulationen oder Bitten um Informationen über ein zukünftiges Ereignis

»Shall I ever see them again?« he wondered.
»When shall I know the result of the test?« she asked.

Sie folgen der allgemeinen Regel hinsichtlich *shall/will.* Spekulationen/Annahmen werden gewöhnlich durch *wonder* eingeleitet:
He wondered if he would ever see them again.
She asked when she would know the result of the test.

B Bitten um Anweisungen oder Ratschläge

»What shall I do with it?« = *»Tell me what to do with it.«*

Sie werden in der indirekten Rede durch *ask, inquire* etc. mit *should* oder der *be*+Infinitiv-Konstruktion ausgedrückt. Von Bitten um Ratschläge wird in der Regel mit *should* berichtet:

»Shall we post it, sir?« he said > He asked the customer if they were to post / if they should post it.

»*What shall I say, mother?*« she said > *She asked her mother what she should say.* (Bitte um Ratschlag)

Wird eine Wahl erforderlich, so findet sich *whether* in üblicher Weise in der indirekten Rede. *whether* + Infinitiv ist manchmal möglich (siehe auch Abschnitt **317** **E**):

»Shall I lock the car or leave it unlocked?« he said > He asked whether he should / was to lock the car or leave it unlocked.

oder: *He asked whether to lock the car ...*

C Angebote

»Shall I bring you some tea?« > He offered to bring me some tea.

Die Sätze *Would you like me to bring you some tea?* und *I'll bring you some tea if you like* könnten ebenso mit *offer* in die Berichtsform umgesetzt werden.

D Vorschläge

»Shall we meet at the theatre?«
könnte in der Berichtsform erscheinen als
He suggested meeting at the theatre.

319 Fragen, die mit *will you / would you / could you?* beginnen

Sie können gewöhnliche Fragen sein, aber ebenso den Charakter von Bitten, Einladungen oder gelegentlich auch Befehlen annehmen (siehe Abschnitte **284**, **286**, **320**):

He said, »Will you be there tomorrow?« (gewöhnliche Frage) > *He asked if she would be there the next day.*

»Will you stand still!« he shouted > He shouted at me to stand still oder *He told/ ordered me to stand still.*

»Would you like to live in New York?« he asked > He asked if I would like to live in New York.

»Will/would you file these letters, please?« he said > He asked/told me to file the letters.

»Would you like a lift?« said Ann > Ann offered me a lift.

»Would you like to come round / Could you come round for a drink?« he said > He invited me (to come) round for a drink.

»Could you live on £25 a week?« he asked > He asked if I could live on £25 a week.

»Could/Would you give me a hand?« she said > She asked us to give her a hand.

»Could/Would you show me the photos?« she said > She asked me to show her the photos oder *She asked to see the photos.*

(wegen *can/could/may/might + I/we?* siehe Abschnitt **283**; wegen Bitten um Erlaubnis siehe Abschnitt **131**)

320 Anweisungen, Bitten, Ratschläge in der indirekten Rede

Direkte Anweisung / direkter Befehl: *He said, »Lie down, Tom.«*
Indirekte Anweisung: *He told Tom to lie down.*

Indirekte Anweisungen, Bitten, Ratschläge werden gewöhnlich durch entsprechende Verben + Objekt + Infinitiv (= Objekt + Infinitiv-Konstruktion) versprachlicht.

A Die folgenden Verben können gebraucht werden: *advise, ask, beg, command, encourage, entreat, forbid, implore, invite, order, recommend, remind, request, tell, urge, warn.*

Es ist anzumerken, daß in dieser Liste *say* nicht auftaucht.
(wegen indirekter Befehle/Bitten in der Berichtsform mit *say* siehe Abschnitt **321**)
He said, »Get your coat, Tom!« > He told Tom to get his coat.
»You had better hurry, Bill!« she said > She advised Bill to hurry.

B Anweisungen und Bitten etc., etwas nicht zu tun, tauchen gewöhnlich in der Berichtsform mit *not* + Infinitiv auf:
Don't swim out too far, boys,« I said > I warned/told the boys not to swim out too far.

Berichtet man von solchen Anweisungen/Bitten, muß deshalb ein Nomen oder Pronomen hinzugefügt werden:
He told me/him/her/us/them/the children to go away.

ask unterscheidet sich von den anderen Verben unter Abschnitt **A** deshalb, weil hier direkt mit dem Infinitiv bestimmter Verben, z.B. *see, speak to, talk to* angeschlossen werden kann:
He said, »Could I see Tom, please?« > He asked to see Tom.
(siehe auch Abschnitt **283**)

Diese Wendung unterscheidet sich von dem Typ der Bitte, der mit *ask* + Objekt + Infinitiv ausgedrückt wird.
Auf *ask* und *beg* kann die Passivform des Infinitivs folgen:
»Do, please, send me to a warm climate,« he asked/begged. > He asked/begged us to send him to a warm climate. oder *He asked/begged to be sent to a warm climate.*

D Beispiele von indirekten Anweisungen, Bitten, Ratschlägen

Direkte Anweisungen werden gewöhnlich durch den Imperativ (Befehlsform) ausgedrückt, Bitten und Ratschläge jedoch können auf verschiedene Arten und Weisen versprachlicht werden (siehe Abschnitte **283-287**):
»If I were you, I'd stop taking tranquillizers,« I said. > I advised him to stop taking tranquillizers. (siehe Abschnitt **311** **D**)

»Why don't you take off your coat?« he said. > He advised me to take off my coat. (siehe auch Abschnitt **287**)
»Would/Could you show me your passport, please?« he said. > He asked me to show him my passport oder *He asked me for / He asked to see my passport.*
»You might post some letters for me,« said my boss. > My boss asked me to post some letters for him.
»If you'd just sign the register,« said the receptionist. > The receptionist asked him to sign the register.
»Do sit down,« said my hostess. > My hostess asked/invited me to sit down.
»Please, please, don't take any risks,« said his wife. > His wife begged/implored him not to take any risks.
»Forget all about this young man,« said her parents; »don't see him again or answer his letters«. > Her parents ordered her to forget all about the young man and told her not to see him again or answer his letters oder *She was ordered to forget all about the young man and forbidden to see him again or answer his letters.* (Passiv-Konstruktion)
»Don't forget to order the wine,« said Mrs Pitt. > Mrs Pitt reminded her husband to order the wine.
»Try again,« said Ann's friends encouragingly > Ann's friends encouraged her to try again.
»Go on, apply for the job,« said Jack. > Jack urged/encouraged me to apply for the job.
»You had better not leave your car unlocked,« said my friends; »there's been a lot of stealing from cars.« > My friends warned me not to leave my car unlocked as there had been a lot of stealing from cars.

will-you...-Sätze werden normalerweise wie Bitten behandelt und in der Berichtsform mit *ask* versprachlicht:
»Will all persons not travelling please go ashore,« he said. > He asked all persons not travelling to go ashore.

Wird aber ein *will-you*-Satz mit scharfem und gereiztem Ton gesprochen und *please* weggelassen, könnte in der Berichtsform *tell* oder *order* auftreten:
»Will you be quiet! / Be quiet, will you!« he said. > He told/ordered us to be quiet.

321 Andere Arten, indirekte Anweisungen/Befehle auszudrücken

A *say/tell* + Subjekt + *be* + Infinitiv

He said/told me that I was to wait.

Dies ist eine mögliche Alternative gegenüber *tell* + Infinitiv, so daß: *He said, »Don't open the door«* in der indirekten Rede *He told me not to open the door.* oder *He said that I wasn't to open the door.* lauten könnte.

Die *be*+Infinitiv-Konstruktion ist in den folgenden Fällen besonders nützlich:

1
Wenn die Anweisung durch ein Verb im Präsens eingeleitet wird:
He says, »Meet me at the station« > *He says that we are to meet him at the station.* (*He tells us to meet him* würde wahrscheinlich nicht benutzt werden.)

2
Wenn der Anweisung ein Nebensatz (gewöhnlich ein Temporal- oder Konditionalsatz) vorausgeht, könnte *He said, »If she leaves the house follow her.«* in der indirekten Rede werden zu:
He said that if she left the house I was to follow her.

He told me to follow her if she left the house wäre ebenfalls möglich.

Wird die Konstruktion *tell* + Infinitiv benutzt, muß die Satzordnung geändert werden, so daß die Anweisung zuerst genannt wird. Dieses würde manchmal zu einem sehr verwirrenden Satzgebilde führen. Zum Beispiel würde die Bitte *If you see Ann tell her to ring me.* werden zu *He told me to tell Ann to ring him if I saw her.* Solche Bitten können nur durch die Konstruktion *be* + Infinitiv in die indirekte Rede umgesetzt werden:
He said that if I saw Ann I was to tell her to ring him.

B *say/tell* (+ *that*) + Subjekt + *should*

1
say oder *tell* drücken im Zusammenhang mit einer *should*-Konstruktion normalerweise eher einen Rat als eine Anweisung aus:
He said, »If your brakes are bad don't drive so fast.« > *He said/told me that if my brakes were bad I shouldn't drive so fast.*
oder: *He advised me not to drive so fast if my brakes were bad.*
(Der Wechsel der Wortstellung ist hier zu beachten, wie bei *tell* + Infinitiv oben)

2
Ein Ratschlag kann auch durch *advise, recommend* und *urge* + *that ... should* ausgedrückt werden. Diese Wendung ist im Passiv besonders nützlich (siehe Abschnitt **302** E):
»I advise cancelling the meeting,« he said. > *He advised that the meeting should be cancelled.*

3
command und *order* können mit *should* oder einem Infinitiv Passiv benutzt werden:
»Evacuate the area!« ordered the superintendent. > *The superintendent ordered that everyone should leave the area*
oder: *ordered that the area should be evacuated*
oder: *ordered the area to be evacuated.*

4
Wird eine indirekte Anweisung durch eine Objekt+Infinitiv-Konstruktion, wie in Abschnitt **320**, ausgedrückt, liegt normalerweise die Idee vor, daß die Person, die der Anweisung folgen soll, direkt angeredet wird. Wird die Anweisung durch die Konstruktion *be* + Infinitiv (Abschnitt **321** A) oder durch eine *should*-Konstruktion (Abschnitt **321** B 3) ausgedrückt, so muß derjenige, dem die Anweisung gilt, nicht direkt angeredet werden. Die Anweisung kann ihm durch eine dritte Person übermittelt worden sein.

322 *let's, let us, let him/them* in der indirekten Rede

A *let's*

1
let's drückt gewöhnlich einen Vorschlag aus und wird durch *suggest* in die indirekte Rede übertragen:
He said, »Let's leave the case at the station.«
würde in der indirekten Rede zu:
He suggested leaving the case at the station.
oder: *He suggested that they/we should leave the case at the station.*

(wegen Konstruktionen mit *suggest* siehe Abschnitt **289**)

He said, »Let's stop now and finish it later« > He suggested stopping then and finishing it later
oder: *He suggested that they/we should stop then and finish it later.*

Ähnlich in der Verneinung:
He said, »Let's not say anything about it till we hear the facts« > He suggested not saying anything / saying nothing about it till they heard the facts
oder: *He suggested that they shouldn't say anything till they heard the facts.*

Wird jedoch *let's not* in der Antwort auf einen Vorschlag im Aussagesatz allein gebraucht, so wird es oft in der indirekten Rede durch eine Wendung wie *opposed the idea / was against it / objected* umgesetzt:
»Let's sell the house,« said Tom. »Let's not,« said Ann. > Tom suggested selling the house but Ann was against it.

(wegen anderer Vorschlagsformen siehe Abschnitt **289**)

2
let's / let us drückt manchmal eine Aufforderung aus zu handeln. In der indirekten Rede wird dann gewöhnlich die Wendung *urge/advise* + Objekt + Infinitiv gebraucht (siehe auch Abschnitt **320**):
The strike leader said, »Let's show the bosses that we are united.« > The strike leader urged the workers to show the bosses that they were united.

B *let him/them*

1
Theoretisch drückt *let him/them* einen Befehl aus. Oft jedoch hat der Sprecher keine Befehlsgewalt über die Person, die die Anweisung ausführen soll:
»It's not my business,« said the postman. »Let the government do something about it.«

Hier drückt der Sprecher keine Anweisung aus, sondern eine Verpflichtung. In Sätzen dieses Typs wird deshalb üblicherweise in der indirekten Rede *ought/should* verwendet:
He said that it wasn't his business and that the government ought to / should do something about it.

2
Manchmal jedoch drückt *let him/them* eine Anweisung aus. Diese wird dann gewöhnlich in der indirekten Rede durch *say* + *be* + Infinitiv versprachlicht (siehe Abschnitt **321**):
»Let the boys clear up this mess,« said the headmaster. > The headmaster said that the boys were to clear up the mess.
»Let the guards be armed,« he ordered. > He ordered that the guards should be armed.

3
Manchmal ist *let him/them* mehr ein Vorschlag als eine Anweisung. In solchen Fällen findet sich in der indirekten Rede gewöhnlich *suggest* oder *say* + *should* (siehe Abschnitt **289**):

She said, »Let them go to their consul. He'll be able to help them.« > She suggested their/them going to their consul
oder: *She suggested that they should go to their consul.*
oder: *She said that they should go to their consul.*

4
let him/them kann ebenso auf des Sprechers Gleichgültigkeit und sein Desinteresse verweisen:

»The neighbours will complain,« said Ann. »Let them (complain),« said Tom > Tom expressed indifference.
oder: *Tom said he didn't mind (if they complained).*

C *let there be*

Mit diesem Ausdruck könnte der Sprecher Anweisungen erteilen, Ratschläge geben, auf etwas bestehen oder um etwas bitten:
»Let there be no reprisals,« said the widow of the murdered man. > The widow urged/begged that there should be no reprisals.

D *let* ist auch ein selbständiges Verb in der Bedeutung von *allow/permit:*
»Let him come with us, mother; I'll take care of him,« I said. > I asked my mother to let him come with us and promised to take care of him.

323 Ausrufe und *yes* und *no*

A Ausrufe werden in der indirekten Rede gewöhnlich zu Aussagen. Das Ausrufungszeichen/Rufzeichen verschwindet.

1
Ausrufe, die mit *What (a)...* oder *How...* beginnen, können in der indirekten Rede (a) durch *exclaim/say that* versprachlicht werden:
He said, »What a dreadful idea!«
oder: *»How dreadful!« >*
He exclaimed that it was a dreadful idea / was dreadful.

oder (b) durch *give an exclamation of delight/disgust/horror/relief/surprise* (Freude/Abscheu/Schrecken/Erleichterung/Überraschung) ausgedrückt werden.

Folgt auf den Aufruf eine Handlung, kann alternativ die Konstruktion (c) *with an exclamation of delight/disgust* etc. + *he/she* etc. + Verb verwendet werden.

2
Andere Arten des Ausrufs, so wie *Good! Marvellous! Splendid! Heavens! Oh! Ugh!* etc. können in der indirekten Rede wie unter (b) oder (c) oben versprachlicht werden:
»Good!« he exclaimed. > He gave an exclamation of pleasure/satisfaction.
»Ugh!« she exclaimed, and turned the programme off. > With an exclamation of disgust she turned the programme off.

3
Gleichermaßen:
He said, »Thank you!« > He thanked me.
He said, »Curse this fog!« > He cursed the fog.
He said, »Good luck!« > He wished me luck.
He said, »Happy Christmas!« > He wished me a happy Christmas.
He said, »Congratulations!« > He congratulated me.
He said, »Liar!« > He called me a liar.
He said, »Damn!« > He swore.
The notice said: WELCOME TO WALES! > The notice welcomed visitors to Wales.

B *yes* und *no* werden in der indirekten Rede durch Subjekt + angemessenes Hilfsverb ausgedrückt:

He said, »Can you swim?« and I said »No.« > He asked (me) if I could swim and I said I coudn't.

He said »Will you have time to do it?« and I said »Yes.« > He asked if I would have time to do it and I said that I would.

324 Indirekte Rede: Mischtypen

Die direkte Rede kann aus Aussage + Frage, Frage + Anweisung, Anweisung + Aussage oder allen drei zusammen bestehen.

A Üblicherweise erfordert jeder Typ sein eigenes einleitendes Verb:

»I don't know the way. Do you?« he asked. > He said he didn't know the way and asked her if she did / if she knew it.

»Someone's coming,« he said. »Get behind the screen.« > He said that someone was coming and told me to get behind the screen.

»I'm going shopping. Can I get you anything?« she said. > She said she was going shopping and asked if she could get me anything.

»I can hardly hear the radio,« he said. »Could you turn it up?« > He said he could hardly hear the radio and asked her to turn it up.

B Manchmal jedoch, wenn der letzte Satz eine Aussage enthält, die die erste erklärt, kann *as* anstelle eines zweiten einleitenden Verbs verwendet werden:

»You'd better wear a coat. It's very cold out,« she said. > He advised me to wear a coat as it was very cold out.

»You'd better not walk across the park alone. People have been mugged there,« he said. > He warned her not to walk across the park alone as people had been mugged there.

C Manchmal kann das zweite einleitende Verb ein Partizip sein:

»Please, please, don't drink too much! Remember that you'll have to drive home,« she said. > She begged him not to drink too much, reminding him that he'd have to drive home.

»Let's shop on Friday. The supermarket will be very crowded on Saturday,« she said. > She suggested shopping on Friday, pointing out that the supermarket would be very crowded on Saturday.

(*as* könnte in beiden oben angeführten Beispielen gebraucht werden)

325 *must* und *needn't*

A *must* bleibt unverändert, wenn es für Ableitungen/Schlußfolgerungen, dauernde Anweisungen/Verbote und Absichten gebraucht wird (wegen *must* zum Ausdruck eines Rates siehe Abschnitt **287 A**).

1
Ableitungen:
She said, »I'm always running into him; he must live near here!« > She said that ... he must live in the area.

2
Dauernder/gültiger Befehl:
He said, »This door must be kept locked.« > He said that the door must be kept locked.

3
must zum gelegentlichen Ausdruck einer Absicht:
He said, »We must have a party to celebrate this.« > He said that they must have a party to celebrate it.

B *must* kann unverändert beibehalten werden, wenn es eine Verpflichtung ausdrückt. In der indirekten Rede kann es jedoch auch durch *would have to* oder *had to* ersetzt werden.

1
I/we must wird in der indirekten Rede zu *would have to.*

would have to wird verwendet, wenn die Verpflichtung von einer zukünftigen Handlung abhängt oder wenn die Erfüllung der Verpflichtung in weiter Ferne liegt oder unsicher ist, d.h. wenn *must* eindeutig durch *will have to* ersetzt werden kann:
»If the floods get worse we must (will have to) leave the house,« he said. > He said that if the floods got worse they would have to leave the house.
»When it stops snowing we must start digging ourselves out,« I said. > I said that when it stopped snowing we would have to start digging ourselves out.
»We must mend the roof properly next year,« he said. > He said that they would have to mend the roof properly the following year.
»I have just received a letter,« he said. »I must go home.« > He said that he had just received a letter and would have to go home. (*had to* wäre hier üblicher, wenn die Person sofort ginge, d.h. *had to* würde implizieren, daß sie sofort geht)

2
I/we must wird in der indirekten Rede zu *had to.*

had to ist die übliche Form zum Ausdruck von Verpflichtungen, für deren Erfüllung Zeiträume angesetzt worden sind oder Pläne gemacht wurden oder wenn die

Verpflichtung ziemlich umgehend erfüllt wurde oder wenigstens spätestens zu der Zeit, wenn von der Rede berichtet wird:

He said, »I must wash my hands« (und er tat es wahrscheinlich auch). *> He said that he had to wash his hands.*

Tom said, »I must be there by nine tomorrow.« > Tom said that he had to be there by nine the next day.

would have to wäre hier ebenfalls möglich, würde aber andeuten, daß sich die Person die Verpflichtung selbst auferlegte und daß sie nicht von dritter Seite angewiesen wurde. *had to* könnte entweder auf eine dritte Person verweisen (d.h. das jemand ihm gesagt hatte, dort zu sein) oder auf eine selbstauferlegte Verpflichtung. Alle Schwierigkeiten mit *had to / would have to* können natürlich vermieden werden, wenn *must* unverändert in der indirekten Rede beibehalten wird. Bei den obengenannten Beispielen hätte *must* anstelle von *had to / would have to* benutzt werden können.

3
you/he/they must werden ähnlich in die direkte Rede umgesetzt:

He said, »You must start at once.« > He said that they must / had to / would have to start at once.

Der Gebrauch von *would have to* läßt nicht länger auf die Autorität des Sprechers schließen:

Tom said, »If you want to stay on here you must work harder.« > Tom said if she wanted to stay on she must / would have to work harder.

must impliziert, daß Tom selbst darauf besteht, daß sie fleißiger ist.
would have drückt hier nur aus, daß ein größerer Fleiß nötig ist.

4
must I/you/he? kann ähnlich umgesetzt werden, da aber *must* in der Frage in der Regel die Gegenwart oder die unmittelbare Zukunft betrifft, wird es gewöhnlich zu *had to:*

»Must you go so soon?« I said. > I asked him if he had to go so soon.

5
must not
I must not wird in der Regel unverändert beibehalten. *you/he must not* bleibt unverändert erhalten oder wird durch einen verneinten Befehl ausgedrückt (siehe Abschnitte **320**, **321**):

He said, »You mustn't tell anyone.« > He said that she mustn't tell/wasn't to tell anyone

oder: *He told her not to tell anyone.*

c *needn't*

needn't kann unverändert erhalten bleiben und wird es auch gewöhnlich. Alternativ kann *didn't have to / wouldn't have to* verwendet werden, genau wie bei *must had to / would have to* gebraucht wird:

He said, »You needn't wait.« > He said that I needn't wait.
I said, »If you can lend me the money I needn't go to the bank.« > I said that if he could lend me the money I needn't / wouldn't have to go to the bank.
He said, »I needn't be in the office till ten tomorrow morning.« > He said that he needn't / didn't have to be in the office till ten the next morning.

need I/you/he? verhält sich genau wie *must I/you/he?,* d.h. es wird üblicherweise zu *had to* verschoben:
»Need I finish my pudding?« asked the small boy. > The small boy asked if he had to finish his pudding.

32 Konjunktionen *(conjunctions)*

326 Beiordnende Konjunktionen *(co-ordinating conjunctions): and, but, both ... and, or, either ... or, neither ... nor, not only ... but also*

Sie verbinden Paare von Nomen/Adjektiven/Adverbien/Verben/ Wendungen/Neben- und Hauptsätzen:
He plays squash and rugby.
I make the payments and keep the accounts.
He works quickly and/but accurately.
He is small but strong.
She is intelligent but lazy.
We came in first but (we) didn't win the race.
Both men and women were drafted into the army.
Ring Tom or Bill.
She doesn't smoke or drink.
He can't (either) read or write.
You can (either) walk up or take the cable car.
He can neither read nor write.
Not only men but also women were chosen.

327 *besides, however, nevertheless, otherwise, so, therefore, still, yet, though*

Diese Adverbien/Konjunktionen können Satzteile oder Sätze verbinden und sind als Bindewörter bekannt. Sie können ebenso, mit der Ausnahme von *nevertheless* und *therefore* (Konjunktionen), auf andere Art gebraucht und manchmal als andere Wortarten benutzt werden. Die Wortstellung im Satz hängt von ihrer Verwendung ab.

A *besides* (Präposition) bedeutet *in addition to* (darüber hinaus). Die Wendung geht einem Nomen/Pronomen/Gerundium voraus:
Besides doing the cooking I look after the garden.

besides (Adverb) bedeutet *in addition* (außerdem). Es geht gewöhnlich dem Satz, den es einleitet, voran, kann aber auch folgen:
I can't go now; I'm too busy. Besides, my passport is out of date.

Hier könnte in förmlicherem Englisch *moreover besides* ersetzen. *anyway* oder *in any case* könnte auf salopperem Sprachniveau benutzt werden:
Anyway, my passport's out of date.

B *however* (Adverb der Abstufung, siehe Abschnitt **41**) geht dem Bezugsadjektiv/-adverb voraus:
You couldn't earn much, however hard you worked.

however (Konjunktion) bedeutet gewöhnlich *but* (aber, jedoch). Es kann dem Satzteil vorangehen oder ihm folgen oder direkt hinter dem ersten Wort erscheinen:
I'll offer it to Tom. However, he may not want it.
oder: *He may not want it, however ...*
oder: *Tom, however, may not want it ...*
oder: *If, however, he doesn't want it ...*

Werden zwei kontrastierende Aussagen gemacht, kann *however: but/nevertheless/all the same* bedeuten:
They hadn't trained hard, but/however/nevertheless/all the same they won
oder: ... *they won, however/nevertheless/all the same.*
(siehe auch Abschnitt **329**)

C *otherwise* (Adverb) folgt gewöhnlich dem Verb:
It must be used in a well-ventilated room. Used otherwise it could be harmful.

otherwise (Konjunktion) bedeutet *if not / or else* (andernfalls):
We must be early; otherwise we won't get a seat.

or könnte hier in der Umgangssprache Verwendung finden:
We must be early or (else) we won't get a seat.

D *so* (Adverb der Art und Weise) geht dem Bezugsadjektiv/-adverb voraus:
It was so hot that ...
They ran so fast that ...

so (Konjunktion) steht am Beginn des Satzteils:
Our cases were heavy, so we took a taxi.

E *therefore* (Konjunktion) kann anstelle von *so* in förmlichem Englisch benutzt werden. Es kann am Anfang des Satzteils oder nach dem ersten Wort oder der Wendung oder vor dem Hauptverb benutzt werden:
There is fog at Heathrow; the plane, therefore, has been diverted / the plane has therefore been diverted / therefore the plane has been diverted.

F *still* und *yet* können Zeitadverbien sein (siehe Abschnitt **37**):
The children are still up. They haven't had supper yet.

still und *yet* (Konjunktionen) stehen am Anfang des Satzteils, den sie einleiten.
still (Konjunktion) bedeutet *admitting that / nevertheless* (zugegebenermaßen / und doch).
yet (Konjunktion) bedeutet *in spite of that / all the same / nevertheless* (dessenungeachtet, trotz alledem / und doch).
You aren't rich; still, you could do something to help him.
They are ugly and expensive; yet people buy them.

G *though/although* leiten gewöhnlich einen Konzessivsatz ein (siehe Abschnitt **340**):
Though/Although they're expensive, people buy them.

though (aber nicht *although*) kann ebenso zwei Hauptsätze verbinden. Wird *though* auf diese Weise benutzt, bedeutet es *but* oder *yet* und wird manchmal an den Satzanfang, häufiger jedoch an das Satzende gestellt:
He says he'll pay, though I don't think he will.
oder: *He says he'll pay; I don't think he will, though.*

328 Unterordnende Konjunktionen *(subordinating conjunctions): if, that, though/although, unless, when* etc.

Unterordnende Konjunktionen leiten untergeordnete Adverbien oder Nominalsätze ein und werden in den Kapiteln über die verschiedenen Satztypen besprochen. (siehe Kapitel **21** wegen der Konditionalsätze, Kapitel **33** wegen der Sätze des Zwecks, Kapitel **34** wegen Adverbialsätze des Grundes, der Folge, der Einräumung, des Vergleichs und der Zeit und Kapitel **35** für Nominalsätze)

Einige Konjunktionen haben mehrere Bedeutungen und können mehrere Satztypen einleiten.

Paare und Gruppen von Konjunktionen, die manchmal miteinander oder mit anderen Satzteilen verwechselt werden, werden nachstehend behandelt.

329 *though/although* und *in spite of* (präpositionale Wendung), *despite* (Präposition)

Zwei einander widersprechende oder gegensätzliche Aussagen wie *He had no qualifications* und *He got the job* könnten wie folgt verbunden werden:

A Mit *but, however* oder *nevertheless,* wie unter Abschnitt **327** gezeigt:
He had no qualifications but he got the job.
He had no qualifications; however, he got the job / he got the job, however.
He had no qualifications; nevertheless he got the job.

B Mit *though/although:*
He got the job although he had no qualifications.
Although he had no qualifications he got the job.

C Mit *in spite of / despite* + Nomen/Pronomen/Gerundium:
In spite of having no qualifications he got the job.
He got the job in spite of having no qualifications.

despite = *in spite of.* Es wird häufig in Zeitungen und in formellem Englisch verwendet:
Despite the severe weather conditions all the cars completed the course.

D Man beachte, daß *though/although* ein Subjekt und Verb erfordert:
Although it was windy ...
und daß *in spite of / despite* ein Nomen/Pronomen oder Gerundium verlangt:
In spite of the wind ...

Weitere Beispiele:
Although it smelt horrible ... > *In spite of the horrible smell ...*
Although it was dangerous ... > *In spite of the danger ...*
Though he was inexperienced ... > *In spite of his inexperience / his being inexperienced ...*

330 *for* und *because*

Diese Konjunktionen haben fast dieselbe Bedeutung und können sehr häufig beide verwendet werden. Es ist jedoch unproblematischer, *because* zu benutzten, da Sätze, die mit einem *for* eingeleitet werden (deshalb hier *for*-Satz genannt) nur eingeschränkt gebraucht werden können, als Sätze oder Satzteile, die mit *because* beginnen:

1
Ein *for*-Satz kann nicht dem Verb vorangehen, das er erklärt:
Because it was wet he took a taxi. (*for* ist nicht möglich)

2
Ein *for*-Satz kann nicht durch *not, but* oder eine andere Konjunktion eingeleitet werden:
He stole, not because he wanted the money but because he liked stealing.
(*for* ist nicht möglich)

3
Ein *for*-Satz kann nicht als Antwort auf eine Frage gebraucht werden:
»*Why did you do it?*« »*I did it because I was angry.*« (*for* ist nicht möglich)

Aber: *She was angry, for she didn't know French.*
Hier ist *for* korrekt; *because* ist ebenso möglich.

Der Grund für diese Einschränkungen liegt darin, daß ein *for*-Satz nicht vermittelt, warum eine bestimmte Handlung ausgeführt wurde, sondern nur eine zusätzliche Information weitergibt, die diese Handlung zu erklären hilft.

Einige Beispiele für *for*-Sätze:
The days were short, for it was now December.
He took the food eagerly, for he had eaten nothing since dawn.
When I saw her in the river I was frightened. For at that point the currents were dangerous.

In der gesprochenen Sprache wird gewöhnlich vor einem *for*-Satz eine kurze Pause gemacht, im schriftlichen Englisch findet sich an dieser Stelle üblicherweise ein Komma und manchmal, wie in dem letzten oben angeführten Beispiel, ein Punkt.
because könnte in den oben genannten Beispielsätzen ebenso verwendet werden, obwohl hier *for* besser ist.

331 *when, while, as* zur Bezeichnung der Zeit

A *when* wird mit den einfachen Formen der Zeiten benutzt:

1
Wenn eine Handlung zur gleichen Zeit wie die andere oder in dem Zeitraum der anderen geschah:
When it is wet the buses are crowded.
When we lived in town we often went to the theatre.

2
Wenn eine Handlung auf die andere folgt:
When she pressed the button the lift stopped.

B *as* wird gebraucht:

1
Wenn die zweite Handlung eintritt, bevor die erste beendet wird:
As I left the house I remembered the key.

Dieser Satz impliziert, daß ich an den Schlüssel dachte, bevor ich das Haus verließ; ich war vielleicht noch im Hausflur. *While I was leaving* hätte hier die gleiche Bedeutung, aber *When I left* würde den Eindruck vermitteln, daß ich das Haus schon verlassen und die Tür hinter mir geschlossen hatte.

2
Für parallele/simultane Handlungen: *He sang as he worked.*

3
Für eine parallel verlaufende Entwicklung:
As the sun rose the fog dispersed.
As it grew darker it became colder = The darker it grew, the colder it became.
As she came to know him better she relied on him more.
As he became more competent he was given more interesting work.

Würde hier *when* benutzt, so ginge die Vorstellung einer simultan verlaufenden Entwicklung oder Progression verloren.

4
In der Bedeutung von *while (= during the time that):*
As he stood there he saw two men enter the bar.

Es gibt keinen besonderen Grund oder Vorteil, hier *as* zu benutzen, und *while* ist unproblematischer.

332 *as* in der Bedeutung von *when/while* oder *because/since*

A Eingeschränkter Gebrauch von *as (= when/while)*

as wird hier hauptsächlich in Verbindung mit Verben, die eine Handlung oder Entwicklung anzeigen, gebraucht. Es wird üblicherweise nicht mit Verben des Typs, wie er unter Abschnitt **168** angeführt ist, verwendet, außer es läge eine Vorstellung von einer Entwicklung, wie in Abschnitt **331** **B** 3 beschrieben, vor. Es wird auch nicht gebraucht mit Verben wie *live, stay, remain.*

B *as* in Verbindung mit den oben angeführten Verben/Verbtypen bedeutet gewöhnlich *because/since:*
As he was tired ... = Because he was tired ...
As he knew her well ... = Because he knew her well ...
As it contains alcohol ... = Since/Because it contains alcohol ...
As he lives near here ... = Since/Because he lives ...

C Mit den meisten Verben kann *as* mit beiden Bedeutungen gebraucht werden:
As/While he shaved he thought about the coming interview.
As/Because he shaved with a blunt razor he didn't make a very good job of it.

Im Zweifelsfall sollten die Lernenden hier *while* oder *because* benutzen.

D *as* + Nomen kann entweder *when/while* oder *because/since* bedeuten:
As a student he had known great poverty. = *When he was a student he had known great poverty.*
As a student he gets/got in for half price. = *Because he is/was a student he gets/got in ...*
As a married man, he has to think of his family = *Because/Since he is a married man ...*

Auf *as* in der Bedeutung von *when/while* folgt hier üblicherweise ein Perfekt. Auf *as* in der Bedeutung von *because/since* kann jede beliebige Zeitform folgen.

333 *as, when, while* in der Bedeutung von *although, but, seeing that*

A *as* kann *though/although* bedeuten, aber nur in der Kombination Adjektiv + *as* + *Subjekt* + *to be / to seem / to appear:*
Tired as he was he offered to carry her. = *Though he was tired he offered to carry her.*
Strong as he was, he couldn't lift it.

B *while* kann in der Bedeutung von *but* verwendet werden, um einen Kontrast zu betonen:
»*At sea means on a ship, while at the sea means at the seaside.*«
Some people waste food while others haven't enough.

while kann auch *although* bedeuten und wird dann üblicherweise an den Satzanfang gestellt:
While I sympathize with your point of view I cannot accept it.

C *when* kann *seeing that / although* bedeuten. Es ist deshalb *while* sehr ähnlich, leitet aber hauptsächlich eine Aussage ein, die eine andere Handlung als unvernünftig erscheinen läßt. Es wird deshalb oft, obwohl nicht immer, mit einer Frage gebraucht:
How can you expect your children to be truthful when you yourself tell lies?
It's not fair to expect her to do all the cooking when she has had no training or experience.

D *when* und *if* dürfen nicht verwechselt werden.
When he comes impliziert, daß mit Sicherheit angenommen werden kann, daß er kommt. *If he comes* drückt diesen Gedanken nicht aus, sondern versprachlicht die Unsicherheit der Aussage (wegen *if* in Konditionalsätzen siehe Kapitel **21**).

33 Zweck *(purpose)*

334 Der Zweck wird üblicherweise durch den Infinitiv ausgedrückt

Der Zweck kann ausgedrückt werden durch:

A einen Infinitiv

He went to France to learn French.
They stopped to ask the way.

Hat das Hauptverb des Satzes eine Person als Objekt, kann sich der Infinitiv auf dieses Objekt und nicht auf das Subjekt beziehen:
He sent Tom to the shop to buy bread. (d.h. Tom sollte das Brot kaufen.)

B *in order* oder *so as* + Infinitiv

in order + Infinitiv kann bedeuten, daß das Subjekt die Handlung selbst ausführen möchte oder daß es wünscht, diese Handlung möge geschehen.

so as + Infinitiv impliziert nur, daß das Subjekt möchte, das etwas geschieht.
in order ist deshalb die im allgemeinen nützlichere Form.
in order oder *so as* werden gebraucht:

1
Mit einem verneinten Infinitiv, um einen Zweck / eine Absicht auszudrücken, etwas nicht zu tun:
He left his gun outside in order / so as not to frighten us.

2
Mit *to be* und *to have:*
She left work early in order / so as to be at home when he arrived.
She gave up work in order / so as to have more time with the children.

3
Wenn der Zweck weniger unmittelbar, d.h. zeitlich entfernter ist:
He is studying mathematics in order / so as to qualify for a better job.
She learnt typing in order to help her husband with his work.

4
Manchmal in längeren Sätzen, um hervorzuheben, daß der Infinitiv einen Zweck versprachlicht:
He was accused of misrepresenting the facts in order / so as to make the scheme seem feasible.
He took much more trouble over the figures than he usually did in order / so as to show his new boss what a careful worker he was.
(*in order / so as* ist nicht wesentlich und wird oft weggelassen)

Wenn der Infinitiv des Zwecks dem selbständigen Verb vorangeht, können *in order / so as* an den Satzanfang gestellt werden:
In order / So as to show his boss what a careful worker he was, he took extra trouble over the figures.
(auch hier könnte *in order / so as* weggelassen werden)

5
Wenn es in einem Satz ein persönliches Objekt gibt und der Sprecher möchte, daß sich der Infinitiv eindeutig auf das Subjekt bezieht:
He sent his sons to a boarding school in order / so as to have some peace. (= he, not his sons, was going to have some peace)

Im Vergleich zu:
He sent his sons to a boarding school to learn to live in a community. (= not he but his sons were to learn to live in a community)

Diese Konstruktion mit *in order/so as* ist nicht sehr verbreitet. Es ist üblicher zu sagen:
He sent his sons to a boarding school because he wanted to have some peace.

C *in order* (aber nicht *so as*) wird benutzt, um hervorzuheben, daß das Subjekt wirklich eine feste Absicht hatte:
»*He bought diamonds when he was in Amsterdam!*« »*That wasn't surprising. He went to Amsterdam in order to buy diamonds.*« (d.h. aus keinem anderen Grund)

Diese Vorstellung könnte jedoch auch dadurch ausgedrückt werden, daß das erste Verb betont und *in order* fortgelassen wird:
He 'went to Amsterdam to buy diamonds.

D Infinitiv + Nomen + Präposition

I want a case to keep my records in.
I need a corkscrew to open this bottle with.

Hier wird über einen besonderen Zweck gesprochen.
Um einen allgemeinen Zweck anzugeben, wird *for* + Gerundium verwendet:
This is a case for keeping records in.
A corkscrew is a tool for opening bottles.

335 Infinitive des Zwecks nach *go* und *come*

Es ist nicht üblich, einen Infinitiv des Zwecks nach dem Imperativ oder Infinitiv von *go* und *come* zu benutzen. Anstelle von *Go to find Bill* wird normalerweise gesagt *Go and find Bill;* anstelle von *Come to talk to Ann* wird gesagt *Come and talk to Ann;* d.h. anstelle eines Imperativs und eines Infinitivs des Zwecks werden zwei Imperative, die durch *and* verbunden werden, benutzt.

Statt folgender Konstruktion:
I must go to help my mother.
I'll come to check the accounts
wird üblicherweise verwendet:
I must go and help my mother.
I'll come and check the accounts.
Anstelle eines Infinitivs und Infinitivs des Zwecks werden zwei Infinitive benutzt, die durch *and* miteinander verbunden werden (siehe Abschnitt **246** I).

Werden *go* und *come* als Gerundien oder in einer Zeit der Gegenwart oder Vergangenheit benutzt, so können sie mit dem Infinitiv des Zwecks verknüpft werden:
I'm thinking of going to look for mushrooms.
I went to help my mother.
I've come to check the accounts.
I didn't come to talk to Bill; I came to talk to you.

336 Sätze zum Ausdruck eines Zwecks / einer Zweckbestimmung

Nebensätze sind nötig, wenn die Person, auf die der Zweck Bezug nimmt, nicht mit dem Subjekt des Hauptsatzes identisch ist oder wenn das ursprüngliche Subjekt ein zweites Mal erwähnt wird:
Ships carry lifeboats so that the crew can escape if the ship sinks.
This knife has a cork handle so that it will float if it falls overboard.

A Zwecksätze werden in der Regel durch *so that* + *will/would* oder *can/could* + Infinitiv gebildet:
can/could wird hier in der Bedeutung von *will / would be able to* verwendet:
They make £10 notes a different size from £5 notes so that blind people can (= will be able to) tell the difference between them.
They wrote the notices in several languages so that foreign tourists could (= would be able to) understand them.

can und *will* werden gebraucht, wenn das selbständige Verb im Präsens, Perfekt oder Futur benutzt wird; *could* und *would* werden verwendet, wenn das selbständige Verb im Präteritum auftritt. Vergleichen Sie die oben angeführten Beispiele und ebenso:
I light / am lighting / have lit / will light the fire so that the house will be warm when they return.
I have given / will give him a key so that he can get into the house whenever he likes.
I pinned the note to his pillow so that he would be sure to see it.
There were telephone points every kilometre so that drivers whose cars had broken down would be able to / could summon help.

Wird *that* aus einem Zwecksatz mit *can/could* weggelassen, kann die Vorstellung des Zwecks verloren gehen. Der Satz *He took my shoes so that I couldn't leave the house* würde normalerweise bedeuten *He took my shoes to prevent my leaving* usw., aber *He took my shoes, so I couldn't leave the house* würde bedeuten *He took my shoes; therefore I wasn't able to leave.*

B Zwecksätze können auch mit *so that / in order that / that* + *may/might* oder *shall/should* + Infinitiv gebildet werden. Sie sind nur förmlichere Konstruktionen als die, die oben unter Abschnitt **A** gezeigt wurden. Ein Bedeutungsunterschied liegt nicht vor.
Es ist ebenso anzumerken, daß auf *so that will/can/may/shall* oder ihre Vergangenheitsformen folgen können, während mit *in order that* oder *that* nur *may/shall* oder ihre Vergangenheitsformen verbunden werden können. Ein alleinstehendes *that* findet sich nur selten, außer in sehr gefühlsbetonter/dramatischer Sprache, im Schriftenglisch oder in der Dichtung. Die Regeln hinsichtlich der Zeitenfolge sind dieselben wie die oben angeführten. Die folgenden Sätze sind sehr förmlich/regelrecht gebildet:
We carved their names on the stone so that / in order that future generations should/might know what they had done.
These men risk their lives so that / in order that we may live more safely.

may im Präsens ist gebräuchlicher als *shall,* da es wenig benutzt wird. In der Vergangenheit können entweder *might* oder *should* gebraucht werden. Die Lernenden sollten die oben angeführten Formen kennen, sind aber nicht gezwungen, sie zu verwenden, da für alle normalsprachlich anfallenden Zwecke *so that* + *can/could* oder *will/would* ausreichend sein dürften.

C Sätze zum Ausdruck des Zwecks, etwas nicht geschehen zu lassen, werden dadurch gebildet, daß das Hilfsverb (gewöhnlich *will/would* oder *should*) verneint wird:
He wrote his diary in code so that his wife wouldn't be able to read it.
He changed his name so that his new friends wouldn't/shouldn't know that he had once been accused of murder.
Criminals usually telephone from public telephone boxes so that the police won't be able to trace the call.

Solche Sätze können jedoch auch gewöhnlich durch *to prevent* + Nomen/Pronomen + Gerundium oder *to avoid* + Gerundium ersetzt werden:
He dyed his beard so that we shouldn't recognize him / to prevent us recognizing him / to avoid being recognized. (Gerundium Passiv)
She always stopped in another village so that she wouldn't meet her own neighbours / to avoid meeting her own neighbours.

Diese Infinitiv-Sätze werden den verneinten Zwecksätzen vorgezogen.

337 *in case* und *lest*

A *in case*

1
in case + Subjekt + Verb kann auf eine Aussage oder eine Anweisung folgen:
I don't let him climb trees in case he tears his trousers.

Die erste Handlung ist gewöhnlich eine Vorbereitung auf eine oder Vorkehrung gegen die Handlung im Konditionalsatz, die eine mögliche zukünftige Handlung darstellt.

in case + Präsens hat gewöhnlich die Bedeutung *because this may happen / because this will happen* oder *for fear that this may happen.*

in case + Präteritum bedeutet normalerweise *because this might happen / because perhaps this would happen* oder *for fear that this would happen.*

Beide Zeiten, das Präsens und das Präteritum, können hier durch *should* + Infinitiv ersetzt werden. Würde *should* hier gebraucht, verwiese es auf eine größere Unwahrscheinlichkeit, doch ist diese Konstruktion nicht sehr gebräuchlich.

2
Zeiten mit *in case*

Hauptverb / selbständiges Verb

Futur Präsens Perfekt	+ *in case* +	Präsens oder *should* + Infinitiv
Konditional Präteritum Plusquamperfekt	+ *in case* +	Präteritum oder *should* + Infinitiv

I'll make a cake in case someone drops in at the weekend.
I carry a spare wheel in case I have / should have a puncture.
I always keep candles in the house in case there is a power cut.
I always kept candles in the house in case there was a power cut.
(siehe auch Abschnitt **227**)

B *lest* bedeutet *for fear that* (aus Angst, daß, damit nicht) und wird mit *should* verbunden:
He doesn't / didn't dare to leave the house lest someone should recognize him.

lest findet sich nur in förmlicher Schriftsprache und ist sehr selten.

34 Adverbialsätze des Grundes, der Folge, der Einräumung, des Vergleichs, der Zeit *(clauses of reason, result, concession, comparison, time)*

338 Adverbialsätze des Grundes und der Folge/Ursache *(clauses of reason and result/cause)*

Mit Ausnahme des Typs, wie er in den Abschnitten A 2 und A 3 beschrieben wird, können beide Arten dieser Adverbialsätze durch *as* oder *because* eingeleitet werden. *as* ist eine problemlose adverbiale Wendung für Sätze des Grundes (siehe A), und *because* wird für Adverbialsätze der Folge/Ursache (siehe B) vorgezogen.

A Adverbialsätze des Grundes

1
Eingeleitet durch *as/because/since:*
We camped there as/because/since it was too dark to go on.
As/Because/Since it was too dark to go on, we camped there.

2
in view of the fact that kann durch *as/since/seeing that,* nicht aber durch *because* versprachlicht werden:
As/Since/Seeing that you are here, you may as well give me a hand.
As/Since/Seeing that Tom knows French, he'd better do the talking.

3
Bezieht sich *as/since/seeing that* auf eine zuvor gemachte oder implizite Aussage, kann es durch *if* ersetzt werden:
As/Since/Seeing that / If you don't like Bill, why did you invite him?

Achtung beim Gebrauch von *if so:*
»I hope Bill won't come.« »If so (= If you hope he won't come), why did you invite him?«

(wegen *if + so/not* siehe Abschnitt **347**)

B Sätze der Folge/Ursache (siehe auch Abschnitt **339**) werden durch *because* oder *as* eingeleitet:
The fuse blew because we had overloaded the circuit.
He was angry because we were late.
As it froze hard that night there was ice everywhere next day.
As the soup was very salty we were thirsty afterwards.

C Diese Satzkombinationen könnten auch durch zwei Hauptsätze, die durch *so* verbunden werden, ausgedrückt werden:
It was too dark to go on, so we camped there.
You are here, so you may as well give me a hand.
It froze hard that night, so there was ice everywhere next day.

therefore kann ebenso benutzt werden, es findet sich aber nur in relativ förmlichen Sätzen:
The Finnish delegate has not yet arrived. We are therefore postponing / We have therefore decided to postpone / Therefore we are postponing the meeting. (auf die Stellung von *therefore* ist zu achten)

339 Adverbialsätze der Folge *(clauses of result)* mit *such/ so ... that*

A *such* ist Adjektiv und wird vor einem Adjektiv + Nomen verwendet:
They had such a fierce dog that no one dared to go near their house.
He spoke for such a long time that people began to fall asleep.

B *so* ist Adverb und wird vor Adverbien und zusammen mit Adjektiven, auf die nicht ihre Nomen folgen, gebraucht:
The snow fell so fast that our footsteps were soon covered up.
His speech went on for so long that people began to fall asleep.
Their dog was so fierce that no one dared come near it.

such wird niemals vor *much* und *many* verwendet, deshalb findet sich *so* sogar dann, wenn auf *much* und *many* Nomen folgen:
There was so much dust that we couldn't see what was happening.
So many people complained that they took the programme off.

C *such* + *a* + Adjektiv + Nomen kann durch *so* + *Adjektiv* + *a* + Nomen ersetzt werden, so daß *such a good man* durch *so a good man* ersetzbar ist. Dies ist nur dann möglich, wenn vor einem Nomen der unbestimmte Artikel *a/an* steht. Dies ist keine sehr häufige Form, sie findet sich jedoch bisweilen in der Literatur. Manchmal wird aus Gründen der Betonung und Hervorhebung *so* an den Anfang des Satzes gestellt. Dann folgt darauf die invertierte Form des Verbs (siehe Abschnitt **45**):
So terrible was the storm that whole roofs were ripped off.

340 Sätze der Einräumung / Konzessivsätze *(clauses of concession)*

Diese Adverbialsätze werden durch *although, though* (siehe Abschnitte **327**, **329**), *even though, even if, however* (siehe Abschnitt **85**) und manchmal durch *whatever* eingeleitet. *as* ist ebenso möglich, aber nur in einer Verbindung von Adjektiv + *as* + *be:*

Although/Though/Even/Even if you don't like him you can still be polite.
No matter what you do, don't touch this switch.
However rich people are, they always seem anxious to make more money.
However carefully you drive, you will probably have an accident eventually.
Whatever you do, don't tell him that I told you this.
Patient as he was, he had no intention of waiting for three hours. (= though he was patient)

may + Infinitiv kann in hypothetischen Fällen gebraucht werden:
However frightened you may be yourself, you must remain outwardly calm.

may kann auch implizieren *I accept the fact that:*
»But he's your brother!« »He may be my brother but I don't trust him!«

Wird *may* auf diese Art und Weise benutzt, ist es Teil eines anderen Hauptsatzes und nicht Teil eines Konzessivsatzes.
should + Infinitiv kann nach *even if* benutzt werden, genau wie nach *if* in Konditionalsätzen, und drückt dann die Vorstellung aus, daß die Handlung, die durch den Infinitiv versprachlicht wird, wahrscheinlich nicht stattfinden wird:
Even if he should find out he won't do anything about it.

341 Adverbialsätze des Vergleichs / Komparativsätze *(clauses of comparison)*

A Vergleiche mit Adjektiven und finiten Verben (siehe auch Kapitel **20-22**)

It's darker today than it was yesterday.
He doesn't pay as much tax as we do / as us.
He spends more than he earns.

that + Adjektiv ist eine umgangssprachliche Form:
»Will it cost £100?« »No, it won't cost as much as (all) that. It won't be (all) that expensive.« (= It won't be as expensive as that.)

that + Adjektiv wird manchmal umgangssprachlich in der Bedeutung von *very* verwendet.

B Vergleiche mit Adverbien und finiten Verben (siehe auch Kapitel **31-34**)

He didn't play as well as we expected / as well as you (did).
He sings more loudly than anyone I've ever heard / than anyone else (does).
You work harder than he does / than him / than I did at your age.

C Vergleiche mit Adjektiven und Infinitiven oder Gerundien

Oft können beide Strukturen gebraucht werden, der Infinitiv ist jedoch üblicher für eine einzelne Handlung, und Gerundien sind gebräuchlicher für allgemeine Aussagen (siehe auch **E** nachstehend):
It's sometimes as cheap to buy a new one as (it is) (to) repair the old one.
Buying a new one is sometimes as cheap as repairing the old one.

He found that lying on the beach was just as boring as sitting in his office.
oder: *He found lying on the beach just as boring as sitting* etc. (der Infinitiv wäre hier weniger üblich)
He thinks it (is) safer to drive himself than (to) let me drive.
He thinks that driving himself is safer than letting me drive.
It will soon be more difficult to get a visa than it is now.
Getting a visa will soon be more difficult than it is now.

D In Vergleichen des unter **C** oben aufgeführten Typs findet sich gewöhnlich ein Infinitiv (nicht ein Gerundium) als Folge eines vor *as/than* benutzten Infinitivs. Gleichermaßen wird üblicherweise ein Gerundium (nicht ein Infinitiv) nach einem Gerundium vor *as/than* benutzt (vergleiche die oben angeführten Beispielsätze).

Ist jedoch ein finites Verb + *this/that/which* vor *as/than* anzutreffen, folgt ein Gerundium. Obwohl ein Infinitiv grundsätzlich möglich ist, wäre er weniger üblich:
I'll deliver it by hand; this will be cheaper than posting it.
He cleaned his shoes, which was better than doing nothing.

E Infinitive werden zusammen mit *would rather/sooner* gebraucht (siehe Abschnitt **297**, **298**):
Most people would rather work than starve.
I would resign rather than accept him as a partner.

342 Adverbialsätze der Zeit / Temporalsätze *(time clauses)*

A Diese werden durch temporale Konjunktionen eingeleitet wie:
after, as, as soon as, before, hardly ... when, immediately, no sooner ... than, since, the sooner, till/until, when, whenever, while

Sie können auch durch *the minute, the moment* eingeleitet werden.
(wegen Beispielen mit *when, as, while* siehe Abschnitte **331-333**; wegen Beispielen mit *before* siehe Abschnitte **195** **B**).

B Es darf nicht vergessen werden, daß in einem Temporalsatz kein Futur oder Konditional verwendet werden darf.

1
Jede der nachfolgenden Futurformen wird zum Präsens, wenn sie in einem Temporalsatz benutzt wird.
future simple (einfache Form des Futurs):
You'll be back soon. I'll stay till then. = *I'll stay till you get back.*

be going to:
The parachutist is going to jump. Soon after he jumps his parachute will open.

Die Verlaufsform des Präsens wird benutzt zur Angabe zukünftigen Geschehens genau wie die Verlaufsform des Futurs:

He's arriving / he'll be arriving at six.

Aber: *When he arrives he'll tell us all about the match.*

Before he arrives I'll give the children their tea.

Die Verlaufsform kann natürlich in Temporalsätzen gebraucht werden, wenn sie eine gerade verlaufende Handlung angibt/beschreibt:
Peter and John will be playing / are playing / are going to play tennis tonight.
While they are playing (during this time) we'll go to the beach.

2
Das Futur II wird zum Perfekt, die Verlaufsform des Futurs II zur Verlaufsform des Perfekts verschoben:
I'll have finished in the bathroom in a few minutes.
The moment / As soon as I have finished I'll give you a call.

3
Die Zeit des Konditionals wird zum Präteritum:
We knew that he would arrive / would be arriving about six.
We knew that till he arrived nothing would be done.

Leitet *when* einen Subjektsatz ein, kann in diesem Satz die Zeit des Futurs oder Konditionals gebraucht werden:
He said, »When will the train get in?« > He asked when the train would get in.

C Sätze mit *since* (siehe auch Abschnitte **187**, **188**)

Falls *since* im Nebensatz erscheint, erscheint das Verb im Hauptsatz üblicherweise im Perfekt:

They've moved house twice since they got married.

oder: *Since they got married, they've moved house twice.*

He said he'd lived in a tent since his house burnt down.

It's ages since I sailed / have sailed a boat.

I haven't sailed a boat since I left college.

D Nebensätze mit *after*

In Nebensätzen folgen auf *after* oft Zeiten der Vergangenheit:
After/When he had rung off I remembered ...
After/When you've finished with it, hang it up.

E *hardly/scarcely ... when, no sooner ... than* (siehe auch Kapitel **45**)

The performance had hardly begun when the lights went out.

oder: *Hardly had the performance begun when the lights went out.*

scarcely könnte hier *hardly* ersetzen, wird aber weniger häufig benutzt:
He had no sooner drunk the coffee than he began to feel drowsy.
oder: *No sooner had he drunk the coffee than he began to feel drowsy.*
He no sooner earns any money than he spends it.
oder: *Immediately he earns any money he spends it.* (umgangssprachlicher)

Achtung bei *the sooner ... the sooner* (je ... desto):
The sooner we start, the sooner we'll be there.

35 Subjektsätze *(noun clauses)*

Subjektsätze werden sehr oft durch *that* eingeleitet und deshalb auch häufig *that*-Sätze genannt. Nicht alle Subjektsätze sind jedoch *that*-Sätze.

343 Subjektsätze (*that*-Sätze) als Subjekt eines Satzes

A Satzgefüge mit einem Subjektsatz als Subjekt beginnen gewöhnlich mit *it* (siehe Abschnitt **67** **D**):
It is disappointing that Tom can't come.

that Tom can't come ist das Subjekt.

B Die übliche Konstruktion ist *it* + *be/seem* + Adjektiv + Subjektsatz (siehe Abschnitte **26**, **27**):
It's splendid that you passed your exam.
It's strange that there are no lights on.

Einige Adjektive machen den Gebrauch von *that ... should* erforderlich oder wünschenswert (siehe Abschnitt **236**):
It is essential that everybody knows / should know what to do.

C Eine alternative Fügung ist *it* + *be / seem* + *a* + Nomen + Subjektsatz. Die Nomen, die hier benutzt werden können, schließen *mercy, miracle, nuisance, pity, shame, relief, wonder* ein. *a good thing* ist ebenso möglich:
It's a great pity (that) they didn't get married.
It's a wonder (that) you weren't killed.
It's a good thing (that) you were insured.

344 *that*-Sätze nach bestimmten Adjektiven/Partizipien

Die Konstruktion ist hier Subjekt + *be* + Adjektiv/Partizip Perfekt + Subjektsatz:
I am delighted that you passed your exam.

Diese Fügung kann benutzt werden mit

(a) Adjektiven, die Gefühle ausdrücken: *glad, pleased, relieved, sorry* (siehe Abschnitt **26** F)

(b) Adjektiven/Partizipien, die Furcht, Zutrauen etc. versprachlichen: *afraid, anxious, certain, confident, conscious, convinced* (siehe Abschnitt **27**).

anxious macht den Gebrauch von *that ... should* erforderlich.

I'm afraid that I can't come till next week.
Are you certain that this is the right road?

345 *that*-Sätze nach bestimmten Nomen

Ein *that*-Satz kann als Folge einer großen Anzahl von abstrakten Nomen auftreten. Die gebräuchlichsten von diesen sind:
allegation, announcement, belief, discovery, fact, fear, guarantee, hope, knowledge, promise, proposal, report, rumour, suggestion, suspicion.

proposal und *suggestion* machen den Gebrauch von *that ... should* nötig:
The announcement that a new airport was to be built nearby aroused immediate opposition.
The proposal/suggestion that shops should open on Sunday led to a heated discussion.
A report that the area was dangerous was ignored by the residents.

346 Subjektsätze als Objekte von Verben

A *that*-Sätze sind nach einer großen Anzahl von Verben möglich. Einige der wichtigsten sind nachstehend aufgeführt:
acknowledge, admit, advise, agree, allege, announce, appear, arrange (wh), ask (wh), assume, assure, beg, believe (wh), command, confess, consider (wh), declare, decide (wh), demand, demonstrate, determine, discover, doubt, estimate (wh), expect, fear, feel, find (wh), forget (wh), guarantee, happen, hear (wh), hope, imagine (wh), imply, indicate (wh), inform, insist, know (wh), learn, make out (= state), mean, notice (wh), observe, occur to + object, order, perceive, presume, pretend, promise, propose, prove (wh), realize (wh), recognize, recommend, remark, remember (wh), remind, request, resolve, reveal (wh), say (wh), see (wh), seem, show (wh), state (wh), stipulate, suggest (wh), suppose, teach, tell (wh), think (wh), threaten, turn out, understand (wh), urge, vow, warn, wish, wonder (wh)

und andere Verben der Kommunikation/Mitteilung, z.B.:
complain, deny, explain etc. (siehe Abschnitt **316** C)

wh: siehe nachstehend Abschnitt E

Beispiele:
They alleged / made out that they had been unjustly dismissed.
He assumes that we agree with him.
I can prove that she did it.

B Die meisten der oben angeführten Verben können mit einer anderen Konstruktion verbunden werden (siehe Kapitel **23-26**). Ein Verb + *that*-Satz hat nicht notwendigerweise die gleiche Bedeutung wie dasselbe Verb + Infinitiv/Gerundium/Partizip Präsens:

He saw her answering the letters = He watched her doing this.

Aber: *He saw that she answered the letters*
könnte entweder bedeuten:
He noticed that she did this. Er bemerkte, daß sie dies tat.
oder: *He made sure by supervision that she did this.* Er stellte sicher, daß sie dies tat, indem er sie überwachte.

C *appear, happen, occur, seem, turn out* erfordern als Subjekt *it:*
It appears/seems that we have come on the wrong day.
It occurred to me that he might be lying.
It turned out that nobody remembered the address.

D *that* + Subjekt + *should* können nach *agree, arrange, be anxious, beg, command, decide, demand, determine, be determined, order, resolve* und *urge* anstelle einer Infinitiv-Konstruktion verwendet werden und nach *insist* und *suggest* anstelle eines Gerundiums:
They agreed/decided that a statue should be put up.
He urged that the matter should go to arbitration.
He suggested that a reward should be offered.

(siehe Abschnitte **235**, 302 E)

E Auf die Verben, die in Abschnitt A mit *(wh)* gekennzeichnet sind, können Subjektsätze folgen, die mit sogenannten *wh*-Fragewörtern beginnen wie *what, when, where, who, why,* oder mit *how:*
He asked where he was to go.
They'll believe whatever you tell them.
I forget who told me this.
Have you heard how he is getting on?
I can't think why he left his wife.
I wonder when he will pay me back.

347 *so* und *not* vertreten einen *that*-Satz

A Nach *believe, expect, suppose, think* und nach *it appears/seems:*
»Will Tom be at the party?« »I expect so / suppose so / think so.« »I think he will.«

1
Ein verneintes Verb mit *so:*
»Will the scheme be a success?« »I don't believe so / expect so / suppose so / think so.«
»Are they making good progress?« »It doesn't seem so.«

2
Oder ein affirmativ gebrauchtes Verb mit *not:*
»It won't take long, will it?« »No, I suppose not.«
oder: *»I don't suppose so.«*
»The plane didn't land in Calcutta, did it?« »I believe not.«
oder: *»I don't believe so.«*

B *so* und *not* können ähnlich nach *hope* und *be afraid (= be sorry to say)* benutzt werden:
»Is Peter coming with us?« »I hope so.«
»Will you have to pay duty on this?« »I'm afraid so.«

Die Verneinung erfolgt hier mit einem affirmativen Verb + *not:*
»Have you got a work permit?« »I'm afraid not.«

C *so* und *not* können nach *say* und *tell* + Objekt gebraucht werden:
»How do you know there is going to be a demonstration?« »Jack said so / Jack told me so.«

I told you so! kann bedeuten *I told you that this was the case / that this would happen* und wirkt rechthaberisch.

Für *tell* ist die einzig mögliche verneinte Form ein verneintes Verb + *so:*
Tom didn't tell me so.

Für *say* gibt es zwei verneinte Formen, deren Bedeutung jedoch nicht identisch ist:
Tom didn't say so = Tom didn't say that there would be a demonstration.
Tom said not = Tom said there wouldn't be a demonstration.

D *if + so/not*

so/not nach *if* können ein zuvor erwähntes/unterstelltes Subjekt + Verb ersetzen:
Will you be staying another night? If so (= if you are), we can give you a better room. If not (= if you aren't), could you be out of your room by 12.00?

if so/not haben hier gewöhnlichen die Funktion eines Konditionalsatzes, wie oben gezeigt wurde; wegen *if so* siehe aber auch Abschnitt **338** **A** .

36 Zahlwörter, Daten, Gewichte und Maßeinheiten *(numerals, dates, weights and measures)*

348 Grundzahlen – Adjektive und Pronomen *(cardinal numbers – adjectives and pronouns)*

1 *one*	11 *eleven*	21 *twenty-one*	31 *thirty-one* etc.
2 *two*	12 *twelve*	22 *twenty-two*	40 *forty*
3 *three*	13 *thirteen*	23 *twenty-three*	50 *fifty*
4 *four*	14 *fourteen*	24 *twenty-four*	60 *sixty*
5 *five*	15 *fifteen*	25 *twenty-five*	70 *seventy*
6 *six*	16 *sixteen*	26 *twenty-six*	80 *eighty*
7 *seven*	17 *seventeen*	27 *twenty-seven*	90 *ninety*
8 *eight*	18 *eighteen*	28 *twenty-eight*	100 *a hundred*
9 *nine*	19 *nineteen*	29 *twenty-nine*	1,000 *a thousand*
10 *ten*	20 *twenty*	30 *thirty*	1,000,000 *a million*

400 *four hundred*
140 *a/one hundred and forty*
1,006 *a/one thousand and six*
5,000 *five thousand*
260,127 *two hundred and sixty thousand, one hundred and twenty-seven*

349 Merkregeln zu den Grundzahlen

A Schreibt man die Zahlen aus oder liest sie vor, so wird vor eine Zahl, die aus drei oder mehr Ziffern/Stellen besteht, *and* vor Zehner oder Einer gestellt:

713 *seven hundred and thirteen*
5,102 *five thousand, one hundred and two*
Aber: 6,100 *six thousand, one hundred* (keine Zehner oder Einer)

and wird ähnlich mit Hunderttausenden benutzt:
320,410 *three hundred and twenty thousand, four hundred and ten*

und Hunderten von Millionen:
303,000,000 *three hundred and three million*

B *a* ist gebräuchlicher als *one* vor *hundred, thousand, million* etc., wenn diese Zahlen allein stehen oder eine Wendung einleiten:

100 *a hundred*
1,000 *a thousand*
100,000 *a hundred thousand*

Es kann auch *a hundred and one, a hundred and two* etc. bis zu *a hundred and ninety-nine* und *a thousand and one* etc. bis zu *a thousand and ninety-nine* gesagt werden. In anderen Fällen wird *one,* nicht *a* gebraucht (siehe oben). So:

1,040 *a/one thousand and forty*

Aber: 1,140 *one thousand, one hundred and forty*

C Die Wörter *hundred, thousand, million* und *dozen* haben kein Plural-*s*, wenn sie als bestimmte Zahl benutzt werden:
six hundred men, ten thousand pounds, two dozen eggs

Werden diese Wörter jedoch unbestimmt benutzt, d.h. zur Vermittung der Vorstellung einer größen Zahl, muß ihre Pluralfom gebraucht werden:
hundreds of people, thousands of birds, dozens of times

In diesem Fall wird die Präposition *of* nach *hundreds, thousands* etc. benutzt. *of* wird nicht mit bestimmten Zahlen verwendet, außer vor *the/them/these/those* oder possessiven:
six of the blue ones
four of Tom's brothers
ten of these

D Zahlen, die aus vier oder mehr Ziffern bestehen, werden in Dreiergruppen, wie oben gezeigt wurde, aufgeteilt. Dezimalzahlen werden durch einen Punkt angegeben, der als *point* zu lesen ist:
10·92 *ten point nine two*

Eine Null nach einem Dezimalpunkt wird gewöhnlich *nought* gelesen:
8·04 *eight point nought four*

Aber *o* [əʊ] und *zero* wäre ebenso möglich.

350 Ordnungszahlen/Ordinalzahlen – Adjektive und Pronomen *(ordinal numbers – adjectives and pronouns)*

first	*eleventh*	*twenty-first*	*thirty-first* etc.
second	*twelfth*	*twenty-second*	*fortieth*
third	*thirteenth*	*twenty-third*	*fiftieth*
fourth	*fourteenth*	*twenty-fourth*	*sixtieth*
fifth	*fifteenth*	*twenty-fifth*	*seventieth*
sixth	*sixteenth*	*twenty-sixth*	*eightieth*
seventh	*seventeenth*	*twenty-seventh*	*ninetieth*
eighth	*eighteenth*	*twenty-eighth*	*hundredth*
ninth	*nineteenth*	*twenty-ninth*	*thousandth*
tenth	*twentieth*	*thirtieth*	*millionth*

Für andere Brüche als 1/2 *(a half)* und 1/4 *(a quarter)* wird eine Kombination von Kardinal- und Ordinalzahlen benutzt, wenn sie ausgeschrieben oder gelesen werden:
1/5 *a/one fifth* (*a* ist gebräuchlicher als *one*)
3/5 *three fifths*
1/10 *a/one tenth*
7/10 *seven tenths*

Auf eine ganze Zahl und eine Bruchzahl kann direkt ein Nomen im Plural folgen:
2 1/4 miles = two and a quarter miles

Auf 1/2 *(half)* kann direkt ein Nomen folgen, andere Brüche machen jedoch den Gebrauch von *of* vor einem Nomen erforderlich:
half a second
Aber: *a quarter of a second*
(siehe auch Abschnitt **2** E)

half + *of* kann auch benutzt werden, aber *of* ist optional:
Half (of) my earnings go in tax.

351 Merkregeln zu den Ordinalzahlen

A Man achte auf die unregelmäßige Schreibung von *fifth, eighth, ninth* und *twelfth.*

B Werden Ordinalzahlen als Zahlen geschrieben, müssen die letzten beiden Buchstaben des ausgeschriebenen Wortes hinzugefügt werden (mit Ausnahme der Datumsangaben):

first	*= 1st*	*twenty-first*	*= 21st*
second	*= 2nd*	*forty-second*	*= 42nd*
third	*= 3rd*	*sixty-third*	*= 63rd*
fourth	*= 4th*	*eightieth*	*= 80th*

C Die Regel bezüglich *and* gilt auch hier bei den Ordinalzahlen:
101st = the hundred and first

Der Artikel *the* steht üblicherweise vor Ordnungszahlen:
the sixtieth day, the fortieth visitor

Zur Unterscheidung von Herrschern werden römische Zahlen verwendet:
Charles V, James III, Elizabeth II

Im gesprochenen Englisch werden die Ordinalzahlen, vor denen *the* steht, benutzt:
Charles the Fifth, James the Third, Elizabeth the Second

352 Daten/Datumsangaben

A

Die Wochentage	Die Monate des Jahres	
Sunday (Sun.)	*January (Jan.)*	*July*
Monday (Mon.)	*February (Feb.)*	*August (Aug.)*
Tuesday (Tues.)	*March (Mar.)*	*September (Sept.)*
Wednesday (Wed.)	*April (Apr.)*	*October (Oct.)*
Thursday (Thurs.)	*May*	*November (Nov.)*
Friday (Fri.)	*June*	*December (Dec.)*
Saturday (Sat.)		

Die Tage und Monate werden immer mit Großbuchstaben geschrieben. Daten werden durch Ordinalzahlen ausgedrückt:
March the tenth, July the fourteenth etc.
oder: *the tenth of March* etc.

Sie können jedoch geschrieben in verschiedener Weise auftreten; z.B. könnte *March the tenth* in der Schriftform erscheinen als:
March 10, March 10th, 10 March, 10th March, 10th of March, March the 10th

B Das Jahr

Beim Lesen oder Sprechen wird der Begriff *hundred, nicht aber thousand* verwendet. Das Jahr 1989 würde als *nineteen hundred and eighty-nine* oder *nineteen eighty-nine* gelesen werden.
Auf Jahre vor der christlichen Zeitrechnung folgen die Buchstaben *BC (= Before Christ),* und vor Jahren nach der christlichen Zeitrechnung stehen gewöhnlich die Buchstaben *AD (= Anno Domini),* im Jahre des Herrn. Die erstgenannte Form kann zweifach gelesen werden: *1500 BC* würde als *one thousand five hundred BC* oder *fifteen hundred BC* gelesen werden können.

353 Gewichte, Längen- und Flüssigkeitsmaßeinheiten *(weights, length and liquid measure)*

A Gewichte

Die englische Gewichtstabelle:

16 ounces (oz.) = 1 pound (lb.)	*1 pound = 0·454 kilogram (kg)*
14 pounds = 1 stone (st.)	*2·2 pounds = 1 kilogram*
8 stone = 1 hundredweight (cwt.)	*2,204·6 lbs = 1 metric tonne*
20 hundredweight = 1 ton	

Plurale

ounce, pound und *ton* können im Plural ein *s* haben, wenn sie als Nomen verwendet werden; *stone* und *hundredweight* haben kein *s:* z.B. wird *six pound of sugar* oder *six pounds of sugar,* aber *ten hundredweight of coal* gesagt. Für die letztgenannte Form gibt es keine Alternative. Werden sie wie in zusammengesetzten Adjektiven benutzt, haben diese Formen niemals ein *s:*
a ten-ton lorry

kilo oder *kilogram* weisen im Plural gewöhnlich ein *s* auf, wenn sie als Nomen benutzt werden:
two kilos of apples
oder: *two kilograms of apples*

B Länge

Die englische Längentabelle ist wie folgt:

12 inches (in.) = 1 foot (ft.)	*1 inch = 2·54 centimetres (cm)*
3 feet = 1 yard (yd.)	*1 yard = 0·914 metre (m)*
1,760 yards = 1 mile (m.)	*1 mile = 1·609 kilometres (km)*

Plurale

Spricht man von der Mehrzahl der Längeneinheiten, wird üblicherweise die Pluralform dieser Wörter benutzt:
one inch / ten inches, one mile / four miles, one centimetre / five centimetres

foot bildet jedoch entweder die Pluralform *feet* oder *foot. feet* ist die gebräuchlichere Form, wenn Längenangaben gemacht werden:
six foot tall
oder: *six feet tall*
two foot long
oder: *two feet long*

In zusammengesetzten Adjektiven können die oben angeführten Formen niemals ein Plural-*s* aufweisen:
a two-mile walk, a six-inch ruler.

C Flüssigkeitsmaß

2 pints (pt.) = a quart (qt.)	*1 pint = 0·568 litre (l)*
4 quarts = 1 gallon (gal.)	*1 gallon = 4·55 litres*

D In der Vergangenheit wurden britische Maßeinheiten der Tradition folgend in *ounces* (Unzen), *inches, pints* etc. gemacht, heutzutage werden aber zunehmend die Einheiten des metrischen Systems verwendet.

37 Schreibung/Schreibregeln *(spelling rules)*

(wegen der Pluralformen von Nomen siehe auch Kapitel **12**;
wegen Verbformen siehe auch Abschnitte **165**, **172**, **175**)

354 Einführung

Vokale sind: *a e i o u*

Konsonanten sind: *b c d f g h j k l m n p q r s t v w x y z*

Ein Suffix (Nachsilbe) ist eine Anzahl von Buchstaben, die an das Ende eines Worts gehängt werden:
beauty, beautiful (*ful* ist das Suffix.)

355 Die Dopplung der Konsonanten

A Einsilbige Wörter, die im Wortstamm einen Vokal haben und auf einen einzelnen Konsonanten enden, verdoppeln den Konsonanten vor einem Suffix, das mit einem Vokal beginnt:

hit + ing = hitting
knit + ed = knitted
run + er = runner

Aber: *keep, keeping* (zwei Vokale)
help, helped (zwei Konsonanten)
love, lover (auf einen Vokal endend)

qu wird hier als Konsonant betrachtet:
quit, quitting
Die Endkonsonanten *w, x* oder *y* werden nicht verdoppelt:
row + ed = rowed, box + ing = boxing

B Zwei- oder dreisilbige Wörter, die auf einen einzelnen Konsonanten enden, welcher auf einen einzelnen Vokal folgt, verdoppeln den Endkonsonanten, wenn die letzte Wortsilbe betont wird (die betonte Silbe ist mit dem Betonungszeichen ' ausgewiesen):

ac'quit + ed = acquitted
be'gin + er = beginner
de'ter + ed = deterred
re'cur + ing = recurring

Aber: *'murmer + ed = murmured*
'answer + er = answerer
'orbit + ing = orbiting

'focus + ed kann mit einem oder zwei *s* geschrieben werden (*focused* oder *focussed*) und *'bias + ed* kann ebenso mit einem oder zwei *s* geschrieben werden (*biased* oder *biassed*).

C Der Endkonsonant von *handicap, kidnap, worship* wird ebenso verdoppelt: *handicap/handicapped, worship/worshipped, kidnap/kidnapped*

appal/appalled, cruel/cruelly, dial/dialled, distil/distiller, duel/duellist, model/ modelling, refuel/refuelled, repel/repellent, quarrel/quarrelling, signal/ signalled

356 Das End-*e* wird weggelassen

A Wörter, die auf ein *e* enden, das einem Konsonanten folgt, lassen das *e* vor einer Nachsilbe, die mit einem Vokal beginnt, ausfallen:
believe + er = believer
love + ing = loving
move + able = movable

dye und *singe* behalten jedoch ihr End-*e* vor *ing* bei, um eine Verwechslung mit *die* und *sing* zu vermeiden:
dye/dyeing, singe/singeing

age behält sein *e* vor *ing* – außer im amerikanischen Englisch:
age/ageing

likable kann auch als *likeable* erscheinen.

Wörter, die auf *ce* oder *ge* enden, behalten manchmal das *e*. (siehe Abschnitt **357**)

B Ein End-*e* wird vor einem Suffix, das mit einem Konsonant beginnt, beibehalten:
engage/engagement, hope/hopeful, sincere/sincerely, fortunate/fortunately, immediate/immediately

Aber: Das End-*e* in Adjektiven, die mit einem Konsonanten + *le* enden, fällt in der Adverbform weg:
humble/humbly, idle/idly

Das End-*e* fällt ebenso in den folgenden Wörtern weg:
argue/argument, due/duly, judge/judgement oder *judgment, true/truly, whole/ wholly* (Achtung: Doppel-*l*)

C Wörter, die auf *ee* enden, lassen vor einem Suffix ein *e* nicht fallen:
agree/agreed, agreeing/agreement, foresee/foreseeing/foreseeable

357 Wörter, die auf *ce* und *ge* enden

A Wörter, die auf *ce* oder *ge* enden, behalten ihr End-*e* vor einer Nachsilbe, die mit *a, o* oder *u* beginnt:
courage/courageous, manage/manageable, outrage/outrageous, peace/peaceful, replace/replaceable, trace/traceable

Dies geschieht, um Wechsel in der Aussprache zu verhindern, weil *c* und *g* üblicherweise stimmhaft vor *e* und *i* ausgesprochen werden, stimmlos jedoch vor *a, o* oder *u.*

B Wörter, die auf *ce* enden, verändern das *e* zu *i* vor *ous:*
grace/gracious, malice/malicious, space/spacious, vice/vicious

358 Die Nachsilbe *ful*

Wird *full* an ein Wort angehängt, fällt das zweite *l* weg:
beauty + full = beautiful (Man beachte die Adverbform *beautifully*)
use + full = useful (Adverb: *usefully*)

Endet das Wort, an das die Nachsilbe gehängt wird, auf *ll,* wird das zweite *l* hier gleichermaßen fortgelassen:
skill + full = skilful.

Achtung: *full + fill = fulfil*

359 Wörter, die auf *y* enden

Wörter, die auf *y* enden, das einem Konsonanten folgt, verändern das *y* zu *i,* bevor eine Nachsilbe – mit Ausnahme von *ing* – angehängt wird:
carry + ed = carried
Aber: *carry + ing = carrying*

happy + ly = happily
hurry + ing = hurrying
sunny + er = sunnier

Ein *y,* das auf einen Vokal folgt, bleibt erhalten:
obey + ed = obeyed, play + er = player

(wegen Pluralformen von Nomen siehe Kapitel **12**)

360 *ie* und *ei*

Die allgemeine Regel ist, daß *i* vor *e* steht, außer nach *c:*

believe, sieve

Aber: *deceive, receipt*

Es gibt jedoch die folgenden Ausnahmen:
beige, counterfeit, deign, eiderdown, eight, either, feign, feint, foreign, forfeit, freight, heifer, height, heinous, heir, inveigh, inveigle, leisure, neigh, neighbour, neither, reign, rein, seize, skein, sleigh, sleight, surfeit, their, veil, vein, weigh, weight, weir, weird

361 Bindestriche

A Zusammengesetzte Wörter werden gebildet, indem zwei oder mehr Wörter zu einer Einheit zusammengefügt werden. Diese Einheit kann geschrieben werden:
(a) als ein Wort: *bystander, hairdresser, teacup*
(b) als zwei oder mehr Wörter: *amusement arcade, post office*
(c) mit einem Bindestrich: *launching-pad, lay-by, tooth-brush*

In den meisten Fällen ist es unmöglich, eine verbindliche Regel zu formulieren, wann ein Bindestrich benutzt werden sollte. Wird ein zusammengesetztes Wort allgemein akzeptiert und damit üblicher, kann der Bindestrich weggelassen werden: *layby, toothbrush.* dies geschieht jedoch nicht immer, und auch einem Muttersprachler geschieht es relativ häufig, daß er *toothbrush, tooth brush* oder *tooth-brush* zu verschiedenen Zeiten schreibt.
Besteht das zusammengesetzte Wort aus mehreren einsilbigen Wörtern, wird es wahrscheinlich als ein Wort geschrieben werden. In Zweifelsfällen ist es besser, die Bindestriche fortzulassen oder ein aktuelles Wörterbuch zu befragen.

B Bindestriche sind nötig:

(a) wenn die Aussprache oder die Bedeutung ohne sie unklar wären:
co-operate, re-cover (= cover again)

(b) wenn Wörter eine Einheit in einem besonderen Satz bilden:
a do-it-yourself shop
a go-as-you-please railway ticket

(c) in adjektivischen Wendungen, die das Alter, die Größe, das Gewicht und die Zeitdauer bezeichnen:
a five-year-old child
a six-foot wall
a ten-ton vehicle
a five-minute interval

In der Zusammenfügung wird nicht die Pluralform verwendet: kein *s*.
Verbindungen von Adverbien/Partizipien, die als Adjektive benutzt werden, weisen gewöhnlich einen Bindestrich auf, besonders wenn die Gefahr eines Mißverständnisses besteht:
low-flying aircraft, quick-dissolving sugar

C Bindestriche werden auch am Zeilenende benutzt, um Wörter zu trennen. Die Trennung deutet eine natürliche Sprechpause im Wort an, d.h. sie erfolgt silbisch:
dis-couraged, look-ing, inter-val

Ein einsilbiges Wort sollte niemals getrennt werden.

38 Verben mit präpositionalen Ergänzungen, mehrgliedrige Verben *(phrasal verbs)*

362 Einleitung

A Verben, die im modernen Umgangsenglisch mit Präpositionen oder Adverbien verbunden werden, sind für die Lernenden häufig ein Problem, weil die Bedeutung dieser Verbindungen nicht in jedem Fall aus der wörtlichen Übertragung der Einzelteile abzuleiten ist. Daneben gibt es zusätzlich eine Vielzahl von Fällen, in denen neben den erwarteten und leicht zu entnehmenden Bedeutungen auch neue idiomatische Gebrauchszusammenhänge eine Rolle spielen. Die nachfolgenden Beispiele mögen diesen Sachverhalt verdeutlichen:

turn down

(a) *He turned down the heating.* Er drehte die Heizung runter/niedriger.
(b) *They turned down my application.* Meine Bewerbung wurde abgelehnt.

take off

(a) *He took off his coat.* Er zog seinen Mantel aus.
(b) *The plane took off.* Das Flugzeug hob vom Boden ab.

Für den Lernenden ist es unerheblich zu entscheiden, ob die Verbindung ein Verb + eine Präposition oder ein Verb + ein Adverb ist; er sollte den Ausdruck als eine Einheit lernen.

Die nachstehend aufgeführten mehrgliedrigen Verben in alphabetischer Reihenfolge sind nach den Prinzipien ihrer Gebrauchshäufigkeit und ihrer Valenz ausgewählt. Neben ›echten‹ *phrasal verbs,* die eine neue, für die Lerner nicht erschließbare Bedeutung haben, finden sich auch Verben mit Präpositionen oder Adverbien, bei denen sich die Bedeutung aus der Addition ihrer Einzelteile ergibt. Oberstes Auswahlprinzip war die Nützlichkeit für die deutschsprachigen Lernenden, die dann eine größere Sicherheit im Umgang mit den mehrgliedrigen Verben erhalten, wenn sie die Gebrauchsbereiche verstehen, das sprachliche Register und den häufig entspannten Umgangston begreifen und selbst anwenden. Die deutsche Übersetzung der Beispielsätze darf nicht vergessen lassen, daß die vorgestellten Kombinationen mehrere idiomatische Bedeutungen haben können, die von den sie begleitenden Wörtern, den ›Kollokationen‹, abhängen (vgl. dazu nur die Beispielkomplexe aus Kapitel 6 von Jennifer Seidls und W. McMordies Buch *English Idioms,* Oxford University Press, 1988, 5th edition).

Ein Anspruch auf Vollständigkeit der Liste wird nicht erhoben. Bewußt wurden solche mehrgliedrigen Verben ausgelassen, die für deutschsprachige Lerner keine Interferenzprobleme in semantischer oder struktureller Hinsicht machen. Die Bedeutungsbereiche der Kombinationen *play in, play off, play on* sind z.B. mit denen ihrer deutschen Äquivalente identisch, wenn man sich den angesprochenen Sachverhalt anhand nachstehender Beispiele verdeutlicht:
Unfortunately the team took a long time to play itself in.
He likes playing one person off against another.
This soap opera plays on people's emotions.

Das Auslassen solcher Verbindungen erschien gerechtfertigt.

Es ist wichtig zu wissen, ob die Verbindung transitiv (d.h. ein Objekt erfordert) oder intransitiv (d.h. kein Objekt erfordert) ist:
look for ist transitiv: *I am looking for my passport.*
look out ist intransitiv: *Look out! This ice isn't safe!*

Jede der auf den folgenden Seiten aufgeführten Verbindungen wird mit dem Vermerk *tr (= transitive)* oder *intr (= intransitive)* bezeichnet, und die Gebrauchsbeispiele werden diesen Unterschied verdeutlichen. Es ist ebenso möglich, daß eine Verbindung zwei oder mehrere unterschiedliche Bedeutungen hat und daß sie überdies in einer/einigen von diesen transitiv und in anderen wiederum intransitiv ist. Zum Beispiel kann *take off* auch *remove* bedeuten. Es ist dann ein transitiver Ausdruck:
He took off his hat.

take off kann ebenso *rise from the ground* (in Verbindung mit Flugzeugen gebraucht) bedeuten. Hier ist der Ausdruck intransitiv:
The plane took off at ten o'clock.

B Transitive Ausdrücke: die Stellung des Objekts

Nomen als Objekte werden gewöhnlich an das Ende dieser Wendungen gestellt:
I am looking for my glasses.

Bei einigen Ausdrücken jedoch können sie entweder an das Satzende oder unmittelbar hinter das Verb gestellt werden, d.h. vor das kurze Wort. So kann man im Englischen sagen:
He took off his coat.
oder: *He took his coat off.*

Pronomen als Objekte werden manchmal an das Ende des Ausdrucks gestellt:
I am looking for them.

Häufiger jedoch werden sie unmittelbar hinter das Verb gestellt:
He took it off.

Diese Stellung ist gebräuchlicher vor den folgenden Wörtern:
back, up, down, in, out, away, off und *on* (außer wenn es in der Wendung *call on* = *visit/request* benutzt wird).

Beispiele, die den Gebrauch von den Wendungen erläutern, werden alle möglichen Stellungen von Nomen oder Pronomen als Objekten in der folgenden Art und Weise aufzeigen:
I'll give this old coat away. (give away this old coat / give it away)
d.h. in diesem Ausdruck kann das Nomen als Objekt vor oder hinter *away* benutzt werden; das Pronomen als Objekt muß vor *away* stehen. Wird nur ein Beispiel vermittelt, so kann der Lernende mit Recht annehmen, daß das Pronomen als Objekt die gleiche Stellung wie das Nomen als Objekt hat.

C folgt auf diese Ausdrücke ein Verb als Objekt, so wird die gerundiale Form des Verbs gebraucht:
He kept on blowing his horn.

In den Fällen, in denen Gerundien üblich sind, wird durch Beispiele darauf hingewiesen. Einige der Ausdrücke können auch in Verbindung mit einem Infinitiv verwendet werden:
It is up to you to decide this for yourself.
Some of the younger members called on the minister to resign.
The lecturer set out to show that most illnesses were avoidable.

Auf *go on* kann entweder ein Infinitiv oder ein Gerundium folgen, es liegt jedoch ein wesentlicher Bedeutungsunterschied vor; siehe Abschnitt **270 A**.

363 Verbindungen aus Verb + Präposition/Adverb

account

account for (tr) = give a good reason for, explain satisfactorily (some action or expenditure) (für etwas gute Gründe angeben, etwas befriedigend erklären und erläutern, rechtfertigen):
A treasurer must account for the money he spends.
He has behaved in the most extraordinary way; I can't account for his actions at all / I can't account for his behaving like that.

agree

agree with (tr) = have the same opinion as, tally with; suit the health of (übereinstimmen mit; zuträglich sein):
Here I can't agree with you.
His statement agrees with yours (= your statement).
Rich food doesn't agree with her.

allow

allow for (tr) = make provision in advance for, take into account (usually some additional requirement, expenditure, delay etc.) (etwas berücksichtigen, etwas ins Kalkül einbeziehen):
»It is 800 kilometres and I drive at 100 k.p.h., so I'll be there in eight hours.« »But you'll have to allow for delays going through towns and for stops for refuelling.«
Allowing for depreciation your car should be worth £2,000 this time next year.

answer

answer back (intr.), answer somebody back = answer a reproof impudently (Widerworte geben, frech antworten):
Father: Why were you so late last night? You weren't in till 2 a.m.
Son: You should have been asleep.
Father: Don't answer me back. Answer my question.

answer for (tr) = be responsible for (verantwortlich sein für):
You will have to answer for any discrepancy in the accounts.

ask

ask after/for somebody = ask for news of (nach jemandem fragen):
I met Tom at the party; he asked after you. (asked how you were / how you were getting on)

ask for

(a) = *ask to speak to* (nach jemandem fragen):
Go to the office and ask for my secretary.

(b) = *request, demand* (um etwas bitten):
The men asked for more pay and shorter hours.

ask someone in (Objekt vor *in*) = *invite him to enter the house* (jemanden hereinbitten):
He didn't ask me in; he kept me standing at the door while he read the message.

ask someone out (Objekt vor *out*) = *invite someone to an entertainment or to a meal (usually in a public place)* (jemanden zu etwas einladen, jemanden ausführen):
She had a lot of friends and was usually asked out in the evenings, so she seldom spent an evening at home.

back

back away (intr) = step or move back slowly (because confronted by some danger or unpleasantness) (langsam zurücktreten, weichen):
When he took a gun out everyone backed away nervously.

back down (intr) = give way, yield (nachgeben):
I saw that she was right, so I had to back down.

back out (intr) = withdraw (from some joint action previously agreed on), discontinue or refuse to provide previously promised help or support (sich zurückziehen, ein Angebot zurückziehen):
He agreed to help but backed out when he found how difficult it was.

back somebody up = support morally or verbally (jemanden unterstützen, jemandem »die Stange halten«):
The headmaster never backed up his staff. (backed them up) If a parent complained about a teacher he assumed that the teacher was in the wrong.

be

be against (tr) = be opposed to (oft mit Gerundium benutzt) (gegen etwas sein):
I'm for doing nothing till the police arrive. / I'm against doing anything till the police arrive.

be away (intr) = be away from home / this place for at least a night
(abwesend sein)

be back (intr) = have returned after a long or short absence (zurück sein / zurückgekehrt sein):

»I want to see Mrs Pitt. Is she in?« »No, I'm afraid she's out at the moment.«
oder: *»No, I'm afraid she's away for the weekend.«*
»When will she be back?« »She'll be back in half an hour / next week.«

be for (tr) = be in favour of (oft mit Gerundium gebraucht) (für etwas sein)

be in (intr) = be at home / in this building (zu Hause / hier sein)

be in for (tr) = be about to encounter (usually something unpleasant) (sich auf etwas gefaßt machen):
Did you listen to the weather forecast? I'm afraid we're in for a bumpy flight.
If you think that the work is going to be easy you're in for a shock.

be over (intr) = be finished (etwas beendet haben):
The storm is over now; we can go on.

be out (intr) = be away from home / from this building for a short time – not overnight (außer Haus sein)

be up (intr) = be out of bed (aufgestanden sein):
Don't expect her to answer the doorbell at eight o'clock on Sunday morning. She won't be up.

be up to (tr) = be physically or intellectually strong enough (to perform a certain action) (d.h. körperlich oder geistig in der Lage sein, etwas zu tun).
Das Objekt ist gewöhnlich *it,* obwohl auch ein Gerundium möglich ist:
After his illness the Minister continued in office though he was no longer up to the work / up to doing the work.

be up to something / some mischief / some trick / no good = be occupied or busy with some mischievous act (= etwas aushecken / etwas im Schilde führen):
Don't trust him; he is up to something / some trick.
The boys are very quiet. I wonder what they are up to.

Das Objekt von *up to* ist hier immer ein nicht näher bestimmter Ausdruck, wie die oben angeführten Beispiele zeigen. Die Verbindung mit einer bestimmten Handlung ist nicht möglich.

it is up to someone (oft in Verbindung mit einem Infinitiv) = *it is his responsibility or duty* (es ist seine Pflicht und Schuldigkeit):
It is up to the government to take action on violence.
I have helped you as much as I can. Now it is up to you. (You must continue by your own efforts.)

bear

bear out (tr) = confirm (bestätigen):
This report bears out my theory. (bears my theory out / bears it out)

bear up (intr) = support bad news bravely, hide feelings of grief (eine schlechte Nachricht mit Anstand ertragen):
The news of her death was a great shock to him but he bore up bravely and none of us realized how much he felt it.

blow

blow up (tr) = increase in size, enlarge (vergrößern):
He has blown the print up as large as it'll go.

boil

boil away (intr) = be boiled until all (the liquid) has evaporated (verkochen):
I put the kettle on the gas ring and went away and forgot about it. When I returned, the water had all boiled away and the flame had burned a hole in the kettle.

boil down to (tr) = can be reduced to (reduziert werden auf):
The whole problem boils down to the old discussion about free will and determinism.
It's a long report, but it really boils down to a demand for higher safety standards.
A: In fact what we need is a large injection of capital.
B: Yes, that's what it boils down to.

break

break down figures = take a total and sub-divide under various headings so as to give additional information (aufteilen, in verschiedene Kategorien listen und aufführen):
You say that 10,000 people use this library. Could you break that down into age-groups? (= say how many of these are under 25, over 50 etc.*)*

break down a door etc. = *cause to collapse by using force* (niederreißen, aufbrechen):
The fireman had to break down the door to get into the burning house. (break the door down / break it down)

break down (intr) = collapse, cease to function properly, owing to some fault or weakness (zusammenbrechen, nicht länger funktionieren):

(a) In Zusammenhang mit Menschen verwendet, deutet die Wendung gewöhnlich auf einen zeitweiligen Gefühlszusammenbruch:
He broke down when telling me about his son's tragic death. (He was overcome by his sorrow; he wept.)

(b) Die Wendung kann auf den Zusammenbruch eines geistigen Widerstandes hinweisen:
At first he refused to admit his guilt but when he was shown the evidence he broke down and confessed.

(c) Der Ausdruck verweist auf einen ernsthaften körperlichen Zusammenbruch (Gesundheit):
After years of overwork his health broke down and he had to retire.

(d) Er wird sehr oft in Verbindung mit Maschinen verwendet:
The car broke down when we were driving through the desert and it took us two days to repair it.

(e) Die Wendung kann auch im Zusammenhang mit Verhandlungen gebraucht werden:
The negotiations broke down (were discontinued) because neither side would compromise.

break in (intr), break into (tr)

(a) = *enter by force* (eindringen/einbrechen):
Thieves broke in and stole the silver.
The house was broken into when the owner was on holiday.

(b) = *interrupt someone by some sudden remark* (jemanden unterbrechen):
I was telling them about my travels when he broke in with a story of his own.

break in (a young horse/pony etc.*) (tr) = train him for use* (ein Pferd einreiten):
You cannot ride or drive a horse safely before he has been broken in.

break off (tr oder *intr) = detach or become detached* (abbrechen oder abgebrochen werden):
He took a bar of chocolate and broke off a bit. (broke a bit off / broke it off)
A piece of rock broke off and fell into the pool at the foot of the cliff.

break off (tr) = terminate (used of agreements or negotiations) (beenden):
Ann has broken off her engagement to Tom. (broken her engagement off / broken it off)

break off (intr) = stop talking suddenly, interrupt oneself (abbrechen / aufhören zu reden):
They were in the middle of an argument but broke off when someone came into the room.

break out (intr)

(a) = *begin (used of evils such as wars, epidemics, fires* etc.) (ausbrechen):
War broke out on 4 August.

(b) = *escape by using force from a prison* etc. (ausbrechen):
They locked him up in a room but he broke out. (smashed the door and escaped)
The police are looking for two men who broke out of prison last night.

break up (tr oder *intr) = disintegrate, cause to disintegrate* (auseinanderbrechen):

If that ship stays there she will break up / she will be broken up by the waves.
The old ship was towed away to be broken up and sold as scrap.
Divorce breaks up a lot of families. (breaks families up / breaks them up)

break up (intr) = terminate (used of school terms, meetings, parties etc.) (beenden):
The school broke up on 30 July and all the boys went home for the holidays.
The meeting broke up in confusion.

bring

bring someone round (*tr;* Objekt gewöhnlich vor *round*)

(a) = *persuade someone to accept a previously opposed suggestion* (jemanden überzeugen):
After a lot of argument I brought him round to my point of view.

(b) = *restore to consciousness* (wieder zu Bewußtsein bringen):
She fainted with the pain but a little brandy soon brought her round.

Bring a person or thing round (tr; Objekt gewöhnlich vor *round) = bring him / it to my/your/his house* (jemandem etwas vorbeibringen):
I have finished that book that you lent me; I'll bring it round (to your house) tonight.

bring up (tr)

(a) = *educate and train children* (Kinder aufziehen/erziehen):
She brought up her children to be truthful. (brought her children up / brought them up)

(b) = *mention* (aufwerfen/erwähnen):
At the last committee meeting, the treasurer brought up the question of raising the annual subscription. (brought the question up / brought it up)

brush

brush aside/away (tr) = discard, treat as unimportant (beiseite fegen):
You can't brush aside all our objections.
You can't just brush it away like this!

brush up (tr) = revise a subject in order to recover lost skill, improve one's knowledge of something (auffrischen, verbessern)
I'm going to London next month so I'd better brush up my English.
I've forgotten most of the English I learnt at school. I'll have to brush it up.

burn

burn down (tr oder *intr) = destroy, or be destroyed completely by fire (used of buildings)* (abbrennen):
The mob burnt down the embassy. (burnt the embassy down / burnt it down)
The hotel burnt down before help came.

call

1
call in der Bedeutung von *visit (for a short time)* (für kurze Zeit besuchen):

call at a place:
I called at the bank and arranged to transfer some money.

call for = visit a place to collect a person or thing (vorbeischauen, um jemanden / etwas abzuholen):
I am going to a pop concert with Tom. He is calling for me at eight so I must be ready then.
Let's leave our suitcases in the left luggage office and call for them later on when we have the car.

call in ist intransitiv und hat die gleiche Bedeutung wie *look in* und das umgangssprachliche *drop in:*
Call in / Look in on your way home and tell me how the interview went.

call on a person (jemanden aufsuchen):
He called on all the housewives in the area and asked them to sign the petition.

2
Andere Bedeutungen von *call for/in/on*

call for (tr) = require, demand (fordern, verlangen) (das Subjekt hier ist oft ein Gegenstand oder ein Sachverhalt wie *the situation / this sort of work / this* etc.; das Objekt gibt dann gewöhnlich eine Eigenschaft/Qualität an, z.B. *courage/ patience, a steady hand* etc.):
The situation calls for tact.
You've got the job? This calls for a celebration.

Die Wendung kann aber auch mit einer Person als Subjekt verbunden werden:
The workers are calling for strike action.
The relations of the dead men are calling for an inquiry.

call in a person / call him in = send for him / ask him to come to the house/ hospital etc. *to perform some service* (jemanden herbeirufen)

send for ist autoritärer als *call in,* weswegen die letztgenannte Form als höflicher empfunden wird:
They called in a handwriting expert and asked him to compare the two letters.
There is some mystery about his death; the police have been called in.

call on somebody (gewöhnlich + Infinitiv) = *ask him to do something / ask him to help* (jemanden um Hilfe bitten). Dies ist eine relativ förmliche Art und Weise, Bitten auszusprechen, und wird deshalb hauptsächlich zu offiziellen Anlässen oder in Reden etc. benutzt. Es liegt gewöhnlich die Vorstellung vor, daß die um Hilfe gebetene Person es für ihre Pflicht erachten wird, der Bitte nachzukommen:

The president called upon his people to make sacrifices for the good of their country.
The chairman called on the secretary to read the minutes of the last meeting.

3
Andere Verbindungen mit *call*

call off (tr) = cancel something not yet started, or abandon something already in progress (etwas absagen):
They had to call off (= cancel) the match as the ground was too wet to play on. (call the match off / call it off)
When the fog got thicker the search was called off. (abandoned)

call out (tr) = summon someone to leave his house to deal with a situation outside. Diese Wendung wird oft im Zusammenhang mit Truppen verwendet, die ausrücken müssen, um öffentlichen Mißständen zu begegnen:
The police couldn't control the mob so troops were called out.
The Fire Brigade was called out several times on the night of 5 November to put out fires started by fireworks.
Doctors don't much like being called out at night.

call up (tr) = summon for military service (einberufen):
In the countries where there is conscription men are called up at the age of eighteen (call up men / call men up / call them up).

care

not care about (tr) = be indifferent to (sich um etwas nicht kümmern / etwas gegenüber gleichgültig sein):
The professor said that he was interested only in research; he didn't really care about students.

care for (tr)

(a) = *like* (selten im Aussagesatz verwendet) (mögen):
He doesn't care for films about war.

(b) = *look after* (meist nur im Passiv gebraucht) (sich kümmern um, versorgen):
The house looked well cared for. (= had been well looked after / was in good condition)

carry

carry on (intr) = continue (usually work or duty) (fortfahren, etwas zu tun):
I can't carry on alone any longer; I'll have to get help.

carry on with (tr) wird ähnlich verwendet:
The doctor told her to carry on with the treatment.

carry out (tr) = perform (duties), obey (orders, instructions), fulfil (threats) (ausführen):

You are not meant to think for yourself; you are here to carry out my orders.
The Water Board carried out their threat to cut off our water supply. (They threatened to do it and they did it.)
He read the instructions but he didn't carry them out.

catch

catch on (tr) = become popular (bekannt werden):
This song will undoubtedly catch on quickly.

catch up with (tr), catch up (tr oder *intr) = overtake, but not pass* (einholen):
I started last in the race but I soon caught up with the others. (caught them up / caught up)
You've missed a whole term; you'll have to work hard to catch up with the rest of the class. (catch them up / catch up)

cater

cater for (tr) = provide food for; supply what is needed; allow for (Nahrungsmittel liefern; dienen):
We catered for forty but only twenty came.
I think he will be able to cater for your particular needs.
The architects who designed these tower blocks didn't cater for mothers with young children.

check

check in (intr) = arrive at a hotel (in einem Hotel ankommen):
He checked in at the hotel on time last night.

check out (intr) = leave (verlassen, abreisen):
He checked out this morning without leaving any message for us.

clean

clean out (tr) a room/cupboard/drawer etc. = *clean and tidy it thoroughly* (gründlich reinigen):
I must clean out the spare room. (clean the spare room out / clean it out)

clean up (tr) a mess, e.g. anything spilt (etwas aufräumen, wegräumen):
Clean up any spilt paint. (clean the spilt paint up / clean it up)

clean up (intr) wird ähnlich verwendet:
These painters always clean up after themselves when they've finished. (leave the place clean after work)

clear

clear away (tr) = remove articles, usually in order to make space (Gegenstände wegräumen):

Could you clear away these papers? (clear these papers away / clear them away)

clear away (intr) = disperse (sich auflösen):
The clouds soon cleared away and it became quite warm.

clear off (intr) from an open space, clear out (intr) of a room, building = go away (umgangssprachlich; als Befehl ist diese Wendung ausgesprochen barsch, abhauen):
»You clear off,« said the farmer angrily. »You've no right to put your caravans in my field without even asking my permission.«
Clear out! If I find you in this building again, I'll report you to the police.

clear out (tr) a room/cupboard/drawer etc. = *empty it, usually to make room for something else* (leeren, räumen):
I'll clear out this drawer and you can put your things in it. (clear this drawer out/ clear it out)

clear up (intr) = become fine after clouds or rain (aufklaren):
The sky looks a bit cloudy now but I think it will clear up.

clear up (tr oder *intr) = make tidy and clean* (aufräumen):
When you are cooking it's best to clear up as you go, instead of leaving everything to the end and having a terrible pile of things to deal with.
Clear up this mess. (clear this mess up / clear it up)

clear up (tr)

(a) = *finish (some work which still remains to be done)* (beenden):
I have some letters which I must clear up before I leave tonight.

(b) = *solve (a mystery)* ((ein Geheimnis) entschlüsseln):
In a great many detective stories when the police are baffled an amateur detective comes along and clears up the mystery. (clears it up)

▸ *climb*

climb down (intr) = retreat from position taken up, admit that one is mistaken; compromise (zurückstecken):
At first he declared that it was our fault and demanded compensation, but when we showed him the police report he climbed down (withdrew his claim).

▸ *close*

close down (tr oder *intr) = shut permanently (of a shop or business)* (etwas endgültig schließen, zumachen):
Trade was so bad that many small shops closed down and big shops closed some of their branches down. (closed down some branches / closed them down)

close in (intr) = come nearer, approach from all sides (used of mist, darkness, enemies etc.) (aufschließen, sich nähern):
As the mist was closing in we decided to stay where we were.

close up (tr) = come nearer together (of people in a line) (aufschließen / eng aneinanderrücken):
If you children closed up a bit there'd be room for another one on this seat.

come

come across/upon (tr) = find by chance (zufällig etwas finden):
When I was looking for my passport I came across these old photographs.

come along/on (intr) = come with me, accompany me (mitkommen, sich beeilen)
come on wird oft jemandem gegenüber gesagt, der sich zögernd verhält, trödelt oder sich verspätet:
Come on, or we'll be late.

come away (intr) = leave (with me) (gehen mit / aufbrechen):
Come away now. It's time to go home.

come away/off (intr) = detach itself (sich lösen):
When I picked up the teapot the handle came away in my hand.

come in (intr), come into (tr) = enter (eintreten):
Someone knocked at my door and I said, »Come in.«
Come into the garden and I'll show you my roses.

come off (intr)

(a) = *succeed, of a plan or scheme* (in verneinten Aussagesätzen verwendet) (Erfolg haben):
I'm afraid that scheme of yours won't come off. It needs more capital than you have available.

(b) = *take place; happen as arranged* (stattfinden wie geplant):
»When is the wedding coming off?« »Next June.«

Wird gesagt *The duchess was to have opened the bazaar,* wird unterstellt, daß die Absicht bestand, aber nicht ausgeführt wurde. (Sie hatte zwar die Absicht, die Einweihung vorzunehmen, sagte jedoch später ab.)

(c) = *end its run (of a play, exhibition* etc.) (abgesetzt werden):
»Lady Windermere's Fan« is coming off next week. You'd better hurry if you want to see it.

come out (intr)

(a) = *be revealed, exposed* (Das Subjekt ist hier üblicherweise *the truth / the facts / the whole story* etc. und bezieht sich gewöhnlich auf Tatsachen, die die betroffenen Personen versuchten, verborgen zu halten, z.B. Skandale etc.):
You won't be able to hush up the matter. In the end the truth will come out.

(b) = *be published (of books)* (herauskommen, veröffentlicht werden):
Her new novel will be coming out in time for the Christmas sales.

(c) = *disappear (of stains)* (verschwinden):
Tomato stains don't usually come out.

come round (intr)

(a) = *finally accept a previously opposed suggestion* (sich herumkriegen lassen):
Her father at first refused to let her study abroad but he came round (to it) in the end.

(b) = *come to my (your/his* etc.*) house* (vorbeischauen):
I'll come round after dinner and tell you the plan.

come around/to (intr; Betonung auf *to) = recover consciousness* (zu sich kommen):
When we found him he was unconscious but he came round/to in a few minutes and explained that he had been mugged.

come up (intr)

(a) = *rise to the surface* (auftauchen):
A diver with an aqualung doesn't have to keep coming up for air; he can stay underwater for quite a long time.
Weeds are coming up everywhere.

(b) = *be mentioned* (erwähnt werden / worden sein):
The question of the caretaker's wages came up at the last meeting.

come up (intr), come up to (tr) = approach, come close enough to talk (sich jemandem nähern):
The policeman was standing a few yards away. He came up to me and said, »You can't park here.«

cool

cool down (intr) = become cool gradually (kalt werden, abkühlen):
The milk is too hot for the baby. Don't give it to him till it has cooled down.
The situation has cooled down a lot since yesterday.

crop

crop up (intr) = appear, arise unexpectedly or by accident (auftauchen) (das Subjekt ist normalerweise ein abstraktes Nomen wie *difficulties / the subject* etc. oder ein Pronomen):
At first all sorts of difficulties cropped up and delayed us.
Later we learnt how to anticipate these.

cut

cut down (tr) = reduce in size or amount (verringern, kürzen, reduzieren):
We must cut down expenses or we'll be getting into debt.
»This article is too long,« said the editor. »Could you cut it down to 2,000 words?«

cut in (intr) = slip into traffic lane ahead of another car when there isn't room to do this safely (sich einfädeln / schneiden):
Accidents are often caused by drivers cutting in.

cut off (tr) = disconnect, discontinue supply (usually of gas, water, electricity etc.*)* (abschneiden). Das Objekt kann entweder der Gebrauchsartikel oder die Person, die an der Kürzung leidet, sein:
The Company has cut off our electricity supply because we haven't paid our bill. (cut our supply off / cut it off)
They've cut off the water / our water supply temporarily because they are repairing one of the main pipes.
We were cut off in the middle of our (telephone) conversation. (Dies könnte mit Absicht oder unabsichtlich durch die Vermittlung geschehen.)

cut someone off = form a barrier between him and safety (often used in connection with the tide, especially in the passive) (abschneiden):
We were cut off by the tide and had to be rescued by boat.

be cut off (intr) = be inconveniently isolated (das Subjekt ist gewöhnlich ein Ort oder die Bewohner eines bestimmten Ortes) (abgeschnitten sein):
You will be completely cut off if you go to live in that village because there is a bus only once a week.

cut out (tr) = omit, leave out (weglassen/fortlassen):
If you want to get thin you must cut out sugar. (cut it out)

be cut out for (tr) = be fitted or suited for (in Verbindung mit Personen, gewöhnlich in verneinten Aussagesätzen benutzt) (für etwas geeignet sein):
His father got him a job in a bank but it soon became clear that he was not cut out for that kind of work. (He wasn't happy and was not good at the work)

cut up (tr) = cut into small pieces; make very sad and upset (zerkleinern, in Stücke schneiden; ›am Boden zerstören‹):
I have bought a wonderful machine for cutting up vegetables. (cutting them up)
Mary was really cut up when her friend died.

die

die away (intr) = become gradually fainter till inaudible (schwächer werden):
They waited till the sound of the guard's footsteps died away.

die down (intr) = become gradually calmer and finally disappear (of riots, fires, excitement etc.*)* (abebben):
When the excitement had died down the shopkeepers took down their shutters and reopened their shops.

do

do away with (tr) = abolish (aufgeben):
I'm glad the government has done away with the regulations restricting drinking hours.

do up (tr) = redecorate (aufarbeiten):
When I do up this room I'll paint the walls cream. (do up this room / do it up)

do without (tr) = manage in the absence of a person or thing (auskommen mit):
We had to do without petrol during the fuel crisis.
Das Objekt wird manchmal unterstellt und dann nicht ausdrücklich erwähnt:
If there isn't any milk we'll have to do without (it).

doze

doze off (intr) = fall asleep (einschlafen):
My husband hardly ever sees the complete programme; he usually dozes off in the middle.

draw

draw back (intr) = retire, recoil (einen Rückzieher machen):
It's too late to draw back now; the plans are all made.

draw on (tr oder *intr) = encourage; come nearer* (ermutigen, etwas zu sagen, nahen):
She drew him on to tell her about what had happened.
Night was drawing on.

draw up (tr) = make a written plan or agreement (aufsetzen):
My solicitor drew up the lease and we both signed it. (drew it up)

draw up (intr) = stop (of vehicles) (anhalten):
The car drew up at the kerb and the driver got out.

drive

drive at (tr) = mean (meinen, aus sein auf):
I don't understand what you mean. What are you driving at?

drop

drop in (intr) = pay a short unannounced visit (jemanden unangemeldet besuchen / bei jemandem vorbeischauen):
He dropped in for a few minutes to ask if he could borrow your power drill (drop in ist umgangssprachlicher als *call in.)*

drop out (intr) = withdraw, retire from a scheme or plan (aussteigen):
We planned to hire a coach for the excursion but now so many people have dropped out that it will not be needed.

eat

eat out (intr) = dine in a restaurant (außer Hause essen):
As we are eating out, our neighbour is coming in to baby-sit.

end

end up (intr) = come to an unsatisfactory end (zu einem bösen Ende kommen):
If you go on driving like that, you'll end up in hospital.

enter

enter for (tr) = become a competitor/candidate (for a contest, examination, etc.*)* (für etwas kandidieren, sich aufstellen lassen):
Twelve thousand competitors have entered for the next London Marathon.

fall

fall back (intr) = withdraw, retreat (dies ist eine bewußte Handlung, die von *fall behind,* die unbewußt ist, unterschieden ist) (sich zurückfallen lassen):
As the enemy advanced we fell back.

fall back on (tr) = use in the absence of something better (auf etwas zurückgreifen):
We had to fall back on dried milk as fresh milk wasn't available.
He fell back on the old argument that if you educate women they won't be such good wives and mothers.

fall behind (intr) = slip into the rear through inability to keep up with the others, fail to keep up an agreed rate of payments (hinter etwas zurückfallen):
At the beginning the whole party kept together but by the end of the day those who were less fit had fallen behind.
He fell behind with his rent and the landlord began to become impatient.

fall in with someone's plans = accept them and agree to co-operate (zustimmen):
We'd better fall in with his suggestion for the sake of peace.

fall in (intr) of troops etc. = *get into line* (sich aufstellen):

fall out (intr) of troops etc. = *leave the lines* (ausschwärmen / die Aufstellung verlassen):
The troops fell in and were inspected. After the parade they fell out and went back to their barracks.

fall off (intr) = decrease (of numbers, attendance etc.) (abfallen/abnehmen):
Orders have been falling off lately; we need a new advertising campaign.
If the price of seats goes up much more theatre attendances will begin to fall off.

fall on (tr) = attack violently (das Opfer hat in der Regel keine Möglichkeit, sich zu verteidigen, da die Angreifer übermächtig sind; die Wendung wird auch manchmal in Zusammenhang mit hungrigen Menschen benutzt, die sich über ihre Nahrung, die sie erhalten, ›hermachen‹ (über etwas herfallen):
The mob fell on the killers and clubbed them to death.
The starving men fell on the food. (devoured it)

fall out (intr) = quarrel (sich streiten):
When thieves fall out honest men get their own.
(Sprichwort, Redensart; d.h. den Besitz zurückerhalten)

fall trough (intr) = fail to materialize (of plans) (durchfallen / nicht realisiert werden):
My plans to go to Greece fell through because the journey turned out to be much more expensive than I had expected.

feed

be fed up (intr), be fed up with (tr) = be completely bored (slang) (»die Nase voll haben«):
I'm fed up with this wet weather.
I'm fed up with waiting; I'm going home.

feel

feel up to (tr) = feel strong enough (to do something) (sich in der Lage fühlen, etwas zu tun):
I don't feel up to tidying the kitchen now. I'll do it in the morning.
I don't feel up to it.

fill

fill in forms etc. = *complete them* (ausfüllen):
I had to fill in three forms to get my new passport. (fill three forms in / fill them in)

find

find out (tr) = discover as a result of conscious effort (herausfinden):
In the end I found out what was wrong with my hi-fi.
The dog found out the way to open the door. (found it out)

find someone out = find that he has been doing something wrong (jemanden entlarven) (diese Entdeckung ist gewöhnlich eine Überraschung, weil man der entlarvten Person bislang traute):
After robbing the till for months the cashier was found out.

fix

fix on (tr) = choose (aussuchen, auswählen):
We'd better fix on a date for our next meeting.

fix up (tr) = arrange (festmachen):
The club has already fixed up several matches for next season. (fixed several matches up / fixed them up)

▸ *get*

get about (intr) = circulate; move or travel in a general sense (zirkulieren/ herumkommen):
The news got about that he had won the first prize in the state lottery and everybody began asking him for money.
He is a semi-invalid now and can't get about as well as he used to.

get away (intr) = escape, be free to leave (entkommen):
Don't ask him how he is because if he starts talking about his health you'll never get away from him.
I had a lot to do in the office and didn't get away till eight.

get away with (tr) = perform some illegal or wrong act without being punished, usually without even being caught (gut, d.h. ungestraft davonkommen):
He began forging cheques and at first he got away with it but in the end he was caught and sent to prison.

get back (tr) = recover possession of (wiederbekommen):
If you lend him a book he'll lend it to someone else and you'll never get it back. (get back your book / get your book back)

get back (intr) = reach home again (nach Hause zurückkehren):
We spent the whole day in the hills and didn't get back till dark.

get off (intr) – be acquitted or receive no punishment (davonkommen) (im Vergleich zu *get away with it*, einer Wendung, die impliziert, daß der Missetäter nicht einmal erkannt/gefaßt wurde):
He was tried for theft but got off because there wasn't sufficient evidence against him. (was acquitted) (wurde freigelassen)
The boy had to appear before a magistrate but he got off as it was his first offence. (received no punishment) (wurde nicht bestraft)

get on (intr), get on with (tr)

(a) = *make progress, be successful* (»sich machen«, vorankommen):
How is he getting on at school?
He is getting on very well with his English.

(b) = *live, work* etc., *amicably with someone* (auskommen):
He is a pleasant friendly man who gets on well with nearly everybody.
How are you and Mr Pitt getting on?

get out (intr) = escape from, leave (an enclosed space) (ausbrechen):
Don't worry about the snake. It's in a box. It can't get out.
News of the Budget got out before it was officially announced.
I'm so busy that I don't very often get out. (out of the house) (rauskommen)

Der Imperativ *Get out!* ist sehr unhöflich, es sei denn, man benutzt ihn in der Bedeutung von *descend (from a vehicle)* (aussteigen).

get out of (tr) = free oneself from an obligation or habit (aus etwas herauskommen):

I said that I'd help him. Now I don't want to but I can't get out of it. (free myself from my promise)

He says that he smokes too much but he can't get out of the habit.

Some people live abroad to get out of paying heavy taxes.

get over (tr) = recover from (illness, distress or mental weakness) (sich erholen von):

He is just getting over a bad heart attack.

I can't get over her leaving her husband like that. (I haven't recovered from the surprise; I am astonished.)

He used to be afraid of heights but he has got over that now.

get it over (das Objekt ist in der Regel *it* und verweist auf etwas Unangenehmes) = *deal with it and be finished with it* (etwas hinter sich bringen):

If you have to go to the dentist why not go at once and get it over? (Diese Wendung darf nicht mit *get over it* verwechselt werden, die eine andere Bedeutung hat.)

get round a person = coax him into letting you do what you want (herumkriegen):

Girls can usually get round their fathers.

get round a difficulty/regulation = find some solution to it / evade it (um etwas herumkommen):

If we charge people for admission we will have to pay entertainment tax on our receipts; but we can get round this regulation by saying that we are charging not for admission but for refreshments. Money paid for refreshments is not taxed.

get through (tr oder *intr) = finish a piece of work, finish successfully* (durchkommen / erfolgreich beenden):

He got through his exam all right.

get through (intr) = get into telephone communication (durchkommen):

I am trying to call London but I can't get through; I think all the lines are engaged.

get up (tr) = organize, arrange (gewöhnlich eine Laienveranstaltung oder ein Unternehmen für einen guten Zweck) (ausrichten / organisieren):

They got up a concert in aid of cancer research. (They got it up.)

get up (intr) = rise from bed, rise to one's feet, mount (aufstehen):

I get up at seven o'clock every morning.

(wegen *get* in der Bedeutung von einsteigen/aussteigen bei Fahrzeugen siehe Abschnitt **93** **D**)

give

give something away = give it to someone (who need not be mentioned) (weggeben):
I'll give this old coat away. (give away this old coat / give it away)

give someone away (Objekt vor *away*) = *betray him* (verraten):
He said that he was not an American but his accent gave him away. (told us that he was American)

give back (tr) = restore (a thing) to its owner (zurückgeben):
I must call at the library to give back this book. (to give this book back / to give it back)

give in (intr) = yield, cease to resist (nachgeben/aufgeben):
At first he wouldn't let her drive the car but she was so persuasive that eventually he gave in.

give out (tr)

(a) = *announce verbally* (verkünden/verlautbaren):
They gave out the names of the winners. (gave the names out / gave them out)

(b) = *distribute, issue* (ausgeben, verteilen):
The teacher gave out the books. (gave one/some to each pupil)

give out (intr) = become exhausted (of supplies etc.) (ausgehen):
The champagne gave out long before the end of the reception.
His patience gave out and he slapped the child hard.

give up (tr oder *intr) = abandon an attempt, cease trying to do something* (aufgeben):
I tried to climb the wall but after I had failed three times I gave up. (gave up the attempt / gave the attempt up / gave it up)
A really determined person never gives up / never gives up trying.

give up (tr) = abandon or discontinue a habit, sport, study, occupation (aufgeben):
Have you given up drinking whisky before breakfast?
He gave up cigarettes. (gave them up)
He tried to learn Greek but soon got tired of it and gave it up.

give oneself up (Objekt vor *up*) = *surrender* (sich ergeben):
He gave himself up to despair.
He was cold and hungry after a week on the run so he gave himself up to the police.

go

go ahead (intr) = proceed, continue, lead the way (vorangehen):
While she was away he went ahead with the work and got a lot done.
You go ahead and I'll follow; I'm not quite ready.

go away (intr) = leave, leave me, leave this place (weggehen):
»Are you going away for your holiday?« »No, I'm staying at home.«
Please go away; I can't work unless I'm alone.

go back (intr) = return, retire, retreat (zurückkehren):
I'm never going back to that hotel. It is most uncomfortable.

go back on (tr) = withdraw or break (a promise) (etwas nicht einhalten):
He went back on his promise to tell nobody about this. (He told people about it, contrary to his promise.)

go down (intr)

(a) = *be received with approval (usually of an idea)* (angenommen werden / auf fruchtbaren Boden fallen):
I suggested that she should look for a job but this suggestion did not go down at all well.

(b) = *become less, be reduced (of wind, sea, weight, prices* etc.) (heruntergehen):
During her illness her weight went down from 50 kilos to 40.
The wind went down and the sea became quite calm.

go for (tr) = attack (angreifen):
The cat went for the dog and chased him out of the hall.

go in for (tr) = be especially interested in, practise; enter for (a competition) (auf etwas eingehen; sich für einen Wettkampf anmelden):
This restaurant goes in for vegetarian dishes. (specializes in them)
She plays a lot of golf and goes in for all the competitions.

go into (tr) = investigate thoroughly (auf etwas eingehen / etwas genau untersuchen):
»We shall have to go into this very carefully,« said the detective.

go off (intr)

(a) = *explode* (Munition oder Feuerwerkskörper) *be fired* (Feuerwaffen, gewöhnlich zufällig) (explodieren / in die Luft gehen / losgehen):
As he was cleaning his gun it went off and killed him.

(b) = *be successful (of social occasions)* (losgehen/starten):
The party went off very well. (everyone enjoyed it)

(c) = *start a journey, leave* (aufbrechen):
He went off in a great hurry.

go on (intr) = continue a journey (weiterfahren/weitergehen):
Go on till you come to the crossroads.

go on (intr), go on with (tr), go on + Gerundium = *continue any action* (weitermachen):
Please go on playing; I like it.
Go on with the treatment. It is doing you good.

go on + Infinitiv:
He began by describing the route and went on to tell us what the trip would probably cost. (He continued his speech and told us etc.*)*

go out (intr)

(a) = *leave the house* (ausgehen):
She is always indoors; she doesn't go out enough.

(b) = *join in social life, leave one's house for entertainments* etc. (ausgehen):
She is very pretty and goes out a lot.

(c) = *disappear, be discontinued (of fashions)* (verschwinden / abgelöst werden):
Crinolines went out about the middle of the last century.

(d) = *be extinguished (of lights, fires* etc.*)* (ausgehen):
The light went out and we were left in the dark.

go over (tr) = *examine, study or repeat carefully* (durchgehen):
He went over the plans again and discovered two very serious mistakes.

go round (intr)

(a) = *suffice (for a number of people)* (auskommen/genügen) (nach *enough* + Nomen wird der Infinitiv verwendet):
Will there be enough wine to go round?

(b) = *go to his/her/our* etc. *house* (vorbeischauen):
I said that I'd go round and see her during the weekend. (go to her house)

go through (tr) = *examine carefully* (gewöhnlich eine Anzahl von Dingen; *go through* ist ähnlich wie *look through,* verweist aber auf eine größere Gründlichkeit) (durchgehen):
There is a mistake somewhere; we'll have to go through the accounts and see where it is.
The police went through their files to see if they could find any fingerprints to match those that they had found on the handle of the weapon.

go through (tr) = *suffer, endure* (etwas durchmachen / leiden):
No one knows what I went through while I was waiting for the verdict. (how much I suffered)

go through with (tr) = *finish, bring to a conclusion* (gewöhnlich vor dem Hintergrund einer Schwierigkeit oder eines Widerstandes) (etwas durchbringen):
He went through with his plan although all his friends advised him to abandon it.

go up (intr)

(a) = *rise (of prices)* (steigen):
The price of strawberries went up towards the end of the season.

(b) = *burst into flames (and be destroyed), explode* (in Verbindung mit Gebäuden, Schiffen, etc. verwendet) (in Flammen aufgehen / explodieren):

When the fire reached the cargo of chemicals the whole ship went up. (blew up)
Someone dropped a cigarette end into a can of petrol and the whole garage went up in flames.

go without (tr) = do without (ohne etwas auskommen). (Die Wendung ist nur in Verbindung mit Gegenständen möglich. *go without a person* hat nur eine wörtliche Bedeutung, d.h. *start or make a journey without him.)*

grow

grow out of (tr) = abandon, on becoming older, a childish (and often bad) habit (aus etwas herauswachsen / etwas aufgeben):
He used to tell a lot of lies as a young boy but he grew out of that later on.

grow up (intr) = become adult (aufwachsen / erwachsen werden):
»I'm going to be a pop star when I grow up.« said the boy.

hand

hand down (tr) = bequeath or pass on (traditions/information/possessions) (aushändigen/übermitteln/weiterreichen):
This legend has been handed down from father to son.

hand in (tr) = give by hand (persönlich aushändigen) (einer Person, die nicht erwähnt werden muß, wenn klar ist, von wem die Rede ist):
I handed in my resignation. (gave it to my employer)
Someone handed this parcel in yesterday. (handed it in)

hand out (tr) = distribute (austeilen/verteilen):
He was standing at the door of the theatre handing out leaflets. (handing leaflets out / handing them out)

hand over (tr oder *intr) = surrender authority or responsibility to another* (übergeben):
The outgoing Minister handed over his department to his successor. (handed his department over / handed it over)

hand round (tr) = give or show to each person present (herumreichen):
The hostess handed round coffee and cakes. (handed them round)

hang

hang about/around (tr oder *intr) = loiter or wait (near)* (herumhängen/warten):
He hung about/around the entrance all day, hoping for a chance to speak to the director.

hang back (intr) = show unwillingness to act (abwarten / nichts tun):
Everyone approved of the scheme but when we asked for volunteers they all hung back.

hang on to (tr) = retain, keep in one's possession (umgangssprachlich) (= behalten, an etwas hängen):
I'd hang on to that old coat if I were you. It might be useful.

have

have on (tr) = be wearing; have an engagement; tease by making a false statement as a joke (tragen, anhaben; vorhaben; verspotten, necken):
He had a mackintosh and rubber boots on.
I have nothing on this evening.
Don't believe him! He's having you on.

hold

hold off (intr) = keep at a distance, stay away (in Verbindung mit Regen gebraucht) (fernbleiben):
The rain fortunately held off till after the school sports day.

hold on (intr) = wait (besonders am Telefon) (warten):
Yes, Mr Pitt is in. If you hold on for a moment I'll get him for you.

hold on/out (intr) = persist in spite of, endure hardship or danger (aushalten/ertragen):
The survivors on the rock signalled that they were short of water but could hold out for another day.
The strikers held out for six weeks before agreeing to arbitration.

hold up (tr)

(a) = *stop by threats or violence* (oft, um jemanden zu berauben) (anhalten / zum Anhalten zwingen):
The terrorists held up the train and kept the passengers as hostages.
Masked men held up <u>the cashier</u> and robbed the bank. (held <u>him</u> up)

(b) = *stop, delay* (besonders im Passiv verwendet) (aufhalten, eine Verspätung verursachen):
The bus was held up because a tree had fallen across the road.

join

join in (tr oder *intr) = participate in* (sich beteiligen, mitmachen):
Why don't you join in? We're having a debate.
Somebody started to sing and the rest of us joined in.

join up (intr) = enlist in one of the armed services (sich einschreiben lassen / sich zum Wehrdienst melden):
When war was declared he joined up at once.

jot

jot down (tr) = write down quickly (eine kurze Notiz machen):
Let me just jot down your telephone number.

jump

jump at (tr) = accept with enthusiasm (ein Angebot oder eine günstige Gelegenheit) (»auf etwas fliegen« / eine Gelegenheit »beim Schopf« ergreifen):
He was offered a place in the Himalayan expedition and jumped at the chance.

keep

keep somebody back (Objekt vor *back*) = *restrain, hinder, prevent from advancing* (jemanden zurückhalten):
Frequent illnesses kept him back. (prevented him from making normal progress)

keep down (tr) = repress, control (unterdrücken / niedrig halten):
What is the best way to keep down rats? (keep them down)
Try to remember to turn off the light when you leave the room. I am trying to keep down expenses. (keep expenses down)

keep off (tr oder *intr) = refrain from walking on, or from coming too close* (fernbleiben):
Keep off the grass. (Hinweisschild im Park)

keep on = continue (fortfahren/weitermachen):
I wanted to explain but he kept on talking and didn't give me a chance to say anything.

keep on at = repeatedly ask someone for something in a way that is annoying (jemandem lästig fallen):
I said »no« at first, but he kept on at me, and in the end I said »all right«.

keep out (tr) = prevent from entering (heraushalten):
My shoes are very old and don't keep out the water. (keep the water out / keep it out)

keep out (intr) = stay outside (draußen bleiben):
Private. Keep out. (Schild an einer Tür, einem Gatter, etc.)

keep up (tr) = maintain (an effort) (einhalten, aufrecht erhalten):
He began walking at four miles an hour but he couldn't keep up that speed and soon began to walk more slowly. (He couldn't keep it up)
It is difficult to keep up a conversation with someone who only says »Yes« and »No!«

keep up (intr), keep up with (tr) = remain abreast of someone who is advancing; advance at the same pace as (mithalten):

A runner can't keep up with a cyclist.
The work that the class is doing is too difficult for me. I won't be able to keep up (with them).
It is impossible to keep up (with them).
It is impossible to keep up with the news unless you read the newspapers.

knock

knock off (tr) oder *(intr) = stop work for the day* (umgangssprachlich) (zu arbeiten aufhören):
English workmen usually knock off at 5.30 or 6.00 p.m.
We knock off work in time for tea.

knock out (tr) = hit someone so hard that he falls unconscious (jemanden k.o. schlagen):
In the finals of the boxing championship he knocked out his opponent, who was carried out of the ring. (knocked his opponent out / knocked him out)

lay

lay in (tr) = provide oneself with a sufficient quantity (of stores etc.*) to last for some time* (einen Vorrat anlegen):
She expected a shortage of dried fruit so she laid in a large supply.

lay off (tr) = discharge workers temporarily (für eine bestimmte Zeit entlassen):
The factory was burnt down last week and the work force has been laid off.

lay out (tr) = spend (money) especially at the start of an undertaking; plan gardens, building sites etc. (ausgeben, in Vorlage treten; auslegen; entwerfen):
I had to lay out a lot of money on repairs and redecoration before I could let the house.
Le Nôtre laid out the gardens at Versailles. (laid the gardens out / laid them out)
The gardens are beautifully laid out.

lay up (tr) = store carefully till needed again (von Schiffen, Wagen etc. benutzt) (etwas sachgerecht lagern):
Before he went to Brazil for a year, he laid up his car, as he didn't want to sell it. (laid it up)

be laid up (of a person) = be confined to bed (through illness (lahmgelegt sein):
She was laid up for weeks with a slipped disc.

lead

lead off (intr) = start (anfangen):
The group led off with their latest hit.

lead up to (tr) = prepare the way for, introduce (im übertragenen Sinn) (die Rede auf etwas bringen / etwas geschickt einleiten):

He wanted to borrow my binoculars, but he didn't say so at once. He led up to it by talking about birdwatching.

▶ *leave*

leave off (gewöhnlich *intr*) = *stop (doing something)* (aufhören):
He was playing his trumpet but I told him to leave off because the neighbours were complaining about the noise.

▶ *let*

let down (tr) = *lower* (herunterlassen):
When she lets her hair down it reaches her waist. (lets down her hair / lets it down)
You can let a coat down (lengthen it) by using the hem. (d.h. einen Mantel länger machen, indem man den Saum herausläßt)

let someone down (Objekt vor *down)* = *disappoint him by failing to act as well as expected, or failing to fulfil an agreement* (jemanden im Stich lassen):
I promised him that you would do all the work. Why did you let me down by doing so little?
He said he'd come to help me; but he let me down. He never turned up.

let in (tr) = *allow to enter, admit* (hereinlassen):
They let in the ticket-holders. (let the ticket-holders in / let them in)
If you mention my name to the door-keeper he will let you in.

let someone off (Objekt vor *off*) = *refrain from punishing* (jemanden nicht bestrafen):
I thought that the magistrate was going to fine me but he let me off. (im Vergleich zu *get off*)

let out (tr)

(a) = *make wider* (in Verbindung mit Kleidungsstücken) (weiter machen):
That boy is getting fatter. You'll have to let out his clothes. (let his clothes out / let them out)

(b) = *allow to leave, release* (herauslassen):
He opened the door and let out the dog. (let the dog out / let it out)

▶ *listen*

listen in (intr) = *listen on an extension etc. to a conversation between other people* (zuhören, abhören):
A: How does Bill know all our plans? Neither of us told him.
B: Unfortunately we discussed them on the phone. He must have been listening in.

live

live down a bad reputation = live in such a manner that people will forget it (einen schlechten Ruf abbauen):
He has never quite been able to live down a reputation for drinking too much which he got when he was a young man. (live it down)

live in (intr) = live in one's place of work (hauptsächlich in Verbindung mit Hausangestellten benutzt) (im Hause wohnen / im Hause untergebracht sein):
ADVERTISEMENT: *Cook wanted. £140 a week. Live in.*

live on (tr) = use as staple food (von etwas leben / von etwas ausschließlich leben):
It is said that for a certain period of his life Byron lived on vinegar and potatoes in order to keep thin.

live up to (tr) = maintain a certain standard – moral, economic or behavioural (nach etwas leben):
He had high ideals and tried to live up to them. (He tried to act in accordance with his ideals)

lock

lock up a house (tr oder *intr) = lock all doors* (abschließen):
People usually lock up before they go to bed at night.

lock up a person or thing = put in a locked place, i.e. box, safe, prison (einschließen):
She locked up the papers in her desk. (locked the papers up / locked them up)

long

long for (tr) = yearn for (sich sehnen nach):
I am longing for the time when I do not have to work as hard as this.

look

look after (tr) = take care of (sich kümmern um):
Will you look after my parrot when I am away?

look ahead (intr) = consider the future so as to make provision for it (in die Zukunft blicken):
It's time you looked ahead and made plans for your retirement.

look at (tr) = regard (schauen auf):
He looked at the clock and said, »It is midnight.«

look back (intr), look back on (tr) = consider the past (zurückschauen):
Looking back, I don't suppose we are any worse now than people were a hundred years ago.
Perhaps some day it will be pleasant to look back on these things.

look back/round (intr) = *look behind* (wörtlich) (sich umdrehen, sich umschauen):
Don't look round now but the woman behind us is wearing the most extraordinary clothes.

look for (tr) = *search for, seek* (suchen):
I've lost my watch. Will you help me to look for it?

look forward to (tr) = *expect with pleasure* (oft mit Gerundium benutzt) (sich freuen auf):
I am looking forward to her arrival / to seeing her.

look in (intr) = *pay a short (often unannounced) visit (= call in)* (jemandem einen Kurzbesuch abstatten / vorbeischauen):
»I'll look in this evening to see how she is«, said the doctor.

look into (tr) = *investigate* (untersuchen):
There is a mystery about his death and the police are looking into it.

look on … as (tr) = *consider* (betrachten):
Most people look on a television set as an essential piece of furniture.
These children seem to look on their teachers as their enemies.

look on (intr) = *be a spectator only, not a participator* (zuschauen):
Two men were fighting. The rest were looking on.

look on (tr), look out on (tr) (bei Fenstern und Häusern benutzt) = *be facing* (blicken auf / gegenüber von … sein):
His house looks (out) on to the sea. (From his house you can see the sea.)

look out (intr) = *be watchful, beware* (aufpassen):
(to someone just about to cross the road) »Look out! There's a lorry coming!«

look out for (tr) = *keep one's eyes open so as to see something (usually fairly conspicuous) if it presents itself* (Ausschau halten nach):
I am going to the party too, so look out for me.

look over (tr) = *inspect critically, read again, revise quickly* (durchsehen) (*look over* ist *go over* ähnlich, aber weniger sorgfältig):
Look over what you've written before handing it to the examiner.
I'm going to look over a house that I'm thinking of buying.

look through (tr) = *examine a number of things, often in order to select some of them; turn over the pages of a book or newspaper, looking for information* (durchsehen):
Look through your old clothes and see if you have anything to give away.
I'd like you to look through these photographs and try to pick out the man you saw.
He looked through the books and decided that he didn't want any of them.

look through someone = *look at him without appearing to see him, as a deliberate act of rudeness* (jemanden übersehen / wie Luft behandeln):

She has to be polite to me in the office but when we meet outside she always looks through me.

look up an address / a name/word/train time/telephone number etc. = *look for it in the appropriate book or paper, i.e. address book/dictionary/time table/ directory* etc. (nachschauen/heraussuchen):
If you don't know the meaning of the word look it up. (look up the word / look the word up)
I must look up the time of your train. (look for it in the timetable)

look somebody up kann *visit* (jemanden besuchen) bedeuten. Die Person, von der die Rede ist, lebt gewöhnlich weit entfernt und wird nicht häufig besucht. *look up* ist deshalb nicht mit *look in* zu verwechseln, ein Ausdruck, der impliziert, daß die besuchte Person in der Nähe wohnt:
Any time you come to London do look me up. (come and see me)
I haven't seen Tom for ages. I must find out where he lives and look him up. (look Tom up / look up Tom)

look up (intr) = *improve* (das Subjekt ist gewöhnlich *things/business/world affairs / the weather,* d.h. nichts sehr Bestimmtes) (verbessern):
Business has been very bad lately but things are beginning to look up now.

look someone up and down = *look at him contemptuously, letting your eyes wander from his head to his feet and back again* (jemanden mustern):
The policeman looked the drunk man up and down very deliberately before replying to his question.

look up to (tr) = *respect* (zu jemandem aufschauen):
Schoolboys usually look up to great athletes.

look down on (tr) = *despise* (herabblicken / jemanden verachten):
Small boys often look down on little girls and refuse to play with them.
She thinks her neighbours look down on her a bit because she's never been abroad.

make

make for (tr) = *travel towards* (sich aufmachen):
The escaped prisoner was making for the coast.

make off (intr) = *run away* (in Zusammenhang mit Dieben etc. benutzt) (sich aus dem Staube machen):
The boys made off when they saw the policemen.

make out (tr)

(a) = *discover the meaning of, understand, see, hear* etc. *clearly* (ausmachen, verstehen):
I can't make out the address, he has written it so badly. (make the address out / make it out)

Can you hear what the man with the loud-hailer is saying? I can't make it out at all.
I can't make out why he isn't here.

(b) = *state* (in den meisten Fällen fälschlicherweise oder übertreibend) (behaupten, vorgeben):
He made out that he was a student looking for a job. We later learnt that this wasn't true at all.

(c) = *write a cheque* (ausstellen):
CUSTOMER: Who shall I make it out to?
SHOPKEEPER: Make it out to Jones and Company.

make up one's mind = *come to a decision* (sich entschließen):
In the end he made up his mind to go by train.

make up a quarrel / make it up = *end it* (beenden):
Isn't it time you and Ann made up your quarrel. (made it up)

make up a story/excuse/explanation = *invent it* (erfinden):
I don't believe your story at all. I think you are just making it up.

make up (tr oder *intr)* = *use cosmetics* (schminken, Make up auflegen):
Most women make up / make up their faces. (make their faces up / make them up)
Actors have to be made up before they appear on stage.

make up (tr) = *put together, compound, compose* (herstellen, verarbeiten, bestehen aus):
Take this prescription to the chemist's. They will make it up for you there. (make up the prescription / make the prescription up)
NOTICE (in tailor's window): Customers' own materials made up.
The audience was mostly made up of very young children.

make up for (tr) = *compensate for* (das Objekt ist sehr häufig *it*) (ausgleichen, einen Ausgleich schaffen):
You'll have to work very hard today to make up for the time you wasted yesterday / to make up for being late yesterday.
We aren't allowed to drink when we are in training but we intend to make up for it after the race is over. (to drink more than usual then)

meet

meet with (tr) = *encounter opposition or obstacles* (treffen auf):
We all met with hostility and suspicion.
She met with a curt refusal.

mix

mix up (tr) = *confuse* (verwechseln, durcheinander bringen):
He mixed up the addresses so that no one got the right letters. (mixed them up)

be/get mixed up with = be involved (gewöhnlich mit einer Person oder einem Geschäft, die in schlechtem Ruf stehen) (etwas zu tun haben mit, sich einlassen mit):
I don't want to get mixed up with any illegal organization.

move

move in (intr) = move self and possessions into new house, flat, rooms etc. (einziehen)

move out (intr) = leave house/flat etc., *with one's possessions, vacate accommodation* (ausziehen):
I have found a new flat. The present tenant is moving out this weekend and I am moving in on Wednesday.

move on oder *up (intr) = advance, go higher* (aufsteigen, weiterkommen, versetzt werden):
Normally in schools pupils move up every year.

nail

nail down (tr) = force somebody to state clearly their intentions or wishes (jemanden »festnageln auf«):
He makes vague promises, but it is very difficult to nail him down.

order

order somebody about (Objekt vor *about) = give him a lot of orders* (häufig ohne auf die Gefühle anderer oder Umstände zu achten) (herumkommandieren):
He is a retired admiral and still has the habit of ordering people about.

pass

pass down (tr) = transmit (übermitteln):
This custom has been passed down from father to son.

pass for (tr) = be taken for (gehalten werden für):
You would easily pass for an American.
She is forty, but I think she would pass for thirty.

pass on (intr) = move on (übergehen auf):
Let's pass on to the next point.

pay

pay back (tr) pay someone back (tr oder *intr) = repay* (zurückzahlen):
I must pay back the money that I borrowed. (pay the money back / pay it back)
I must pay back Mr Pitt. (pay Mr Pitt back / pay him back)
I must pay Mr Pitt back the money he lent me. (pay him back the money / pay it back to him)

pay someone back/out = revenge oneself (etwas jemandem heimzahlen, sich rächen):
I'll pay you back for this. (for the harm you have done me.)

pay up (intr) = pay money owed in full (oft liegt die Vorstellung vor, daß der Schuldner säumig ist) (die volle Summe zurückzahlen):
Unless you pay up I shall tell my solicitor to write to you.

pick

pick on (tr) = single out repeatedly and unfairly (auf jemandem »herumhacken«):
Why are you always picking on me?

pick out (tr) = choose, select, distinguish from a group (heraussuchen, bestimmen):
Here are six rings. Pick out the one you like best. (pick it out)
In an identity parade the witness has to try to pick out the suspect from a group of about eight men. (pick the suspect out / pick him out)
I know that you are in this photograph but I can't pick you out.

pick up (tr)

(a) = *raise or lift a person or thing, usually from the ground or from a table or chair* (auflesen, aufsammeln):
He picked up the child and carried him into the house. (picked the child up)
She scatters toys all over the floor and I have to pick them up.

(b) = *call for, take with one (in a vehicle)* (jemanden mitnehmen):
I won't have time to come to your house but I could pick you up at the end of your road.
The coach stops at the principal hotels to pick up tourists, but only if they arrange this in advance. (pick tourists up / pick them up)
The crew of the wrecked yacht were picked up by helicopter.

(c) = *receive (by chance) wireless signals* (empfangen, aufschnappen):
Their SOS was picked up by another ship, which informed the lifeboat headquarters.

(d) = *acquire cheaply, learn without effort* (günstig erwerben, mühelos aufnehmen):
Sometimes you pick up wonderful bargains in these markets.
Children usually pick up foreign languages very quickly.

pitch

pitch in (intr) = participate (einspringen):
I like the way they always pitch in and help.

point

point out (tr) = indicate, show (zeigen, angeben):
As we drove through the city the guide pointed out the most important buildings. (pointed the buildings out / pointed them out)

pull

pull off (tr) = succeed (das Objekt ist üblicherweise *it*) (einen Auftrag »an Land ziehen«):
Much to our surprise he pulled off the deal. (sold the goods / got the contract) (pulled it off)

pull round (intr) = get better after an illness (gesund werden):
I think he's going to pull round. He looks better already.

pull through (tr oder *intr) = recover from illness / cause someone to recover* (durchkommen, durchbringen):
We thought she was going to die but her own will-power pulled her through. (tr)
He is very ill but he'll pull through if we look after him carefully. (intr)

pull up (intr) = stop (of vehicles) (anhalten):
A lay-by is a space at the side of a main road, where drivers can pull up if they want a rest.

push

push for (tr) = demand urgently and forcefully (nachdrücklich fordern):
People living near the airport are pushing for new restrictions on night flights.

put

put aside/by (tr) = save for future use (usually money). put aside vermittelt oft die Vorstellung, daß Geld für einen bestimmten Zweck gespart, auf die Seite gelegt wird. (auf die Seite legen):
He puts aside £50 a month to pay for his summer holiday. (put it aside)
Don't spend all your salary. Try to put something by each month.

put something back = replace it where you find it / where it belongs (an Ort und Stelle zurücklegen):
When you've finished with the book put it back on the shelf.

put back a clock/watch = retard the hands (zurückstellen). *put the clock back* wird manchmal im übertragenen Sinn gebraucht, in der Bedeutung von *return to the customs of the past* (Traditionen wieder aufleben lassen):
Mother: Your father and I will arrange a marriage for you when the time comes.
Daughter: You're trying to put the clock back, mother. Parents don't arrange marriages these days! (put back the clock / put it back)

put down (tr)

(a) = Gegenteil von *pick up* (absetzen):
He picked up the saucepan and put it down at once because the handle was almost red-hot. (put the sauce-pan down / put it down)

(b) = *crush rebellions, movements* (niederwerfen):
Troops were used to put down the rebellion. (put the rebellion down / put it down)

(c) = *write* (aufschreiben):
Put down his phone number before you forget it. (put the phone number down / put it down)
CUSTOMER (to shop assistant): I'll take that one. Please put it down to me / to my account. (enter it in my account) (mein Konto belasten)

put something down to (tr) = attribute it to (etwas zuschreiben):
The children wouldn't answer him, but he wasn't annoyed as he put it down to shyness.
She hasn't been well since she came to this country; I put it down to the climate.

put forward a suggestion/proposal etc. = *offer it for consideration* (vorlegen, machen):
The older members of the committee are inclined to veto any suggestions put forward by the younger ones. (put a suggestion forward / put it forward)

put forward/on clocks and watches = advance the hands (vorstellen). *put forward* ist das Gegenteil von *put back:*
In March people in England put their clocks forward/on an hour.
When summer time ends they put them back an hour.

put in a claim = make a claim (eine Forderung einreichen):
He put in a claim for compensation because he had lost his luggage in the train crash.

put in for a job / a post = apply for it (sich bewerben):
They are looking for a lecturer in geography. Why don't you put in for it?

put off an action = postpone it (aufschieben):
Some people put off making their wills till it is too late.
I'll put off my visit to Scotland till the weather is warmer. (put my visit off / put it off)

put a person off

(a) = *tell him to postpone his visit to you* (verschieben):
I had invited some guests to dinner but I had to put them off because a power cut prevented me from cooking anything.

(b) = *repel, deter him* (abschrecken):
I wanted to see the exhibition but the queue put me off.
Many people who want to come to England are put off by the stories they hear about English weather.

put on clothes/glasses/jewellery = *dress oneself* etc. (anziehen, anlegen). Das Antonym ist *take off*:
He put on a black coat so that he would be inconspicuous. (put a coat on / put it on)
She put on her glasses and took the letter from my hand.

put on an expression = *assume it* (aufsetzen, annehmen):
He put on an air of indifference, which didn't deceive anybody for a moment.

put on a play = *produce/perform it* (aufführen):
The students usually put on a play at the end of the year.

put on a light / gas or electric fire / radio = *switch it on* (anmachen):
Put on the light. (put the light on / put it on)

put out any kind of light or fire = *extinguish it* (ausmachen):
Put out that light. (put the light out / put it out)

put someone out (inconvenience him) (sich bemühen um):
He is very selfish. He wouldn't put himself out for anyone.

be put out = *be annoyed* (ärgerlich sein):
She was very put out when I said that her new summer dress didn't suit her.

put up (tr)

(a) = *erect a building, monument, statue* etc. (errichten):
He put up a shed in the garden. (put a shed up / put it up)

(b) = *raise (prices)* (anheben):
When the importation of foreign tomatoes was forbidden, home growers put up their prices. (put their prices up / put them up)

put someone up (das Objekt steht gewöhnlich vor *up*) = *give him temporary hospitality* (jemanden aufnehmen):
If you come to Paris I will put you up. You needn't look for a hotel.

put someone up to something (usually some trick) = *give him the idea of doing it / tell him how to do it* (jemanden darauf bringen):
He couldn't have thought of that trick by himself. Someone must have put him up to it.

put up with (tr) = *bear patiently* (ertragen):
We had to put up with a lot of noise when the children were at home.

ring

ring up (tr oder *intr) = telephone* (anrufen):
I rang up the theatre to book seats for tonight. (rang the theatre up / rang them up)
If you can't come ring up and let me know.

ring off (intr) = end a telephone call by putting down the receiver (den Hörer auflegen):
He rang off before I could ask his name.

round

round up (tr) = drive or bring together (people or animals) (versammeln):
The sheepdog rounded up the sheep (collected them into a group) and drove them through the gate.
On the day after the riots the police rounded up all suspects / rounded them up. (arrested them)

rub

rub along (intr) = get along, manage (zurechtkommen, sich »durchwursteln«):
She hasn't really got enough to live on, but she rubs along somehow.

rub out (tr) = erase pencil or ink marks with an india-rubber (ausradieren, löschen):
The child wrote down the wrong word and then rubbed it out. (rubbed the word out/ rubbed out the word)

rub up (tr) = revise one's knowledge of a subject (auffrischen):
I am going to France; I must rub up my French. (rub it up)

run

run after (tr) = pursue (siehe nachstehendes Beispiel) (verfolgen)

run away (intr) = flee, desert (one's home/school etc.*), elope* (weglaufen):
The thief ran away and the policeman ran after him.
He ran away from home and got a job in a garage.

run away with (tr) = become uncontrollable (of emotions), gallop off out of rider's control (of horse) (durchgehen):
Don't let your emotions run away with you.
His horse ran away with him and he had a bad fall.

run away with the idea = accept an idea too hastily (vorschnell zu einer Schlußfolgerung gelangen):
Don't run away with the idea that I am unsociable; I just haven't time to go out much.

run down (tr) = disparage, speak ill of (runtermachen, runterputzen, schlecht von jemandem sprechen):
He is always running down his neighbours. (running his neighbours down / running them down)

run down (intr) = become unwound / discharged (of clocks/batteries etc.*)* (ablaufen, leer sein):
This torch is useless; the battery has run down.

be run down (intr) = be in poor health after illness, overwork etc.*)* (am Ende seiner Kräfte sein):
He is still run down after his illness and unfit for work.

run into (intr) = collide with (of vehicle) (zusammenstoßen mit, auffahren):
The car skidded and ran into a lamp-post. (struck the lamp-post)

run into/across someone = meet him accidentally (jemanden zufällig treffen):
I ran into my cousin in Harrods recently. (I met him.)

run out of (tr) = have none left, having consumed all the supply (ausgehen, nichts mehr haben):
I have run out of milk. Put some lemon in your tea instead.

run over (tr) = drive over accidentally (in a vehicle) (überfahren):
The drunk man stepped into the road right in front of the oncoming car. The driver couldn't stop in time and ran over him.

run over (tr oder *intr) = overflow* (überlaufen):
He turned on both taps full and left the bathroom! When he came back he found that the water was running over / running over the edge of the bath.

run over/through (tr) = rehearse, check or revise quickly (durchgehen):
We've got a few minutes before the train goes, so I'll just run through your instructions again.

run through (tr) = consume extravagantly, waste (used of supplies or money) (durchbringen):
He inherited a fortune and ran through it in a year.

run up bills = incur them and increase them by continuing to buy things and put them down to one's account (ansammeln):
Her husband said that she must pay for things at once and not run up bills.

run up against difficulties/opposition = encounter them/it (treffen auf):
If he tries to change the rules of the club he will run up against a lot of opposition.

see

see about (tr) = make inquiries or arrangements (sich kümmern um):
I must see about getting a room ready for him.

see somebody off = *accompany an intending traveller to his train/boat/plane* etc. (jemanden verabschieden):
The station was crowded with boys going back to boarding school and parents who were seeing them off.

see somebody out = *accompany a departing guest to the door of the house* (zur Tür bringen):
When guests leave the host usually sees them out.
Don't bother to come to the door with me. I can see myself out.

see over a house / a building = *go into every room, examine it, often with a view to buying or renting* (besichtigen):
I'm definitely interested in the house. I'd like to see over it.

see through (tr) = *discover a hidden attempt to deceive* (durchschauen):
She pretended that she loved him but he saw through her, and realized that she was only after his money. (He wasn't taken in by her / by her pretence; siehe *take in)*

see to (tr) = *make arrangements, put right, repair* (sich kümmern um):
If you can provide the wine I'll see to the food.
That electric fire isn't safe. You should have it seen to.
Please see to it that the door is locked.

seize

seize up (intr) = *stop working (normally used of engines)* (aufhören zu funktionieren wegen Überbeanspruchung):
If you don't put enough oil in the engine it will seize up.

sell

sell off (tr) = *sell cheaply (what is left of a stock)* (einen Ausverkauf machen):
Assistant: This line is being discontinued so we are selling off the remainder of our stock; that's why they are so cheap. (selling the remainder off / selling it off)

sell out (intr) = *sell all that you have of a certain type of article (chiefly used in the passive)* (vollständig verkaufen):
When all the seats for a certain performance have been booked, theatres put a notice saying »Sold out« outside the book office.

send

be sent down (intr) = *be expelled from a university for misconduct* (verwiesen, relegiert werden):
He behaved so badly in college that he was sent down and never got his degree.

send for (tr) = *summon* (holen lassen):
One of our water pipes has burst. We must send for the plumber.
The director sent for me and asked for an explanation.

send in (tr) = send to someone (who need not be mentioned because the person spoken to knows already) (einreichen, einschicken):
You must send in your application before Friday. (send it to the authority concerned) send your application in / send it in)

send on (tr) = forward, send after a person (nachsenden):
If any letters come for you after you have gone I will send them on. (send on your letters / send your letters on)

set

set in (intr) = begin (a period, usually unpleasant) (einsetzen):
Winter has set in early this year.

set off (tr) = start (a series of events) (starten, anfangen):
That strike set off a series of strikes throughout the country. (set them off)

set off/out (intr) = start a journey (aufbrechen):
They set out/off at six and hoped to arrive before dark.

for wird benutzt, wenn der Bestimmungsort genannt ist:
They set out/off for Rome.

set out + Infinitiv (oft *show/prove/explain* oder ein ähnliches Verb) = *begin this undertaking, aim* (sich etwas vornehmen):
In this book the author sets out to prove that the inhabitants of the islands came from South America.

set up (tr) = achieve, establish (a record) (aufstellen):
He set up a new record for the 1,000 metres (set a new record up / set it up)

set up (intr) = start a new business (sich selbständig machen):
When he married he left his father's shop and set up on his own. (opened his own shop)

settle

settle down (intr) = become accustomed to, and contented in, a new place, job etc. (sich eingewöhnen):
He soon settled down in his new school.

settle up (intr) = pay money owed (usually at the end of a period) (eine Rechnung begleichen, Schulden zurückzahlen):
I buy things on account and settle up at the end of each month.

shape

shape up (intr) = make progress; show promise (Fortschritte machen):
These pupils are shaping up well.

shout

shout out (intr oder *tr) = shout aloud; announce* (aufschreien; ausrufen):
The newspaper sellers were shouting out the headlines.

show

show off (tr oder *intr) = display (skill, knowledge* etc.) *purely in order to win notice or applause* (unter Beweis stellen, angeben):
Although Jules speaks English perfectly, my cousin spoke French to him all the time just to show off. (to impress us with his knowledge of French)
He is always picking up very heavy things just to show off his strength (show it off)

show up (tr) = expose (aufdecken, darlegen):
In the enquiry after the fire the inadequacy of the company's fire precautions was shown up.

sit

sit in (tr) = demonstrate by sitting in a place (protestieren durch eine Sitzblockade):
Some of the students are sitting in at the Faculty Office. They are protesting against the new examination fees.

sit up (intr) = stay out of bed till later than usual (usually reading, working, or waiting for someone) (aufbleiben):
I was very worried when he didn't come in and sat up till 3 a.m. waiting for him.
She sat up all night with the sick child.

size

size up (tr) = assess (einschätzen):
I really can't size up the situation. I haven't got enough information.

stand

stand by someone (tr) = continue to support and help him (jemandem beistehen):
No matter what happens I'll stand by you, so don't be afraid.

stand for (tr) = represent (stehen für):
The symbol »x« usually stands for the unknown quantity in mathematics.

stand for Parliament = be a candidate for Parliament, offer oneself for election (kandidieren):
Mr Pitt stood for Parliament five years ago but he wasn't elected.

stand up for (tr) = defend verbally (sich verteidigen):
His father blamed him, but his mother stood up for him and said that he had acted sensibly.
Why don't you stand up for yourself?

stand up to (tr) = resist, defend oneself against (a person or force) (Widerstand leisten):
This type of building stands up to the gales very well.
Your boss is a bully. If you don't stand up to him he'll lead you a dog's life.

stand out (intr) = be conspicuous, be easily seen (sich abheben):
She stood out from the crowd because of her height and her flaming red hair.

stay

stay out (intr) = keep out, remain out of the home (draußen bleiben, ausbleiben)
Don't stay out too late; this area isn't safe after dark.
They usually stay out late on Saturday nights.

step

step up (tr) = increase rate of, increase speed of (usually referring to industrial production) (beschleunigen):
This new machine will step up production. (step it up)

stop

stop over (intr) = break a journey (eine Reise unterbrechen, eine Zwischenlandung machen):
We expect our friend will stop over with us for a day or two on his way to London.

stop up (intr) = stay out of bed (aufbleiben):
She stops up till he gets home.

swear

swear by (tr) = think highly of, value (schätzen):
He swears by these pills.

take

be taken aback (intr) = be surprised and disconcerted (überrascht sein):
I was taken aback when I saw the bill.

taken after (tr) = resemble (one's parents/grandparents etc.*)* (auf jemanden herauskommen):
He takes after his grandmother; she has red hair too.
My father was forgetful and I take after him; I forget everything.

take back (tr) = withdraw (remarks, accusations etc.*)* (zurückziehen):
I blamed him bitterly at first but later, when I heard the whole story, I realized that he had been right and I went to him and took back my remarks. (took them back)

take down (tr) = write, usually from dictation (aufschreiben, niederlegen):
He read out the names and his secretary took them down. (took down the names / took the names down)

take in (tr)

(a) = *deceive* (hereinlegen):
At first he took us in by his stories and we tried to help him: But later we learnt that his stories were all lies.

(b) = *receive as guests/lodgers* (aufnehmen):
When our car broke down I knocked on the door of the nearest house. The owner very kindly took us in and gave us a bed for the night.
People who live by the sea often take in paying guests during the summer. (take paying guests in / take them in)

(c) = *understand, receive into the mind* (aufnehmen, verstehen):
I was thinking of something else while she was speaking and I didn't really take in what she was saying.
I coudn't take in the lecture at all. It was too difficult for me. (couldn't take it in)

(d) = *make less wide (of clothes)* (enger machen):
I'm getting much thinner; I'll have to take in my clothes. (take my clothes in / take them in)

take off (tr) = remove (in Zusammenhang mit Kleidung benutzt, bedeutet *take off* das Gegenteil von *put on*) (ablegen, ausziehen):
He took off his coat when he entered the house and put it on again when he went out. (took his coat off / took it off)

take off (intr) = leave the ground (of aeroplanes) (starten, abheben):
There is often a spectators' balcony at airports, where people can watch planes taking off and landing.

take on (tr)

(a) = *undertake work* (übernehmen):
She wants someone to look after her children. I shouldn't care to take on the job. They are very spoilt. (take the job on / take it on)

(b) = *engage staff* (einstellen, beschäftigen):
They're taking on fifty new workers at the factory.

(c) = *accept as an opponent* (als Gegner, Mitspieler annehmen):
I'll take you on at table tennis (I'll play against you)
I took on Mr Pitt at draughts. (took Mr Pitt on / took him on)

take out (tr) = remove, extract (lösen, ausziehen):
Petrol will take out that stain. (take the stain out / take it out)
The dentist took out two of her teeth.

take somebody out = entertain them (usually at some public place) (ausführen):
Her small boy is at boarding school quite near here. I take him out every month. (and give him a meal in a restaurant)

take over (tr oder *intr) = assume responsibility for, or control of, in succession to somebody else* (übernehmen):
We stop work at ten o'clock and the night shift takes over until the following morning.
Miss Smith is leaving to get married and Miss Jones will be taking over the class/ Miss Jones will be taking over from Miss Smith.

(siehe *hand over*)

take to (tr)

(a) = *begin a habit* (eine Gewohnheit annehmen). Es liegt gewöhnlich die Vorstellung vor, daß der Sprecher an eine schlechte oder dumme Gewohnheit denkt, obwohl es auch Ausnahmen von dieser Regel gibt. Die Wendung wird häufig mit dem Gerundium benutzt:
He took to drink. (began drinking too much)
He took to borrowing money from the petty cash.

(b) = *find likeable or agreeable, particularly at first meeting* (etwas mögen):
I was introduced to the new headmistress yesterday. I can't say I took to her.
He went to sea (= became a sailor) and took to the life like a duck to water.

(c) = *seek refuge/safety in* (sich retten, Schutz und Sicherheit suchen):
When they saw that the ship was sinking the crew took to the boats.
After the failure of the coup many of the rebels took to the hills and became guerillas.

take up (tr)

(a) = *begin a hobby, sport or kind of study* (hier liegt nicht die Vorstellung einer Kritik vor) (aufnehmen):
He took up golf and became very keen on it. (took it up)

(b) = *occupy (a position in time or space)* (einnehmen):
He has a very small room and most of the space is taken up by a grand piano.
A lot of an MP's time is taken up with answering letters from his constituents.

tell

tell off (tr) = reprimand (ausschimpfen):
He told them off for coming in late.

tell on (tr) = have a bad effect on; inform on (chiefly used by children (negativ beeinflussen; jemanden anschwärzen):
This overwork is telling on his health.
Small boy to friend: You broke the window. I saw you.
Friend: Don't tell on me.

think

think out (tr) = reason out (ausdenken):
IDIOM: well thought-out = well-planned

think over (tr) = consider (überdenken):
I can't decide straight away but I'll think over your idea and let you know what I decide. (think your idea over / think it over)

throw

throw up (tr) = abandon suddenly (some work or plan) (aufgeben):
He suddenly got tired of the job and threw it up. (he threw up the job / threw the job up)

tie

tie down (tr) = restrict (chiefly used in the passive) (einschränken, binden):
You know, all these regulations tie me down.
I'm tied down by all these regulations. I'm not free to do what I think best.

tie someone up = bind his hands and feet so that he cannot move (fesseln):
The thieves tied up the night watchman before opening the safe. (tied the man up / tied him up)

try

try on (tr) = put on (an article of clothing) to see if it fits (anprobieren):
CUSTOMER IN DRESS SHOP: I like this dress. Could I try it on? (try this dress on / try on this dress)

try out (tr) = test (ausprobieren, testen):
We won't know how the plan works till we have tried it out.
They are trying out new ways of reducing noise in hospitals. (trying them out)

turn

turn away (tr) = refuse admittance to (abweisen):
The man at the door turned away anybody who hadn't an invitation card. (turned them away)

turn down (tr) = refuse, reject an offer, application, applicant (ablehnen):
I applied for the job but they turned me down / turned down my application because I didn't know German.
He was offered £500 for the picture but he turned it down. (turned down the offer / turned the offer down)

turn in (intr) = go to bed (used chiefly by sailors/campers etc.) (sich hinlegen):
The captain turned in, not realizing that the icebergs were so close.

turn on (tr) (Betonung liegt auf *turn*) = *attack suddenly (the attacker is normally a friend or a hitherto friendly animal)* (anfallen):
The tigress turned on the trainer and struck him to the ground.

turn on/off (tr) = switch on/off (lights, gas, fires, radios, tapes etc.) (anmachen/ausmachen)

turn up/down (tr) = increase/decrease the pressure, force volume (of gas or oil, lights, fires, or of radios) (aufdrehen/abdrehen):
Turn up the gas; it is much too low.
I wish the people in the next flat would turn down their radio. You can hear every word. (turn the sound down/turn it down)

turn out (tr)

(a) = *produce* (herstellen):
The creamery turns out two hundred tons of butter a week (turns it out)

(b) = *evict, empty:*

1
turn a person out = evict him from his house/flat/room (raussetzen, kündigen):
At one time, if tenants didn't pay their rent the landlord could turn them out.

2
turn out one's pockets/handbags/drawers etc. = *empty them, usually looking for something* (leeren):
»*Turn out your pockets,*« *said the detective.*

3
turn out a room = (usually) clean it thoroughly, first putting the furniture outside (gründlich reinigen):
I try to turn out one room every month if I have time.

turn out (intr)

(a) = *assemble, come out into the street (usually in order to welcome somebody)* (sich einfinden):
The whole town turned out to welcome the winning football team when they came back with the Cup.

(b) = *develop* (sich entwickeln):
I've never made Yorkshire pudding before so I am not quite sure how it is going to turn out.
Marriages arranged by marriage bureaux frequently turn out quite well.

(c) = *be revealed* (sich erweisen). Auf die zwei möglichen Konstruktionen, *it turned out that ...* und *he turned out to be ...*, ist zu achten:
He told her that he was a bachelor but it turned out that he was married with six children. (She learnt this later.)
Our car broke down half way through the journey but the hiker we had picked up turned out to be an expert mechanic and was able to put things right.

Es gibt einen wichtigen Unterschied zwischen *turn out* und *come out*. Bei *turn out* wird der vermittelte Sachverhalt immer erwähnt, und es liegen keine Andeutungen vor, er sei negativ zu bewerten. Bei *come out* werden nur bestimmte Tatsachen (gewöhnlich negativen Charakters) vermittelt. Es wird nicht mitgeteilt, was diese Tatsachen genau sind.

turn over (tr) = turn something so that the side previously underneath is exposed (umdrehen):
He turned over the stone. (turned the stone over / turned it over)
The initials »PTO« at the bottom of a page mean »Please turn over«.
»Turn over a new leaf.« (begin again, meaning to do better)

turn over (intr)

(a) = *turn upside down, upset, capsize (used of vehicles or boats)* (sich überschlagen):
The car struck the wall and turned over.
The canoe turned over, throwing the boys into the water.

(b) = *(of people) change position so as to lie on the other side* (sich umdrehen):
It is difficult to turn over in a hammock.
When his alarm went off he just turned over and went to sleep again.

turn up (intr) = arrive, appear (usually from the point of view of someone waiting or searching) (auftauchen):
We arranged to meet at the station but she didn't turn up.
Don't bother to look for my umbrella; it will turn up some day.

vouch

vouch for (tr) = guarantee (»für jemanden die Hand ins Feuer legen«):
I can vouch for his integrity.
I wouldn't like to vouch for the truth of his story.

wait

wait on (tr) = attend, serve (at home or in a restaurant) (bedienen):
He expected his wife to wait on him hand and foot.
The man who was waiting on us seemed very inexperienced; he got all our orders mixed up.

walk

walk out (intr) = march out in disgust or indignation (verlassen, herausgehen):
Some people were so disgusted with the play that they walked out in the middle of the first act.

walk out on (tr) = abandon (verlassen):
She walked out on her boy friend.
You can't just walk out on us like this.

watch

watch out (intr) = look out (aufpassen)

watch out for (tr) = look out for (siehe Seite 411) (aufpassen)

wear

wear away (intr) = gradually reduce; make smooth or flat; hollow out (used mostly of wood or stone. Das Subjekt des Satzes sind gewöhnlich das Wetter oder Personen, die den Stein berühren oder auch auf ihm gehen etc.*)* (abnutzen, auswaschen):
It is almost impossible to read the inscription on the monument as most of the letters have been worn away. (by the weather)

wear off (intr) = disappear gradually (kann wörtlich benutzt werden, wird jedoch hauptsächlich für geistige und physische Prozesse benutzt) (sich abnutzen, in der Wirkung nachlassen):
These glasses may seem uncomfortable at first but that feeling will soon wear off.
When her first feeling of shyness had worn off she started to enjoy herself.
He began to try to sit up, which showed us that the effects of the drug were wearing off.

wear out (tr oder *intr)*

(a) *(tr) = use till no longer serviceable; (intr) become unserviceable as a result of long use (chiefly of clothes)* (abtragen):
Children wear out their shoes very quickly. (wear their shoes out / wear them out)
Cheap clothes wear out quickly.

(b) *(tr) = exhaust* (In Zusammenhang mit Personen und sehr oft im Passiv benutzt) (abgearbeitet, erschöpft sein):
He worked all night and wanted to go on working the next day; but we saw he was completely worn out and persuaded him to stop.

win

win out (intr) = finally triumph (letzten Endes den Sieg davontragen):
Good will win out. (Das Gute wird siegen.)

wind

wind down (tr oder *intr) = bring or come to an end slowly* (langsam zu Ende bringen oder gehen):
The company is winding down its business in Hong Kong.

wind up (tr oder *intr) = bring or come to an end (used of speeches or business proceedings)* (beenden):

The headmaster wound up (the meeting) by thanking the parents. (wound the meeting up / wound it up)

work

work out (tr) = find, by calculation or study, the solution to some problem or a method of dealing with it; study and decide on the details of a scheme (ausarbeiten):
He used his calculator to work out the cost. (work the cost out)
Tell me where you want to go and I'll work out a route.
This is the outline of the plan. We want the committee to work out the details. (work them out)

work out at (tr) = amount to (sich belaufen auf):
The bill works out at exactly fifty pounds.

work up to (tr) = reach (erreichen, kommen zu):
The fairy tale works up to a wonderful climax.

39 Liste der unregelmäßigen Verben *(irregular verbs)*

364 Unregelmäßige Verben

Die nicht kursiv gesetzten Verben sind im modernen Englisch nicht allzu häufig anzutreffen, finden sich aber zuweilen in der Literatur. Hat ein Verbum zwei mögliche Formen und ist eine von ihnen weniger gebräuchlich als die andere, ist die weniger gebräuchliche in nicht kursiver Schrift gesetzt.

Partizipien Perfekt, die mit * gekennzeichnet sind, stehen nicht wahlweise zur Verfügung, sondern haben unterschiedliche Bedeutungen, über die sich die Lernenden in einem zuverlässigen Lexikon informieren sollten.

Verben, die mit ** ausgezeichnet sind, haben nur ein Präsens, keinen Infinitiv.

Komposita von unregelmäßigen Verben bilden ihre Präteritumform und ihr Partizip auf die gleiche Weise wie das ursprüngliche Verb.

come	*came*	*come*
overcome	*overcame*	*overcome*
set	*set*	*set*
upset	*upset*	*upset*

Präsens und Infinitiv	Präteritum	Partizip Perfekt	
abide	abode	abode	bleiben, wohnen
arise	*arose*	*arisen*	sich erheben
awake	*awoke/awaked*	*awoken/awaked*	erwachen
be	*was*	*been*	sein
bear	*bore*	*borne/born**	tragen (*geboren)
beat	*beat*	*beaten*	schlagen
become	*became*	*become*	werden
befall	befell	befallen	widerfahren
beget	begot	begotten	zeugen
begin	*began*	*begun*	beginnen, anfangen
behold	beheld	beheld	erblicken
bend	*bent*	*bent*	biegen, beugen
bereave	*bereaved*	*bereaved/bereft**	berauben, rauben
beseech	besought	besought	ersuchen
bet	*betted/bet*	*betted/bet*	wetten
bid *(= command)*	bade	bidden	gebieten, lassen
bid (= offer)	*bid*	*bid*	anbieten
bind	*bound*	*bound*	binden
bite	*bit*	*bitten*	beißen
bleed	*bled*	*bled*	bluten
blow	*blew*	*blown*	wehen, blasen
break	*broke*	*broken*	brechen
breed	*bred*	*bred*	züchten, aufziehen
bring	*brought*	*brought*	bringen
broadcast	*broadcast*	*broadcast*	verbreiten, senden
build	*built*	*built*	bauen
burn	*burned/burnt*	*burned/burnt*	brennen
burst	*burst*	*burst*	bersten, platzen
buy	*bought*	*bought*	kaufen
*can***	*could*	*be able*	können
cast	*cast*	*cast*	werfen
catch	*caught*	*caught*	fangen
chide	chid	chidden	schelten
choose	*chose*	*chosen*	wählen
cleave	clove/cleft	cloven/cleft*	spalten
cling	*clung*	*clung*	festhalten, sich klammern
clothe	*clothed/clad*	*clothed/clad*	bekleiden

Präsens und Infinitiv	Präteritum	Partizip Perfekt	
come	*came*	*come*	kommen
cost	*cost*	*cost*	kosten
creep	*crept*	*crept*	kriechen
crow	*crowed/*crew	*crowed*	krähen, jauchzen
cut	*cut*	*cut*	schneiden
dare	*dared/*durst	*dared/*durst	wagen
deal [di:l]	*dealt* [delt]	*dealt* [delt]	handeln
dig	*dug*	*dug*	graben
do	*did*	*done*	tun
draw	*drew*	*drawn*	ziehen, zeichnen
dream [dri:m]	*dreamed/dreamt* [dri:md/dremt]	*dreamed/dreamt* [dri:md/dremt]	träumen
drink	*drank*	*drunk*	trinken
drive	*drove*	*driven*	fahren, treiben
dwell	dwelled/*dwelt*	dwelled/*dwelt*	wohnen, bleiben
eat	*ate*	*eaten*	essen
fall	*fell*	*fallen*	fallen
feed	*fed*	*fed*	füttern
feel	*felt*	*felt*	(sich) fühlen
fight	*fought*	*fought*	kämpfen
find	*found*	*found*	finden
flee	*fled*	*fled*	fliehen
fling	*flung*	*flung*	schleudern, werfen
fly	*flew*	*flown*	fliegen
forbear	*forbore*	*forborne*	sich enthalten
forbid	*forbade* [fə'bæd]	forbidden	verbieten
forget	*forgot*	*forgotten*	vergessen
forgive	*forgave*	*forgiven*	vergeben
forsake	*forsook*	*forsaken*	aufgeben
freeze	*froze*	*frozen*	gefrieren
get	*got*	*got*	werden, bekommen
gild	*gilded/gilt*	*gilded/gilt*	vergolden
gird	girded/girt	girded/girt	gürten
give	*gave*	*given*	geben
go	*went*	*gone*	gehen
grind	*ground*	*ground*	mahlen
grow	*grew*	*grown*	wachsen, werden

Präsens und Infinitiv	Präteritum	Partizip Perfekt	
hang	*hanged/hung*	*hanged/hung**	hängen, aufhängen, erhängen, henken
have	*had*	*had*	haben
hear [hɪə(r)]	*heard* [hɜːd]	*heard* [hɜːd]	hören
hew	*hewed*	*hewed/hewn*	hauen, hacken
hide	*hid*	*hidden*	verbergen
hit	*hit*	*hit*	treffen
hold	*held*	*held*	halten
hurt	*hurt*	*hurt*	verletzen
keep	*kept*	*kept*	halten
kneel	*knelt*	*knelt*	knien
knit[1]	*knit*	*knit*	zusammenziehen
know	*knew*	*known*	wissen
lay	*laid*	*laid*	legen
lead	*led*	*led*	führen
lean [liːn]	*leaned/leant* [liːnd, lent]	*leaned/leant* [liːnt]	lehnen
leap [liːp]	*leaped/leapt* [liːpt, lept]	*leaped/leapt* [liːpt, lept]	springen
learn	*learned/learnt*	*learned/learnt*	lernen
leave	*left*	*left*	verlassen
lend	*lent*	*lent*	leihen
let	*let*	*let*	(zu)lassen
lie	*lay*	*lain*	liegen
light	*lighted/lit*	*lighted/lit*	anzünden
lose	*lost*	*lost*	verlieren
make	*made*	*made*	machen
*may***	*might*	–	dürfen, mögen
mean [miːn]	*meant* [ment]	*meant* [ment]	bedeuten
meet	*met*	*met*	treffen
mow	*mowed*	*mowed/mown*	mähen
*must***	*had to*	–	müssen
*ought***	–	–	sollen

1 = *unite/draw together.*
knit (= *make garments from wool* – stricken) ist ein regelmäßiges Verb.

Präsens und Infinitiv	Präteritum	Partizip Perfekt	
pay	*paid*	*paid*	bezahlen
put	*put*	*put*	setzen, stellen, legen
read [riːd]	*read* [red]	*read* [red]	lesen
rend	rent	rent	zerreißen
rid	*rid*	*rid*	befreien
ride	*rode*	*ridden*	reiten, fahren
ring	*rang*	*rung*	läuten
rise	*rose*	*risen* ['rɪzn]	aufstehen, aufgehen
run	*ran*	*run*	laufen
saw	*sawed*	*sawed/sawn*	sägen
say [seɪ]	*said* [sed]	*said* [sed]	sagen
see	*saw*	*seen*	sehen
seek	*sought*	*sought*	suchen
sell	*sold*	*sold*	verkaufen
send	*sent*	*sent*	senden, schicken
set	*set*	*set*	setzen, untergehen
sew	*sewed*	*sewed/sewn*	nähen
shake	*shook*	*shaken*	schütteln
*shall***	*should*	–	sollen
shear	*sheared/*shore	*sheared/shorn*	scheren
shed	*shed*	*shed*	vergießen
shine [ʃaɪn]	*shone* [ʃɒn]	*shone* [ʃɒn]	scheinen
shoe	*shoed/*shod	*shoed/*shod	beschuhen, beschlagen
shoot	*shot*	*shot*	schießen
show	*showed*	*showed/shown*	zeigen
shrink	*shrank*	*shrunk*	schrumpfen, einlaufen
shut	*shut*	*shut*	schließen
sing	*sang*	*sung*	singen
sink	*sank*	*sunk*	sinken
sit	*sat*	*sat*	sitzen
slay	slew	slain	erschlagen
sleep	*slept*	*slept*	schlafen
slide	*slid*	*slid*	gleiten
sling	*slung*	*slung*	schleudern

Präsens und Infinitiv	Präteritum	Partizip Perfekt	
slink	*slunk*	*slunk*	schleichen
slit	*slit*	*slit*	schlitzen
smell	*smelled/smelt*	*smelled/smelt*	riechen
smite	smote	smitten	treffen, schlagen
sow	*sowed*	*sowed/sown*	säen
speak	*spoke*	*spoken*	sprechen
speed	*speeded/sped*	*speeded/sped*	sich beeilen
spell	*spelled/spelt*	*spelled/spelt*	buchstabieren
spend	*spent*	*spent*	ausgeben, verbringen
spill	*spilled/spilt*	*spilled/spilt*	verschütten
spin	*spun*	*spun*	spinnen
spit	*spat*	*spat*	spucken, speien
split	*split*	*split*	spalten
spread	*spread*	*spread*	verbreiten
spring	*sprang*	*sprung*	springen
stand	*stood*	*stood*	stehen
steal	*stole*	*stolen*	stehlen
stick	*stuck*	*stuck*	stecken
sting	*stung*	*stung*	stechen
stink	*stank*/stunk	*stunk*	stinken
strew	*strewed*	*strewed/strewn*	streuen
stride	*strode*	*stridden*	schreiten
strike	*struck*	*struck*	schlagen
string	*strung*	*strung*	aufreihen
strive	*strove*	*striven*	streben
swear	*swore*	*sworn*	schwören, fluchen
sweep	*swept*	*swept*	fegen
swell	*swelled*	*swelled/swollen*	schwellen
swim	*swam*	*swum*	schwimmen
swing	*swung*	*swung*	schwingen
take	*took*	*taken*	nehmen
teach	*taught*	*taught*	lehren
tear	*tore*	*torn*	zerreißen
tell	*told*	*told*	sagen, erzählen
think	*thought*	*thought*	denken
thrive	*thrived/throve*	*thrived/thriven*	gedeihen
throw	*threw*	*thrown*	werfen
thrust	*thrust*	*thrust*	stoßen

Präsens und Infinitiv	Präteritum	Partizip Perfekt	
tread	*trod*	*trodden/trod*	treten
understand	*understood*	*understood*	verstehen
undertake	*undertook*	*undertaken*	unternehmen
wake	*waked/woke*	*waked/woken*	wachen
wear	*wore*	*worn*	tragen
weave	*wove*	*woven*	weben
weep	*wept*	*wept*	weinen
wet	*wetted/wet*	*wetted/wet*	nässen
*will***	*would*	–	wollen
win	*won*	*won*	gewinnen
wind	*wound*	*wound*	winden
wring	*wrung*	*wrung*	ringen, auswringen
write	*wrote*	*written*	schreiben

Index

A

P